師顧堂叢書

蔣鵬翔 沈楠 編

儀禮正義

〔清〕胡培翬 撰
胡肇昕 楊大堉 補

广西师范大学出版社
GUANGXI NORMAL UNIVERSITY PRESS

本册目録

卷十七

卷十八

記

卷十九

記

卷二十

記　附覲義

儀禮正義卷十五　鄭氏注

受業江寧楊大堉補

司馬袒執弓升命取矢如初負侯許諾以旌負侯如初司馬降釋弓如初小臣委矢于楅如初司馬正於是司馬師亦坐乘矢疏正義曰方氏苞曰命取矢以下六節皆三射之始事也再射之算尚未視獲未數賢獲未告中算未釋豐未設射爵未舉侯與有事於侯者未獻而汲汲於此何也以此時儀節甚繁閱時甚久而司馬與司射所掌之事與所用之地各異故乘司射發命之隙使有司各供其事竝行而不相悖而司射既請三射於公可直入次而命三耦矣禮之所謂連而不相及茂而有閒此其可驗者也

賓諸公卿大夫之矢皆異束之以茅卒正坐左右撫之進束反位異束大夫矢尊殊之也正司馬正也進前也又言束整結之示親也疏正義曰敖氏曰此文主於束矢而言蓋見其不拜如初之中者也盛氏曰異束之者人一束也束之

亦於楅上卒束畢也敖云衍非韋氏協夢曰束亦束其上握也鄉射記兼束之以茅上握焉　注云異束大夫矢尊姝之也者賈疏云公卿皆異束但言大夫者三耦之內大夫以士耦之士矢不束大夫束之故云尊姝之云進前也又言束整結之示親也者郝氏曰左右撫之數衆矢也進束謂既數衆矢而後進不束之矢於楅反位反中西南東面之位盛氏曰撫矢之位鄉射禮云當楅南北位此立亦如之委矢于楅北括束茅於矢上握則束矢之處於撫矢者爲近矣既撫而復親束之乃云進者葢撫手及之而已束則於當楅之位又少進也郝氏云進所束之矢於楅然則未進之前賓諸公卿大夫之矢豈皆委之於地邪其說葢不可通矣

賓之矢則以授矢人于西堂下是言矢人則納射器之有司各以其器名官職不言君矢小臣以授矢人於東堂下可知

疏正義曰注云是言矢人則納射器之有司各以其器名官職者釋官曰周禮司弓矢職曰大射燕射共弓矢如數此官矢人疑如其職考工記有矢人人爲矢不預射事與此別韋氏協夢曰矢人猶謂執矢之人爾非遂以矢人之官目之也注猶未盡善胡氏鎣昕曰此篇如負侯釋獲者獲者之類多以事目其職此矢人卽有司而云矢人者以器名其

官猶以事目其職也云不言君矢小臣以授矢人於東堂下可知者方氏苞曰再射賓取矢於堂西故以矢授於西堂下以備三射之取也舉賓之矢以見例則公之矢以授於東堂公卿大夫之矢以授於次中可知矣射畢凡與射者皆授有司弓矢故不列數也**司馬釋弓反位而后卿大夫升就席**此言其升前小臣委矢於楅〔疏〕正義曰注云此言其升前小臣委矢於楅者張氏爾岐曰方司馬釋弓反位卿大夫即升就席是其升在小臣委矢之前以上文類言如初諸事故至此始特言之

右射訖取矢

司馬適階西釋弓去扑襲進由中東立于中南北面視算釋弓去扑射事已也**釋獲者東面于中西坐先數右獲**固東面矣復言之者少南就右獲**二算為純**純猶全也耦陰陽也**一純以取實于左手十純則縮而委之**縮從也於數者東西為從古文縮皆作蹙**每委異之**易校數〔疏〕正義曰校徐本通解

俱作校陳閩監葛俱誤作效有餘純則橫諸下又異之也自近爲下一算爲奇奇則又縮諸純下又從之興自前適左從中前北也更端故起東面坐少比於故疏正義曰比校勘記曰徐陳通解俱作北○敖氏曰此坐字衍文鄉射無之坐兼斂算實于左手一純以委十則異之變於右也其餘如右獲謂所縮所橫者疏正義曰張氏爾岐曰案釋獲者在中西東面而釋獲其右獲之算在中南左獲之算在中北故此數右獲則注云少南就右獲數左獲則注云從中前北又云少比於故也司射復位釋獲者遂進取賢獲執之由阼階下北面告于公賢獲勝黨之算也執之者齊而取其餘疏正義曰北面告于公校勘記曰陳閩監葛俱脫告字○盛氏曰此亦君禮之異者也鄉射禮曰升自西階盡階不升堂告于賓若右勝則曰右賢于左若左勝則曰左賢于右以純數告若有奇者亦曰奇告曰某賢于某若干純若干奇若左右鈞則左右各執

一算以告曰左右鈞還復位坐兼斂算實八算于中委其餘于中西興共而俟疏正義曰實八算于中校勘記曰實石經補闕誤作實○盛氏曰此算獲及飲不勝者之法皆與鄉射無異則亦以習禮樂而非別賢否可見矣若果爲將祭擇士之禮豈可不分各耦而較其中之多少哉

右數左右獲算多少

司射命設豐當飲不勝者射爵疏正義曰敖氏曰亦適堂西命之也張氏惠言曰司射命設豐無面位案司宮士位在北堂司射亦由堂東至北堂下東面命之司宮士奉豐由西階升北面坐設于西楹西降復位疏正義曰敖氏曰司宮士司宮之屬也此時之位亦當在堂西盛氏曰司宮而曰士別于庶人在官者也周禮宮人中士四人下士八人諸侯蓋以下士及庶人在官者爲之韋氏協夢曰司宮士位本亦在西方知將奉豐故先俟于堂西也復位則復西方位矣釋官曰司宮士以僕人士例之

亦司宮之屬府史胥徒也

勝者之弟子洗觶升酌散南面坐奠于豐上

降反位弟子其少者也不授者射爵猶罰爵略之 疏 正義曰盛氏曰弟子謂士之少者也位在西方韋氏協夢曰勝者之弟子即燕禮所言之庶子周官宮伯所掌者也庶子在宮中如宿衛之官宜亦隨公出入射以有事爲榮故使勝者之弟子洗觶酌散其亦旅酬下爲上之意與方氏苞曰鄉射禮執弓反位以弟子皆與射也大射弟子不與故反位不執弓蓋洗觶本未執弓也案義疏云鄉射禮言勝者之弟子洗觶升酌此乃言酌散者鄉射一尊故無所別此君禮有膳有散故于酌射爵之始明之下僕人師繼酌不言散以此準之亦酌散也及賓飲公夾爵皆酌散惟公爵酌膳其義可知已故經凡六酌方壺獨載其五 注云不授者射爵猶罰爵略之者賈疏云詩云兕觥其觩旨酒思柔注云觩陳設見觥罰爵手授此飲射爵亦不手授故云猶罰爵也獻酬之爵皆手授之此不手授故云略之也

司射袒執弓挾一个搢扑東面于三耦之西命三耦

及眾射者勝者皆袒決遂執張弓執張弓言能用之也右手挾弦 疏 正義曰司

射袒執弓校勘記曰袒上唐石經徐本楊敖俱有遂字○敖氏曰司射袒亦決遂文省耳東面命之于次中方氏苞曰出師之禮司徒搢扑北面誓之故鄉射禮司射搢扑北面于三耦之南以三耦州之子弟可以師長之道臨之大射之三耦皆士而公卿大夫並列射位故司射之面位必異**不勝者皆襲說決拾卻左手右加弛弓于其上遂以執弣**固襲說決拾矣復言之者起勝者也不勝者執弛弓言不能用之也兩手執弣無所挾也（疏）正義曰注云固襲說決拾矣復言之者起勝者也者以射畢之時降堂皆就次襲說決拾矣此復言之者以不勝者之襲說決拾起勝者之更袒決遂也**司射先反位**居前俟所命入次**三耦及衆射者皆升飲射爵于西階上**不勝之黨無不飲而來飲

（疏）正義曰賈疏云大射者所以擇士以助祭今若枉于不勝者之黨雖數中亦受罰及其助祭雖飲射爵亦得助祭但枉勝黨雖不飲罰爵若不數中亦不得助祭飲罰據一黨而言助祭取一身之藝義固不同也盛氏曰疏爲此說以護注耳其實非也算獲既以左右計之矣其數中不數中亦孰從而辨之哉褚氏寅亮曰鄉射之三耦及衆射

者先止于堂西及飲射爵乃進立于射位此則射畢而卽已立于次北之位故不言進立也小射正作升飲射爵者如作射一耦出揖如升射及階勝者先升升堂少右先升尊賢也少右辟飲者亦因相飲之禮然疏正義曰勝者先升升堂少右校勘記曰升通解不重〻方氏苞曰鄉射曰一耦進以立于中之西南也此曰一耦出以位在次中注云少右辟飲者亦因相飲之禮然者相飲之禮謂獻酬之禮也獻酬之禮獻者在右酬者在左褚氏寅亮曰司射旣命其升飲之儀小射正乃作其升飲異人爲之亦諸侯官多也不勝者進北面坐取豐上之觶興少退立卒觶進坐奠于豐下興揖立卒觶不祭不拜受罰不備禮也右手執觶左手執弓疏正義曰注云右手執觶左手執弓者上云卻左手右加弛弓于其上是受罰爵手未釋弓執觶于右手爲便故知左手執弓也不勝者先降後升先降略之不由次也降而少右復竝行與升飲者相左交于階前相揖適次釋弓襲反位疏正義曰方氏苞曰耦次在洗東南鄉

射禮相揖出於司馬之南遂適堂西彼射者州之學士也必過於司馬之前以察其儀度大射之耦則公卿大夫士降階而經適次於禮乃宜**僕人師繼酌射爵取觶實之反奠于豐上退俟于序端**僕人師酌者君使之代弟子也自此以下辯爲之酌〔疏〕正義曰退俟于序端校勘記曰俟誤作次。敖氏曰僕人師不言命之者則是此乃其常職俟時而共之耳**升飲者如初三耦卒飲若賓諸公卿大夫不勝則不降不執弓耦不升**此耦謂士也諸公卿或闕士爲之耦者不升其諸公卿大夫相爲耦者不降席重恥尊也〔疏〕正義曰敖氏耦謂士與大夫爲耦者也不升則立於射位也大夫既飲耦乃釋弓而反位朱大韶曰賓字之衍也賓與公爲耦者也耦不升謂士與大夫爲耦者也鄉射曰大夫飲則耦不升與此同賓之耦則公也安得云不升此云諸公卿大夫不勝則不降不執弓耦不升者尊諸公卿大夫也下云賓諸公卿大夫受觶于席以降適西階上北面立飲者著賓及諸公卿大夫飲之節也此賓涉下而衍**僕人師洗升實觶以授賓諸公卿大夫受觶于**

儀禮正義卷一五

席以降適西階上北面立飲卒觶授執爵者反就席雖尊亦西階上立飲不可以己尊枉正罰也授爵而不奠豐尊大夫也〔疏〕正義曰洗升實觶校勘記曰賓唐石經徐本通解楊敖俱作實。敖氏曰洗者以承賤者後新之其次則不洗矣降降席也西階上臣飲罰爵之位也授執爵者宊反於其所受者也韋氏協夢曰授亦授之於席前也鄉射禮洗升實之以授于席前

若飲公則侍射者降洗角觶升酌散降拜侍射賓也飲君則不敢以爲罰從致爵之禮也〔疏〕正義曰張氏爾岐曰角觶賈疏以爲以兕角爲之對下文飲君象觶而言仍是三升之觶非四升曰角之角也盛氏曰賓將自飲故用角觶云從致爵之禮也者淩氏釋例曰凡大射飲公略如賓媵爵于公之禮燕禮大射獻士後賓降洗升媵觚于公酌散下拜公降一等小臣辭賓升再拜稽首公答再拜賓坐祭卒爵再拜稽首公答再拜賓降洗象觶升酌膳坐奠于薦南降拜小臣辭賓升成拜公答再拜賓反位公坐取賓所媵觶與惟公所賜二禮大略相同惟飲公之禮公卒此觶媵觶之禮公取此觶爲士舉旅爲小異耳鄉射記若飲君如燕則夾爵注如燕賓媵觚于公之禮是也

公降一等小臣正辭賓升再拜稽首公荅再拜賓坐祭卒爵再拜稽首公荅再拜賓降洗象觶升酌膳以致下拜小臣正辭升再拜稽首公荅再拜公卒觶賓進受觶降洗散觶升實散下拜小臣正辭升再拜稽首公荅再拜賓復酌自飲者夾爵也但如致爵則無以異於燕也夾爵亦所以恥公也所謂若飲君燕則夾爵

疏正義曰敖氏曰賓坐祭以下此與媵觶之禮同者也以致者亦奠于薦南公卒觶以下此與媵觶之禮異者也所以謂之射爵也方氏苞曰公酬賓賓再拜稽首公荅一拜至飲射爵賓致爵則荅再拜者四不惟荅賓之親獻及夾爵陰以事有未當雖尊者宜爲禮屈重自抑下所以養成其德性俾凡事不敢自是而求助於賢臣所謂各繹己之鵠也又曰公卿大夫飲射爵亦於西階所以示法行於貴而後可以齊眾也君則卒觶於阼階之位貴有常尊也公卿大夫之飲耦不升君則賓親獻而夾爵上下之辨則然而飲不勝之爵與眾耦同又使君知罰不敢行而躬宜自省也 注云夾爵亦所以恥

公也者，韋氏協夢曰：凡飲罰爵者，皆不勝者自飲，而勝者不飲。此賓復酌自飲者，嫌公獨飲，有示罰之意也。注未當云所謂若飲君燕則夾爵者，張氏爾岐曰：注未引鄉射文，若云若飲君用燕禮致爵之法，其異者夾爵耳。

賓坐不祭，卒觶，降，奠于篚，階西東面立。不祭，象射爵。**擯者以命升賓，賓升就席。**擯者，司正也。今文席爲筵。疏　正義曰：注云今文席爲筵者，胡氏承珙曰：周禮司几筵注云：筵亦席也。鋪陳曰筵，藉之曰席。然其言之，筵席通矣。疏云：設席之法，先設者皆言筵，後加者爲席，故其職云設莞筵紛純，加繅席畫純。假令一席在地，或亦云筵，儀禮少牢云司宮筵于奧是也。然所云筵席，惟據鋪之先後爲名，其筵席止是一物。承珙案：筵席散文固通，然此經上下文多言席，惟上文司正以命升賓之升復筵，彼古今文旣皆作筵，卽不必破爲席。此卽古文作席，故疊今文不用也。又見士虞禮記。

若諸公卿大夫之耦不勝，則亦執弛弓特升飲。此耦亦謂士也。特，猶獨也。以尊爲耦而又不勝，使之獨飲，若無倫匹，孤賤也。疏　正義曰：以尊爲耦，校勘記曰：尊下徐本、楊氏俱有與卑二字，通解無。注云此耦亦謂士也者，敖氏曰：比耦之時大夫有與士爲耦者諸公卿無與士爲耦者此諸公卿衍文韋氏協夢曰耦亦謂卿與公爲耦大夫與卿爲耦士與大夫爲耦耦者也注獨指士而言義猶未盡褚氏寅亮曰經無諸公卿不與士爲耦之明文則安得衍此三字

衆皆繼飲射爵如三耦射爵辯乃徹豐與觶也徹除

右飲不勝者

司宮尊侯于服不之東北兩獻酒東面南上皆加勺設洗于尊西北篚在南東肆實一散于篚爲大侯獲者設尊也言尊侯者獲者之功由侯也不於初設之者不敢必君射也君不射則不獻大侯之獲者散爵名容五升疏正義曰敖氏曰爲三侯之獲者及隸僕人巾車設尊而言尊侯者以其功皆由侯也兩兩壺也或脫一壺字耳兩壺皆酒而云南上是先酌所上者與加勺東枋此在大侯之乏之東北乃云服不者見此時服不在乏之也不於初設之者因事而獻故其尊亦俟時而設所以别於正獻者也此所設尊洗之類即篇首之所言者也上言獲者之尊此云尊侯上言大侯之乏此云服

不文互見耳又文亦有詳略則以設與未設而異也盛氏曰敖說當矣注以此尊專爲大侯獲者設非三侯之獲者其功同其人相去亦不遠何必異尊上經云大侯之乏東北此云服不之東北此其地一也一地而兩尊或先或後亦理之所無者注又云君不射則不獻大侯之獲者尤屬飾說因燕而射君或可以不與未聞大射而君不與者也君若不射射義何以言諸侯君臣盡志于射以習禮樂乎云南上是亦有玄酒矣獻獲者而有玄酒以祭侯故重之也韋氏協夢曰此即前經司宮尊于大侯之乏東北者彼歷言其地而巳至是乃陳之猶卿大夫之席前巳言其地至旣獻乃布之也注以此尊與前爲二尊此洗與前爲二洗服不與獲者僅六人耳而必異尊與洗有是理乎褚氏寅亮曰司馬正司馬師各酌一壺故有兩朱氏大韶曰侯字之衍也鄉射大射竝獻獲者與釋獲者此獻也與獻工同非爲侯祭也考工記梓人曰祭侯則爲位經不言爲位知非祭侯也云服不云負侯云獲者異名而同實鄉射曰司馬命獲者執旌以負侯以其唱獲謂之獲以其執旌背侯而俟謂之負侯大射則謂之服不舉其官也下文獲者適右个卽服不也注不言服不言獲者國君大侯服不負侯其徒居之持獲變其文容二人也司馬正皆獻之案經

言賓一散下服不祭侯云司馬師受虛爵虛爵卽此散也葢司馬正但獻服不其二侯之獲者司馬師獻之下文所云洗獻隸僕與巾車獲者是也司馬正所獻者祇服不一人以其通稱故云獲者耳篇首云尊于大侯之乏東北卽此云尊于服不之東北大侯之乏之卽服不之位也篇首云設洗于獲者之尊西北卽此云設洗于尊西北尊卽獲者之尊篇首目其事此則當事而設也尊爲服不設非爲侯設故疑爲衍案義疏云此經大概與鄉射同其異者鄉射一洗一尊釋獲與獲者其之此獻釋獲與鄉射同獻獲者則侯之西又別有尊及洗其尊上下仍有等焉又鄉射一侯此用三侯則獲者亦三以壺言之經明兩獻酒東面南上有上則有下可知上者尊則下者卑又可知服不司馬皆尊以司馬正而獻服不則應酌上尊隸僕人與巾車獲者則卑於服不司馬師又卑於司馬正其獻也應酌下尊此兩壺之別也又云此設尊洗之處近于侯乏之閒獲者執旌時往來於此若早設之亦虞窒礙故俟時而設非關君之射不射也旣張三侯君雖不射大侯之獲者亦當獻之

司馬正洗散遂實爵獻服不言服不者著其官尊大侯也服不司馬之屬掌養猛獸而教擾之者洗酌皆西面【疏】正義曰注言服不者

著其官尊大侯也者張氏爾岐曰服不卽獲者也前此皆言獲者以其事名之至此乃著其官是尊大侯也敖氏曰服不爲大侯之獲者故先獻也司馬正獻亦異之獻時蓋亦西南面**服不侯西北三步北面拜受爵**近其所爲獻〔疏〕正義曰注云近其所爲獻者張氏爾岐曰服不得獻以侯之故則侯是其所爲獻也故近侯而不近之**司馬正西面拜送爵反位**不侯卒爵略賤也此終言之獻服不之徒乃反位〔疏〕正義曰敖氏曰旣拜送而反位亦爲其不拜旣也是後則司馬師代之行事於司馬正旣反位獲者亦反東面張氏爾岐曰此注可疑當以經文爲正服不之徒或在司馬師所獻之中耳韋氏協夢曰注非也服不爲三侯獲者之長而位爲下士獻以司馬正宜也若其徒雖爲大侯之獲者與參侯干侯之獲者等耳豈可與服不同獻乎且上經云實一散于篚服不卒爵之後司馬師卽受虛爵獻隸僕巾車與獲者司馬正復用何爵獻其徒乎蓋服不一人司馬正獻之而其徒則與參侯干侯之獲者皆受司馬師之獻也**宰夫有司薦庶子設折俎**宰夫有司宰夫之吏也鄉射記曰獲者之俎折脊脅肺〔疏〕正義曰敖氏曰薦於服不之東

俎在薦東注云宰夫有司宰夫之吏也者釋官曰周禮宰夫有府史注云府治藏史掌書各有專司故謂之有司左傳哀公三年命宰人出禮書杜注宰人冢宰之屬國語韋注云宰人吏人也疑即此大射凡薦皆使宰胥此獻服不獨使宰夫有司者以此經有祭侯之禮周禮宰夫職掌祭祀之薦羞故使宰夫有司薦也引鄉射記者以此經俎實無文故引此以爲證盛氏曰獲者之俎折以卿之餘體獲者而有俎亦以祭侯故也鄉射禮曰俎與薦皆三祭

卒錯獲者適右个薦俎從之不言服不言獲者國君大侯服不負侯其徒居乏待獲變其文容二人也司馬正皆獻之薦俎已錯乃適右个明此獻已已歸功於侯也適右个由侯內鄉射記曰東方謂之右个

【疏】正義曰注云不言服不言獲者國君大侯服不負侯其徒居乏待獲變其文容二人也司馬正皆獻之者敖氏曰此獲者即服不也變服不言獲者見服不亦在乏而獲也張氏爾岐曰信如注言司馬竝獻二人當用二爵經文明言實一散於篚安得有二爵乎司馬正所獻決是服不氏一人其徒則司馬師獻隸僕巾車後乃獻之盛氏曰案上下注意蓋謂國君大侯服不與其徒負侯居乏相代司馬正獻服不訖卽獻其徒而后反位亦非謂二人竝

獻也但玩前後經文負侯及獲者三侯皆有之負侯者主負侯及取矢葢周禮射鳥氏之職以其取矢知之也諸侯兼官卽以服不氏攝之獲者專主唱獲與負侯者並不相代司馬正所獻惟服不之長一人其參侯干侯之獲者及三侯之負侯者皆司馬師獻之也而注說之誤了然矣云薦俎已錯乃適右个明此獻已已歸功於侯也者敖氏曰有司與庶子旣錯薦俎於地獲者則以爵適右个而二人復執薦俎從之薦錯於獲者之南俎在薦南方氏苞曰司馬獻服不不薦俎錯焉亦非爲侯設也服不不祭啐而適右个不敢以己之餘祭侯也終則仍設薦俎於乏南明獲者雖以祭侯而薦俎本爲獲者設也褚氏寅亮曰獲者祭侯所設薦俎當如侯北面之位薦南面俎北注云薦俎之設如於北面人焉是也

獲者左執爵右祭薦俎二手祭酒

祭俎不奠爵不備禮也二手祭酒者獲者南面於俎北當爲侯祭於豆閒爵反注爲一手不能正也此薦俎之設如於北面人焉天子祝侯曰唯若寧侯無或若女不寧侯不屬於王所故抗而射女彊飲彊食貽女曾孫諸侯百福諸侯以下祝辭未聞

疏 正義曰校勘記曰注如於北面人焉北誤作此故抗而射女射陳閩監葛俱誤作設彊飲彊食彊徐本俱作强○敖

氏曰祭俎者興取抐肺以坐祭也二手祭酒爲散大酒多一手注之難爲節也褚氏寅亮曰亦爲代侯祭酒向自身而反注於內也必二手者散大容五升一手難反注注引天子祝侯者周禮梓人文方氏苞曰五帝三王之世凡寇賊奸宄聽斷於士師其阻兵倡亂敢爲不寧者皆强横之諸侯故射之正鵠取義於不寧侯使貴賤少長同心於貫之以示敵王所愾之義義取於不寧侯而又祭之何也祭有非報功而以聲其罪者考工記所載天子祭侯之辭乃周官大祝詛祝所謂攻說也燕義所稱則諸侯燕射樂歌非祭侯之辭師禡所祭於經傳無考而後儒以爲祭黃帝蚩尤祭黃帝則禱祈也祭蚩尤則必以攻說之辭記曰禡於所征之地必以蚩尤爲戒使不寧之方毋侮毋忽也

適左个祭如右个中亦如之先祭个後中者以外郎之至中右神在中鄉射禮曰獻獲者俎與薦皆三祭【疏】正義曰注俎與薦校勘記曰薦誤作俎○引鄉射禮者證左右个及中爲三祭也

卒祭左个之西北三步東面北鄉受獻之位也不北面者嫌爲侯卒爵【疏】正義曰注北鄉校勘記曰北徐本楊敖俱作此與單疏標目合鍾本通解俱作北案張氏句讀作北北盛氏集編正作此作此是也

云不北面者嫌爲侯卒爵者以獻服不受獻之時在侯西北面此東面不北面者敖氏曰變於受爵之時也卒爵與受爵不同面自是一禮耳下釋獲者亦然

設薦俎立卒爵不言不拜旣爵司馬正已反位不拜可知也鄉射禮曰獲者薦右東面立飲【疏】正義曰引鄉射禮者以獲者亦薦右東面立也敖氏曰卒爵於薦西東面自若也是時司馬師葢已北面於其東

司馬師受虛爵洗獻隸僕人與巾車獲者皆如大侯之禮隸僕人埽侯道巾車張大侯及參侯干侯之獲者其受獻之禮如服不也隸僕人巾車於服不之位受之功成於大侯也不言量人者此自後以及先可知【疏】正義曰敖氏曰承服不後而洗則是毎獻皆洗矣隸僕人與巾車皆聽命於司馬故亦司馬幷獻之褚氏寅亮曰此獲者祭參干二侯隸僕人等則無所祭云皆如大侯之禮實不盡如也注云及參侯干侯之獲者盛氏曰獲者謂參侯干侯之獲者也三侯之員侯者亦存焉於是乃統言獲者亦其事相聯也釋官曰司馬正獻服不大侯之獲者也司馬師獻獲者參侯干侯之獲者也云隸僕人巾車於服不之位受之功成於大侯也者賈疏云隸僕人巾車素無其位而經云如大侯之

禮明就大侯之位受獻也吳氏廷華曰經言如大侯之禮而不獻於大侯大侯可知敖氏曰言如大侯則各就其侯獻之矣其說是也且三侯皆射何得僅言成功於大侯云不言量人者此自後以及先可知者張侯之時量人在巾車之先及君射而隸僕人埽侯道隸僕人巾車得獻者自後以及先也經雖不言量人其得獻可知也敖氏曰不言量人或不與此獻方氏苞曰注與敖說指皆未明葢大射自公卿大夫庶士以及士旅食者庶子皆受獻隸僕人巾車參干二侯之獲者職卑事統疑不得與於獻故特著之若量人制燔膷與鬱人舉斝瀝於祭有常職當與卿大夫竝受主人之獻於適士中若使司馬師與僕隸等同獻於侯側非其倫矣

卒司馬受虛爵奠于篚獲者之篚【疏】正義曰司馬下唐石經徐本通解楊敖俱有師字注云獲者之篚者盛氏曰卽服不之篚也

獲者皆執其薦庶子執俎從之設于乏少南少南爲復射妨旌也隸僕人巾車量人自服不而南【疏】正義曰盛氏曰獲者謂三侯之獲者及負侯者凡六人也乏之亦謂三侯之乏之也於是不別言服不者以其事同也吳氏廷華曰獲者居乏之故設於其南若巾車僕人未嘗居乏之何必亦設於乏之南且經第言獲

者則隸僕人等雖同時獻之或別獻於三侯之前而薦於其位未必有俎未必有三祭所謂如者特大概言之耳

服不復負侯而俟　疏　正義曰盛氏曰此負侯者也謂之服不者著其以服不之徒兼之也周禮服不氏下士及其徒凡五人而茲乃有六人者以其兼射鳥氏之職也是時三侯之獲者皆居乏

右獻獲者

司射適階西去扑適堂西釋弓說決拾襲適洗洗觚升實之降獻釋獲者于其位少南　獻釋獲者與獲者異文武不同也去扑者扑不升堂也少南辟中　疏　正義曰校勘記曰司射適階西適誤作釋注辨中辨徐本通解楊敖俱作辟注云獻釋獲者與獲者異文武不同也者釋獲者為大史是又與獲者是式不同也韋氏協夢曰不言獻大史而曰獻釋獲者容小史亦獻也小史佐大史大史獻亦當獻之猶獻服不而并獻參侯干侯之獲者其禮與服不同則獻小史亦與大史同矣釋官曰獲者司馬獻之釋獲者司射獻之小史佐大史釋獲則獻亦當及也敖氏曰洗觚升實之與獲者異蓋釋獲

者無事於侯且尊於獲者故獻之不酌獲者之尊而酌上尊也方氏苞曰不近酌獻者之尊而實之於堂上則別設獻獲者之尊以祭辭稱不寧侯不可與堂上同尊益明矣云少南辟中者張氏爾岐曰獻釋獲者於其位之南欲其稍遠乎中與獻獲者近侯有異也

薦脯醢折俎皆有祭俎與服不同惟祭一爲異【疏】正義曰服不之俎與薦皆有三祭以其祭侯三處各用其一也敖氏曰不言所設之人蓋亦有司與庶子與

釋獲者薦右東面拜受爵司射北面拜送爵釋獲者就其薦坐左執爵右祭脯醢興取肺坐祭遂祭酒祭俎不奠爵亦賤不備禮興司射之西北面立卒爵不拜旣爵司射受虛爵奠于篚釋獲者少西辟薦反位辟薦少西之者爲復射妨司射視算亦辟俎也

司射適堂西袒決遂取弓挾一个適階西搢扑以反位爲將復射【疏】正義曰盛氏曰此司射倚扑之處與鄉射同倚弓矢之處與鄉射異韋氏協夢曰下文云司射倚扑于階西則此時司射可直由階西適

阼階下必揖升反位者以獻釋獲者之事未終不敢由便也

右獻釋獲者第二番射事竟

司射倚扑于階西適阼階下北面請射于公如初不升堂賓諸公卿大夫既射矣聞之可知疏正義曰張氏爾岐曰此下言第三番射以樂爲節之儀射前有諸公卿大夫拾取矢正射不鼓不釋射後三耦及衆射者又拾取矢此三事爲異其餘竝如釋獲之射○敖氏曰阼階下請射于公正禮也鄉之升者有爲爲之耳此言如初未詳疑衍盛氏曰初謂第一番射如初者謂其請射之辭也敖以爲衍文非方氏苞曰再射升堂而後請特見於經此如初謂如初之請於階下耳韋氏協夢曰如初二字疑作公許傳寫者因三射多言如初而鄉射三請射又曰如初由此誤耳案義疏曰初請射時本自阼階下云如初者如其初不如其再也

及揖扑適決命三耦皆袒決遂執弓序出取矢鄉言拾是言序互言耳疏正義曰敖氏曰執弓亦右挾之序謂每耦以次而出也

司射先反位言先先三耦也司射

旣命三耦以入次之事卽反位三耦入次袒決遂執弓挾矢乃出反次外西面位鄉不言司射先反位三耦未有次外位無所先也疏正義曰注反次外西面位位楊氏作立三耦未有次外位徐本無外字通解有與疏合云鄉不言司射先反位三耦未有次外位無所先也者謂第一番射時但言司射反位不言先以三耦未有次外位故也盛氏曰三耦袒決遂之所與其射位皆在次中但有南北之異耳司射位自在中之西南云先者謂其不俟三耦之袒決遂而卽反位也注誤方氏苞曰方命三耦取矢卽反位與再射異何也再射司射之事皆在次中三射則事在庭中不得不先反位也再射時大夫羣士始卽事恐其或愆於儀故就次中監視之至三射則次中之儀皆前見矣而諸公卿始繼三耦而出就楅與衆耦同拾取矢司射命三耦後室先反庭中之位以待事且再射止見大夫庶士次中之儀而未見其取矢於楅之儀至是始一一監視之褚氏寅亮曰此時三耦尚未拾取矢注中挾矢二字衍也

三耦拾取矢如初小射正作取矢如初小射正司射之佐作取矢禮殺代之

疏正義曰三耦校勘記曰三誤作二○敖氏曰小射正作取矢如初此句似衍大射之禮司射惟命拾取矢而不作

復作與鄉射異以前後經文微之可見又言此於拾取矢之後似非其次且上無作取矢之事亦不宜言如初其爲衍也明矣盛氏曰上云三耦皆袒決遂執弓序出取矢此司射命之之辭非謂三耦已爲之也司射命訖反位於是三耦皆自射位適次南少東袒決遂執弓右挾之反射位而后小射正作上耦取矢也此皆與第一番取矢之儀同故以如初蔽之三耦拾取矢言於小射正作取矢之上者以其有袒決遂之事在作取矢前也云小射正作取矢如初則第一番取矢之時固有成禮矣而上經不見之者文闕也敖氏不悟上經之闕而反以此爲衍誤矣注謂以小射正代司射亦臆說也韋氏協夢曰初取矢時不見小射正作射之節者與此文互備也小射正作矢當在三耦拾取矢之前退其文於下者以初取矢時無此文也言作取矢如初則初亦作之可知矣淩氏釋例曰凡大射三耦拾取矢則司射命之諸公卿大夫拾取矢則小射正作之此篇第二則次射事竟司射倚扑于階西適阼階下北面請射于公如初此請第三次射也如初者如第一次射竟請射之儀也又云反搢扑適次命三耦皆袒決遂執弓序出取矢此言司射命三耦拾取矢也又云司射先反位三耦拾取矢如初此言三耦承司射之命拾取矢也如初者如第

一矦射竟拾取矢之儀也故曰三耦拾取矢則司射命之也又云小射正作取矢如初此言小射正作諸公卿大夫取矢也如初者如司射命三耦之儀也第一次射竟但有三耦拾取矢無公卿大夫故不云小射正作取矢也又云三耦旣拾取矢諸公卿大夫皆降如初位此言諸公卿大夫承小射正之作降階在三耦旣拾取矢之後也如初位者如第一次射竟諸公卿大夫降卽位之位也又云與耦入于次皆袒決遂執弓皆進當楅進坐脫矢束上射東面下射西面拾取矢如三耦此言諸公卿大夫拾取矢也又云若士與大夫爲耦士東面大夫西面大夫進坐脫矢束退反位耦揖進坐兼取乘矢興順羽且左還毋周反面揖大夫進坐亦兼取乘矢如其耦北面搢三挾一个揖進大夫與其耦皆適次釋弓脫決拾襲反位此言士與大夫爲耦則兼取乘矢不拾也又云諸公卿升就席衆射者繼拾取矢皆如三耦遂入於次釋弓矢說決拾襲反位此言公卿升就席後衆射者拾取矢也故曰諸公卿大夫拾取矢則小射正作之也經文節次甚明下經三次射竟不云小射正作取矢者文不具也鄉射初次射竟司射命拾取矢又云司射作上耦取矢二次射竟但云司射作拾取矢不云司射命之者鄉射禮簡也鄉射命與作皆司射一人爲

之大射威儀多故三耦拾取矢則司射命之諸公卿大夫及衆射者拾取矢則小射正作之也經文小射正作取矢如初注以爲禮殺代之似未得經意敖氏以爲衍文則更非矣胡氏肇昕曰淩氏此條甚精足正鄭氏敖氏之誤盛氏雖駁敖氏而其謂上經爲文闕仍無異敖氏謂此經爲衍文也得淩說而諸家之解皆爲贅矣

三耦既拾取矢諸公卿大夫皆降如初位與耦入于次當袒決遂執弓皆進當楅進坐說矢束上射東面下射西面拾取矢如三耦皆進當楅進三耦揖之位也凡繼射命耦而已不作射不作取矢如初

【疏】正義曰敖氏曰如初位者適次繼三耦以南也云如初位又云入于次見其所進者又湥也凡經云適次而已者兼湥淺而言也云入于次者見其湥入也先言適乃言入若次中者則皆先淺而後湥也執弓亦右挾之皆進謂出次而西面之時也上下射當楅而進坐說矢束是俱北面說之也然則鄉射之大夫說矢束亦北面明矣既說則上射少西而反東面下射少東而反西面乃拾取之盛氏曰適次入次之辨敖氏論之詳矣而其說矢束之法則非也北面說矢束既說而后

各就楅西東之位者大夫與大夫之禮也旣就楅東之位而后說矢束說之亦西面者大夫爲下射之禮也經文甚明李何混而一之邪褚氏寅亮曰先言如初位後言入于次位之在次外也益明　注云凡繼射命耦而已不作射不作取矢如初者張氏爾岐曰注繼射謂繼三耦而射如初謂從三耦之法繼射者皆從耦法故不再命之也

若士與大夫爲耦士東面大夫西面大夫進坐說矢束退反位說矢束自同於三耦謙也

疏　正義曰方氏苞曰再射言爲耦之上下三射言所面之東西互見且相證也士與大夫耦再射卽有之而至此始見以君射之儀賓與諸公卿大夫升降進反揖讓之數具詳於再射禮重又繁無暇及士與大夫耦之末節故補敘於三射亦列事之義法空然褚氏寅亮曰大夫爲下射也亦西面說之不北面　注云自同於三耦者欲與其耦拾取也

耦揖進坐兼取乘矢興順羽且左還毋周反面揖兼取乘矢不敢與大夫拾**大夫進坐亦兼取乘矢如其耦北面搢三挾一个揖進大夫與其耦皆適次釋弓說決拾**

襲反位諸公卿升就席大夫反位諸公卿乃升就席大夫大夫與己上下位疏正義曰敖氏曰後揖進之進當作退鄉射云揖退是也大大夫旣反位諸公卿乃與之序升公卿之下不言大大夫者文脫耳又此上下文皆言卿大夫升就席不應此時獨否也然則此有脫文明矣張氏爾岐曰諸公卿大夫自爲耦者拾取矢在前大夫與士耦者取矢在後前取矢者待於三耦之南至大夫與耦取矢反位乃與之同升就席以爵同故相待也褚氏寅亮曰與反位之大夫同升也其義已明不必更添大夫二字眾射者繼拾取矢皆如三耦遂入于次釋弓矢說決拾襲反位疏正義曰校勘記曰繼拾取矢繼誤作旣

右將以樂射射者拾取矢

司射猶挾一个以作射如初一耦揖升如初司馬升命去侯負侯許諾司馬降釋弓反位司射與司馬交于階前倚

扞于階西適阼階下北面請以樂于公公許請奏樂以爲節也始射獲而未釋獲復釋獲復用樂行之君子之於事始取苟能中課有功終用成法教化之漸也射用應樂爲難孔子曰射者何以聽循聲而發發而不失正鵠者其惟賢者乎疏正義曰注君子之於事校勘記曰事下徐本通解楊氏俱有也字○始射獲而未釋獲者謂第一番射復釋獲者謂第二番射復用樂行之者謂此第三番射始取苟能中課有功終用成法總上三番射言教化之漸也孔子以下禮記射義文引以證射用應樂爲難之意也司射反搢扑東面命樂正曰命用樂言君有命用樂射也樂正在工南北面疏正義曰注云樂正在工南北面者賈疏云此時工在洗東西面樂正在工南北面司射在西階下東面經云命樂正者東面遙命之釋官曰上別言小樂正則直云樂正爲大樂正可知周禮大樂正王大射令奏騶虞諸侯大射亦當大樂正令奏貍首下疏謂單言樂正者謂大樂正是也樂正曰諾司射遂適堂下北面眂上射命曰不鼓不釋不與鼓節相應不釋算也鼓亦樂之節學記曰鼓無當於五聲五聲不得

不和凡射之鼓節投壺其存者也周禮射節天子九諸侯七卿大夫以下五 疏 正義曰校勘記曰北面眡上射眡唐石經徐本通解楊敖俱作視案釋文於前視算作眡注云本亦作視於此無釋則亦作視也眡當从目今从耳非也注不得不和不得上徐本通解楊氏俱有五聲二字是也○引學記者證鼓亦樂節之意 云凡射之鼓節投壺其存者也投壺篇在禮記中其篇圖出魯鼓薛鼓云取半以下爲投壺節盡用之爲射節是也引周禮者射人樂師職皆云天子騶虞九節諸侯貍首七節大夫采蘋士采蘩皆五節

上射揖司射退反位樂正命大師曰奏貍首閒若一

樂正西面受命左還東面命大師以大射之樂章使奏之也貍首逸詩曾孫也貍之言不來也其詩有射諸侯首不朝者之言因以名篇後世失之謂之曾孫曾孫者其章頭也射義所載詩曰曾孫侯氏是也以爲諸侯射節者采其旣有弧矢之威又言小大莫處御于君所以燕以射則燕則譽有樂以時會君事之志也閒若一者調其聲之疏數重節 疏 正義曰注云貍首逸詩曾孫也者以貍首是逸詩篇名曾孫其章頭也因亦謂之曾孫耳云貍之言不來也者解詩篇名貍之意貍與來古音相近不來即貍之合

聲猶終葵之爲椎邾婁之爲鄒也云其詩有射諸侯首不朝者之言因以名篇者以貍爲不來首爲諸侯不朝者故其詩因以名篇中有射諸侯首不朝者之言故用其詩爲大射樂章也云後世失之謂之曾孫曾孫者其章頭也射義所載詩曰曾孫侯氏是也者此據射義所引曾孫侯氏之言知爲此詩章頭故後世又名貍首爲曾孫云以爲諸侯射節者采其旣有弧矢之威又言小大莫處御于君所以燕以射則燕則譽有樂以時會君事之志也者此據射義所引曾孫之文明其所以爲諸侯射節之意也盛氏曰貍首之詩今無以考其名篇之義然以騶虞采蘋之類推之亦必其首章有此二字而取以名之耳射義所載曾孫侯氏數語未知其果是與否卽使果是亦未必其章頭也鄭君諱所不知而強爲之說矣又案大戴禮投壺篇末亦載曾孫侯氏之詩比射義特詳又襍以考工記祭侯祝辭有嗟爾不寧侯爲爾不朝于王所故亢而射女之言或鄭說之所本與凡以樂節射者但取其節而不取其詩之義也今案大小戴記所載曾孫侯氏之詩皆序射事與騶虞采蘋之類不協疑非貍首本篇也大戴禮旣言曾孫侯氏又云干侯旣亢尤屬不倫蓋其所捃拾者厖矣韋氏協夢曰騶虞采蘩采蘋皆未嘗明言射事而射節以之貍首

之詩應與三詩相類詎必拘拘以射爲辭乎射義曾孫侯氏之云蓋後人附會而爲之說注既以貍首爲逸詩而又以曾孫侯氏當之殊不必又云劉氏敞因篆文貍形鵠首似巢謂貍首卽鵠巢騶虞采蘩采蘋皆二南篇名則貍首亦必其儔劉氏之說非不可從但無明文可據不免穿鑿仍從注作逸詩爲長注說原本射義攷射義云天子以騶虞爲節諸侯以貍首爲節大夫以采蘋爲節士以采蘩爲節騶虞者樂官備也貍首者樂時會也采蘋者樂循法也采蘩者樂不失職也是凡取以爲節者皆有其義盛氏謂以樂節射但取其節不取其詩之義顯與記文相悖又射義引詩曰曾孫侯氏四正具舉大夫君子凡以庶士小大莫處御于君所以燕以射則燕則譽言君臣相與盡志於射以習禮樂則安則譽也是以天子制之而諸侯務焉此天子所以養諸侯而兵不用諸侯自爲正之具也詳繹記文此節明言諸侯相與盡志於射之事所引詩言亦與樂時會之義相合是此詩爲貍首之詞甚明故鄭得據以當貍首之詩非鑿空而妄說也盛氏韋氏駁之非是劉氏敞別自爲說謂貍首爲鵠巢取其與騶虞采蘋采蘩皆二南篇名夫不顧其義而惟取於二南之中則二南豈止此四篇乎且篆文貍鵠首巢形并不相類何得妄取而當之此

眞違不知盇闕之義也云閒若一者調其聲之疏數重節者張氏爾岐曰聲之疏數必使匀適如一以射禮所重在於能循此節也

大師不興許諾樂正反位奏貍首以射三耦卒射賓待于物如初公樂作而后就物稍屬不以樂志其他如初儀不以樂志君之射儀遲速從心其發不必應樂辟不敢也志意所擬度也春秋傳曰吾志其目

【疏】正義曰校勘記曰而后后誤作後注辟不敢也葛本無也字意所擬度也擬徐本釋文俱作人與單疏述注合○賈疏云此經云如初者皆如上第二番射法惟作樂爲異敖氏曰稍屬謂授矢于公稍屬也然此當蒙如初儀之中似不必獨見之且語句不合亦恐非作經者之意蓋衍文也盛氏曰稍屬當從敖氏作衍文或謂稍屬不以樂志爲句非方氏苞曰再射於授矢言稍屬三射於樂作言稍屬蓋以君之血氣有強弱志慮有緩急且無暇專勤藝事故四矢之行不過與拾發之節稍相屬而已求以疏數如一不可必得也不過與鼓樂之節稍相屬而已求以循聲而發不可必得也故少寬之亦所以使自循省而知職任之重且大也胡氏肇昕曰稍屬仍謂授矢于公耳不言授矢者省文

耳　注云辟不敢也者以君之遲速與樂節相應不以樂志則不見其不敢是辟不敢也引春秋傳者定八年左傳反引以證志爲意所擬度之意吳氏廷華曰注謂不必應樂於文似矣若以理論則比禮比樂君臣皆然以諸侯而不必應樂則貍首爲虛奏矣或云公自以樂爲志臣下尊君不敢必君之以樂志爾存參

卒射如初賓就席諸公卿大夫衆射者皆繼射釋獲如初卒射降反位釋獲者執餘獲進告左右卒射如初

疏　正義曰敖氏曰卒射如初謂公卒射以至賓反位於階西之儀賓就席諸公卿大夫衆射者皆繼射釋獲如初三事皆如初也降反位指衆射之最後者而言以見釋獲者升告之節也

右以樂節射

司馬升命取矢負侯許諾司馬降釋弓反位小臣委矢司馬師乘之皆如初司射釋弓視算如初釋獲者以賢獲與

鈞告如初復位

右樂射後取矢數獲

司射命設豐實觶如初遂命勝者執張弓不勝者執弛弓

升飲如初卒退豐與觶如初 疏 正義曰敖氏曰當更有設豐二字如鄉射之文朱氏大韶曰敖說是也命設豐者司射是也設豐者司宮士也實觶則弟子也上經云司射命設豐司宮士奉豐勝者之子弟洗觶升酌是也司射但命設豐實觶乃弟子爲之無待司射之命若不重設豐二字似以司射命設豐實觶作一句讀失之矣唐石經脫各本因之當據鄉射補通解反於鄉射刪下設豐二字則失之甚者也

右樂射後飲不勝者

司射猶袒決遂左執弓右執一个兼諸弦面鏃適次命拾取矢如初 側持弦矢曰執面猶尚也兼矢於弦尚鏃將止變於射也 疏 正義曰注云側持弦曰執者上

文皆云挾一个注云方持弦矢曰挾此云執一个是側持弦矢也　司射反位三耦及諸公卿大夫衆射者皆袒決遂以拾取矢如初矢不挾兼諸弦面鏃退適次皆授有司弓矢襲反位不挾亦謂執之如司射　疏　正義曰吳氏廷華曰矢不挾以不復射也　卿大夫升就席　疏　正義曰敖氏曰不言諸公者可知也諸公卿大夫既就席則士亦當反西方之位矣

右樂射後拾取矢

司馬適次釋弓說決拾去扑襲反位司馬正命退楅解綱小臣師退楅巾車量人解左下綱司馬師命獲者以旌與薦俎退解猶釋也今文司馬師無司馬　疏　正義曰敖氏曰退楅亦于次司馬正於此命解綱則鄉亦命繫之明矣鄉射曰說矦之左下綱而釋之注云今文司馬師無司馬者胡氏承珙曰案鄉射惟司馬一人而司馬即

前之司正此則大射正爲司正不爲司馬而別有司馬正一人司馬師一人鄉射命弟子說矦命獲者以旌退皆司馬命之此則司馬正命解綱司馬師命退旌師者正之貳也此外有小臣師又有僕人師若如今文無司馬單言師未明何人故鄭從古文吳氏廷華曰此下當有司馬復爲司正語文省

司射命釋獲者退中與算而俟諸所退射器皆俟備君復射釋獲者亦退其薦俎疏正義曰敖氏曰亦小臣執中大史執算也退中與算亦於西堂下既則大史小史俱復位於門東盛氏曰大史當復於矦東北之位

右三番射竟退諸射器將坐燕以終禮

公又舉奠觶惟公所賜若賓若長以旅于西階上如初大夫卒受者以虛觶降奠于篚反位疏正義曰敖氏曰此一舉觶當在未立司正之前乃降於此者爲射故也陳氏暘曰燕禮工歌之後笙奏之前卽爲大夫舉旅大射至射畢爲大夫舉旅者主於射故也吳氏廷華曰此是長幐之第三觶褚氏寅亮曰前幐三觶公舉其二餘其一至射畢旅大夫公乃舉之

右爲大夫舉旅酬

司馬正升自西階東楹之東北面告于公請徹俎公許射事既畢禮殺人倦宜徹俎燕坐 疏 正義曰韋氏協夢曰鄉射請徹俎司正之職則此請徹俎亦當以司正李氏寶之謂司馬正當作司正今從之遂適西階上北面告于賓賓北面取俎以出諸公卿取俎如賓禮遂出授從者于門外自其從者 疏 正義曰如賓禮謂亦如鄉其席取之也諸公南面卿北面大夫降復位門東北面位 疏 正義曰賈疏云大夫雖無俎以賓及公卿皆送俎不可獨立於堂故降復位注云門東北面者謂初小臣納卿大夫門東北面揖位敖氏曰復位于門東者以諸公卿亦以俎出故也燕禮諸公卿無俎故與大夫降而同立于西階下盛氏曰復位門右少進之位庶子正徹公俎降自阼階以東降自阼階若親徹也以東去藏 疏 正義曰敖氏曰正庶子之長者也燕禮膳設公俎亦膳宰徹之然則上之設公俎者亦庶子正矣釋官曰此徹公俎獨言

正則上設賓俎及卿俎不皆正可知**賓諸公卿皆入門東面北上**諸公卿不入門而右以將燕亦因從賓【疏】正義曰敖氏曰入門入自闑東也入門而不左不右卽東面而立變於常位也將與大夫同升宐近之盛氏曰東面北上與燕禮卿大夫降位同蓋近西階下也敖說非吳氏廷華曰東面北上以將自西階升也鄉射卿大夫皆降東面北上卽此位耳**司正升賓賓諸公卿大夫皆說屨升就席公以賓及卿大夫皆坐乃安**鄉命以我安臣於君尚猶踧蹜至此乃敢安【疏】正義曰校勘記曰皆說屨屨誤作履**羞庶羞**羞進也庶眾也所進眾羞謂膮肝膋狗胾醢也或有炮鼈膾鯉雉兔鶉鴽【疏】正義曰注炮鼈膾鯉炮嚴本作炰釋文徐本俱作炮釋文云炮或作炰注云所進眾羞謂膮肝膋狗胾醢也者內則云肝膋取狗肝一幪之以其膋臑炙之舉燋其膋不蓼又公食大夫禮有牛胾炙羊胾炙豕胾炙大射先行燕禮燕禮其牲惟狗故知眾羞謂膮肝膋狗胾醢也云或有炮鼈膾鯉雉兔鶉鴽者炮鼈膾鯉見詩六月篇雉兔鶉鴽見公食大夫禮鄭據禮推之疑其或亦有此也**大夫祭薦**燕乃祭薦不敢於盛

成禮【疏】正義曰：注云不敢於盛成禮者，盛指獻時賓及公卿皆於獻時祭薦，大夫稍卑，至燕乃祭薦，以不敢於盛成禮也。

司正升受命，皆命公曰：衆無不醉。賓及諸公卿大夫皆興，對曰：諾，敢不醉。皆反位坐。皆命者，命賓命諸公命卿大夫，皆鄉其位也。興對必席，敬也。司正退立西序端。【疏】正義曰：注云興對必降席者，賈疏曰：經直云興對，不言降席，鄭知降席者，以爲反坐，故知降席也。云司正退立西序端者，賈疏云：司正監酒，此將獻士，事未訖，亦如鄉飲酒監旅時立于西序端也。吳氏廷華曰：言皆命，則北面總命之也。

右徹俎安坐

主人洗，酌，獻士于西階上。士長升，拜受觶，主人拜送。獻士用觶，士賤也。今文觶作觚。【疏】正義曰：獻士用觶士賤也者，對上獻大夫用觚，觚小而觶大，用大者賤，用小者尊，士賤宜用觶，故今文作觚，鄭不從也。士坐祭，立飲，不拜旣爵。其他不拜，坐祭，立飲其他謂衆士也升不拜受爵乃薦司正與射人于觶南北面東上司正爲上司正射人士也以齒受獻旣乃薦之也司正大射正也射人小射正畧其佐【疏】正義曰賈疏云案燕禮薦司正與射人一人司士一人執冪一人此不言其數又不言司士與執冪者以射人是小射正非一人互見執事執事皆同獻不言其數不言執冪者二人文不具盛氏曰此言射人而不言其數則不止一人矣蓋小射正之倅於東堂者皆與也皆與也者以其有事也不言司士者以其爲士中之尊不可位於小射正之下也不言執冪者執幕者非士也凡此皆與燕禮異疏以爲文不具非方氏苞曰司正即大射正也司馬之事與司射等而不與於射薦以大射主於習禮觀德而義不兼於立武也司馬且不與況司士與執冪者疏謂文不具非也又案上下經文似羣士皆受獻立於東方而後徧薦於司正射人執射政之總故獻時獨薦於觶南以優異之猶燕禮之主人士也而與大夫同薦舊說俱難通燕以示慈惠故并及司士與執冪者大射以辨名位程德器故惟射人特薦義之宜也釋官曰大射以射爲主故司射與射人特薦射人當兼司射小射正言之凡射時有事者皆得薦故不言其數燕禮

則射人之供事者少，故云一人注疏俱未的又案大射正小射正分別尊卑長貳之稱司射臨事設立之名射人其官之本號也此篇射人戒諸公卿大夫射射人宿視滌射人告具于公以直云射人則其官之長可知且是時射人供事者少無煩辨別尊卑也擯獨言大射正者以自後皆言擯者恐人不辨其爲長爲貳故特著之也司射不著爲大射正小射正者以燕禮經云若射則大射正爲司射已有明文從可知也自後皆言擯者司正司射大射正小射正不復言射人此又云薦司正與射人者以射事旣畢無須辨其長貳故總言射人見有事於射者皆得薦也司正仍云司正不總屬射人者以是後司正猶有事故從其設立之名而別言之也此射人一官稱名錯出之故於此求之可以得其緒矣又案射時雖有司射大射正小射正而始終皆司射主其事如初次射請射命納射器位畫物比三耦命取弓矢誘射作射命射告卒射第二次釋獲之射請射比衆耦命拾取矢作射請釋獲于公命設中命射視算命設豐命飲獻釋獲者第三次樂射請射命拾取矢作射請樂于公命射視算命設豐命飲命拾取矢命釋獲者退中與算皆司射事也大射正惟公射時授弓受弓以矢行告小射正惟作升飲作取矢及公射時贊決拾授弓於大射正而已張氏惠言曰司士庭長其位是士故獻士先薦之猶主人是大夫獻大夫時先獻主人也賈疏以爲旣獻士乃薦司正非也褚氏寅亮曰以齒受獻薦則先士於獻示同於薦示異也鄭於上經司射指爲射人此經注云射人小射正然則司射蓋小射正矣但據燕禮大射正爲司射則此似不應以小射正爲之敖氏謂亦大射正或燕射異於大射與

辯獻士士旣獻者立于東方西面北上乃薦士士旣獻易位者以卿大夫在堂臣位尊東也畢獻薦之略賤

祝史小臣師亦就其位而薦之亦者亦士也辯獻乃薦也祝史門東北面東上

（疏）正義曰釋官曰此經與燕禮同則知燕禮之小臣師非其長明矣

注云祝史門東北面東上者釋官曰經不著祝史之位故注言之敖氏曰此獻史蓋小史也大史釋獲鄉已受獻盛氏曰祝史位在于侯之東北注非韋氏協夢曰周禮大史下大夫二人上士四人小史中士八人下士十有六人諸侯降等亦當有其半射禮釋獲用大史小史各一人皆於釋獲時獻之其不主釋獲者至此始受獻張氏惠言曰疏以獻旅食西面授迭大史等北面主人亦西面授小臣師南面主人北面授案旅食別於士故別尊獻之

祝史小臣師皆士也獻之當在士中薦之於其位如司正例耳經云就其位而薦之非就其位而獻之也疏妄說案此經諸官有始入不言其位而其後可見及注明言之者主人在洗北薦時見之小臣師在東堂下其先入時不言大射正至爲司正然後有位司射司馬服不矢人至射然後有位大樂正小樂正僕人正僕人師僕人士庶子正庶子內小臣工人士梓人司宮祝則注皆言其位量人巾車隸僕人注言其受獻之位是也又有經注皆不言其位者小臣正小射正司馬師小史宰胥甸人是也以義推之前射時量人巾車張三侯樂人宿縣司空設尊布席射人宿視滌膳宰具饌此皆有事先在射宮者樂正僕人內小臣皆內臣之屬庶子宿衛主人宰夫是膳宰之長及工人士梓人隸僕人皆埽除之官必先就位而侯不隨君入故入門後不著其位案公食宰東夾北西面南上內官之士在宰東北西面南上此賓諸公卿之屬不自房來則宰位不在北堂燕禮宰夫官具饌于寢東注又以內小臣在東堂下南面西上則宰胥及有司在東堂南面西上少退於小臣師庶子內小臣又少退於膳宰可知也量人巾車隸僕人及服不皆是有司之屬司射命有司納射器在西階前東面右顧則有司在西方士南可知服不事在於乏宜在

乏之後俟事三官得獻次服不則其位在門西旅倉後東面北上可知也射人爲擯者擯者位在中庭又將爲司正小射正薦之亦在觶南則未爲擯及未爲司射時大小射正皆中庭北面東上可知也大射正旣爲司正一小射正爲司射贊公射時有二小射正第三番射作取矢作升飲皆小射正爲之其事與司射相代則小射正二人次司射立於大史之南可知也小臣正詔相君禮小臣師佐之及其從者俱當隨君而入小臣正恆近君君在庭則左右君有事則升贊君在堂則當階下北面比於祭禮之宗人其位無定故不言位小臣師及從者初從小臣正至阼階下公升之後則就東堂下位可知也司馬正司馬師皆司馬之士其始入在士中及射時司馬位司射南司馬師行事司馬相代則次司馬而立司射南可知也小史者大史之佐經云大史在干侯東北北面東上則史非一人小史在其中矣至射時大史位在中西司射命大史大史則命小史小史命獲者則小史次大史而立中西可知也司宮士卽司宮之長位北堂下甸人亦有司也位西方士南有司不與射閽人守門鍾人守鍾縣賓賜脯於門內霤者蓋鍾人往受之非樂縣得至門也又司正位在觶南及射時不見司正所立案君射畢云大射正退反司正之位司正惟有

二位堂下位觶南堂上位在西序端先時工人士梓人畫物射正蒞之是司正在堂或者卽在序端乎又僕人正及師與士相工者隨工遷東陪於工後仍有不相工者在西縣北爲士舉旅僕人師升酌是也

主人就士旅食之尊而獻之旅食不拜受爵坐祭立飲

主人旣酌西面士旅食北面受之不洗者於賤略之也

疏 正義曰注於賤略之也校勘記曰徐本通解俱無也字與疏標起訖合○方氏苞曰鄉射之射事及獻薦弟子所共實多國君官備燕與大射獻酬射事皆官共之庶子惟設折俎弟子惟洗射爵酌奠而已庶子執事有列而門內無位士旅食者一無所事而位在士南特爲設尊繼士而獻則爲升於司馬之士司士作之以從會同賓客者無疑矣蓋士旅食者及庶子卽他日之命士卿大夫也猶鄉射之弟子卽他日之學士可賓興者也使之觀禮則志氣有所感與使之習事則政事日以練達所以成其德達其材卽於是乎寓焉至於祭祀之有旅酬所以盡賓主之敬又以使族姻鄉黨情意周洽而潛消其怨爭鬬辨之萌燕大射之有旅酬所以溥君公之恩又以使少長尊卑分誼詳明而卽是爲協恭和衷之本聖人緣情制禮徧布周密本末兼該而一以貫之如

此又云燕禮有士旅食而庶子弟子不與焉何也射節禮容辭命威儀莫詳於大射乃庶子弟子所未見而宜早知者燕則君臣相樂惟將仕者使觀禮可矣

主人執虛爵奠于篚復位

右主人獻士及旅食

賓降洗升媵觶于公酌散下拜公降一等小臣正辭賓升再拜稽首公荅再拜賓受公賜多矣禮將終宜勸公序厚意也今文觶爲觚公荅拜無再拜

疏 正義曰注云今文公荅拜無再拜者校勘記曰無再拜拜字疑衍姜氏曰荅再拜者蓋賓致爵與臣異而旣徹俎安坐又與其前異當以古文爲正方氏苞曰燕禮公荅賓主人媵爵者卿大夫皆再拜大射皆一拜惟荅賓前後兩再拜於飲射爵見救過之道在自下於賓媵觶見禮賢之義當厚終也然賓始升及卒爵荅再拜而奠爵仍荅一拜輕重之衡寓焉外此惟始媵觶者卒觶後荅再拜以此觶乃代公飲酬爵也無筭爵受賜爵者荅再拜以受者非賓則公卿亦禮厚於終之義胡氏承珙曰案燕禮云賓降洗升媵觚于公酌散下拜公降一等小臣辭賓升再拜稽

首公荅再拜鄭以彼決此故從古文賓坐祭卒爵再拜稽首公荅再拜賓降洗象觚升酌膳坐奠于薦南降拜小臣正辭賓升成拜公荅拜反位反位反席也此觚當為觶疏正義曰公荅拜反位校勘記曰反上唐石經徐本通解要義敖氏俱有賓字石經考文提要云上云賓升成拜升與反位相承　注云此觚當為觶者賈疏云凡旅酬皆用觶獻士尚用觶故知觚當為觶下經觚亦當爲觶胡氏承珙曰疏說是也又案疏云下經觚亦當爲觶者指下文公坐取賓所媵觚而言今十行本則作公坐取賓所媵觶蓋因疏說改之賈所見本作觚也公坐取賓所媵觚興惟公所賜受者如初受酬之禮降更爵洗升酌膳下再拜稽首小臣正辭升成拜公荅再拜乃就席坐行之坐行之若今坐相勸酒疏正義曰受酬之禮校勘記曰酬誤作成有執爵者士有盥升主酌授之惟受于公者拜公所賜者拜其餘則否司正命執爵者爵辯卒受者興

以酬士欲令惠均疏正義曰張氏爾岐曰司正以酬士命大夫下文方言酬節此其命之辭也大夫卒受者以爵興西階上酬士士升大夫奠爵拜士荅拜興酬士者士立堂下與上坐者異疏正義曰校勘記曰注士立堂下徐本無士字通解有與上坐者異異下徐本通解俱有也字與單疏標目合大夫立卒爵不拜實之士拜受大夫拜送士旅于西階上辯祝史小臣師旅食皆及焉士旅酌旅序也士以次自酌相酬無執爵者疏正義曰注云無執爵者對上文卿大夫有執爵者而言也

右賓舉爵爲士旅酬

若命曰復射則不獻庶子獻庶子則正禮畢後無事疏正義曰敖氏曰命君命也不猶未也此雖非正射然亦當於正禮中行之故其節在未獻庶子前也張氏爾岐曰士旅酬後當獻庶子等如下節所陳若復射則暫止俟射畢乃獻盛氏曰此又因燕而射也燕禮射於獻士之後今移於此者以前有三番正射其節

寏少間也韋氏協夢曰不獻庶子非謂終不獻也蓋不獻庶子即行復射禮旣復射然後獻之也**司射命射惟欲**司射命賓及諸公卿大夫射欲者則射不欲者則止可否之事從人心也疏正義曰敖氏曰以其非正射也人之力强弱不齊或有至是而不欲射者故以惟欲命之然則正射之時自諸公以至於士無有不與射者矣**卿大夫皆降再拜稽首公荅拜**拜君樂與臣下執事無已不言賓賓從羣臣禮在上疏正義曰敖氏曰降拜拜君命也公不辭之而即荅拜者以賓不在其中也賓不與此拜者以與君爲耦射否寏由君不敢從惟欲之命也盛氏曰皆降拜者拜君復射之命也雖將不與射者亦拜賓亦在焉而公不辭之者以其非與公爲禮也凡因受命而拜者公皆不辭其下拜敖說非案義疏曰命復射而拜非爲樂與執事也賓與君爲耦不可從羣臣之類矣**壹發中三侯皆獲**其功一也而和者亦多尚歡樂也矢揚觸或有參中者疏正義曰校勘記曰注而和者亦多亦徐本通解楊氏俱作益與疏合尚歡樂也歡陳本作勸○上文惟公中三侯皆釋獲至此燕後復射禮殺臣與君同故云和者益多也尚歡樂也云矢揚觸或有參中者以卿大夫士因

矢揚觸或有中非其侯者亦皆獲也敖氏曰以其非正射故上下射惟拾發一矢而已以其壹發故雖中非其侯而亦獲是禮亦相因而然也中亦謂中其鵠耳惟公則離維綱揚觸梱復而皆獲上云退中與算而俟至是則亦設中執算而釋獲矣釋獲則有飲射爵之事也郝氏曰壹發惟發一矢中三侯皆釋獲以一矢獲難也盛氏曰此著其禮之異者其他皆如初可知凡射必將乘矢因燕而射亦然詩云四鍭旣鈞是也敖氏郝氏皆以爲惟發一矢恐非壹發中三侯皆獲者燕射君臣同一侯此雖仍大射三侯而射者每發一矢値中一侯皆得唱獲釋算亦取同侯之義也

右坐燕時或復射

主人洗升自西階獻庶子于阼階上如獻士之禮辯獻降洗遂獻左右正與內小臣皆于阼階上如獻庶子之禮

庶子旣掌六牲之體又正舞位授舞器與膳宰樂正聯事又掌國子戒令教治世子之官也左右正謂樂正僕人正也位

在中庭之左右小樂正在頌磬之北右也工在西即北面工遷於東則東面大樂正在笙磬之北左也工在西則西面工遷於東則北面僕人正相大師工升堂與其師士降立於小樂正之北北上工遷於東則陪其工後國君無故不釋縣二正君之近官也內小臣奄人掌君陰事陰令后夫人之官也獻三官於阼階別內外臣也同獻更洗以時事不聯也獻正下及內小臣則磬人鐘人鎛人鼓人僕人師僕人士盡獻可知也庶子內小臣位在小臣師之東少退西上

疏 正義曰校勘記曰注后夫人后誤作後○釋官曰左右正辨見燕禮鄭氏兼樂正釋之誤經有小樂正又有樂正疏謂單言樂正者謂大樂正是也但此篇有小樂正故單言樂正者爲大樂正若散文則小樂正而通言樂正燕禮諸篇無大樂正所言樂正皆小樂正也此篇則大小樂正俱有小樂正主告樂備經云小樂正從之升自西階北面東上又云小樂正立于西階東是也大樂正主射時命工奏樂經云司射東面命樂正曰命用樂樂正曰諾又云樂正命大師曰奏貍首閒若一是也注謂小樂正在頌磬之北爲右大樂正在笙磬之北爲左其言無所據鄉射禮將射樂正適西方命弟子贊工遷樂於下降自西階阼階下之東南堂前三笴西面北上坐樂正北面立

於其南射畢樂正命弟子贊工卽位弟子相工如其降也升自西階反坐此篇不言者文不具耳其實亦與彼同樂正之位總與工相近工在西則立於西工在東則立於東大小樂正皆然以鄉射參之此篇工入時大小樂正皆當立於西階下特主告樂備者爲小樂正故言小樂正從之及還樂於東之時大小樂正皆當立於其南鄭氏之說考之於經無所依據蓋緣誤解左右正爲樂正故意造其說以牽合左右之文耳

右主人獻庶子等獻禮之終也

無筭爵筭數也爵行無次數惟意所勸醉而止疏正義曰注惟意所勸張氏勸作歡士也有執膳爵者有執散爵者執膳爵者酌以進公公不拜受執散爵者酌以之公命所賜所賜者興受爵降席下奠爵再拜稽首公荅再拜席下席西疏正義曰方氏苞曰公爲賓舉旅再拜稽首公荅一拜則爲卿大夫舉旅皆荅一拜可知矣而無筭之受賜者獨荅再拜示君之待臣益厚於終也猶燕禮公命徹冪公卿大夫皆降

拜稽首而不復升拜示臣之事君於終彌謹也受賜爵者以爵就席坐公卒爵然後飲酬之禮爵代舉今爵竝行嫌不代也竝行猶代者明勸惠從尊者來疏正義曰校勘記曰注今爵竝行爵誤作卽執膳爵者受公爵酌反奠之燕之歡在飲酒成其意也受賜者興授執散爵者執散爵者乃酌行之與其所歡者疏正義曰褚氏寅亮曰不言爵可知也何必添入惟受于公者拜卒爵者興以酬士于西階上士升大夫不拜乃飲實爵乃猶而也士不拜受爵大夫就席士旅酌亦如之疏正義曰張氏爾岐曰亦如大夫之不拜而飲飲畢遂實爵也公有命徹冪則賓及諸公卿大夫皆降西階下北面東上再拜稽首命徹冪者公意殷勤欲盡酒疏正義曰北面東上校勘記曰石經補闕誤作北北東上公命小臣正辭公荅拜大夫皆辟升反位升不成拜於將醉正臣禮士終旅于上如

初卿大夫降而爵止於其反席卒之無算樂升歌閒合無次數惟意所欲

右燕末盡歡

宵則庶子執燭於阼階上司宮執燭於西階上甸人執大燭于庭閽人爲燭於門外宵夜也燭燋也甸人掌共薪蒸者庭大燭爲其位廣也爲作也作燭俟賓出疏正義曰俟賓出挍勘記曰俟徐陳通解俱作俟賓醉北面坐取其薦脯以降取脯重得君之賜奏陔陔夏樂章也其歌頌類也以鍾鼓奏之其篇今亾賓所執脯以賜鍾人于門內霤遂出必賜鍾人鍾人以鍾鼓奏陔夏賜之脯明雖醉志禮不忘樂卿大夫皆出從賓出公不送臣也與之安燕交歡嫌亢禮也公入驁驁夏亦樂章也以鍾鼓奏之其詩今亾此公出而言入者射宮在郊以將還爲入燕不驁者於路寢無出入也疏正義曰注云此公出而言入者射宮在郊以將還爲入燕不驁者於路寢無出入也者鄉射記於郊則閭中鄭云諸侯大學在郊是

諸侯大射所故云大射在郊也燕禮記云燕朝服于寢是燕於路寢也敖氏曰入謂降而入於內也驚上似脫奏字燕禮不言公入此言公入爲奏驚而見之也公入而奏驚夏亦盛射禮也出時不奏遠辟天子之禮也大司樂職曰大射王出入令奏王夏盛氏曰公入當依鄭解後儒據此而謂大射亦在公宮非也然此言於卿大夫皆出之後則公之自大學而歸也蓋獨後於羣臣矣亦可見公之勤禮而不倦也周禮鐘師掌以鐘鼓奏九夏其卒曰驚夏未詳何用杜子春以爲公出入奏之蓋據此言也然此惟見公入而出則無文又言驚而不言夏則杜說亦未可盡信大抵公入奏驚猶賓出之奏陔其所歌之詩與奏之之節必與天子之樂有別而今皆不可考矣褚氏寅亮曰敖氏總誤認射在路寢故以爲降入於內不知諸侯路寢之庭不能容九十弓之侯道也○又曰此篇無記見於鄉射篇矣

右賓出公入

卷十五終

儀禮正義卷十六

鄭氏注

績溪胡培翬學

聘禮第八

鄭目錄云大問曰聘諸侯相於久無事使卿相問之禮小聘使大夫周禮曰凡諸侯之邦交歲相問也殷相聘也世相朝也聘於五禮屬賓禮大戴第十四小戴第十五別錄第八

疏 正義曰相問之禮下毛本無也字釋文集釋俱有於五禮上集釋有聘字毛本無今從集釋〇云大問曰聘者聘之與問對文異散則通詩采薇毛傳云聘問也白虎通云聘者問也曲禮曰諸侯使大夫問于諸侯曰聘是聘問義通鄭以此篇是言大聘之禮故云大問曰聘對下小聘曰問言也云諸侯相於者呂覽注云於猶厚也言聘爲諸侯相親厚之道也云久無事使卿相問之禮也者據下記久無事則聘焉注云事謂盟會之屬也知大聘使卿者賈疏云大行人云上公九介侯伯七介子男五介又云凡諸侯之卿其禮各下其君二等聘義上公七介侯伯五介子男三介是諸侯之卿介各下其君二等者也此聘禮是侯伯之卿大聘以其經云五介上介奉束錦士介

四人皆奉玉錦又云入竟張旜孤卿建旜據矦伯之卿之聘者周公作經互見爲義此見矦伯之卿大聘玉人云瑑圭璋八寸璧琮八寸以覜聘上公之臣公食大夫俎實云倫膚七據子男之臣是各舉一邊而言明五等俱有是其互見爲義也盛氏云大國聘禮見於周禮司儀職文所謂諸公之臣相爲國客是也周禮舉大國此舉次國薀互相備今案郊勞經云賓揖先入受于舍門內注云不受於堂此主於矦伯之臣也公之臣受勞於堂則鄭固以此篇爲矦伯大聘之禮矣然要其聘之儀節五等皆同所異者唯禮物度數耳云小聘使大夫者以大聘使卿明知小聘使大夫下經小聘曰問其禮如爲介三介是又下其卿二等故知使大夫也云周禮曰凡諸矦之邦交歲相問也殷相聘也世相朝也者此周禮大行人文彼注云小聘曰問殷中也久無事又於殷朝者及而相聘也父死子立曰世凡君卽位大國朝焉小國聘焉此皆所以習禮考義正刑一德以尊天子也必擇有道之國而就脩之鄭司農說殷聘以春秋傳曰孟僖子如齊殷聘是也今案周禮言殷相聘與下記久無事則聘義合謂中閒久無事則行聘禮爾雅釋言殷齊中也故鄭服皆訓殷爲中鄭注云又於殷朝者及而

相聘也者謂於朝之中及時相聘也葢諸侯之相朝世一行之聘則無數故於其中酌擇無事之時而行之使不失之疏亦不失之數也若方有盟會之事而又行聘則數矣是言殷相聘與言久無事則聘義正同也又聘義曰故天子制諸侯比年小聘三年大聘鄭注比年小聘所謂歲相問也三年大聘所謂殷相聘也王制曰諸侯之于天子也比年一小聘三年一大聘五年一朝鄭注此大聘與朝晉文霸時所制兩注似異者褚氏云比年三年乃周公所制邦交之禮非行於天子之禮也王制則指諸侯之于天子故鄭據左傳辨之今案昭三年左傳曰昔文襄之霸也其務不煩諸侯令諸侯三歲而聘五歲而朝此鄭所據之文也又昭十三年左傳曰明王之制使諸侯歲聘以志業間朝以講禮亦與周禮不合三禮札記云周禮有天子聘諸侯之禮大行人云間問以諭諸侯之志又云歲徧存三歲徧覜五歲徧省是也有諸侯聘天子之禮大宗伯云時聘曰問殷覜曰視大行人云時聘以結諸侯之好殷覜以除邦國之慝是也儀禮但有諸侯聘諸侯之禮而無諸侯聘天子及天子聘諸侯之禮葢皆闕而不存耳○禮經釋例云凡聘問覲皆于廟會同于壇士相見于寢案聘禮聘賓至于朝

主人曰不腆先君之祧既拚以俟矣祧始祖廟也又聘時及廟門公揖入又云几筵既設擯者出請命注有几筵者以其廟受宜依神也聘禮重故主國之君受之于始祖廟也又云賓朝服問卿卿受于祖廟問卿聘賓奉其君命來其禮亦重故主國之卿受之于祖廟也雖廟受而不几筵辟君也覲禮諸侯前朝皆受舍于朝注受舍於朝受次於文王廟門之外曲禮曰天子當依而立諸侯北面而見天子曰覲鄭注諸侯春見曰朝受摯于朝受享于廟秋見曰覲一受之于廟周官大行人公侯伯子男皆廟中將幣三享亦指朝宗覲遇而言所謂廟者皆祧廟也是聘問覲皆受之於廟也覲禮諸侯覲于天子為宮方三百步四門壇十有二尋深四尺注四時朝覲受之於廟此謂時會殷同也又引司儀職曰將會諸侯則命為壇三成是會同則於壇也至于士相見禮非問卿可比其禮殺行禮之處經無明文考士昏禮若不親迎壻見注壻見於寢壻見之禮略如上相見之禮則士相見當亦於寢矣

聘禮君與卿圖事 圖謀也謀聘故及可使者謀事者必因朝其位君南面卿西面大夫北面士東

面

【疏】正義曰自此至不辭言命使人之事○鄭謂三卿也三卿皆國之大臣主政事者故與圖之周禮大宰職曰乃施典于邦國設其參傅其伍陳其殷置其輔鄭注參謂卿三人伍謂大夫五人殷衆也謂衆士也輔府史庶人在官者禮記王制曰諸侯之上大夫卿下大夫上士中士下士凡五等鄭注上大夫曰卿王制又曰大國三卿皆命于天子下大夫五人上士二十七人次國三卿二卿命于天子一卿命于其君下大夫五人上士二十七人小國二卿皆命于其君下大夫五人上士二十七人鄭注小國亦三卿一卿命于天子二卿命于其君此文似誤脫耳儀禮釋官云大宰施典于邦國設其參不言小國有異則小國亦三卿明矣鄉飲酒義曰建國必立三卿是也釋官又云天子六卿諸侯之制半天子故卿止三人也若大夫則不止五人經云傅其伍葢指副於卿者言之周禮六官之屬卿止六人而中大夫不止小宰小司徒等十二人是其明證士亦不止二十七人王制但就上士言之其中士下士則無文也今案諸侯卿大夫士之制略具於此　注云圖謀也者爾雅釋詁文云謀聘故及可使者聘故謂謀所聘之國古之聘者必擇有道之國而行之此常聘也又如告糴乞師之類亦行聘禮皆所謂聘故也可使謂謀出聘之

人即使介是也云謀事者必因朝者古者諸侯每日視朝君臣相見故因朝謀之天子諸侯皆有三朝其一在路門內謂之燕朝即路寢也其二在路門外謂之治朝即正朝也其三在皋門之內庫門之外謂之外朝諸侯無皋門外朝亦在庫門外三朝唯路寢燕朝有堂治朝外朝皆無堂論語攝齊升堂謂燕朝也燕朝又名內朝見文王世子治朝對庫門外之朝言亦曰內朝玉藻朝服以日視朝于內朝是也對路門內之朝言亦曰外朝文王世子其在外朝則以官是也江氏永云此圖事命使者當在路寢之朝後夕幣乃在路門外正朝也又云古者視朝之儀臣先君入君出路門立于宁徧揖羣臣則朝禮畢於是君退適路寢聽政諸臣至官府治事處治文書如議論政事君有命臣有進言則於路門內朝又云路寢門內之朝君之視之也當有四一爲與宗人圖嘉事文王世子公族朝于內朝鄭云謂以宗族事會是也一爲與羣臣燕飲燕禮所言是也一爲君臣有謀議臣有所進言則治朝既畢復視內朝鄉黨所記是也聘禮君與卿圖事遂命使者亦是在內朝也一是羣臣以玄端服夕見亦是有事謀議也四事外則君與四方之賓燕亦在寢非朝禮又或臣燕見于君士相見禮所謂君在堂升見無方階辨君所在亦非朝禮孔子侍

坐侍倉對問政對儒行皆是燕見時也今案此聘禮畧見諸侯三朝之制圖事命使在燕朝也及期夕幣管人布幕于寢門外注云寢門外朝也則是治朝又賓皮弁聘至于朝賓入于次注云次在大門外之西則是外朝其餘行禮在治朝外朝者尚多各隨文解之賈疏以大射爲射朝不知大射在射宮不在朝也又謂儀禮不見路門外正朝皆誤云其位君南面卿西面大夫北面士東面者案燕禮小臣納卿大夫卿大夫皆入門右北面東上士立于西方東面北上公降立于阼階之東南南鄉爾卿卿西面北上爾大夫大夫皆少進蓋三卿五大夫初入門右同北面得揖卿西面大夫少進北面不改鄭以燕禮行于路寢其面位如是此圖事在燕朝故約燕禮之文知亦君南面卿西面大夫北面士東面也江氏永云王朝禮三公北面而諸侯禮大夫北面變于王朝也又天子諸侯路寢南面聽政燕在阼階西面見檀弓疏

遂命使者

遂猶因也旣謀其人因命之也聘使卿疏正義曰注云遂猶因也旣謀其人因命之也者此使者卿也在謀事之中故因與謀定而命之也書序傳云因事曰遂是遂與因義通云聘使卿者姚氏範云左傳鄭游吉對晉士景伯先王之制嘉好聘享之事于是乎使卿魯所使聘于諸侯者如公子

友公子遂季孫行父仲孫蔑叔孫豹等皆卿則使卿正也吳氏廷華云變卿言使者以所事名之也

使者再拜稽首辭辭以不敢　疏　正義曰敖氏云使者少進而北面乃拜君親命之故拜而後辭異於傳命之儀也又云使者與上介必辭者不敢以專對之才自許謙敬也注云辭以不敢者凡使才須敏左傳禮成而加之以敏是也故以不敢辭

君不許乃退退反位也受命者必進　疏　正義曰不許者不許其辭也云退反位也者言此退是反其西面之位非退出也必知退是反位者以受命者必進而近君違其位也曲禮曰揖人必違其位況拜君命乎不許乃退不再辭者臣惟君所使雖懼弗勝任而亦不敢避也

旣圖事戒上介亦如之旣已也戒猶命也已謀事乃命上介難於使者易於介　疏　正義曰蔡氏云上介大夫爲之所以副使者或聘使有故則上介攝其事是其任亦重故亦稽首辭如使者使使者今案亦如之如其再拜以下至不許乃退也

注云戒猶命也者儀禮內言戒者不一義有訓警者有訓告者此戒上介亦是命之爲上介與命使者同故云猶命也云已謀事乃命上介難於使者易於介者上遂命使者卽於圖事時命之此圖事旣畢乃戒明不與使者同命

是有難易之分也敖氏云使者言命上介言戒異尊卑也**宰命司馬戒衆介衆介皆逆命不辭**宰上卿貳君事者也諸侯謂司徒爲宰衆介者士也士屬司馬周禮司馬之屬司士掌作士適四方使爲介逆猶受也

疏 正義曰黃氏丕烈云張氏淳於此注爲宰宰上及下注宰之屬也上皆增大字據陸也案單疏述注無大字今案嚴本及各本俱無大字集釋載此注云諸侯謂司徒爲大宰有大字下注無○宰命司馬蓋以君命命之必命司馬戒衆介者衆介卑君不親命之也

注云宰上卿貳君事者也者案王制次國之上卿位當大國之中中當其下云云是於三卿中更分爲上中下也故左傳有家卿介卿亞卿之稱家卿即上卿也貳君事謂執政也云諸侯謂司徒爲宰者案內則后王命冢宰降德于衆兆民鄭注一云冢宰記者據諸侯也諸侯幷六卿爲三或兼職焉王制疏引崔氏靈恩云三卿者依周制而言謂立司徒兼冢宰之事立司馬兼宗伯之事立司空兼司寇之事故春秋左傳云季孫爲司徒叔孫爲司馬孟孫爲司空此三卿也以此推之故知諸侯不立冢宰宗伯司寇之官也下大夫五人者謂小司徒下二人一小宰一小司徒司空下二人一小司寇一小司空司馬事省惟置一人一

小司馬也儀禮釋官云諸侯三卿其來已久詩曰乃召司空乃召司徒牧誓及立政言文武未得天下以前制皆曰司徒司馬司空至武王有天下立六卿而三卿遂定爲諸侯之制是以酒誥梓材俱云司徒司馬司空也春秋時有可考者如襄十年左傳云子國爲司馬子耳爲司空子孔爲司徒二十五年傳云子產入陳司徒致民司馬致節司空致地昭四年傳云吾子爲司徒夫子爲司馬孟孫爲司空此三卿爲司徒司馬司空之證也今案諸侯不立家宰之官以司徒兼之故亦謂司徒爲宰也互詳大射儀宰戒百官下云衆介者士也者衆介下經亦稱士介明以士爲之則上介爲大夫益明矣云士屬司馬周禮司馬之屬司士掌作士適四方使爲介者此釋經所以命司馬戒之義也司士職曰掌國中之士治凡其戒令司士爲司馬之屬官而掌士故云士屬司馬也作士適四方使爲介亦司士職文彼注分使與介爲二謂士使自以王命使也此注引之則取爲介之文以證衆介爲士玉藻曰大夫有所往必與公士爲賓也云逆猶受也者爾雅說文皆云逆迎也禹貢同爲逆河鄭注言相向迎受故此注云猶受也衆介受命不辭者蔡氏云衆介無應對危辱之責爲君奔走職也故直受不辭○王氏士讓疑諸侯三卿經言宰命司馬戒

衆介是二卿皆在國理事堪使者惟司空耳今案諸侯司徒下有小宰小司徒司馬下有小司馬宰與司馬若出使自有小宰等官攝其命與戒之事不必泥也

右命使

宰書幣 書聘所用幣多少也宰又掌制國之用 疏 正義曰自此至所受書以行言授幣之事 注云書聘所用幣多少也者經所云幣兼聘享問卿等玉帛言注專云聘者舉聘以該之也周禮司儀職曰凡諸侯之交各稱其邦而爲之幣注謂于大國則豐于小國則殺是用幣有多少也郝氏敬云幣所齎玉帛皮馬之類書記數也云宰又掌制國之用者是申言宰書之義王制曰冢宰制國用是也敖氏云周官冢宰以九式均節財用六曰幣帛之式故此主書幣也

命宰夫官具 宰夫宰之屬也命之使衆官具幣及所宜齎 疏 正義曰云宰夫宰之屬也者詳大射儀云命之使衆官具幣及所宜齎者張氏爾岐云命之者宰也宰旣書用幣之數遂命宰夫使官具之吳氏廷華云官具謂衆官各備其所宜具也今案注旣云使衆官具幣而又云及所宜齎則官具者不獨幣

而已齎與資通下記問幾月之資注資行用也周禮外府共其財用之幣齎鄭注齎行道之財用也是凡出聘所空用者皆使其所掌之官具之周禮宰夫掌百官府之徵令又曰凡禮事贊小宰比官府之具故以官具命之也

及期夕幣及猶至也夕幣先行之日夕陳幣而視之重聘也疏正義曰期行期也敖氏云此云及期則上亦當有請期告期之禮文略耳姚氏範云命使之後夕幣之前中間具齎幣治行李庀家事容有旬日皇皇者華詩序曰君遣使臣送之以禮樂燕送之節當在此時今案據此則行無定期故經但云及也又敖氏以夕幣二字爲題下事其說是也　注云及猶至也者鄭注燕禮大射俱云及至也此云及猶至也義同云夕幣先行之日夕陳幣而視之重聘也者案下云厥明釋幣于禰是行日此夕是先行一日之夕也高氏愈云厥明將受幣啟行故先於夕展數而示使者重其事也方氏苞云視幣必以夕何也陳之卽載而舍于朝明日乃可與使者同時就道也禮已受命君言不宿于家

使者朝服帥衆介夕視其事也古文帥皆作率疏正義曰此夕爲暮暮見于君之名左傳右尹子革夕是也與上夕字義異衆介兼上介言使者朝服則衆介亦朝服可知帥以暮見因陳幣視之

故注云視其事也盛氏云案此暮夕於君而君臣皆朝服重其事也常時夕玄端云古文帥皆作率者胡氏承珙云說文帥佩巾也率捕鳥畢也其統帥之帥作衛云將衛也率領之率作達云先導也後世衛達二字廢不用而佩巾之帥鳥畢之率俗爲將帥率由之字二字又互相通俗段氏玉裁曰周禮樂師燕射帥射夫以弓矢舞故書帥爲率鄭司農云率當爲帥大鄭以漢人帥領字通用帥與周時用率不同故也案鄭於經字則皆從帥而出率字於注或如段說以漢時通用之故今案覲禮帥乃初事注亦云古文帥作率嚴本不誤詳覲禮

管人布幕于寢門外管猶館也館人謂掌次舍帷幕者也布幕以承幣寢門外朝也古文管作官今文布作敷

疏正義曰云管猶館也館人謂掌次舍帷幕者也者案下記曰管人爲客三日具沐五日具浴注云管人掌客館者也士喪禮管人汲注云管人有司主館舍者儀禮釋官云左傳楚公子圍聘于鄭將入館子羽辭曰敝邑館人之屬也杜注館人守舍人是管人即館人其職掌館舍明矣故鄭云管猶館也又以此經管人布幕謂爲掌次舍帷幕者賈疏云天官有掌舍掌次幕人等掌次云有邦事則張幕設案掌舍云爲帷宮設旌門又幕人云掌帷幕幄帟綬之事鄭云

在旁曰帷在上曰幕幕或在地展陳於上卽此布幕是也館人卽彼掌舍以諸侯兼官故鄭總言之也釋官云考周禮無管人之官而掌舍與幕人掌次聯職或當如賈所云也壄大記曰管人汲又曰管人授御者沐是掌沐浴亦其職也此經釋文云管人掌館舍之官禮記壄大記釋文云管人如字掌管籥之人又古亂反掌館舍之人則所傳異也云布幕以承幣者張氏爾岐云此幕非在上之幕乃布之地以爲藉者今案陳幣必先布幕以爲藉不敢褻也云寢門外朝也者此寢門卽路寢門路寢門外爲治朝之地故云朝也云古文管作官者惠氏棟云易隨初九云官有渝蜀才本官作館穆天子傳云官人陳牲義作館據此則官與管通鄭不從古文者以此記及士壄禮禮記壄大記諸文皆作管不作官也云今文布作敷者詩敷于下土毛傳敷布也又書敷重蔑席說文首部引作布是敷布二字通鄭以此經布席字多作布故此布幕亦從古文作布也

官陳幣皮北首西上加其奉于左皮上馬則北面奠幣于其前奉所奉以致命謂束帛及玄纁也馬言用者此享主用皮或時用馬馬入則在幕南皮馬皆乘古文奉爲卷今文無則

疏 正義曰注馬言則者校勘記云則徐

本誤作用○賈疏云官陳幣者卽上文官具者也館人布幕于地官陳幣于其上敖氏云陳皮不言幕上可知也北首變于執也西上放設時之位也此皮若馬之位其亨主君者在西亨夫人者在東王氏士讓云皮北首馬北面皆鄉君左皮皮西上者今案馬言面馬生物也皮北首故以面爲左皮西面上則馬亦然此官陳幣三字總皮馬束帛言下乃别言陳皮陳馬之法也　注云奉所奉以致命謂束帛及玄纁也者案亨時皮馬皆在堂下使者親奉束帛加璧升堂致命亨夫人則奉玄纁加琮故謂束帛玄纁爲奉也賈疏云不言璧琮者璧琮不陳厥明乃授之也今案此夕幣時圭璋亦不陳故楊氏復云圭聘禮之重者也聘主不可以預授俟使者明日受命于朝于是君朝服南鄉而授之吳氏廷華云不陳玉者重器不褻于外也云馬言則者此亨主用皮或時用馬者有皮之國主用皮無皮之國乃用馬故經先言陳皮之法而後言陳馬之法於馬言則以見非皮馬並用也云馬入則在幕南者馬不可陳于幕上故在幕南而北面也經云馬則北面奠幣于其前則字直貫下七字奠幣之幣卽指束帛玄纁言蓋束帛等可加于皮上不可加于馬上故用馬則奠于馬北幕上也馬北面以北爲前故云奠幣于其前云皮馬皆乘者物四曰乘

賈疏云下賓覿時云總乘馬又云禮玉束帛乘皮是皆乘也云古文奉爲卷今文無則者胡氏承珙云據禨記注束帛本有卷稱鄭不從者以下文行禮凡幣皆言奉故也馬言則者賈疏引下庭實皮則攝之鄭注皮言則者或用馬也與此互明今文無則於義不備故鄭亦不從也

使者北面衆介立于其左東上　旣受行同位也位在幕南【疏】正義曰王氏士讓云左西方也東上則使者在上介東次介在上介西　注云旣受行同位也者常時在朝卿大夫士面位各異此旣受出使之命則皆北面故云同位下記云使者旣受行日朝同位是也云位在幕南者以經云北面故知在幕南於覿幣便也

卿大夫在幕東西面北上　大夫西面辟使者【疏】正義曰此卿大夫謂處者也大夫本北面以使介北面乃辟之而與卿同西面故云大夫北面辟使者也

宰入告具于君君朝服出門左南鄉　入告入路門而告【疏】正義曰敖氏云具謂所陳者已具今案出門左者由闑東也注云入告入路門而告者以夕幣在路門外故知入者入路門也

史讀書展幣　展猶校錄也史幕東西面讀書賈人坐撫其幣每者曰在必西面者欲君

與使者俱見之也 疏 正義曰：注云展猶校錄也者，謂取幣一一校數也。賈疏云幣謂官具之者，非直所奉而已。云史幕東西面讀書，賈人坐撫其幣，每者曰在者，謂史依書讀之，賈人依所讀校之，每者曰在，驗其相符與否，恐有遺忘也。儀禮釋官云：書即上宰所書用幣之數者。周禮大史職曰：大會同朝覲，以書協禮事，及將幣之日，執書以詔王。是讀之者大史也。云必西面者，欲君與使者俱見之也者，以君南面，使者北面，史于西面讀之，是欲其俱見之也。賈疏云賈人當在幕西東面讀之，亦欲俱見之也。敖氏云：史蓋幕西東面讀書，有司北面展之。褚氏云：史與卿大夫同在幕東西面，故展畢即以書授宰。如在幕西，則必越幕而授宰矣。宜從注。今案：褚說是也。吳氏疑義云：此經第言官，下行時受圭乃言賈，則夕幣無賈人可知。今案：敖氏以展幣爲有司，是也。但當西面，不北面耳。

宰執書告備具于君，授使者。使者受書，授上介。 史展幣畢，以書還授宰。宰既告備，以授使者。其受授皆北面。 疏 正義曰：盛氏云：告備具者，言其幣一一與書符，無闕少也。敖以具字爲衍，非。注云史展幣畢以書還授宰者，史與宰皆在幕東西面，讀書展幣畢，史乃以書還授宰也。云宰既告備以授使者，其受授

皆北面者賈疏云宰以書來至使者之東北面授使者使者北面授介三者皆北面向君故也李氏云據下文宰授使者圭授受同面

公揖入揖禮羣臣疏正義曰入者入路寢以展幣禮畢故也

官載其幣舍于朝待旦行也疏正義曰此朝即寢門外朝也舍于朝官守之李氏云官從行之官入竟展幣之有司是也敖氏云載謂載之於車幣亦兼皮言也古者載幣之車以人推之春秋傳曰用幣必百兩百兩必千人蔡氏云舍于朝者公幣不可以入私家也注待旦行也謂俟厥明賓受命行乃隨之行也

上介視載者監其安處之畢乃出疏正義曰官載幣而上介監視之重其事也注云監其安處之畢乃出者謂俟載者安處畢乃出也經未言出注補言出者明上介不舍于朝也出出謂退歸或以出為行非

所受書以行為當復展疏正義曰所受書即前上介所受於使者之書也以行謂以書入載隨行也注云為當復展者張氏爾岐云上介所受之書則將之以行為至彼國境上當復展也○王氏士讓方氏觀承俱謂此及上二條當作一氣讀謂視所載物及所受書驗其相符否也今案上讀書展幣已是驗其相符與否彼時上介亦同視則不必再驗矣此二節注

說極明無
庸更易也

右授幣

厥明賓朝服釋幣于禰告爲君使也賓使者謂之賓尊之
也天子諸侯將出告羣廟大夫告
禰而已凡釋幣正義曰自此至亦如之言使者與上介
設洗盥如祭〔疏〕將行釋幣之事○厥明夕幣之明日也
禰父廟也朝服者賈疏云卿大夫朝服祭故還服朝服告
也　注云告爲君使也者象生時出必告也云賓使者謂
之賓尊之也者此賓卽使者以其將爲賓于他國故謂之
爲賓以尊異之也又周禮大行人掌大賓之禮及大客之
儀鄭注大賓諸侯大客謂其孤卿則大夫出使宜稱客此
篇多稱賓者對文異散則通也云天子諸侯將出告羣廟
大夫告禰而已者曾子問曰天子諸侯將出必以幣帛皮
圭告于祖禰又曰諸侯適天子必告于祖奠于禰鄭注皆
奠幣以告之互文也是天子諸侯將出告羣廟也大夫三
廟告禰而已辟天子諸侯也方氏苞云古者五十命爲大
夫至爲卿則年必長矣故出釋奠反獻薦皆曰于禰道其
常也下記賜饔筮一尸若昭若穆上及于祖該其變也葢

聞有篤老而父尚存者云凡釋幣設洗盥如祭者云凡非一之辭蓋兼覲禮言也陳氏祥道禮書云覲禮侯氏將朝王釋幣于禰聘禮賓將受命釋幣于禰于行皆幣而已則釋幣猶釋菜耳牲牢酒齊不預也今案釋幣有幣無牲告而不祭曾子問凡告用牲幣鄭注牲當爲制字之誤也孔疏引皇氏熊氏之說諸侯以下無牲天子則當用牲也然釋幣雖不祭亦必設洗盥如祭時以執幣奠幣須盥手致潔也大夫祭設洗盥詳少牢饋食禮**有司筵几于室中祝先入主人從入主人在右再拜祝告又再拜**更云主人者庿中之稱也祝告告以主人將行也

疏 正義曰此有司及祝祝皆大夫之家臣也祝詳少牢禮敖氏云室中奥也筵亦東面而右几主人在右在祝右也祝在左者以親釋辭於鬼神宜變於他時詔辭之位也少儀曰詔辭自右主人拜不稽首變於祭祝不拜辟君禮吳氏廷華云祝習於神故先入右祝祝之北禰主東鄉告者西鄉　注云更云主人者庿中之稱也者案特牲少牢皆稱主人是主人爲庿中之稱故上云賓而此更云主人也云祝告告以主人將行也者其辭當云孝子某奉君命使于某國以某日行敢奠幣告**釋幣制玄纁束奠于**

凡下出祝釋之也凡物十曰束玄纁之率玄居三纁居二也朝貢禮云純四只制丈八尺疏正義曰出謂主人及祝皆出也注云祝釋之也者據曾子問君薨而世子生大祝裨冕執束帛告曰某之子生又云升奠幣于殯東几上故知祝釋之也此奠于几下即祝奠之云凡物十曰束者帛十端曰束猶脯十脡亦曰束故云凡也鄭注士冠禮士昏禮公食禮皆云束帛十端也云玄纁之率玄居三纁居二者儀禮士昏禮曰納徵玄纁束帛此云釋幣制玄纁束旣夕禮曰公賵玄纁束又曰至于邦門公使宰夫賵玄纁束又曰賵用制幣玄纁束凡用玄纁者皆玄三纁二故云玄纁之率玄居三纁居二也何氏公羊注亦云玄三纁二法天三地二法地曾子問疏云十端六玄四纁五兩三玄二纁纁是地色玄是天色然則玄三纁二據五兩言之也云朝貢禮純四只制丈八尺者案只與咫通字又作𥿍周禮內宰出其度量淳制鄭注故書淳爲敦杜子春讀敦爲純純謂幅廣也制謂匹長純制天子巡守禮所云制幣丈八尺純四𥿍與彼疏引鄭志趙商問云天子巡守禮制幣丈八尺純四𥿍何咨云巡守禮制丈八尺咫八寸四咫三尺二寸又太廣四當爲三三三八二十四二尺四寸幅廣也古三四積畫是以三誤爲四也案此注云朝貢禮

而周禮注引作巡守禮者，賈氏旣夕疏云朝貢禮及巡守禮皆有此文。今案據杜子春及鄭志之說，則純四只謂其幅之廣也，制丈八尺謂其匹之長也。是以鄭注曾子問云制幣一丈八尺，注旣夕禮云丈八尺曰制，二制合之，束十制五合。案十制卽十端，五合卽五兩也。丈八尺曰制，是其一端，二端合之爲一兩，束十制計五兩也。兩亦謂之匹，襍記曰納幣一束，束五兩，兩五尋。鄭注納幣謂昏禮納徵也，十个爲束，貴成數，兩兩者合其卷，是謂五兩，八尺曰尋，兩五尋，則每卷二丈也，合之則四十尺，今謂之匹，猶匹偶之云與。據此，昏禮雖用二丈爲一端，而其一束五兩，一兩二端則同。昏禮所以必用二丈者，取成數，其他禮幣則皆以丈八尺爲節，謂之制。其幅廣二尺四寸，亦與布幅廣二尺二寸者異也。

主人立于戶東，祝立于牖西。少頃之閒，示有俟於神。【疏】正義曰：敖氏云其立東西相鄉。高氏愈云幽明理殊，故皆出以俟神之來格是也。

又入取幣，降，卷幣，實于筓，埋于西階東。又入者，祝也。埋幣必盛以器，若藏之然。【疏】正義曰：幣每端長有丈八尺，則奠時固已卷之矣，此云卷幣，蓋卷以實于筓也。埋于西階東者，曾子問曰天子諸侯反必告，設奠，卒，斂幣玉，藏諸兩階之閒，此云西階東，郎兩階閒也。筭許士昏禮敖氏云：又入者，祝及主人也。祝既取幣，乃與主人俱出。幣必埋之者，神物不欲令人褻之。今案，又入緊承上主人立于戶東二句，似敖說是也。曾子問小宰升舉幣，注云：舉而下埋之階閒。舉而下，郎此經所云取幣降也。案祝奠之，不使祝取以降者，諸侯官多也。

又釋幣于行，告將行也。行者之先，其古人之名未聞。天子諸侯有常祀在冬，大夫三祀，曰門，曰行，曰厲。喪禮有毀宗躐行，出于大門，則行神之位在廟門外西方。不言埋幣，可知也。今時民春秋祭祀有行神，古之遺禮乎。

〔疏〕正義曰：敖氏云：此釋幣之儀與室中者異，故不蒙如之也。注云「告將行也」者，以將有事於道路，故釋幣于行以告之。云「行者之先，其古人之名未聞」者，謂古有始教行之人，後遂祀爲道路之神，其名未聞也。云「天子諸侯有常祀在冬」者，月令冬祀行是也。云「大夫三祀，曰門，曰行，曰厲」者，祭法文。是大夫亦有常祀也，但出行則又告之耳。云「喪禮有毀宗躐行，出于大門，則行神之位在廟門外西方」者，檀弓曰：及葬，毀宗躐行，出于大門，殷道也。鄭注：毀宗，毀廟門之西而出，行神之位在廟門之外。孔疏：生時出行，則爲壇幣告行神，告竟，車躐行壇上而出，使道中安穩如在壇。今轜毀宗處出，仍得躐此行壇，如生時之出也，故云毀宗躐行出于大門也。案檀弓以此爲殷道，則周道不如此矣，故旣夕篇不言毀宗躐行也。月令孟冬之月其祀行，鄭注行在廟門外之西，與此注及檀弓注同。吳氏廷華云彼據喪禮，故以廟門言，若常位當在大門外之西。其說似可從，餘詳下記出祖釋軷下。云不言埋幣可知也者，言此幣亦埋之，不言可知也。云今時民春秋祭祀有行神，古之遺禮乎者，案祭法注亦云今時民家或春秋祀司命、行神、山神，是皆舉漢法爲況也。**遂受命**。賓須介來乃受命也。言遂者，明自是出不復入。疏正義曰：遂受命者，言釋幣訖遂往受命也。注云賓須介來乃受命也者，據下帥以受命言也。云言遂者明自是出不復入者，斯時釋幣于行，已出在門外，故卽往朝，不復入也。

上介釋幣亦如之。如其於禰與行。疏正義曰：盛氏云衆介亦當有告禰之事，經不言者，略也。

右將行釋幣告禰與行

上介及衆介俟于使者之門外。俟，待也。待於門外，東面北上。疏正義曰：自此至斂旜，言賓介往朝受命卽行之事。○方氏苞云：介必備集于使者門外，然後序入于朝，無參錯也。注云東面北上者賈疏云依賓客門外之位也**使者載旜帥以受命于朝**旜旃旗屬也載之者所以表識其事也周禮曰通帛爲旜又曰孤卿建旜至于朝門使者北面東上古文旜皆爲膳【疏】正義曰帥帥介也朝治朝敖氏云受命于朝亦曰下事之言也朝蓋指受命之處而言謂路門外是也　注云載之者所以表識其事也者載謂載于車上敖氏云此載旜爲將受君命以行也使事于是乎始故以其旗表之兩引周禮皆司常文李氏云旜通以絳帛爲之無他色之飾所謂周之大赤也云至于朝門使者北面東上者案朝門謂庫門也庫門而謂之朝門者蒙經朝言之庫門朝之外門也天子五門臯庫雉應路諸侯三門庫雉路明堂位曰庫門天子臯門雉門天子應門江氏永云此言魯之庫門門儗天子之臯雉門儗天子之應耳非謂唯魯有庫門雉門而餘諸侯不得立也檀弓言庫門者四除魯莊公旣葬而經不入庫門外其他言君復于庫門宰夫命舍故諱新自寢門至于庫門軍有憂則素服哭于庫門之外皆通諸侯言之非專爲魯記也禮器言繹之于庫門內家語謂孔子爲衞莊公言之則諸侯皆有庫門可知有庫門則亦有雉門矣又云朱子曰書天子有應門春秋魯有雉門禮記云魯有庫門家語云衞有庫門皆

無云諸侯有臯應者，則臯應爲天子之門明矣，此爲定說。注疏言魯有庫雉，他國諸侯有臯應者，皆非。今案江說是也。又戴氏震謂天子亦三門，無庫雉，作三朝三門考，其言曰：天子之宮有臯門，有應門，有路門，路門一曰虎門，一曰畢門，不聞天子庫門雉門也。諸侯之宮有庫門，有雉門，有路門，不聞諸侯臯門應門也。臯門，天子之外門；庫門，諸侯之外門。應門，天子之中門；雉門，諸侯之中門。異其名，殊其制，辨等威也。天子三朝，諸侯三朝；天子三門，諸侯三門，其數同，君國之事侔，體合也，朝與門無虛設也。又言諸侯宗廟社稷皆在中門內、路門外之左右，其說亦精妙。又宋劉氏敞亦有天子三門之說，見公是先生弟子記。此注云至于朝門，謂使介車至庫門止，而下行少立于庫門外，北面東上，以俟君之進之也。賈疏以朝門爲臯門外，誤；敖氏以爲雉門外，亦非。云古文擔皆爲膳者，胡氏承珙云：說文擔爲旃之或字，周禮、儀禮皆作擔，古文作膳者，假借字。

君朝服，南鄉。卿大夫西面北上。

君使卿進使者。進之者，使者謙，不敢必君之終使己。

疏 正義曰：敖氏云：此在朝，固朝服矣，必著之者，嫌命聘使或當皮弁服也。南鄉，亦在路門外也。使卿進使者，重其事也。今案：進使者，謂使者先在庫門外，進之乃

入卿大夫皆西面北上者賈疏云此依展幣之位大**使者**
夫與卿同西面避賓下文使介亦同展幣北面東上
入及衆介隨入北面東上君揖使者進之上介立于其左
接聞命進之者有命宜相近也接猶續也【疏】正義曰入謂入庫門雉門至治朝而北面東上也其左使
者西也盛氏云經云上介立于其左則與使者俱進矣衆
介猶在故位　注云進之者有命宜相近也者謂進之使
近便於聞命也釋文云近附近之近云接猶續也者下經
賓立接西塾注云接猶近也喪服傳以時接見乎天子注
云接猶會也蓋隨文生義廣雅亦云接續也此言上介立
近使者可接續而聞命也敖氏云上介必接聞命者爲使
者或有故則上介攝使事宜與聞之**賈人西面坐啟櫝取圭垂繅不起而授**
宰賈人在官知物賈者繅所以藉圭也【疏】正義曰朱子云其或拜則奠於其上今文繅作璪　注在官上疑有
庶人二字校勘記云賈楊氏作價案賈正字價俗字○圭
瑑圭也下注引周禮曰瑑圭璋璧琮以覜聘是也此典瑞
文又考工記玉人曰瑑圭璋八寸璧琮八寸以覜聘言八
寸者彼疏云此謂上公之臣若侯伯之臣宜六寸子男之

臣宜四寸今案此經是侯伯之禮則瑑圭圭六寸也論語執圭包注云爲君使聘問鄰國執持君之圭圭江氏永云大夫聘執瑑圭周禮有明文君之圭非臣所執包氏誤矣集注偶失檢承其誤以諸侯命圭釋之考工記玉人曰命圭九寸謂之桓圭公守之命圭七寸謂之信圭侯守之命圭七寸謂之躬圭伯守之是封國之時天子命而諸侯守之者若聘享之圭璋璧琮禮記明言凡四器者唯其所寶以聘可也則異於命圭矣蔡氏禮經本義引周章成云聘圭與封圭不同封圭雖朝王及兩君相見用之若遣使出聘所用之圭下于封圭一等所謂瑑圭也櫝藏玉之器李氏云櫝函也論語曰韞玉毁于櫝中邢氏疏云玉比忠信託玉傳信必面命使者然後授之賈人西向跪取敬也不起跪授也敖氏云授玉不起賤者宜自別也宰于其右亦坐受之吳氏廷華云宰貳君故代君授受　注云賈人在官知物賈者儀禮釋官云王制庶人在官者注謂府史之屬孔疏云之屬者謂工人賈人及胥徒也少儀臣致禭於君則曰致廢衣於賈人注賈人知物善惡也案周禮序官若庖人大府玉府職幣典婦功典絲泉府馬質羊人巫馬犬人諸職皆有賈此賈人當爲府官之屬周禮天府內府皆掌金玉內府職曰凡適四方使者共其所受之物而奉之

與此經合也云繅所以藉圭也者李氏云繅者以韋依木畫以襍采以之薦玉又以五綵組繫焉有事則組或垂或屈之垂者垂之向下屈者屈之于手凡言屈垂者皆據組言之今案李氏謂屈垂據組言是也但組與韋版同一物不得分爲二故經云垂繅屈繅也敖氏則謂繅以帛爲之與鄭異詳下記皆玄纁繫長尺絢組下云其或拜則奠於其上者據覲禮記奠圭于繅上言之是釋繅所以藉玉之義然經之所謂有藉則裼無藉則襲者乃指束帛言非謂繅也疏家每以垂繅爲有藉屈繅爲無藉誤辨見記凡執玉無藉者襲下云今文繅作璪者胡氏承珙云周禮司几筵加繅席畫純鄭司農云繅當爲藻藻率之藻典瑞注同弁師諸侯之繅斿九就鄭司農云繅當爲藻繅古字也藻今字也同物同音康成注周禮祇釋繅義不破從藻故注此經皆從古文作繅今文作璪者說文玉部云璪玉飾如水藻之文引虞書璪火粉米蓋許從儀禮今文故凡文采之字作璪而以繅爲繹繭之字與鄭義異今案下記圭與繅皆九寸注云古文繅或作藻今文作璪則古文之本又不同矣覲禮奠圭于繅上注云古文繅作璪此古文疑今文之誤

宰執圭屈繅自公左授使者屈繅者斂之禮以相變爲敬也自公左贊幣之義

正義曰注云屈繅者斂之者謂斂埀者而持之於一手下【疏】注云屈繅幷持之是也云禮以相變爲敬也者謂一埀一屈相變也江氏筠云自賈人取圭至上介授圭賈人凡四授受埀繅與屈繅相間鄭注謂禮以相變爲敬也敖君善謂蓋相變以爲儀然亦莫不有義存焉也蔡敬齋本義錄高紫超說曰埀繅以示文屈繅以示敬筠謂此所以一埀一屈者郎上展幣之謂耳賈人啟櫝取圭解組繫以呈之宰宰得而省視之則斂繅以授使者使者受而開視因執以受命于公受命訖郎以示上介上介旣審視則屈授賈人命藏諸櫝賈人之所以必埀繅授宰者一以明典守不失又以便尊者之審之也宰之所以屈繅授使者付重物於人妥整理斂束以示付託之愼也使授上介埀而不屈者聘使有故則上介當攝其事故須令省識之又其後入竟展圭但上介北面視之而賓不視其行聘時賓但受上介圭襲執之而繅不埀介賓有代賓展視之義故其授時妥如此也其聘時賈人埀繅授上介上介屈繅授賓者蓋其義與初同於臨時復加審愼耳至歸反命使者執圭埀繅北面者埀以呈見于君明使命之不辱猶賈人執展鄭注謂持之告在之意宰旣受玉則屈而持之其上介執璋屈繅立于其左者特以其事未至迨賓受上介璋則亦執

縗之以致命以其儀與圭同故經云亦如之也敖氏謂賓襲執圭不言縗縗可知郝氏謂執璋屈縗璋不呈也蓋皆以相變爲說者恐皆非是戴氏震云賈人啟櫝取圭垂縗者非以爲文特解其組繫而垂之圭與縗並呈之也至宰與上介執以授使者皆屈縗斂其垂而併持之明己不爲儀也使者受而垂縗縗于君前並見之亦以爲儀然縗與櫝爲類聘享皆不以縗進故致聘及還玉時皆無垂屈之節今案江氏戴氏之說是也云自公左贊幣之義者少儀曰詔辭自右贊幣自左故於公左授使者也

使者受圭同面垂縗以受命

同面者宰就使者北面並授之既授之而君出命矣凡授受者授由其右受由其左

疏　正義曰云同面者宰就使者北面並授之者禮經釋例云凡授受之禮同面者謂之並授相鄉者謂之訝授受相鄉謂對面也同面如此經使者北面宰亦北面是也詳士昏禮吳氏廷華云宰君左西面使者亦轉而北面面在宰之左案吳氏所以易注者蓋欲遷就公左之文也然受圭受命皆當北面經不直云公左而云自公左者宰西面面本在公左今自公左至使者之右北面授之耳故云宰就也云既授之而君出命矣者此命卽聘時致命于聘君之命也必授圭乃出命者以命藉圭而通也楊氏

復云受命莫重于受圭故圭所以致君命而通信誠也故氏云于使者受圭公乃命之明其執此以申信也云凡授受者授由其右受由其左者謂同面授受者其左右如此也賈疏云據鄉飲鄉射燕禮獻酢酬皆授由其右受由其左故云凡以廣之禮經釋例云詳賈意蓋以獻酢酬之授受皆竝授也考鄉飲酒禮主人西南面獻介介進北面受爵則是訝受非竝授明矣

旣述命同面授上介

述命者循君之言重失誤 疏 正義曰校勘記云失誤楊倒○使者受命又重述之以備遺忘恐失誤也旣述命乃以圭授上介或謂宰述之者非有

上介

受圭屈繅出授賈人衆介不從

賈人將行者在門外北面 疏 正義曰方氏苞云此圭宰與使介遞相授而終以屬賈人責有所專也吳氏廷華云出授非衆介事故不從今案上介出授還入待使者出乃隨出也 注云賈人將行者以其從行故以圭授之使藏諸櫝也賈疏云對上賈人出王者是留者也王氏士讓云賈人取圭授宰後卽起以櫝出而待藏則一賈人也義亦可通云在門外北面者李氏云如使者門外之位也

受享束帛加璧受夫人之聘璋享玄纁束帛加琮皆如初

亨獻也旣聘又獻所以厚恩惠也帛今之璧色繒也夫人亦有聘亨者以其與己同體爲國小君也其聘用璋取其半圭也君亨用璧夫人用琮天地妃合之象也圭璋特達瑞也璧琮有加往德也周禮曰瑑圭璋璧琮以覜聘

疏 正義曰注半圭毛本作珪校勘記云諸本俱作圭配釋文作妃云本亦作配集釋作妃覜葛本集釋俱作頫今案覜是也○束帛加璧謂以璧加于束帛之上也加琮亦然皆如初者謂受璧璋琮三者皆如受圭之儀也典瑞曰瑑圭璋璧琮繅皆二采一就則三者亦皆有繅矣張氏爾岐云束帛玄纁前授幣時已授矣此復言者以方受璧琮取其相配之物兼言之如云亨時束帛上所加之璧玄纁束帛上所加之琮耳盛氏云此時惟受玉乃幷束帛言之者取其相配且以別於圭璋之無加者也張說得之故云復取而合諸璧琮非 注云亨獻也者爾雅釋詁文說文同字皆作亯不作饗周禮玉府注云古者致物于人尊之則曰獻故云亨獻也云旣聘又獻所以厚恩惠也者聘義曰已聘而還圭璋是圭璋已聘則還之唯受其亨之璧琮幣帛而已故繼聘而行亨所以厚恩惠也覲禮旣覲後則行三亨較聘爲尤隆云帛今之璧色繒也者繒爲帛之總名周禮大宗伯孤執皮帛鄭注帛如今璧色繒也賈兩疏俱未

能還出實據秦氏蕙田云享君束帛之色經無明文鄭以爲與璧色同亦未詳何色盛世佐以爲色素亦恐未然今案敖氏云享束帛不言玄纁文省耳蓋以享君束帛亦用玄纁也其說似是古禮幣多用玄纁色於享君不言玄纁享夫人乃言玄纁舉後以包前耳其實一也云夫人亦有聘享者以其與己同體爲國小君也者夫人與國君同體而國君又與己同體故聘享及之敬其君以及其夫人也記曰君以社稷故在寡小君此之謂矣云其聘用璋取其半圭也君享用璧夫人用琮天地配合之象也者公羊傳曰璋判白何注半圭曰璋爾雅肉倍好謂之璧白虎通曰半圭爲璋方中圓外曰璧圓中牙外曰琮鄭注大宗伯云璧圓象天琮八方象地圭鋭象春物初生半圭曰璋象夏物半死聘君用圭聘夫人用璋取陽全陰半之義璧圓以享君琮方以享夫人是取天地配合之象也云圭璋特達瑞也者特達不用束帛也聘義曰以圭璋聘重禮也鄭注圭瑞也孔疏以器言之謂之圭執以行禮謂之瑞瑞信也云束帛有加往德也者有加謂以束帛爲藉也郊特牲曰束帛加璧往德也孔疏玉以表德今將玉加於束帛以表往歸於德故也引周禮者典瑞文義已詳前周禮小行人曰合六幣圭以馬璋以皮璧以帛琮以錦琥以繡璜以黼

此六物者以和諸侯之好故據此則琮亦用錦今聘禮享夫人用束帛加琮不用束錦者避享后也又據小行人注謂五等諸侯享天子用璧享后用琮二王後享用圭璋于諸侯亦用璧琮子男於諸侯用琥璜詳覲禮四享皆束帛加璧下江氏永云享禮用圭者唯二王後享天子鄭小行人注云其於諸侯亦用璧琮耳則諸侯使大夫聘而行享必無用圭之事鄭注鄉黨云旣聘而享用圭璧邢疏不能辨正集注遂承其誤

遂行舍于郊　於此脫舍衣服乃卽道也曲禮曰凡爲君使已受命君言不宿於家　疏　正義曰校勘記云注使下楊氏有者字○郊近郊也云於此脫舍衣服乃卽道也者案下經使者歸及郊朝服載旜歸及郊而衣朝服則行時于郊脫舍朝服明矣必脫舍朝服者下記歸使衆介先注云吉時道路深衣明在塗不服朝服矣或以舍爲止舍非引曲禮者釋遂行之義蓋賓是日自朝服告禰入朝受命卽行至是乃改服深衣也

斂旜　此行道耳未有事也斂藏也　疏　正義曰初時入朝載旜以表其事至是斂之以行道未有事故也載者載於車上斂者藏於車中故云斂藏也

右受命遂行

若過邦至于竟使次介假道束帛將命于朝曰請帥奠幣至竟而假道諸侯以國爲家不敢直徑也將猶奉也帥猶道也請道己道路所當由疏正義曰自此至執策立于其後言過他邦假道之事○過邦謂道所經歷之邦非聘國也竟與境通經典多作竟朝外朝即所過國君之朝也敖氏云次介士也假道禮輕故使次介此朝謂大門外吳氏廷華云次使次介者上介貳賓誓眾也凡有言用束帛無庭實蔡氏云奠幣奠束帛于地不敢直授以明敬也注云至竟而假道諸侯以國爲家不敢直徑也者至竟抵所過國界上也高氏愈云封境各有專守不敢踰越故古者必假道以盡過賓之禮今案楚使申舟聘齊不假道于宋而華元以爲鄙我晉以璧馬假道于虞雖屬詭謀然亦可證假道之禮春秋時猶然矣賈疏云天子行過無假道以天下爲家所在如主人也天子微弱則有之周語定王使單襄公聘于宋遂假道于陳以聘楚服氏注云是時天子微弱故與諸侯相聘同是也云將猶奉也者郝氏敬云將命奉主君之命以請也云帥猶道也者道與導同下

大夫取以入告出許遂受幣言遂者明受其幣非爲許故也容其辭讓不得命也疏

正義曰下大夫彼國下大夫也取取幣也李氏云言遂者容其中有辭讓之節非爲許之而受其幣或曰此奠幣受幣與常時授受禮異者皆以假道禮略且不欲久稽過賓也

餼之以其禮上賓大牢積唯芻禾介皆有餼

凡賜人以牲生曰餼餼猶稟也給也以其禮者尊卑有常差也常差者上賓上介牲用大牢羣介用少牢米皆百筥牲陳于門內之西北上面米設于中庭上賓上介致之以束帛羣介則牽羊焉上賓有禾十車芻二十車禾以秣馬

疏 正義曰校勘記云注秣徐作抹誤○餼之謂所過邦餼之也上賓卽使者也牛羊豕具爲大牢積謂給賓客道用者注云凡賜人者以牲生曰餼者餼猶饋也不曰饋而曰餼以有生牲也下歸饔餼注云牲殺曰饔生曰餼是也服注左傳則餼牽竭矣以爲腥曰餼蓋對牽言之此聘禮篇內所云餼則皆指牲生言釋文云牲腥曰餼謂殺而未熟非也云餼猶稟也給也者賈疏云於賓爲稟稟者受也于主人爲給給賓客也云以其禮者尊卑有常差也者謂以爵之尊卑爲等殺也吳氏疑義云假道致餼其禮無考鄭以此經歸餼及餼賓二禮約言之今案注云上賓上介牲用大牢羣介用少牢者是大夫餼賓禮也云米皆百筥牲陳于門內之西北面

是主君歸饔餼禮也米設于中庭亦據歸饔餼言之但歸饔餼禮士介米百筥設于門外耳云上賓上介致之以束帛者亦歸餼禮也羣介則牽羊焉又大夫餼賓禮也云上賓有禾十車芻二十車者鄭自爲說也禾以秣馬詳下設飧節門外米禾皆二十車下李氏云言積唯芻禾則無車米與薪且獨上賓有之耳又李氏心傳云賓大牢則介不得用大牢積唯芻禾則無米可見矣敖氏云其禮者賓則大牢上介則少牢羣介則無特牲也米禾薪芻皆謂之積積唯芻禾是無薪與米也上賓有積上介以下未必有之此餼積唯若是所以降于主國之禮賓也然以此而待有過之客亦不爲不厚矣張氏爾岐云介但有餼無積今案經文上賓大牢積唯芻禾是專言餼上賓之禮下云介皆有餼乃指上介衆介言也二李氏及敖氏張氏說是或謂無門外車米而仍有庭中筥米亦與經不合又謂上介衆介皆有芻禾考主君歸饔餼士介無芻禾豈過邦餼賓反優于主國待賓之禮邪以是知上介衆介皆無積矣○又案注云上賓禾十車芻二十車者盍以此禮當殺於歸饔餼而大夫餼賓又無芻禾故約設飧上介禾十車芻倍禾之數爲說也據此則上介無積益明矣

士帥沒其竟沒盡

【疏】正義曰帥毛本誤師○蔡氏云士帥遣士導引沒其

境盡彼國界也今案周語候人爲導夏官候人士爲之

誓于其竟賓南面上介西面衆介北面東上史讀書司馬執策立于其後

此使次介假道止而誓也賓南面專威信也史於衆介之前北面讀書以敕告士衆爲其犯禮暴掠也禮君行師從卿行旅從司馬主軍法者執策示罰

疏　正義曰策毛本作筴校勘記云嚴徐本敖氏俱作策釋文作筴云音策集釋通解楊氏亦俱是策今案說文策馬箠也下从朿顏氏家訓五經文字皆以筴爲策之訛俗字故張氏識誤據釋文改策爲筴而戴氏震駁之是也今從策石經作策誤多一筆注史於毛本史誤使校勘記云嚴徐本集釋通解楊氏敖氏俱作史盧氏云勑當作勅○儀禮釋官云史讀書謂誓戒之書也左傳昭六年楚公子棄疾聘于晉過鄭禁芻牧采樵不入田不樵樹不采蓺不抽屋不强匄誓曰有犯命者君子廢小人降是其誓書之類周禮掌客職云凡介行人宰史皆有飧饔餼注凡介行人宰史衆臣從賓者也史主書案彼諸侯相朝法此大夫出聘亦當有史從也掌客疏云史大史之屬官則此史亦非大史也吳氏章句以爲大史恐非釋官又云此司馬執策乃司馬之屬官從聘賓行者左傳宋華耦來

盟其官皆從之孔疏云聘禮有上介衆介至國誓于其竟則史讀書司馬執策賈人拭玉有司展幣其從羣官多矣詩緜蠻之篇言大臣出行微臣隨從是大夫出使有官從之也大夫本有家司馬此爲君聘則司馬當爲公臣周禮大司馬以下至伍長皆得稱司馬故有公司馬兩司馬之稱此司馬蓋其類也　注云此使次介假道止而誓也者以經云誓于其竟明是誓于入竟之前使所過勿犯經乃言于士帥沒其竟之後者先言士帥以終假道之事耳鄭恐人疑爲旣出竟乃誓故特明之謂使次介假道時卽止而誓也云賓南面專威信也者以士衆從行在外恃賓爲統率故使南面以專威信耳云史於衆介之前北面讀書者以衆介北面東上明從行之衆皆北面可知故讀於其前使衆共聞也褚氏云史讀書注云北面向賓讀也敖云東面未是君行師從卿行旅從定四年左傳文旅五百人也引之以見卿出從行甚衆恐有犯禮暴掠之事故誓之云司馬主軍法者執策示罰者言司馬執策立于史後明書在而法隨之有犯必罰也

右過邦假道

未入竟壹肆謂於所聘之國竟也肆習也習聘之威儀重失誤疏正義曰自此至不習私事言將至豫習威儀○校勘記云壹釋文集釋俱作一黃氏丕烈云張本改壹爲一據陸也段曰一是今案石經嚴本俱作壹仍從石經 注云謂於所聘之國竟也者言經所云竟是所聘之國竟也未入者將至而未至也下經云及竟則已至竟矣云肆習也者以此云肆下云習其義一也說文亦云肆習也盛氏云壹肆謂一次習之而已對下展幣凡三次而言也郝云壹逐一也非

爲壝壇畫階帷其北無宮壝土象壇也帷其北宊有所鄉依也無宮不壝土畫外垣也疏正義曰敖氏云築壇而卑曰壝壇壝卑故畫階必畫階者習升降之儀也 注云壝土象壇也者案周禮封人社壝注云壝謂委土爲墠壇然則壝壇土卽委土也賈疏云覲禮與司儀同爲壇三成宮方三百步此則無外宮其壇壝土爲之無成又無尺數象之而已張氏爾岐云壇須築土高厚有階級壝則略除地聚土令有壇形而已又張氏以壝爲壇名與敖同恐非鄭意云帷其北宊有所鄉依也者鄉卽南鄉北鄉東鄉西鄉也習禮須明所鄉今帷其北則所鄉自明可憑依以肆習也云無宮不壝土畫外垣也者鄭注覲禮云宮謂壝土

為埒以象牆壁此則不壝土為埒亦不畫地為外垣也吳氏廷華云不畫外垣禮所不及也**朝服無主無執也**不立主人主人尊也不執玉不敢褻也徒習其威儀而已疏正義曰敖氏云必言朝服者嫌肆聘儀則當如聘服也凡道路常服卿大夫則朝服士以下則玄端與盛氏云道路常服深衣至是乃易朝服者以習儀重之也不皮弁下於聘也敖說非注云不立主人主人尊也者以主人是主國之君位尊不敢以人象之也云不執玉不敢褻也者玉重器不敢褻陳之也云徒習其威儀而已者徒猶空也謂空習之無所執也敖氏云無執不執玉帛也無主則無授受之儀故不必執之今案下云習享則此專習聘可知鄭言玉不言帛者聘時圭特故也敖說未的**介皆與北面西上**入門左之位也古文與作豫疏正義曰敖氏云言皆與者肆時介無事嫌不必與也注云入門左之位也者謂下正聘時賓入門左介皆入門左北面西上也李氏云賓行聘時介止于此然則所習者習廟門內之禮云古文與為豫者詳士昏禮**習享士執庭實**士士介也庭實必執之者皮則有攝張之節疏正義曰實謂實于庭者也敖氏云對堂上之幣而言故謂之庭實劉氏台拱云享之

庭實不見其數疑無常數今案此云執庭實則玉帛亦不執也注云庭實必執之者皮則有攝張之節者庭實或以馬或以皮此言執故知爲皮也下享時經云庭實皮則攝之毛在內內攝之又賓升致命張皮是其有攝張之節也**習夫人之聘享亦如之習公事不習私事**公事致命者也疏正義曰公事謂君之聘享夫人聘享及問大夫皆致君命故注云公事致命者也私事謂私覿私面也賈疏云大夫之幣不在朝付之至郊乃付之避君禮不謂非公事

右豫習威儀

及竟張旝誓及至也張旝明事在此國也張旝謂使人維之疏正義曰自此至遂以入竟言賓至竟謁關迎入之事○張氏爾岐云誓亦誓戒從人使勿犯禮注云張旝明事在此國也者以過邦假道不張旝至是張之示事在此國也云張旝謂使人維之者周禮節服氏掌朝覲祭祀衮冕六人維王之大常諸侯則四人鄭注維維之以縷鄭司農云維持之明此張旝亦然但人數未聞耳**乃謁關人**注謁告也古者竟上爲關以幾異

服識異言。疏正義曰：校勘記云注識釋文作幾云本亦作識集釋亦作幾○周禮司關曰凡四方之賓客敂關則爲之告鄭注謂朝聘者也敂關猶謁關人也儀禮釋官云周禮司關上士二人中士四人每關下士二人諸侯謂之關尹當中士爲之每關亦有關人當士旅食爲之賈疏謂司關爲都總居在國都每關二人各主一關今所謂關人者謂告每關關人來告司關司關爲之告王據經謁關人而後入竟則關人自是竟上每關關人賈說分析甚確國語單子云周之秩官有之曰敵國賓至關尹以告韋注引周禮司關及此經爲證是關人之長天子謂之司關諸侯謂之關尹猶天子有司門諸侯謂之門尹也　注云謁告也者爾雅釋詁文云古者竟上爲關者鄭注地官序官云關界上之門是關在竟上也賈疏謂天子十二門有十二關據魯廢六關則諸侯半天子也云以譏異服識異言者案王制云關執禁以譏禁異服識異言鄭注關竟上門譏呵察孔疏禁此身著異服之人又記識口爲異言之人防姦僞察非違據此則異服上當有禁字或注本脫也

關人問從者幾人　欲知聘問且爲有司當共委積之具。疏正義曰：校勘記云注共陸氏曰本或作供同後放此○賈疏云不問使人而問從者關人卑不敢輕

三

問尊者　注云欲知聘問且爲有司當共委積之具者以卿聘從人多大夫問從人少故知其從人之多寡卽知其爲聘爲問也凡道路給賓客之用少曰委多曰積周禮遺人凡賓客會同師役掌其道路之委積是皆有司所當共者故欲知人數且爲備委積也敖氏云欲知其人數所以防奸人今案關人之問蓋亦兼有此義

以介對以所與受命者對謙也聘禮上公之使者七介侯伯之使者五介子男之使者三介以其代君交於列國是以貴之周禮曰凡諸侯之卿其禮各下其君二等【疏】正義曰注云以所與受命者對謙也者介是使者所與受命之人此謙以對者孰以使者也使以介對是謙也蔡氏云止以介數對不欲以餘隸煩主人也義亦通禮記聘義曰聘禮上公七介侯伯五介子男三介彼注云此皆使卿出聘之介數也鄭此注本之以立說非直引聘義之文耳云以其代君交於列國是以貴之者以聘使代君交鄰國是以副之介以貴之聘義曰所以明貴賤也是也引周禮者大行人文詳篇首鄭目錄下張氏爾岐云不以從者對而以介對亦以知介數卽爲聘爲問可知其從者多少亦可知也

君使士請事遂以入竟請猶問也問所爲來之故也遂以入因道之【疏】正義曰經義述聞云

遂以入竟竟字因下入竟而衍故鄭注曰遂以入入下無竟字下文下大夫勞者遂以賓入與此遂以入文同一例且賓至于竟則士道之至于近郊則下大夫道之是自近郊以外皆士道之也士道之則下文曰入竟曰及郊曰及館曰至于近郊皆在遂以入三字中非但道之入竟而已也然則遂以入下不當有竟字明矣聘義正義引此文曰君使士請事遂以入無竟字自唐石經始衍竟字而各本遂沿其誤謹案述聞之言是也但石經相傳已久今仍之而姑錄其說於此　注云問所爲來之故也者上關人但問從者幾人未問來故故此使士問之敖氏云使者旣謁關人因止于竟未敢輒入關人以告於君君使士請事李氏云春秋傳晉韓宣子聘于周王使請事對曰晉士起將歸時事于宰旅無他事矣此其對辭云遂以入因道之者謂道之使入也此請事之士疑卽訝士儀禮釋官云周禮掌訝職曰若將有賓客至與士迎賓于疆注士訝士也訝士職曰邦有賓客則與行人送迎之聘義曰君使士迎于竟下文賓歸又云士送至于竟疑此士卽訝士也

右至竟迎入

入竟斂旜乃展復校錄幣重其事斂旜變於始入**疏**正義曰自此至賈人之館如初言入竟三度展幣之事注云復校錄幣重其事者前授幣時已展之此復校錄是重其事也經不言壇壝則是因舍展之也郝氏敬云展展視玉帛皮馬之類恐遠道齎持疎虞也云斂旜變於始入者始入時張旜示有事於此國今既入竟斂旜率其行道之常故斂之前出時至郊斂旜注云此行道耳未有事也是也故云變於始入也**布幕賓朝服立于幕東西面介皆北面東上賈人北面坐拭圭**拭清也側幕而坐乃開櫝**疏**正義曰布幕亦布於地也李氏云賓誓則南面專衆也展幣則西面面將命也吳氏廷華云賓立于幕東西面異於夕幣之位賈人北面以賓西面故也盛氏云介皆北面東上則上介與衆並立也及視圭之時上介少進注云云拭清也者爾雅釋詁文謂拭之使潔清也敖氏云拭圭者就櫝拭之故下乃云執云側幕而坐者謂坐於幕邊開櫝取圭也**遂執展之**持之而立告在**疏**正義曰云持之而立告在者賈人告賓也**上介北面視之退復位**言退復位則視圭進違位**疏**正義曰經無進文以言退知之**退圭**

圭璋尊疏正義曰敖氏云退退之者其展事畢也退則藏之
不陳之疏於櫝　注云圭璋尊不陳之者謂執展之即退
不陳於幕上對下璧與幣同陳言也賈疏云下乃言
夫人之聘享則璋未拭而并言璋者欲見皆不陳故
陳皮
北首西上又拭璧展之會諸其幣加于左皮上上介視之
會合也諸於也古疏正義曰敖氏云退退復位也　注
退文曰陳幣北首　云會合也者爾雅釋詁文謂合璧
與幣而加於左皮上也李氏云幣束帛也享用束帛加璧
故今亦合而陳之盛氏云至是言會諸其幣者以其初授
幣與授玉異日未嘗會也必會之者見其用之之法也鄉
射則薦諸其席亦訓於廣雅釋言文云古文曰陳幣北首
者古文皮作幣鄭不從者下云
北首皮可言首幣不得言首也**馬則幕南北面奠幣于其**
前前當前疏正義曰校勘記云上楊作南○案經云其前
幕上　謂馬前馬在幕南北面故其前當前幕上也
幕設之有前後若作南則奠幣在幕外矣楊本非自陳**展**
皮北首至此與授幣時陳之之法略同唯有璧爲異耳
夫人之聘享亦如之賈人告于上介上介告于賓展夫人
聘享上

介不視貶於君也賈人旣拭璋琮南面告於上介上介於是乃東面以告賓亦所謂放而文之類【疏】正義曰注以賈人告於上介二句專指展夫人之聘享言之故云上介不視貶於君也敖氏謂告者告之以展聘享之幣玉已畢則兼君與夫人之聘享而言故後人多駁上介不視之說謂經明言亦如之何獨不視乎褚氏云如之者如上圭則拭之展之璧則拭展而會幣加於左皮也不兼上介視之在內蓋君之聘享上介視之夫人聘享上介不視俟賈人告而轉告于賓羣幣則有司自展而直告于賓差降之義也若上介旣視賈人何必再告之宊遵注告則必易其所立之向注義亦長今案褚說是也賈人上介本皆北面告上介則賈人轉而南面告賓則上介轉而東面以賓西面故也放而文禮器文

有司展羣幣以告羣幣私覿及大夫者有司載幣者自展自告【疏】正義曰注云羣幣私覿及大夫者敖氏云注云及者卽記所謂幣之所及者也此說是蓋兼問卿面卿問大夫面大夫之幣皆包之矣云有司載幣者自展自告者此有司卽前官載其幣舍于朝者也自展自告謂有司自展之并自告賓也○賈疏謂私覿私面之幣皆賓介自將己物非公家所給其說非方氏苞云賓與上介私齎幣馬義雖未安

力或能具士介何從具此周官校人凡國之使者共其幣馬鄭注明云使者所用私覿賈乃謂天子禮與諸侯異以曲護己說誤矣江氏永云私覿亦公家之幣但對享禮爲私耳惠氏棟吳氏廷華張氏惠言皆辨之

及郊又展如初郊遠郊也周制天子畿內千里遠郊百里以此差之遠郊上公五十里侯伯三十里子男十里也近郊各半之

【疏】正義曰詩魯頌孔疏及爾雅釋地邢疏引此注侯下皆有四十里三字子下皆有二十里三字各本脫今據補校勘記云男十里下集釋無也字〇及郊又展亦是因舍展之如初如入竟展幣之儀也　注云郊遠郊也者以下云賓至于近郊知此及郊爲遠郊也云周制天子畿內千里者周禮大司馬職曰方千里曰國畿是也云遠郊百里者載師注引司馬法王國百里爲郊杜子春云五十里爲近郊百里爲遠郊白虎通同云以此差之遠郊上公五十里侯四十里伯三十里子二十里男十里也者大司徒職曰凡建邦國諸公之地封疆方五百里諸侯方四百里諸伯方三百里諸子方二百里諸男方百里夫天子畿內千里而遠郊百里則上公封五百里遠郊五十里侯四百里遠郊四十里伯三百里遠郊三十里子二百里遠郊二十里男百里遠郊十里是其差也若如譌本注文

謂侯伯三十里子男十里則是合侯與伯子與男爲一非所謂差矣且郊之里數原視地廣狹爲制豈有侯與伯子與男封疆廣狹各殊而郊制必合爲一之理哉賈疏申鄭義云畿方千里王城居中面五百里以百里爲遠郊若公五百里中置國城面二百五十里故遠郊五十里自此以下至子男差之可知不言侯與伯同子與男同是賈所見本尚未譌脫也又李氏如圭儀禮集釋云各以其國封疆十之一差去國之數爲遠郊也周禮諸公封疆方五百里諸侯方四百里伯三百里子二百里男百里據此亦是申明鄭注遠郊上公五十里侯四十里伯三十里子二十里男十里之說知李作集釋時此注亦尚未譌脫與孔邢二疏所引合也爾雅邑外謂之郊郊外謂之牧牧外謂之野野外謂之林林外謂之坰郭注邑國都也假令百里之國五十里之界界各十里也詩疏引孫炎曰設百里之國五者之界界各十里與郭義同據此則二百里之國五者之界各二十里四百里之國五者之界各四十里可知近邵氏晉涵作爾雅正義不能援詩疏以校正鄭注而反削去邢疏之文據儀禮譌脫之注牽合附會失之或曰尚書大傳分郊制爲三等非歟曰書傳云百里之國二十里之郊七十里之國九里之郊五十里之國三里之郊此夏殷制

非周制也亦不得為五十里三十里十里矣云近郊各半之者鄭注尚書君陳序云周之近郊五十里今河南洛陽相去則然是天子近郊半遠郊五十里則上公近郊二十五里侯二十里伯十五里子十里男五里也

及館展幣于賈人之館如初館舍也遠郊之內有候館可以小休止沐浴展幣不於賓館者為主國之人有勞問己者就焉便疾也疏正義曰注賓館校勘記云賓監本作官誤○敖氏云幣亦兼玉而言自入竟至此凡三展者以聘事將至而愈慎且一與主國卿大夫為禮則不暇及之矣方氏苞云入竟而展及郊再展及館三展雖載以任輦尚慮頓撼又皮帛則燥溼不時空頻展也　注云館舍也遠郊之內有候館可以小休止沐浴者案遺人職曰凡國野之道十里有廬三十里有宿宿有路室五十里有市市有候館鄭以賓尚未至近郊則此館非國中之館故以遺人候館解之候館五十里即有則遠郊內自有之矣言可以小休止沐浴則可於此展幣也云展幣不於賓館者為主國之人有勞問己者就焉便疾也者吳氏廷華云環人詩士皆當見賓于館又或主君加禮有遠郊之勞並須受于館故就賈人之館展之便疾也且見賓從不一館矣○蔡氏云館國中舍也即後卿所致者

此以展幣而連及之盛氏云展幣皆於館舍非如習儀之於壝壇也此云及館者謂卿致館之館前聘一日也次于此者因上事而終言之今案經內言館似俱指國中之館言蔡盛說亦可存故並錄之

右入竟展幣

賓至于近郊張旜君使下大夫請行反君使卿朝服用束帛勞請行問所之也雖知之謙不必也士請事大夫請行卿勞彌尊賓也其服皆朝服疏正義曰自此至遂以賓入言賓至近郊君與夫人使人勞賓之事○賓至近郊張旜蓋漸近國都故張之以自表也敖氏云此後不見斂旜之節至館爲之可知勞謂勞其道路勞苦使卿亦以其爵也主君于朝君則親郊勞　注云請行問所之也雖知之謙不必也者上使士請事特知其爲聘事而來猶不敢必行聘於本國故又使大夫請之謙之至也至下大夫反告乃執主人之禮勞之禮之節次如此敖氏謂請行爲速之之行褚氏云尚未勞賓如何先以請行速之依注問所之之說爲得盛氏亦以敖說爲非吳氏廷華云知其來聘矣又請行者或兼聘他國須先往也云其服皆朝服者

謂士請事大夫請行皆服朝服經時于此見之舉後以該前也○禮經釋例云凡賓至則使人郊勞案聘禮賓至于近郊君使卿朝服用束帛勞賓受于舍門內此使者勞賓也又云乘皮設賓用束錦儐勞者勞者再拜稽首受此聘賓儐使者也又夫人使下大夫勞以二籩方其實棗蒸栗擇賓之受如初禮儐之如初此聘禮之郊勞也君用束帛夫人用棗栗覲禮侯氏至于郊王使人皮弁用璧勞侯氏亦皮弁迎于帷門之外使者不讓先升侯氏升聽命降再拜稽首此王使人勞侯氏也又云侯氏乃止使者侯氏先升授几用束帛乘馬儐使者使者再拜受此侯氏儐使者也此則覲禮之郊勞也用璧至于聘禮郊勞用朝服覲禮郊勞用皮弁聘賓儐勞者用束錦乘皮侯氏儐勞者用束帛乘馬皆隆殺之義也亦有不郊勞者聘遭喪不郊勞注子未君也小聘曰問不郊勞注貶於聘所以爲小也皆禮之殺也又聘禮郊勞畢下大夫勞者遂以賓入謂入朝也覲禮郊勞畢侯氏遂從之注從之者遂隨使者以至朝其儀竝同

上介出請入告賓禮辭迎于舍門之外再拜出請出門西面請所以來事也入告入北面告賓也毎所及至皆有舍其有來者與皆出請入告于此言之者賓彌尊事彌錄　疏

正義曰：注者與今注疏本作與，校勘記云：徐本、集釋、楊氏俱無與字，與疏合。嚴本與作者。張氏曰：注曰其有來者者，巾箱、杭本同，監本無一者字。案釋文云者與音餘，葢傳寫者誤以與字作者爾。監本以其重複，遂去其一，尤非也。從釋文。朱子曰：此非疑詞，不當音餘。複出者字，亦無義理，竊疑本介字也。今案褚氏云與字連上讀，乃起下之辭，非誤。今仍之。注云「出請，出門西面請所以來事也」者，謂問卿所以來之事也。云「入告，入北面告賓也」者，賓在舍有主道，故出門西面者，出闑東也。入北面告者，賓當在阼階西面也。敖氏云：賓禮辭者，以其用幣也。上介以賓辭告勞者，復傳言而入，賓乃出迎。云「毋所及至皆有舍，其有來者與，皆出請入告」者，此舍即廬宿市之類，塗中所以止客者，故所至皆有。其有事來舍者，無不出請入告，即上士請事、大夫請行是也。云「于此言之者，賓彌尊，事彌錄」者，謂前此不言出請入告，獨于此言之者，賓來益近，則益尊寵之，其儀文之記錄亦益詳也。李氏云：春秋傳魯叔弓聘于晉，晉侯使郊勞，辭曰：寡君使弓來繼舊好，固曰女無敢爲賓，敢辱郊使。致館，辭曰：敢辱大館。王氏士讓云：此禮至春秋時猶可見也。

勞者不答拜　凡爲人使，不當其禮。疏　正義曰：勞者，卿也。餘詳士昏禮納采主人迎于門外再

拜賓不荅拜下

賓揖先入受于舍門內不受於堂此主於侯伯之臣也公之臣受勞於堂

疏正義曰賓揖先入導之也敖氏云惟云舍門是舍但有一門耳此公館之異者也　注云不受於堂此主於侯伯之臣也者此篇主侯伯之臣言詳篇首目錄下云公之臣受命於堂者此李氏云案司儀職諸公之臣相爲國客大夫郊勞旅擯三辭拜辱三讓登聽命下拜登受儐使者如初之儀及退拜送言登聽命則公之臣受勞於堂也吳氏疑義云據司儀云凡侯伯子男之臣以其國之爵相爲客而相禮其儀亦如之則所謂登聽命者不止公之臣可知今案鄭云不受於堂蓋以此篇受於舍門內不言升堂決之其注司儀亦云侯伯之臣受勞於庭彼疏云聘禮受於舍門內是不登堂也方氏苞云受勞不升堂當以此經爲正

勞者奉幣入東面致命東面鄉賓

疏正義曰此在舍勞者有賓道故入門左而東面也致命致其君命　注云東面鄉賓者以斯時賓在舍門內西面也

賓北面聽命還少退再拜稽首受幣勞者出北面聽命若君南面然少退象降拜

疏正義曰注云北面聽命若君南面然者以命是主君之命故北面聽命儼若君在然秦氏

蕙田云賓初入門西面以在館如主人也及聽命乃北面從臣禮也敖氏云入門卽北面非云少退象降拜者以受幣當降階拜今不升堂故少退而後再拜稽首以象之**授老幣**老賓之臣疏正義曰此老賓之家臣也

詳士昏禮**出迎勞者**欲儐之疏正義曰注末集釋有也字○敖氏云勞者出俟于門外上介出請勞者告事畢上介入告賓乃出迎而告以欲儐之之辭吳氏廷華云出迎儐之受命後不卽儐者不以臣事干君命

勞者禮辭賓揖先入勞者從之乘皮設設於門內也物四曰乘皮麋鹿皮也疏正義曰注云設於門內也者乘皮之設爲庭實則當在庭乃設之於門內者以儐勞者在庭故也王氏士讓云賓設乘皮而儐則用束錦者將其貴者也云皮麋鹿皮也者賈疏云郊特牲云虎豹之皮示服猛也彼諸侯朝享天子用虎豹皮此臣聘君降於享天子當用麋鹿皮故齊語云齊桓公使諸侯輕其幣用鹿皮四分也

賓用束錦儐勞者言儐者賓在公館如家之義亦以來者爲賓疏正義曰敖氏云聘禮凡大夫士所用之幣皆以錦蓋不敢與尊者之幣同禮經釋例云凡賓主人行禮畢主人待賓用醴則謂之禮不用醴則謂之儐詳士昏

禮納采問名禮畢擯者出請醴賓下今案此郊勞後行儐禮以勞者爲賓賓爲主人故注云言儐者賓在公館如家之義亦以勞來者爲賓**勞者再拜稽首受**稽首尊國賓也疏正義曰注云稽首尊國賓也者賈疏云周禮大祝九拜一曰稽首首至地臣拜君法二曰頓首頭叩地平敵相拜法今此勞者與賓同類不頓首而稽首故云尊國賓也禮經釋例云凡臣與君行禮皆再拜稽首亦有非君臣而再拜稽首者如聘禮聘賓儐郊勞及歸饔餼使者受幣送幣皆再拜稽首主國之卿餼賓賓再拜稽首受公食大夫禮大夫相食受侑幣再拜稽首主人送幣亦然此皆相敵者之禮也皆尊之故盛其威儀又不可以常禮論也惠氏棟云賓用束錦儐勞者此儐幣乃彼國君之幣故受者送者皆稽首方氏苞王氏士讓說略同今案如惠說非不可通但其中亦有非君物而再拜稽首者故鄭以尊國賓解之而釋例亦卽宗之爲說也**賓再拜稽首送幣**受送拜皆北面象階上疏正義曰賓亦稽首送者報之也注云受送拜皆北面象階上者李氏云若鄉飲酒賓受爵主人送爵各拜于其階上北面也敖氏云案注云受送拜者謂受者送者之拜也象階上者謂放儐于堂之禮也今案此儐禮雖行之於庭

而賓主皆北面拜有似於堂上主在阼階上北面拜賓在西階上北面拜故云象階上李敖之說得之賈疏以受爲誤謂當云授送拜皆北面並據賓而言褚氏云注受送一讀拜皆北面爲句言受者送者之拜皆北面也賈將受送拜專貼賓說作三節看誤矣盛氏世佐張氏惠言並同褚說是也

勞者揖皮出乃退賓送再拜揖皮出東面揖執皮者而出（疏）正義曰李氏云揖執皮者若親受之然勞者出執皮者從之出勞者之從者訝受之注知東面揖者以執皮者在東勞者在西面故也敖氏據公食大夫禮賓北面揖執庭實以出謂此亦北面揖之褚氏云公食禮是對君之禮庭實爲君禮物故北面此勞者不必北面也從注東面爲是盛氏世佐說同

○以上君使人勞賓之禮

夫人使下大夫勞以二竹簋方玄被纁裏有蓋竹簋方者器名也以竹爲之狀如簋而方如今寒具筥筥者圜此方耳（疏）正義曰簋校勘記云唐石經嚴徐鼒氏集釋敖氏俱作簋注同釋文作簋云本或作簠外圓內方曰簋內圓外方曰簠通解楊氏載經注要義載經俱作簋張氏曰釋文明著內外方圓之制蓋辨或本之誤也從釋文案冬官玉人注疏及覲禮疏引此經並作簠地

官舍人注云方曰簠圓曰簋疏謂皆據外而言審此則釋文之誤顯然張氏從之非也說文曰簠黍稷方器也簋黍稷圜器也此許君之義與鄭不同程氏瑤田儀禮經注疑直云陸作釋文時蓋據一本作簠者釋之故云簠音甫或作簋也然據鄭注本作簋又鄭注玉人聘禮作二竹簋方是簋也簋字非簠字也況唐石經作簋嘉靖本乃從宋元豐本覆刻之亦作簋則此字斷宜從唐石經及宋槧本不必因陸氏偶據別本而致疑也戴氏震校集釋亦云據鄭注當以作簋爲正段氏玉裁儀禮漢讀考云賈疏曰凡簋皆用木而圓受斗二升用木而圓本鄭周易注受斗二升依旊人簋實一觳之云是賈本作簋也宋刻之單疏本作簋字四見不作簠今本皆改爲簠則受斗二升之云不可通矣又段氏注說文簠字云許謂簠方簠圓鄭則云簋圓簠方不同者師傳各異也周禮舍人鄭注方曰簠圓曰簋周易二簋可用享鄭注離爲日日體圓巽爲木木器圓簋象已上可證鄭確謂簋爲圓器今案簋圓而竹簋不圓故云方若簋本方則經不必贅言方矣又鄭義既以簋爲圓器倘經本作簠鄭必破簠爲簋今鄭不破字可證舊本相傳作簋後人因說文簋方簠圓之訓誤改爲簠耳此字當從鄭義爲長鍾本亦作簋○李氏云大夫對卿爲下大夫夫人

使下大夫勞賓降於君也被表也玄被纁裏竹簋方之衣也禮經釋例云士昏記笲緇被纁裏此玄被纁裏蓋夫人與士婦之差矣敖氏云夫人亦勞之者以其亦奉命而聘亭己也今案考工記玉人曰案十有二寸棗栗十有二列諸侯純九大夫純五夫人以勞諸侯鄭注引此經爲證彼疏云玄被者以玄繒爲表被聘禮諸侯夫人無案直有棗栗此后勞有棗栗又有案棗栗亦盛於竹簋也　注云以竹爲之狀如簋而方者簋本以木爲之又有以瓦爲之者其形皆圓此以竹爲之而方故云狀如簋而方也筥亦以竹爲之故云如今寒具筥漢時筥以盛寒具與竹簋盛棗栗用亦相同寒具見周禮籩人注御覽引通俗文曰寒具謂之餲汪士鐸云寒具蓋餅屬後漢弟五倫傳注引華嶠書人有遺母一笥餅者笥筥屬也云筥者圜此方耳者詩維筐及筥毛傳圓曰筥是也

其實棗蒸栗擇兼執之以進兼猶兩也右手執棗左手執栗〔疏〕正義曰校勘記云蒸敖作烝○其實謂實於竹簋方也棗蒸栗擇詳特牲記　注云兼猶兩也者案士冠禮兼執之注云兼并也彼謂一手兼執之此則兩手兼執之故云兼猶兩也云右手執棗左手執栗者敖氏據士虞禮謂左手執棗右手執栗與鄭互異褚氏云授受之法左

右各執一物者先將右手之物授人受者以兩手受旋亦以右手執之授者乃以兩手授左手所執者受者以左手受之先所受後所授必兩手者所謂受授不游手也經云二手授栗則是右手先授棗然後二手授栗注極明敖氏故生異說士虞禮主婦自取兩籩棗栗設于會南棗在西何妨右手執者設于西左手執者設于東邪未可據以難注今案褚說是也

賓受棗大夫二手授栗受授不游手慎之也

疏正義曰受謂賓受授謂大夫授不游手謂不空一手是慎之也義并詳上

賓之受如初禮如卿勞之儀

儐之如初下大夫勞者遂以賓入出以束錦授從者因東面釋辭請道之以入然則賓送不拜

疏正義曰注請道道毛本作導校勘記云嚴徐通解楊氏敖氏俱作道○儐之如初謂如儐卿之儀也敖氏云君使以束帛夫人使以棗栗賓儐之皆以束錦乘皮者亦輕財重禮之意也入入國門也　注云出以束錦授從者因東面釋辭請道之以入者上君使士請事遂以入竟注云遂以入因道之明此云遂以賓入亦道之以入也請道當有辭故知以束錦授從者因東面釋辭也云然則賓送不拜者此注似可疑上儐卿勞者出明云賓送再拜則此送之

亦拜可知經不言者蓋已統於如初中矣賈疏舉公食禮使大夫戒賓不拜送遂從之爲側不知彼無儐禮與此異覲禮侯氏儐使者送于門外再拜遂從之此當與彼同賈因注言不拜遂分别尊卑則岐而又岐耳○以上夫人使人勞賓之禮

右郊勞

至于朝主人曰不腆先君之祧旣拚以俟矣賓至外門下大夫入告出釋此辭主人者公也不言公而言主人主人接賓之辭明至欲受之不敢稽賓也腆猶善也遷主所在曰祧周禮天子七廟文武爲祧諸侯五廟則祧始祖也是亦廟也言祧者祧尊而廟親待賓客者上尊者　疏　正義曰自此至衆介皆少牢言賓初至不即行禮主人致館設飧之事○至于朝此外朝也外朝在庫門外故李氏云朝大門外之朝也但李以大門爲皋門則沿賈之誤辨見前注云賓至外門亦謂庫門也諸侯三門庫門在外故曰外門王氏士讓云賓未相見不先即館而必至于朝者明奉君命而告至也云先君之祧者莊四年公羊傳云古者諸侯必有會

聚之事相朝聘之道號辭必稱先君以相接又隱七年公羊傳何注云禮聘受之于大廟孝子謙不敢以己當之歸美于先君且重賓也是其稱先君之義拚釋文云灑埽也少儀埽席前曰拚說文作叁云埽除也拚是假借字案析言之則拚是埽席前之名渾言之則凡埽皆可云拚也此經云拚葢謂廣埽廟之內外不止席前也　注云賓至外門下大夫入告出釋此辭者此下大夫卽上以賓入者旣告于君乃出釋此辭也云主人者公也不言公而言主人主人接賓之辭者案下行聘享時皆稱公此變公言主人是接賓之辭也云明至欲受之不敢稽賓也者以經言旣拚以俟明是至卽欲受之不敢稽延也云遷主所在曰祧周禮天子七廟文武爲祧諸侯五廟則祧始祖也者周禮序官守祧奄八人鄭注遠廟曰祧周爲文王武王廟遷主藏焉又守祧職曰掌守先王先公之廟祧鄭注遷主所藏曰祧先公之遷主藏于后稷之廟先王之遷主藏于文武之廟又祭法注祧之言超也超上去意也天子遷廟之主以昭穆合藏于二祧之中諸侯無祧藏于祖考之廟中聘禮曰不腆先君之祧是謂始祖廟也此鄭言祧之義但據守祧注似有三祧以后稷廟稱大廟故止二祧也若孔君王肅則以高祖之父及高祖之祖爲二祧又謂文武受命

之王其廟不遷不在七廟數內皆與鄭異王制疏及守祧疏已駁之鄭謂周禮天子七廟諸侯五廟者王制曰天子七廟三昭三穆與大祖之廟而七鄭注此周制也七者大祖及文王武王之祧與親廟四大祖后稷殷則六廟契及湯與二昭二穆夏則五廟無大祖禹與二昭二穆而已又曰諸侯五廟二昭二穆與大祖之廟而五鄭注大祖始封之君祭法曰王立七廟曰考廟曰王考廟曰皇考廟曰顯考廟曰祖考廟皆月祭之遠廟爲祧有二祧享嘗乃止又曰諸侯立五廟曰考廟曰王考廟曰皇考廟皆月祭之顯考廟祖考廟享嘗乃止曾子問禮器皆言七廟五廟穀梁傳曰天子七廟諸侯五廟此皆鄭所本也荀子曰有天下者事七世有一國者事五世有五乘之地者事三世有三乘之地者事二世持手而食者不得立宗廟所以表積厚者流澤廣積薄者流澤狹也陳氏禮書云家語曰天子七廟諸侯五廟自虞至周之所不變也是故虞書禋于六宗以見大祖周官守祧八人以兼姜嫄之宮則虞周七廟可知矣又云公侯伯子男其衣服宮室車旗等衰雖殊其立五廟一也附庸之封雖不能五十里亦國君爾故亦五廟春秋書紀季以酅入于齊公羊傳曰紀季請復五廟以存姑姊妹則附庸之廟與諸侯同可知也今案陳氏又引商

書僞古文七世之廟及王肅等說以駁鄭注，今不錄其論五廟則較孔賈爲詳云是亦廟也言祧者祧尊而廟親待賓客者上尊者案祧亦與廟同今接聘賓不于廟而于祧者以祧是始祖之廟比之三昭三穆爲尊接賓客宜于尊者故云祧也魏氏了翁云祧卽廟也昭元年其敢愛豐氏之祧豐氏大夫又僅兩世未有遠祖也今案廟與祧對文異散亦通此經云先君之祧明指始祖廟言之則鄭說未可易矣

賓曰俟閒賓之意不欲奄卒主人也且以道路悠遠欲沐浴齊戒俟閒未敢聞命

疏正義曰注齊戒毛本作齋戒校勘記云釋文作齊云本亦作齋嚴徐集釋亦俱作齊通解楊氏俱作齋案通解曰齋側皆反蓋本齊字故特音之若作齋則不必音矣○賓曰對辭也敖氏云閒暇也　注云賓之意不欲奄卒主人也者此注有二義不欲奄卒主人一義也以道路悠遠欲沐浴齊戒又一義也故云且奄方言云遽也卒亦促遽之意見漢書注言不欲以悤遽迫主人故荅以俟閒且可容沐浴齊戒也云俟閒未敢聞命者言未敢遵命而卽行大禮也命謂旣拚以俟之命蔡氏云主人不敢稽賓故曰拚以俟賓不欲奄卒主人故曰俟閒謂俟主人暇時婉詞也

大夫帥至于館卿致館致至也賓至此

館主人以上卿禮致之所以安之也疏正義曰敖氏云大夫卽歸者以賓入者也帥亦謂道賓賓至于館則入矣致館謂以君命致此館於賓也郝氏敬云致館必以卿重其禮也今案國語云司里授館韋注司里授客所當館次於卿也然則司里授之而卿以君命致之歟　注云賓至此館主人以上卿禮致之所以安之也者言大夫道賓至館後君復使卿致之以賓初至故重其禮以安之也張氏爾岐云以上卿禮致之謂使上卿以束帛之禮致之也周禮司儀職云諸公之臣相爲國客致館如初之儀鄭注云如郊勞也不儐耳郊勞用束帛則此致館亦用束帛可知也吳氏廷華云據司儀云郊勞有儐致館如初儀則亦有儐矣今案鄭言不儐者亦據此經決之以下文卿致命卽云卿退賓送再拜不言儐之是無儐也

賓迎再拜卿致命賓再拜稽首卿退

賓送再拜卿不俟設飧之畢以不用束帛致故也不用束帛致之者明爲新至非大禮也疏正義曰朱子云此致止謂致館耳　首目其事而下詳其節也上無飧字而但云致命注疏何以見爲致飧邪詳又見下章今案朱子說是也上云卿致館是目其事此云賓迎再拜至賓送再拜乃是詳言致館之儀節也卿致命者敖氏云致

其君致館之命也不兼飧說爲是必稽首者如對主君也

注云卿不儐設飧之畢以不用束帛致故也者致館使卿設飧使宰夫二者不妨竝行注云不儐設飧之畢此釋經退字謂卿致命卽退耳言不用束帛致者因致館用束帛故兼束帛言之其實直謂不致耳非不用束帛而空以辭致飧之謂也司儀諸公之臣相爲國客致館如初之儀彼注云不言致飧者君于聘大夫不致飧也又引此記飧不致賓不拜爲證據此則鄭意固直云不致明矣賈彼疏云聘禮致館之下卽云宰夫設飧此致館下不云致飧故云君于聘大夫不致飧如是五等之臣皆無致飧也其義甚明何於此乃生出不用束帛空以辭致之臆說邪云不用束帛致之者明爲新至非大禮也者對下致饔餼爲大禮言之此飧爲新至而設非大禮故不致也胡鎬三禮補義曰案注初無兼致飧之語言兼致者賈之誤耳王氏士讓云設飧乃宰夫設之則非兼致可知吳氏廷華云卿不儐設飧者非其職也數說皆是又敖氏謂致館不以幣而在門外非司儀注云矦伯之臣致館於庭則在門內矣致館有束帛亦非無幣也○禮經釋例云凡郊勞畢皆致館案聘禮郊勞畢下大夫勞者遂以賓入又云大夫帥至于館卿致館賓迎再拜卿致命此聘禮致館也覲禮郊勞畢

矦氏遂從之天子賜舍辭曰賜伯父舍矦氏再拜稽首儐之束帛乘馬此覲禮賜舍也注賜舍猶致館也是郊勞畢皆致館也又聘禮致館後云宰夫朝服設飱是致館後卽設飱覲禮賜舍後則無之聘禮致館後聘賓不儐使者覲禮賜舍後矦氏則儐之蓋王朝之與矦國禮不同歟今案館國中待客處也考之禮有公館有私館曾子問曰自卿大夫士之家曰私館公館與公所爲曰公館鄭注公館若今縣官舍也襍記曰公館者公宮與公所爲也私館者自卿大夫之家也鄭注公所爲君所作離宮別館也此篇所言館多是私館下記曰卿館于大夫大夫館于士士館于工商是也若左傳襄三十年子產聘晉使盡壞其館之垣昭元年楚公子圍聘鄭館于外則當爲公館矣

宰夫朝服設飱飱不備禮曰飱詩云不素飱兮春秋傳曰方食魚飱皆謂是

疏正義曰周禮宰夫職掌賓賜之飱牽鄭注飱客始至所致禮是飱宰夫掌之故使設之也必朝服者尊賓也　注云飱不備禮曰飱者以所陳鼎止有腥飪而無餼又餼設不多故云不備禮也司儀注云小禮曰飱掌客注云飱客始至致小禮也又下記注云草次饌飱具輕皆與此注相發明云詩云不素飱兮春秋傳曰方食魚飱皆謂是者詩魏風伐檀文毛傳云熟食曰

飧鄭彼箋則云讀如魚飧之飧是鄭以素飧之義與魚飧一也案宣六年公羊傳晉靈公使勇士往殺趙盾勇士上其堂則無人焉俯而闚其戶方食魚飧勇士曰子爲晉國重卿而食魚飧是子之儉也此魚飧之事案勇士以食魚飧爲儉是所食者唯魚無多物耳詩疏引鄭志荅張逸云禮飧饔大多非可素不得與不素飧相配故易之也然則素飧魚飧皆不備物之謂故云皆謂是也或曰飧夕食也此周禮宰夫注鄭司農之說則後鄭已不從之矣或據毛傳熟食曰飧謂此飧之設無生牲且雖有腥而主於孰賓郎次未舉火以熟爲先故云飧也案下注亦有新至尙熟之說義可兩存焉

飪一牢在西鼎九羞鼎三腥一牢在東鼎七

中庭之餼也飪熟也熟在西腥在東象春秋也鼎西九東七凡其鼎實與其陳如陳饔餼羞鼎則陪鼎也以其實言之則曰羞以其陳言之則曰陪

【疏】正義曰敖氏云牢大牢也大牢者牛羊豕各一也飪鼎九腥鼎七乃皆云牢者主於牛羊豕也今案掌客職曰饔餼九牢如飧之陳案下歸饔餼賓飪一牢腥二牢此則飪一牢而腥止一牢者降於諸矦相朝也飪正鼎九牛羊豕魚腊腸胃膚鮮魚鮮腊羞鼎三膷臐膮腥鼎七者無鮮魚鮮腊餘與飪鼎同　注云中

庭之餼也者言此皆餼於中庭故云中庭之餼對下堂上及門外言也云飪孰也孰在西腥在東象春秋也者飪之言孰象秋物孰故在西腥之言生象春物生故在東云鼎西九東七凡其鼎實與其所陳如陳饔餼者言其鼎中所實之物與陳之次序皆如歸饔餼也所實之物即上牛羊豕魚腊之類餘詳下云羞鼎則陪鼎也以其實言之則曰羞以其陳言之則曰陪者此經云羞鼎而下歸饔餼云陪鼎恐人疑其有異故釋之二者名異實同也左傳曰飧有陪鼎謂此

堂上之餼八西夾六八六者豆數也凡餼以豆爲本堂上八豆八簋六鉶兩簠八壺西夾六豆六簋四鉶兩簠六壺其實與其陳亦如饔餼

【疏】正義曰堂上者館之堂上也此館在廟云西夾六公食大夫禮亦在廟云大夫立于東夾南宰東夾北顧命在寢云西夾南嚮則廟寢之制皆有東夾西夾矣下歸饔餼云西夾六豆設于西墉下北上西夾之西有墉則東夾之東亦有墉矣又云六壺西上二以並東陳注東陳在北墉下則夾之北有墉矣竊嘗考之東夾在堂東序之東西夾在堂西序之西東夾之北爲東房西夾之北爲西房中有墉隔之與房不相通東夾西夾一名東箱西箱又名左个右个左達右達左即東也右即西也夾也箱也个也達也

異名而同實統言之爲東夾西夾分言之則夾之近北者爲室近南者爲堂故有夾室與東堂西堂之稱夾之近東西北三面皆有牆故得室名但東夾之東西夾之西近北者有牆近南者無牆故其東西近坫之處亦稱爲東堂下西堂下非必東堂向東西堂向西也先儒或專以夾室爲達或專以東西堂爲箱皆非是萬氏斯大云東西序外之屋分言之則前堂後室統言之皆夾也所以名爲夾者以夾輔乎中堂也釋名云夾室在堂兩頭故曰夾夾之在正堂東西此定論也楊氏儀禮圖乃圖夾室於東房之東西房之西與房室竝列誤矣近焦氏羣經宮室圖又圖東堂於東夾之東西堂於西夾之西以東堂爲東鄉西堂爲西鄉不知堂亦夾之堂也㫄可分夾與堂爲二哉顧命曰西夾南鄉言夾而室與堂可知言西夾而東夾可知㫄有所謂東鄉西鄉者哉楊大堉云西夾南鄉一語證據千古不易鄭注特牲饋食禮云西堂西夾之前近南東堂東夾之前近南亦據南鄉定之也又案顧命注疏解夾之誤鄉黨圖考已辨之餘詳特牲饋食禮豆籩鉶在東房南上凡席兩敦在西堂下又下歸饔餼云饌于東方亦如之注云東方東夾室此但云西夾六則無東　夾之饌殺於饔餼也吳氏廷華云在西夾者廟中尊西也　注云八六者豆數也凡

餼以豆爲本者李氏云凡餼皆先設豆故舉豆數以見其餘也云堂上八豆八簋六鉶兩簠八壺西夾六豆六簋四鉶兩簠六壺者皆與饔餼同鄭荅以鼎同推而知之也故又云其實與其陳亦如饔餼

門外米禾皆二十車禾稾實并刈者也諸侯之禮車米視生牢禾視死牢牢十車大夫之禮皆視死牢而已雖有生牢不取數焉米陳門東禾陳門西

疏正義曰二十車毛本二十誤作一校勘記云唐石經二十車作廿注牢十車徐本無牢字與疏不合今俱從嚴本　注云禾稾實并刈者也者稾謂禾稈實謂禾穀并刈謂連稾與實而刈之并不去其穀也說文禾嘉穀也段氏注云嘉穀之連稾者曰禾又於稼字下注云全體爲禾聘禮禾三十車是也禹貢所謂總也今案禾以供飼馬之用故致積設飧歸饔餼皆有之上注云禾以秣馬是也云諸侯之禮車米視生牢禾視死牢十車者周禮掌客文云大夫之禮皆視死牢而已雖有生牢不取數焉者李氏云周禮大夫之車米禾無文此飧禮死牢二而米禾皆二十車饔餼生牢二死牢三而米禾皆三十車知惟視死牢不取生牢之數云米陳門東禾陳門西者據下饔餼言也

薪芻倍禾各四十車凡此之陳亦如饔餼

疏正義曰校勘記云此之楊作上所

注云凡此之陳亦如饔餼者謂薪從米芻從禾也郝氏敬云供爨曰薪飼馬曰芻今案說文芻刈草也象包束草之形又云蕘草薪也舊說多以芻爲養牛馬之用然上經積唯芻禾鄭但云禾以秣馬不兼芻言詩詢于芻蕘毛傳云芻蕘采薪者然則芻以飼牲亦可供爨當兼二用也

上介餼一牢在西鼎七羞鼎三

堂上之饌六門外米禾皆十車薪芻倍禾

西鼎七無鮮魚鮮腊

疏 正義曰李氏云鼎七者賓腥鼎之數堂上之饌亦與賓西夾同西夾無饌盛氏云上介之牢西鼎減二無東鼎堂上之饌亦減二無無西夾之餼米禾薪芻皆半於賓此其殺也

眾介皆少牢

亦餼在西鼎五羊豕腸胃魚腊新至尚熟堂上之饌四豆四簋兩鉶四壺無簠

疏 正義曰注云亦餼在西鼎五羊豕腸胃魚腊者案有羊豕而無牛謂之少牢此用少牢而五鼎是又殺於上介也李氏云承上文餼知眾介亦餼也少牢饋食禮五鼎此少牢故亦五鼎彼有膚無腸胃此有腸胃無膚今案彼是大夫自祭禮此是人君待客禮故同玉藻朔月五俎之食以示別也云新至尚熟者下歸饔餼十介但有餼而無餁知此不用餼而用餁者以飧是新至之禮尚熟故也云堂上之饌四豆四

簋兩鉶四壺無簠者上介堂上之饌本與賓西夾之饌同此則又視賓西夾之數減之降殺以兩也褚氏云歸饔餼盛禮而士介無堂上之饌此亦宜無注所云俟訂韋氏協夢云經唯言皆少牢是并無堂上之饌矣無堂上之饌下於上介也二說似亦可從○盛氏云米禾薪芻賓共百二十車上介半之衆介則無通百八十車而已盖卿行旅從非是則不足以供之也郝氏謂用車三百六十乘而以侈費詆經妄矣國之經費賓祭最鉅皆所以弭災而福民有不可以儉嗇將之者且遇凶荒札喪則又有殺禮之義見於掌客制禮者豈漫無撙節於其間哉

右致館設飧

厥明訝賓于館 此訝下大夫也以君命迎賓謂之訝訝迎也亦皮弁 疏 正義曰張氏爾岐云自此至賓不顧皆主國廟中所行之禮其爲公禮者有五聘一享一聘夫人一享夫人一若有言者又一於是主君禮賓其爲私禮者有二賓私覿一介私覿一公乃送賓出又有問君問大夫之儀此聘之正禮也分爲四節今案四節者一聘享若有言二主國禮賓三私覿四公送賓出問君及大夫○厥明賓至館之明日也 注云此訝下大夫也者

上帥至于館是下大夫故知此訝賓于館亦下大夫非掌訝之官也周禮掌訝中士爲之其職曰凡賓客諸侯有卿訝卿有大夫訝大夫有士訝士皆有訝鄭注此謂朝覲聘問之日王所使迎賓于館之訝據云卿有大夫訝此聘使卿則訝爲下大夫明矣餘詳下記卿大夫訝大夫士訝士皆有訝下云以君命迎賓謂之訝訝迎也者此訝是君使之故云以君命迎賓也訝與迓同爾雅釋詁迓迎也又通作御詩以御于家邦毛傳御迎也云亦皮弁者下行聘時君與賓皆皮弁故知此訝賓者亦皮弁也

賓皮弁聘至于朝賓入于次

服皮弁者朝聘主相尊敬也諸侯視朔皮弁服入于次者俟辨也次在大門外之西以帷爲之

疏 正義曰辨毛本作辨校勘記云張氏曰監杭本作辨案作辨是也說見士相見禮○此朝亦外朝也　注云服皮弁者朝聘主相尊敬也者案皮弁服詳士冠禮周禮司服注云諸侯之自相朝聘皆皮弁服蓋諸侯在國每日視朝與臣同服朝服今相朝相聘用皮弁服加于朝服一等是主相尊敬也又諸侯覲天子服冕服其朝天子及使臣聘天子亦皆皮弁服見通典云諸侯視朔皮弁服者玉藻曰諸侯皮弁以聽朔於大廟是也鄭言此者見皮弁服尊於朝服之義云入于次者俟辨也者鄭

注士相見禮及特牲饋食禮俱云具猶辨也則此辨與具義同謂入次暫止以待諸事備具也云次在大門外之西以帷爲之者大門謂庫門亦卽外門也此次爲賓而設主東賓西故知在西也下記云宗人授次次以帷周禮幕人注在旁曰帷在上曰幕帷幕皆以布爲之四合象宮室曰幄又掌次職有大次小次鄭注次謂幄也則次之制與帷異此云以帷爲之者蓋謂用帷布爲之也**乃陳幣**有司入於主國廟門外以布幕陳幣如展幣焉圭璋賈人執櫝而俟【疏】正義曰案下經行聘時賓立接西塾在廟門外而賈人啟櫝取圭授上介上介授賓則幣玉皆先設于此可知故云有司入於主國廟門外以布幕陳幣也又云如展幣焉者謂其陳之之法亦如展幣時所陳也云圭璋賈人執櫝而俟者圭璋重器不陳故仍在櫝執而俟者俟事至乃出之也

卿爲上擯大夫爲承擯士爲紹擯擯者出請事擯爲主國之君所使出接賓者也紹繼也其位相承繼而出也主君公也則擯者五人侯伯也則擯者四人子男也則擯者三人聘義曰介紹而傳命君子於其所尊不敢質敬之至也既知其所爲來之事復請之者賓來當與主君爲禮爲其謙不敢斥尊者啟發以進之於是時賓出次直

闑西北面上擯在闑東閾外西面其相去也公之使者七十步侯伯之使者五十步子男之使者三十步此旅擯耳不傳命上介在賓西北東面承擯在上擯東南西面各自次序而下末介末擯旁相去三丈六尺上擯之請事進南面揖賓俱前賓至末介上擯至末擯亦相去三丈六尺止揖而請事還入告于公天子諸侯朝覲乃命介紹傳命耳其儀各鄉本受命反面傳而下及末則鄉受之反面傳而上又受命傳而下亦如之此三丈六尺者門容二徹參个旁加各一步也今文無擯

疏 正義曰擯謂毛本謂作爲校勘記云嚴徐集釋通解俱作謂與疏合亦相去三丈毛本三誤二則鄉受之毛本鄉作卿嚴徐陳本集釋及禮記聘義疏引俱作鄉又反面傳而上毛本而誤面嚴徐葛本集釋通解及聘義疏引俱作而又此三丈毛本三誤二嚴徐集釋通解楊氏俱作三〇此三擯陳于主國大門外與賓之介同陳分爲東西兩行也敖氏云擯者上擯也云請事則爲上擯可知故不必質言之而但云擯者也云出請事而不云入告省文也後多類此　注云擯謂主國之君所使出接賓者也者案鄭注士冠禮云在主人曰擯在客曰介注司儀云出接賓曰擯入贊禮曰相此注兼之以釋擯義精矣云紹繼也者爾雅釋詁文云其位相承繼而出

也者是釋經名承擯紹擯之義也云主君公也則擯者五人侯伯也則擯者四人子男也則擯者三人者案聘義亦云卿爲上擯大夫爲承擯士爲紹擯孔疏承副上擯也紹謂繼續承擯文引此注及大行人文謂待聘客及朝賓其擯數皆然若擯者五人則士爲紹擯者三人若擯者四人則士爲紹擯者二人李氏云案大行人上公擯者五人侯伯四人子男三人諸侯自相待擯數無文鄭據天子待己擯數以爲己國待賓之擯數也敖氏則謂諸侯待聘賓不論尊卑擯者皆三人褚氏云鄭據大行人推之雖無明文可徵亦略得其概敖創爲新論竊所不取今案聘使之介上公七侯伯五子男三人數既以爵等分多寡則主國之擯人數亦當依爵等而分且朝則交擯傳辭聘則旅擯不傳辭待聘客與待朝賓已有區別則擯之人數與天子待諸侯者同可也云聘義曰介紹而傳命君子於其所尊不敢質敬之至也者此引以證主賓各立擯介之義云旣知其所爲來之事復請之者賓來當與主君爲禮爲其謙不敢斥尊者啟發以進之者言賓不敢斥言與主君行禮故使擯者出請事以啟發之也云於是時賓出次直闑西北面上擯在闑東閾外西面其相去也公之使者七十步侯伯之使者五十步子男之使者三十步者此謂門外上擯

與賓南北相去之遠近也斯時主君立於門內南面大行人云朝位賓主之閒上公九十步矦伯七十步子男五十步卿禮下其君二等故知公使者七十步矦伯使者五十步子男使者三十步也云此旅擯耳不傳命者謂但陳列擯介而不傳辭司儀旅擯鄭注旅讀爲鴻臚之臚臚陳之也皆陳擯位不傳辭也是也云上介在賓西北東面承擯在上擯東南西面各自次序而下末介末擯旁相去三丈六尺者謂次介在上介北末介在次介北皆東面末擯在承擯南亦西面所謂各自次序而下末介末擯在門之東西兩旁其相去三丈六尺也賈疏云注云西北東南者據賓西北望上介介仍向正北陳之矣上擯東南望承擯承擯等仍向正南陳之矣不謂介西北邪陳擯東南向邪陳也案此辨極明晰葢是時賓直闑西北面上擯在闑東闑外西面介略在賓西而向北直陳承擯等略在上擯東而向南直陳也鄭必謂上擯在闑東不在門東者以便於出入傳命也若兩君相朝主君出迎于大門外交擯傳辭則君當在闑東上擯當在門東與承擯末擯等竝列矣云上擯之請事進南面揖賓俱前賓至末介上擯至末擯亦相去三丈六尺止揖而請事還入告于公者案注云進南面揖賓進者前行之謂葢交擯傳辭則上擯傳於承擯以次

傳於賓如注下所云是也此旅擯不傳辭則上擯與賓親自問對故須揖賓使前李氏云上擯入北鄉受主君命出南面遙揖賓使前上擯南行至末擯南面面賓北行至末介北東面相去三丈六尺乃請所爲來之事賓旣對遂入告于公是也褚氏云注謂末介末擯旁相去三丈六尺云旁者非東西正相去蓋自末擯直西至末介北東西相去三丈六尺末介東至末擯南亦然若旅擯則上擯至末擯南賓進末介北東西正對相去三丈六尺據此則上擯與賓親自問對其相去三丈六尺與末介末擯相去同故注云亦也云天子諸侯朝覲乃命介介紹傳命耳者此以下言交擯傳辭之法云耳者見惟天子於諸侯則然考朝覲傳命卽覲禮嗇夫承命告于天子是也會同亦傳命覲禮曰四傳擯是也禮經釋例云凡天子於諸侯則傳擯諸侯於聘賓則旅擯傳擯卽交擯司儀注云交擯者各陳九介使傳辭也是也云其儀各鄉本受命反面傳而下及末則鄉受之反面傳而上者如傳而出則鄉主君受命傳而入則鄉賓受命所謂各鄉本受命也上擯受命於主君反面傳於承擯承擯傳於末擯所謂反面傳而下也於是賓之末介鄉末擯受命反面傳於次介次介傳於上介上介以告於賓所謂及末則鄉受之反面傳而上也云又受命傳而

下亦如之者謂上介受命於賓反面傳於次介次介傳於末介於是末擯鄉末介受之反面傳於承擯承擯傳於上擯上擯以告於主君所謂亦如之也此交擯傳辭之法鄭并言之以曉人也互詳覲禮注案聘用旅擯不交擯而聘義云介紹傳命者孔疏云交擯與旅擯雖別總而言之皆是傳命是也又鄉黨記君召使擯而云揖所與立左右手明是交擯傳辭乃有揖左人揖右人之事江氏永云君朝用交擯臣聘用旅擯考之春秋孔子仕魯時未見國君來朝亦無鄉來聘意其為大夫行問禮主國亦以交擯待之周末文勝不盡如禮制也云此三丈六尺者門容二徹參个旁加各一步也者案考工記匠人曰應門二徹參个鄭注二徹之内八尺三个二丈四尺盧氏詳校云徹轍通說文無轍字今案此徹謂車轍也鄭以諸侯庫門廣狹無文故取天子應門解之天子庫門在應門外當更廣於應門矣旁謂門之兩旁每旁加一步步廣六尺二步一丈二尺合二丈四尺為三丈六尺也所以每旁加一步者以擯介之立不正當門于出入乃便也云今文無擯者蓋今文此節殘闕脱落四擯字也或曰注當云今文無擯者蓋出請事上今文無擯者二字耳○江氏永云司儀及將幣旅擯三辭三辭者上擯以君命請事於賓賓對以君命臣來之

意此一辭也主人辭不敢當而賓對此二辭也主人又固辭不敢當而賓又對此三辭也三辭訖乃許而納賓所謂旅擯三辭者當如此司儀疏謂辭其以客禮當己誤矣司儀言旅擯三辭此不言三辭者文不具耳下文辭玉亦當三辭不言三辭者亦省文也如注疏說一請事卽納賓是併無禮辭矣聘大禮也豈可如此簡略禮器曰七介以相見也不然則已慤三辭三讓而至不然則已蹙此通朝聘言之倘無三辭而遽納賓是已蹙矣此經仍當依司儀雖旅擯亦有三辭也今案聘義曰三讓而后傳命鄭注此賓至廟門主人請事時也賓見主人陳擯以大客當己則三讓之不得命乃傳其君之聘命也孔疏云鄭解三讓而后傳命之節正當聘禮賓至主人大門主人請事之時此云廟門誤也案司儀疏謂辭主君以大客禮當己卽本聘義注爲說但聘義三讓在傳命前故鄭據賓言之司儀渾言三辭則當如江說也此條可補注所未及故附錄之

公皮弁迎賓于大門內大夫納賓公不出大門降於待其君也大夫上擯也謂之大夫者上序可知從大夫總無所別也於是賓主人皆裼【疏】正義曰注云公不出大門降於待其君也者案據司儀諸侯來朝公當迎之于大門外今臣來聘迎之于大門內是

降於待其君也禮經釋例云凡迎賓主人敵者于大門外主人尊者于大門內詳士冠禮主人迎出門左下云大夫上擯也謂之大夫者上序可知從大夫總無所別也者以納賓是上擯之事上云卿爲上擯言納賓則其爲卿可知儀禮釋官云對言之則上大夫爲卿散言之則上大夫與下大夫皆通稱大夫春秋卿亦曰大夫是也此篇之內有上大夫單言大夫者有下大夫單言大夫者今各依文釋之云於是賓主人皆裼者李氏云未執玉尚文飾也今案此因經但云皮弁未言裼襲故注明之敖氏云納賓之辭曰寡君須矣吾子其入也

賓入門左內賓位也

衆介隨入北面西上少退擯者亦入門而右北面東上上擯進相君 疏 正義曰入門入大門也入門左由闑西也敖氏云玉藻曰賓入不中門不履閾又曰公事自闑西亦謂此時也 注云內賓位也者謂賓入而位于門內也云衆介隨入北面西上少退者謂不敢與賓竝立少退於後也據此則賓亦北面可知故下注云公南面拜迎也云擯者亦入門而右北面東上者先時擯介皆陳于門外今介隨賓入則擯亦隨入可知李氏云擯介面位與下入廟門之位同敖氏於上納賓云上擯出納賓而承擯紹擯則皆立於門東北面故於此但云上擯入門而右意謂承擯紹

擯初時未出也其說非是云上擯進相君者以公將拜故也

公再拜南面拜迎

疏正義曰敖氏云賓入門左而公乃拜之是西面拜迎于入門右之處明矣公迎大夫乃再拜者尊國賓也相見禮主人於降等者不出迎一拜其辱今案注云南面拜迎義已詳上敖氏以爲西面恐非

賓辟不荅拜辟位逡遁不敢當其禮

疏正義曰賓毛本作客校勘記云唐石經釋文嚴徐陳閩葛本通解楊敖俱作賓石經考文提要云監本作客案下賓三退負序疏引此亦曰賓辟今案集釋陳鳳梧本亦俱作賓　注云辟位逡遁者說文逡復也遁遷也段氏注云復往來也遷遷延之意逡遁今之逡巡也儀禮鄭注用逡遁十有一云不敢當其禮者釋經不荅拜之義曲禮曰君若迎拜則還辟不敢荅拜謂此詳士昏禮納采主人迎于門外再拜賓不荅拜下

公揖入每門每曲揖每門輒揖者以相人偶爲敬也凡君與賓入門賓必後君介及擯者隨之竝而鴈行旣入則或左或右相去如初玉藻曰君入門介拂闑大夫中棖與闑之閒士介拂棖賓入不中門不履閾此賓謂聘卿大夫也門中門之正也不敢與君竝由之敬也介與擯者鴈行卑不踰尊者之迹亦敬也賓之介猶主人之擯

疏正義曰校勘記

云賓入，楊氏入誤作立，卑監本誤作畢。○賈疏云入大門東行卽至廟門其閒得有每門者諸侯有五廟大祖之廟居中二昭居東二穆居西廟皆別門門外兩邊皆有南北隔牆隔牆中夾通門若然祖廟已西隔牆有三則閤門亦有三東行經三門乃至大祖廟門中則相逼入門則相遠是以每門皆有曲有曲卽相揖故每曲揖也今案公揖入者入雉門也諸侯三門庫雉路庫門爲大門雉門爲中門廟在中門內此爲定說賈疏之誤後人多辨之繩軒讀經記云案上文已云賓入門左此又云公揖入下乃云及廟門則此揖入在大門之內廟門之外可知蓋入雉門矣賈以爲廟在大門內東則賓既入門左何以又云公揖入邪每門每曲本爲兩事每門相揖每曲相揖也賈云門皆有曲亦非又劉氏敞戴氏震金氏鶚皆以廟爲在中門之內劉氏說詳覲禮戴氏三朝三門考云聘禮曰公出送賓及大門內周官司儀曰出及中門之外廟在中門內明矣記曰昔者仲尼與於蜡賓事畢出游於觀之上蜡之饗亦祭宗廟廟在雉門內故出而至觀也春秋桓宮僖宮災火自司鐸踰公宮至桓僖二廟廟邇公宮也季桓子至御公立於象魏之外立當遠火也穀梁傳曰禮送女父不下堂母不出祭門諸母兄弟不出闕門廟門謂之祭門觀謂之闕亦謂之象魏諸侯設於雉門是以雉門謂之闕門天子葢設於應門闕門在外祭門在內不出闕門者得出門祭門者也左傳曰閒于兩社爲公室輔以朝廷執政所在爲言室繫君臣日見之朝社在中門內明矣其他書傳可證宗廟社稷在中門內路門外之左右者甚衆略舉五事明之金氏鶚廟在中門內說云聘禮公迎賓于大門內公揖入每門每曲揖及廟門公揖入夫惟廟在中門內賓客之入必歷外門中門而後及廟故得有每門若在中門外則入大門即得及廟何以有每門乎賈疏謂經三閤門乃至大祖廟江愼修極稱其說鶚竊以爲不然大祖之廟百世不遷當特尊於羣廟故禘祫之禮必合食於大祖廟大祖東向自如羣昭羣穆列於南北則知大祖之廟必不與羣廟竝列晉孫毓謂外爲都宮大祖在北左昭右穆以次而南朱子從之其說固至當也禮經每門之門文承大門入門而言其非閤門可知曲禮每門讓於客之周官閽人王宮每門四人與此每門文同廟在雉門內經文先言每門後言及廟則每門爲庫雉二門甚明賈以爲閤門誤矣每曲者謂入雉門之後折而向東是爲一曲直廟門折而北是又一曲曲不屬於門賈以爲門皆有曲抑又誤矣今案此經每門金氏以爲庫雉二門甚是葢公迎賓于庫門內賓入庫

門公拜賓辭於是公乃揖之使北行入雉門旣入雉門公
又揖之使行於是折而東則有東曲之揖折而北則有北
曲之揖故言每門每曲也於是乃至廟門或謂宗廟
外爲都宮則每門中兼有都宮門在內然總不得以每門
爲廟中三閤門蓋每門之揖在前及廟之揖在後經文次
序顯然不容紊耳至廟制金氏以朱子孫毓之說爲是賈
說爲非王氏士讓吳氏紱吳氏廷華褚氏寅亮皆與金同
竊謂廟卽竝列而大祖居中亦自有門豈有大祖廟南向
無門而必由西二廟閤門側入之理此其逞臆說經決不
可信者也　注云每門輒揖者以相人偶爲敬也者賈疏
云以人意相存偶也禮經釋例云大射儀公食大夫禮注
皆有相人偶之文疏未明析又中庸仁者人也鄭注讀如
相人偶之人孔氏無疏朱文公王伯厚皆不知出於何書
俟考云凡君與賓入門賓必後君者此賓爲聘賓與主君
尊卑不敵故入必後君言凡者見入大門中門皆如是也
云介及擯者隨之竝而鴈行者謂上介與上擯竝次介與
次擯竝末介與末擯竝各隨賓與君行而上介上擯在前
次介次擯末介末擯以次在後略有參差如鴈行也云旣
入則或左或右相去如初者謂旣入門則介左擯右亦如
大門外相去三丈六尺也云玉藻曰君入門介拂闌大夫

中棖與闑之閒士介拂棖者彼注云此謂兩君相見也棖門楔也君入必中門上介夾闑大夫介士介鴈行於後示不相沿也君若迎聘客擯者亦然云賓入不中門不履閾者亦玉藻文彼注云辟尊者所從也此謂聘客也閾門限鄭引玉藻者證君與賓入門及擯介隨入之儀也李氏云凡門之中央所豎短木謂之闑門之兩旁長木謂之棖棖闑之閒謂之中門兩君相見主東賓西各由中門而入擯介隨之鴈行參差於其後上擯近西上介近東而拂闑大夫直君之後士介拂棖聘賓入門還依爲君介時近東而拂闑不敢中門也云此賓謂聘卿大夫也門中門之正也不敢與君並由之敬也者此申言賓入不中門之義也云介與擯者鴈行卑不踰尊者之迹亦敬也者此申言介拂闑以下之義也卑不踰尊者之迹謂上介上擯拂闑後於賓與君大夫介士介又以次略後是不踰也云賓之介猶主人之擯者謂玉藻拂闑以下雖止言介其實主國擯者隨入之儀亦同也○賈疏謂門有兩闑楊氏復云玉藻疏云闑謂門之中央所豎短木則門只有一闑爾雅橛謂之闑注云門中之橛名闑當以玉藻疏及爾雅爲正張氏惠言云案聘禮疏先云聊爲一闑言之下乃申二闑之說則一闑爲古說二闑乃賈意也今案玉藻云公事自闑西私

事自闑東言闑東闑西而不言東闑西闑則其無兩闑明矣賈氏說於經無據不可從近盛氏世佐焦氏循猶用其說非也朱氏大韶詳辨之

及廟門公揖入立于中庭公揖先入省內事也旣則立於中庭以俟賓不復出如此得君行一臣行二於禮可矣公迎賓于大門內卿大夫以下入廟門卽位而俟之

【疏】正義曰注公迎賓下毛本無于字嚴本有校勘記云徐本集釋俱有通解無○廟卽大祖廟上經云先君之祧是也敖氏疑爲高祖以下廟非公立蓋南面敖氏以爲西面亦非經至此始言及廟門則上每門不得指廟門言明矣注云公揖先入省內事也者以下經云賓立接西塾不言入則此時公揖賓先入可知曲禮曰客至於寢門則主人請入爲席是言卿大夫士之禮彼注云雖君亦然賈疏謂省內事卽請入爲席之類是也云旣則立於中庭以俟賓不復出如此得君行一臣行二於禮可矣者曲禮請入爲席下又云然後出迎客此平等之客禮當出迎今聘賓是臣與君尊卑不敵故君旣省內事立以俟賓不復出於禮可也君行一臣行二下經賈疏謂出齊語晏子辭王氏應麟云見韓詩外傳今案齊語無此文韓詩外傳卷四曰晏子聘魯上堂則趨授玉則跪孔子問之晏子對曰夫上堂之禮

君行一臣行二今君行疾臣敢不趨乎今君之受幣也卑臣敢不跪乎此鄭注所本也張氏惠言云此君所立中庭與後裼降立同處當在庭南北之中不近內霤賓入門左曲公南面與揖賓北曲公西南面與揖揖訖公東行向堂塗北行當碑而賓相及俱揖是君行一臣行二矣今案此篇注言君行一臣行二者三義各有取不必拘泥此節張說得之賈疏頗支離下公升二等注云先賓升二等亦欲君行一臣行二案襄七年左傳衞孫文子來聘公登亦登正與此相反朱子語類問一行一行二之義曰君行步闊而遲臣行步狹而疾故君行一步而臣行兩步蓋不敢同君之行而踐其踪也意略近之又下公側襲受玉于中堂與東楹之間注云東楹之間亦以君行一臣行二此則主君在東聘臣在西今不於兩楹之間而於中堂與東楹之間是臣更向東行義至明也云公迎賓于大門內卿大夫以下入廟門即位而俟之者公迎賓時上擯承擯紹擯在大門外餘卿大夫士不見入廟之文而廟中襄事有宰及宰夫等官是君未入廟時卿大夫已先入即位而俟矣故鄭明之李氏云卿大夫先即位者於外無事賈疏云公食大夫以其官各具饌物皆有事不預入廟故公迎賓入後乃見卿大夫以下之位與此異也

賓立接西塾

接猶近也門側之堂謂之塾立近塾者已與主君交禮將有出命俟之於此介在幣南北面西上上擯亦隨公入門東東上少進於士

疏 正義曰此門外之西塾也餘詳士冠筮與席具饌于西塾下注云立近塾者已與主君交禮將有出命俟之於此者上每門每曲揖及廟門公揖入是與主君交禮也下几筵既設擯者出請命是將有出命故俟之於此也蔡氏云斯時賓在廟門外西塾之南而東面也云介在幣南北面西上者張氏惠言云介西面上則賓在幕西東面可知故下注云上介北面受圭進西面授賓也云上擯亦隨公入門東東上少進於士者此後不見上擯入廟之文而下云擯者出請命明公入時隨入可知言東上者明承擯紹擯亦隨入也李氏云下文介入門左北面西上知擯入當門東東上褚氏云凡立同向者尊卑不敵則尊者稍在前故又云少進於士

几筵既設擯者出請命

有几筵者以其廟受宜依神也賓至廟門司宮乃於依前設之神尊不豫事也席西上上擯待而出請受賓所以來之命重停賓也至此言命事彌至言彌信也周禮諸侯祭祀席蒲筵繢純右彫几

疏 正義曰注依前設之陸氏云依本又作扆 注云有几筵者以其廟受宜依神也者几筵有為人設者有為神

設者詳士昏禮主人筵于戶西西上右几下此受聘於廟中宕依於神蓋臨之以先君以結二國之好故爲神設几筵也云賓至廟門司宮乃於依前設之神尊不豫事也者上云賓立接西塾下云几筵旣設是賓至廟門乃設之也司宮詳燕禮依詳覲禮儀禮釋官云案下經曰宰夫徹几改筵則設之疑亦宰夫公食禮宰夫設筵加几席可證也云席西上者下禮賓注云賓席東上此爲神布席故西上也禮經釋例云凡賓至廟門皆設几筵聘禮賓及廟門公揖入几筵旣設擯者出請命又聘享畢宰夫徹几改筵覲禮但云天子設斧依于戶牖之閒左右几不云几筵文不具也是賓至廟門皆設几筵也士昏禮納采主人筵于戶西右几使者玄端至事畢請醴賓主人徹几改筵昏禮使者猶諸侯之聘賓故其儀略如聘禮也又昏禮親迎壻至于門外主人筵于戶西右几又云主人揖入賓執鴈從至于廟門揖入壻至女家則爲賓故亦設几筵也亦有不几筵者聘禮聘遭喪不筵几注致命不於廟就尸柩於殯宮又不神之又云小聘曰問主人不筵几注記貶於聘所以爲小也故聘禮記云唯大聘有几筵注謂受聘享時也小聘輕雖受于廟不爲神位又聘禮賓問卿卿受于祖廟及廟門大夫揖入擯者請命注不几筵辟君也又士冠禮賓

至廟門不云几筵，此禮主於冠，故異於賓客之禮也。云上擯待而出請受賓所以來之命，重停賓也。至此言命事彌至言彌信也者，待謂待設几筵也。命謂聘君所命使來聘之命。至此請受之，不敢稽賓也。敖氏云請命，請致其君命也，亦通。前此但云請事、請行，未敢必其聘己，至此始云請命，是言彌信也。云周禮諸侯祭祀席蒲筵繢純右彫几者，此引以證所設者係用諸侯祭祀之几筵也。敖氏云注似脫加莞席粉純五字，詳公食大夫禮。

賈人東面坐啓櫝取圭垂繅不起而授上介賈人鄉入陳幣東面俟於此言之入就有事也授圭不起賤不與爲禮也不言裼襲者賤不裼也繅有組繫也

疏 正義曰：注鄉，釋文作鄉。張氏曰：釋文云鄉許亮反，下同。前釋南鄉云下以意求之，以二音攷之，對鄉之鄉從鄉，曏鄉之鄉加日，此曏鄉之鄉也，丏加日，後鄉公鄉將鄉時鄉以皆同從釋文。今案戴校集釋改鄉從之。○賈人東面坐啓櫝，與在國西面異者，主賓之地殊也。敖氏云玉尊，不與幣同陳，故事至乃取之。注云賈人鄉入陳幣東面俟於此言之就有事也者，上文賓入次乃陳幣，是時賈人即東面俟，彼不言而於此言之者，以其啓櫝有事，故就此著其面位也。云授圭不起賤不與爲禮也者，以其坐啓櫝卽坐以授上介賈人是庶人在官者故云賤不與上介爲禮也云不言裼襲者賤不裼也者江氏永云裼襲所以分別文質質事用襲文事用裼質又有三一是禮盛爲質一是輕略爲質一是父黨無容爲質此云賤不裼者亦是輕略之意云繅有組繫也者詳下記

上介不襲執圭屈繅授賓

上介北面受圭進西面授賓不襲者以盛禮不在於己也屈繅并持之

疏　正義曰賈人不徑授賓而上介執以授賓尊卑之節　注云上介北面受圭進西面授賓者以賓東面故也敖氏則以上介受圭及授賓皆東面褚氏云當旅擯時賓北面介東面不同向至廟門外立接西塾時賓轉而東面介轉而北面面位雖改仍不同向北面者西上上介最西賈人在賓南偪近上介故可坐而授圭而上介仍北面受之介授圭而西面者詡授也注說是云不襲者以盛禮不在於己也者以執圭行聘是賓之事敖氏云襲而執圭者惟賓與主人行禮者二人耳故上介不襲而執之必言之者嫌聘時執玉者必襲也屈繅義詳前云曲禮曰執玉其有藉者則裼無藉者則襲者李氏云藉者薦也圭璋特達無藉也璧琮加於束帛有藉也襲者禮至敬尚質裼者禮差輕尚文賓執玉公受玉皆

襲，所謂無藉者則襲。賓出，公裼，降立。賓裼，奉束帛加璧享，所謂有藉者則裼。今案：鄭引此者，證執圭行聘宜襲，而不襲是盛禮，不在於己也。若以坐繅爲有藉，屈繅爲無藉，則此經明云執圭屈繅，是無藉矣，何云不襲乎？互詳記「凡執玉無藉者襲」下。

賓襲執圭。

執圭盛禮，而又盡飾，爲其相蔽敬也。玉藻曰：「服之襲也，充美也。」是故尸襲，執玉龜襲也。

【疏】正義曰：表記：「子曰：裼襲之不相因也，欲民之毋相瀆也。」鄭注：「不相因者，以其或以裼爲敬，或以襲爲敬。禮盛者以襲爲敬，執玉龜之屬也；禮不盛者以裼爲敬，受享是也。」孔疏：「賓介自相授玉之時，介禮輕，裼而執圭以授賓；賓禮重，則襲而後受圭。是賓之與介，亦裼襲不相因。」今案：鄭注以聘對享言，孔疏以賓對介言，皆足釋此經言襲之義。經至是言襲，則賓前此不襲可知矣。注云「執圭盛禮，而又盡飾，爲其相蔽敬也」者，案玉藻曰：「不文飾也不裼。」又曰：「君在則裼，盡飾也。」是平時以盡飾爲敬，今執圭盛禮，其敬有異於常時，而又以盡飾爲敬，則執圭之敬不見，故云蔽敬也。云「玉藻曰服之襲也充美也」者，此引以證襲不尚文飾也。玉藻又曰：「禮不盛，服不充。」禮盛而襲，卽至敬無文之義。盛氏云：「執圭必襲者，以質爲敬也。以質爲敬者，敬之至也。」是也。云「是故尸襲，執玉龜襲也」者，亦玉藻文，引以證執圭宜襲之義彼注云尸襲尸尊執玉龜襲重寶瑞也孔疏若執璧琮行享雖玉裼此執玉或容非聘享尋常執玉則亦襲也龜是享禮庭實之物執之亦裼若尋常所執及卜則襲敬其神靈也

擯者入告出辭玉擯者上擯也入告公以賓執圭將致其聘命圭贄之重者入辭之亦所以致尊讓也

疏正義曰注云擯者上擯也者以相禮是上擯之事故知擯者爲上擯也前後言擯者放此云圭贄之重者莊二十四年左傳御孫曰男贄大者玉帛小者禽鳥玉即圭璋璧琮之屬是圭爲贄之重者也此圭瑑圭也云辭之亦所以致尊讓也者以圭爲重器故辭之聘義曰三揖而后至階三讓而后升所以致尊讓也此辭亦是致尊讓故注云亦也文十二年左傳秦伯使西乞術來聘襄仲辭玉曰君不忘先君之好照臨魯國鎮撫其社稷重之以大器寡君敢辭玉對曰不腆敝器不足辭也是辭玉之禮春秋時猶有存者杜注謂不欲與秦爲好故辭玉非矣但彼言三辭此不言三江氏永以爲省文見前敖氏則云此辭亦禮辭耳賓對則擯者復以入告而出納賓也

納賓賓入門左公事自闑西

疏正義曰前云賓入門左大門也此入門左廟門也注云公事自闑西者玉藻文注云聘享也又云私事

自闑東注云覿面也此引以證入門左之爲入自闑西也

介皆入門左北面西上隨賓入也介無事止於此今文無門

疏正義曰注云隨賓入也者上云賓入門左此云介皆入門左明介隨賓入自闑西也云介無事止於此者對主國擯者有相禮之事也其位則北面西上者上介在西次介末介以次竝立而東必西上者賓入門至門內霤曲而西行故以近西者爲上也云今文無門者謂今文無門字於文不備故從古文也周禮司儀凡諸公相爲賓及將幣每門止一相及廟唯上相入鄭注諸公相爲賓謂相朝也相謂主君擯者及賓之介也謂之相者於外傳辭耳入門當以禮詔侑也每門止一相彌相親也止之者絕行在後耳司儀又曰諸公之臣相爲國客及將幣每門止一相及廟唯君相入鄭注相爲國客謂相聘也唯君相入客臣也相不入矣今案司儀注以相爲兼擯介言而經文於朝則云唯上相入於聘則云唯君相入謂唯主君之相得入而聘臣之相不入與此異賈疏則謂每門止一相鄭云絕行在後耳非是全不入廟又云其賓皆入門與此同也朱子云疏說與此不通當闕然則必欲牽合二經爲一非矣

三揖君與賓也入門將曲揖既曲北面又揖當碑揖

疏正義曰注云君與賓也者謂君

與賓揖也云入門將曲揖旣曲北面又揖當碑揖者此節賈疏印本差誤朱子更加考定云前云公揖入立于中庭賓後獨入得云入門將曲揖者謂公先在庭南面賓入門將曲之時旣曲北面之時主君皆向賓揖之再揖訖主君乃東面向堂塗北行當碑乃得賓主相向之揖是以得君行一臣行二非謂賓入門時主君更向內霤相近而揖也今案禮經釋例亦以賈疏鐠誤不可讀更申明之與朱子更定文稍異詳士冠禮至于廟門揖入三揖下據賈此疏云非謂主君更向內霤相近而揖則前公揖入立于中庭疏謂主君立近內霤者非矣**至于階三讓**讓升疏正義曰詳士冠禮至于階三讓下**公升二等**先賓升二等亦欲君行一臣行二疏正義曰詳士冠禮及前及廟門公揖入下**賓升西楹西東面**與主君相鄉疏正義曰下云公左還北鄉則公初時升堂西鄉可知故注以賓東面爲與主君相鄉也敖氏云西楹西言其東西節也**擯者退中庭**鄉公所立處退者以公宊親受賓命不用擯相也疏正義曰鄉毛本作鄉嚴本同戴校集釋改鄉今從之　注云鄉公所立處者卽鄉者公揖入立于中庭之處也云退者以公宊親受賓命不用擯相也者下云賓致

命是致其主君來聘之命公宜親受之擯者不敢與聞故退也**賓致命**致其君之命也**公左還北鄉**當拜疏正義曰公自西鄉轉而北鄉故云左還凡堂上之拜以北面爲正故知左還北鄉爲將拜也堂上之拜皆北面詳士冠禮宿賓下**擯者進**進阼階西釋辭於賓相公拜也疏正義曰王氏士讓云論語趨進翼如也卽在斯時江氏永云公與賓皆升堂賓致命公將北面拜貺拜君命之辱其時擯者位在中庭從中庭進至阼階西釋辭于賓以相公拜所釋之辭則後記云子以君命在寡君寡君拜君命之辱是也經曰擯者進卽論語趨進之進不言趨者省文耳其時賓已致命公已左還北鄉將拜擯者從中庭進至阼階西有數十步不宜紆緩故必當趨趨則急遽或至垂手掉臂難其容故特記容趨進必有辭辭無常者不能記辭有常者不必記也趨進有辭見左傳者凡五成三年齊矦朝于晉將授玉郤克趨進襄七年衛孫文子來聘公登亦登叔孫穆子相趨進襄九年同盟于戲晉士莊子爲載書鄭公子騑趨進昭十二年晉矦以齊矦宴投壺公孫傁趨進定八年晉師盟衛矦于鄟澤將歃涉佗捘衛矦之手及捥衛矦怒王孫賈趨進此五事皆有辭無常者也凡發足向前爲進又云趨進廟中相禮

時也廟中相禮上擯之事卿爲之孔子大夫也而相禮攝相也夾谷之會孔子攝相此亦重其知禮而使攝故論語特記君召使擯此趨進及賓退復命皆上擯相禮之事今案鄭必知進阼階西面者以下云公當楣再拜則公斯時在東楹西可知此進爲贊公拜且代公釋辭立近公故知在阼階西面也此云進而不云升則位仍在堂下可知公食記所謂卿擯由下也

公當楣再拜拜貺也貺惠賜也楣謂之梁 疏 正義曰褚氏云當者面向之也蓋在楣下少南注云拜貺也貺惠賜也者以當楣之拜爲拜貺而又轉釋貺字之義也聘義曰北面拜貺拜君命之辱所以致敬也孔疏云拜君命之辱者釋此北面拜貺之義言主君所以拜貺者拜聘君之命來屈辱也然則此拜爲拜聘君之命敖氏云爲將授玉非矣云楣謂之梁者爾雅釋宮文郭注門戶上橫梁此則謂堂上東西兩楹間橫梁也詳士冠禮賓升當阿致命下

賓三退負序三退三逡遁也不言辟者以執圭將進授之 疏 正義曰李氏云序西序敖氏云公再拜之閒賓凡三退見其頭刻不敢安也三退則負序而立矣此拜雖非爲己然猶不敢自安若是敬之至也 注云逡遁義詳前云不言辟者以執圭將進授之者李氏云司儀職曰拜客三辟凡

爲人使者不荅拜褚氏云退即辟也注意以賓將進授圭故經不云辟而云退以對下立文非謂禮節與周官異賈疏誤今案鄭注司儀云客三辟三退負序也則固明以二經義同褚說是矣

公側襲受玉于中堂與東楹之閒側猶獨也言獨見其尊賓也佗日公有事必有贊爲之者凡襲於隱者公序坫之間可知也中堂南北之中也入堂深尊賓事也東楹之閒亦以君行一臣行二

【疏】正義曰校勘記云注言獨之獨要義作側可知也單疏要義無知字案賈疏云無正文故云可也則無知字明矣今案嚴本及各本俱有知字仍存之　云側猶獨也者秦氏蕙田云案經文云側者皆訓獨不獨聘禮爲然盛世佐以側爲堂東偏非詳士冠禮側尊一甒醴下云言獨見其尊賓也佗日公有事必有贊爲之者案大射儀小臣正贊公襲此無贊之者是乃致敬以尊賓也凡執玉必襲公至是始言襲則前此不襲可知云凡襲於隱者謂凡襲必於隱處云公序坫之閒可知也者賈疏云士喪襲於序東謂於堂東地上此則公在堂上堂東南角爲坫鄭以意斟酌隱處無過於序東坫北今案此可推而知故經不言襲處也云中堂南北之中也入堂深尊賓事也東楹之閒亦以君行一臣行二者賈疏申鄭謂于

當楣北面拜訖乃更前北侵半架於南北之中乃受玉故云南北之中又云兩楹之閒爲賓主處中今乃於東楹之閒更侵東半閒今案是說頗疑之凡言之閒者必有兩物對待而後可云之閒今鄭賈以中堂爲南北之中而解東楹之閒爲更侵東半閒則經文與字及之閒二字皆無著矣惟李氏集釋云受玉于中堂東楹二者之閒也中堂堂東西之中也是爲兩楹閒凡敵者受玉于兩楹閒聘賓與主君非敵故進東近主君受玉于中堂與東楹之閒也下賓覿受幣當東楹覿私事賓又宐近東而當東楹則此受玉在東楹之西明矣賈氏據鄭以中堂爲南北之中意以東楹閒爲東楹之東若然則賓覿受幣不得反當東楹也吳氏章句云中堂東西當兩楹之中曰與東楹之閒蓋中堂之東東楹之西二者之閒也此二說較爲得之君行一臣行二詳前及廟門公揖入立于中庭下

擯者退負東塾而立反其等位無事

疏 正義曰此廟門內之東塾也負之者北面下禮賓節亦有擯者退負東塾之文郝氏謂俱出廟門外非江氏筠云案公受玉而擯退者於時賓將降出聘事畢故也其立於此以便公裼降立即出請賓其賓升筵而退者於時有宰夫相己無事故也其立於此以便公用束帛復進相幣俱不應在廟門

外今案經云擯者退不云出則在門內明矣江說極得經意　注云反其等位無事者李氏云等位承擯以下門東之位敖本無等字或遂以爲衍文非也

賓降介逆出由逆出由便疏正義曰校勘記云賓閩葛俱誤作質○李氏云賓不拜送玉者爲君使也逆出後入者先出蔡氏云介立門左北面西上近東者先出由便也今案惟其逆出下云賓出則俱出矣

賓出聘事畢

公側授宰玉使藏之授於序端疏正義曰授毛本誤受○云側授者無贊也宰大宰也下同鄭知授宰玉使藏之者受藏之府屬宰也知授於序端者以下始云降則斯時在堂上授矣故知於序端也序端東序端也

裼降立凡裼者免上衣見裼衣凡當盛禮者以充美爲敬非盛禮者以見美爲敬禮尚相變也玉藻曰裘之裼也見美也又曰麛裘青豻褎絞衣以裼之論語曰素衣麛裘皮弁時或素衣其裘同可知也裘者爲溫表之爲其褻也寒暑之服冬則裘夏則葛凡襢裼者左降立俟享也亦於中庭古文裼皆作賜疏正義曰校勘記云注褎陸氏曰本又作褏襢張氏曰監本以襢爲禮於楊本作如云裼者免上衣見裼衣者凡服內外之次冬則親身有襌衫又有襦袴外有袍繭袍繭之上加裘裘上加裼衣裼衣

之上加上服夏則不服裘用葛也亦無袍繭葛上加中衣中衣之上加上服春秋則服袷褶袷褶之上加中衣中衣之上加上服也汪氏鋼云冬則裘上爲裼衣春夏秋卽以中衣爲裼衣論語邢疏謂夏時中衣在葛之內而冬時袍繭之內又有中衣失之矣邢疏冬時內有袍繭而此節賈疏只言襦袴而無袍繭亦其疏略處知中衣爲在表裏之中則知邢疏之失矣知北地嚴寒衣裘未有不先衣袍繭者則知賈疏之疎矣今案衣服內外之次邢疏與賈疏姝禮記玉藻疏引皇氏說亦未詳析今依注說訂定於上此注云免上衣者上衣卽上服謂行禮時所服服於外者如皮弁朝服之類是也裼與襲對袒去上服以露裼衣謂之裼掩其上服不露裼衣謂之襲上服內卽是裼衣裼衣內卽是裘葛別無一重襲衣各疏皆然曲禮執玉其有藉者則裼孔疏謂裼衣上有襲衣襲衣上爲皮弁之屬其說非是江氏鄉黨圖考已辨之云凡當盛禮者以充美爲敬非盛禮者以見美爲敬禮尙相變也者此申言用襲用裼之義禮尙相變卽表記裼襲不相因之義已詳前云玉藻曰裘之裼也見美也者此引以證裼爲見美襲爲充美也李氏云裼衣皆象其上服與裘之色江氏永云見美者見裘之美也裘雖在裼衣內裼衣與裘同色見裼衣則知其是某

裘孔疏謂見裼衣之美非是云又曰麛裘青豻褎絞衣以裼之論語曰素衣麛裘皮弁時或素衣其裘同可知也者鄭注玉藻云豻胡犬也絞蒼黃之色也鄭旣引玉藻麛裘青豻褎而復引論語者見服皮弁時裼衣雖有絞素之殊而裘則同用麛可知以皮弁色白麛裘亦白故也麛係鹿子論語作麑同玉藻曰君衣狐白裘錦衣以裼之鄭注君衣狐白毛之裘則以素錦爲衣覆之使可裼也袒而有衣曰裼天子狐白之上衣皮弁服與凡裼衣象裘色也孔疏天子視朝服皮弁服則天子皮弁之下有狐白錦衣也諸矦于天子之朝亦然其在國視朔則素衣麑裘卿大夫士亦然故論語注云素衣麑裘視朔之服是也其受外國聘享亦素衣麑裘裼衣或絞或素不定熊氏云臣用絞君用素皇氏云素衣爲正記者亂言絞耳今案熊皇異說後人多以皇說爲優賈疏謂主君用素衣爲裼使臣用絞衣爲裼於經無據又禮君用純物臣下之謂君麛裘還用麛褎臣則不敢純如君麛裘用青豻褎是也云裘者爲溫表之爲其褻也者詩彼都人士狐裘黃黃箋云取溫裕是裘者爲溫服之所以禦寒也鄉黨圖考云今人服裘或以毛向外古人正是如此故有虞人反裘而負薪之喻今案新序云反裘負芻愛其毛也然則常時服之正毛在外矣毛在

外則褻故必表之表之謂裘外有裼衣且有上服也云寒暑之服冬則裘夏則葛者兒裘葛皆有裼襲也王氏士讓云夏葛冬裘皆有襲裼之宜春與秋亦然故經文只言襲裼而不言襲裘裼裘學者第據玉藻文謂惟裘有襲裼誤矣江氏永云聘禮不必行於冬故四時皆有裼襲惟玉藻云見美充美係專指裘言之非冬月服裘時則但取禮尙相變耳云凡襢裼者左者襢與袒同說文作但云但者裼也袒則訓爲衣縫解與但異今經典相承袒裼字皆用袒亦作襢此注與覲禮注云凡以禮事者左袒義同禮事卽吉凶之事也江氏永云古人有袒袖之禮行禮時開出上服前衿袒出左袖士喪禮主人左袒扱諸面之右扱卽插字吉禮亦當以左袖插諸前衿之右也凡經傳單言袒者袒而無衣肉袒也言裼或連言襢裼者袒而有衣也覲禮侯氏請事右肉袒與尋常左袒者不同謂刑宜於右也古人自是有左袒右袒之法故至漢初周勃討呂氏有爲劉氏左袒爲呂氏右袒之說鄭注玉藻袒而有衣曰裼合之此注凡襢裼者左可知袒裼之義矣蔡氏德晉云古人著衣之節其變有三曰袒曰裼曰襲袒者卷起衣袖而露其臂也裼者卷正服之袖而露其裘也襲復衣也或旣袒而襲之或旣裼而襲之在衣曰袒在裘曰裼故裼有袒義袒

有左右裼則左右皆裼袒有惟卷正服之袖而露其裏衣者鄉射記所謂袒纁襦袒朱襦也有并卷裏衣之袖而露其臂者所謂肉袒也裼則唯卷正服之袖以露其裘而巳又云古人裘外惟有正服孔子緇衣羔裘緇衣謂朝君正服又云裘外裼衣卽朝祭一服朱氏大韶駁之云古無以卷袖爲裼裼者誤解爲卷袖遂一誤而無不誤朝祭各有正服五冕及皮弁等服是論語緇衣羔裘卽玉藻羔裘緇衣以裼之言裼之者所以裼此裘也衣與裘同色故羔裘之裼用緇是裼衣與正服異今云緇衣爲朝君正服誤甚聘禮聘君與賓俱襲享皆裼文質相變云在裘曰裼是以裼專施於裘將古人行聘必在冬三月乎無是理也士喪禮主人出南面左袒扱諸面之右注扱諸右掖之下帶之內取便事面前也然則袒者脫左袂而露其肩臂也喪禮皆肉袒脫左袂則衣之左畔皆垂而下故必插於右若但卷其袖則左手之袖豈能插諸右掖之下帶之內乎大射小臣贊袒公袖朱襦卒袒小射正贊設拾鄭云先袒乃設拾拾當以韝韝於襦上射所以必袒者袖寬恐礙弦故袒而以拾韝於襦上鄭云拾斂也所以蔽膚斂衣是也鄉射記大夫與士射袒纁襦君在則肉袒惟袒爲脫去左袂故君大夫必內著襦肉袒則內不著襦以拾韝於臂上若但爲卷袖

而露臂袖卷必襺襲而上擁於左肱左手之袖反礙於放弦矣又云古者禮服皆直領開左右襟而見其所裼之衣曰裼掩而不開曰襲從無以卷袖而露其裘爲裼者今案蔡說多憑乙斷朱氏駁之是矣二家之說甚繁今不具錄至江氏謂經傳單言袒者袒而無衣肉袒也然射禮言袒朱襦袒纁襦纁襦是袒而有衣何以亦單言袒乎又據鄭注謂袒而有衣曰裼然詩鄭風袒裼暴虎毛傳及爾雅皆訓爲肉袒則袒而無衣何以亦稱裼乎案說文但裼也裼但也二字轉相訓則或言袒或言裼或連言袒裼其義正同不必過爲區別惟有見體之袒裼詩袒裼暴虎及孟子袒裼裸裎是也有見衣之袒裼內則不有敬事不敢袒裼是也毛氏奇齡經問云袒裼本不同有去衣之袒裼有加衣之袒裼去衣之袒裼如射禮袒決喪禮袒括髮鄭詩袒裼暴虎郊特牲肉袒割牲左傳鄭伯肉袒牽羊史記微子世家面縛肉袒俱是也此脫衣見體不必皆敬事也若加衣之袒裼則衞風衣錦絅衣裳錦絅裳謂夫人衣錦必加單衣於其上謂之裼衣但又加一衣袒而不襲則其美見焉又有裼裘如狐白加錦衣狐青加綃衣狐黃加黃衣羔裘加緇衣皆加單衣於裘上但外又加一衣袒裼之而美見襲揜之而美不見檀弓所云襲裘而弔裼裘而弔是也去衣

之祖裼爲褻加衣之祖裼爲敬明有分別矣則今案毛氏謂祖裼有不同其義甚精但以去衣加衣爲説則猶未確祖裼皆是去衣惟去衣而見體之祖裼爲肉祖故郭注爾雅云脱衣見體也去衣而見衣之祖裼爲文飾故鄭此注云免上衣見裼衣也祖裼襲之義互詳鄉射禮司射適堂西祖決遂下云降立俟享也亦於中庭者謂降而立于庭以待賓入行享也前行聘時及廟門公揖入立于中庭故知此立亦于中庭也云古文裼皆作賜者胡氏承珙云賜古文假借字朱氏大韶云賜疑緆之誤從衣從糸之字多通故古文借緆爲裼耳今案賜與裼聲義皆不相通疑朱説是

擯者出請不必賓事之有無

疏 正義曰聘之後有享但不敢必其有無故出請耳褚氏云行聘禮之期訝賓於大門外矣擯者又出請事蓋明知其行聘禮而不敢晏然直受以爲聘己也謙之至也正聘己行至於將享擯者又出請焉至享禮既終明知其公事畢矣而擯者又出請事蓋不敢逆料爲賓必無事而遽行禮賓之禮謙之至也至私覿已行眞無事矣然猶未敢必賓謂事已竟也而復請焉必賓告事畢公乃出送此則謙而又謙者也比前後而觀之可以識禮意矣

賓裼奉束帛加璧享擯者入告出許許受

之

【疏】正義曰凡聘覲皆行享禮禮經釋例云聘禮賓裼奉東帛加璧享又云庭實皮則攝之此聘畢行享也又云聘于夫人用璋享用琮如初禮此言聘享夫人之禮也覲禮四享皆束帛加璧庭實唯國所有注云四當為三此覲畢行享也皆禮之盛者也諸侯使人於諸侯但一享諸侯見於天子則三享覲禮又盛於聘禮也至於問卿之禮則摯與庭實同受士昏禮納徵亦然士相見之禮但受摯而已無庭實又聘禮若有言則以束帛如享禮注無庭實也皆禮之殺者也餘互詳覲禮　注云許受之謂許受其禮也敖氏云許許其入也非

庭實皮則攝之毛在內內攝之入設也

皮虎豹之皮攝之者右手并執前足左手并執後足毛在內不欲文之豫見也內攝之者兩手相鄉也入設亦參分庭一在南言則者或以馬凡君於臣臣於君麋鹿皮可也

【疏】正義曰集釋注或以馬下有也字　云皮虎豹之皮者賈疏云郊特牲云虎豹之皮示服猛也束帛加璧往德也文無所屬則天子諸侯皆得用之此聘使為君行之故知皮是虎豹之皮也齊語云桓公知天下歸己令諸侯輕其幣用麋鹿皮非其正也云攝之者右手并執前足左手并執後足者鄭據下文右首而言故以為右手執前足左手執

後足也案士昏禮記曰納徵執皮攝之內文兼執足左首隨入西上注云兼執足者左手執前兩足右手執後兩足又下記曰凡庭實隨入左先蓋入時皮皆左首不特昏禮爲然當以彼注左手執前右手執後爲正右首之說詳後云毛在內不欲文之豫見也者下賓致命時始張皮見文故此攝之使在內不欲豫見也云內攝之者兩手相鄉也者謂左手鄉右右手鄉左攝之也云入設亦參分庭一在南者昏禮設皮之處參分庭一在南見彼記故知此亦然也云言則者或以馬者庭實各以其國之所有下記曰皮馬相間可也是知有用皮者有用馬者故經言則以見非但皮而已禮經釋例云案呂氏春秋愼大覽權勳篇晉獻公乃使荀息以屈產之乘爲庭實而加以垂棘之璧以假道於虞而伐虢是晉人聘虞享時束帛所加之璧爲垂棘之璧庭實所設之馬爲屈產之乘不言其良也三傳及孟子皆有此文而何休杜預范甯趙岐不知引享禮以釋之疏矣左傳哀公七年邾茅夷鴻以束帛乘韋自請救于吳乘韋者四皮亦庭實也蓋晉國產馬庭實用馬邾國不產馬庭實用皮也若皮馬並產則享用皮覿用馬介覿又用皮如經所云亦相間之義也云凡君於臣臣於君麋鹿皮可也者賈疏云凡君於臣謂使者歸君使卿贈如覿幣及會

饗以侑幣酬幣庭實皆有皮臣於君謂私覿庭實設四皮及介以儷皮此皆用麋鹿皮故云凡也若然大宗伯云孤執皮帛鄭云天子之孤用虎皮諸侯之孤用豹皮得用虎豹者彼所執以爲摯與庭實不同也

賓入門左揖讓如初升致命張皮張者釋外足見文也【疏】正義曰張皮執皮者張之也士昏禮記曰賓致命釋外足見文與此張皮同故鄭引以爲證張氏爾岐云當賓賓於堂上致命之時庭實則張之見文相應爲節也

公再拜受幣士受皮者自後右客自由也從東方來由客後西居其左受皮也執皮者旣授亦自前西而出【疏】正義曰敖氏云再拜受幣其儀亦如初惟不襲耳幣亦兼玉而言張氏爾岐云當公于堂上受幣士亦于堂下受皮　注云從東方來由客後西居其左受皮也者蔡氏德晉云謂主君之士從東方來由執皮者後過西客在右士居其左以受皮也今案北面以東爲右受皮者在執皮者之西故曰右客昏禮記曰士受皮者自東出于後自左受與此同云執皮者旣授亦自前西而出者執皮者在東今旣授亦由受皮者之前過西而出也下私覿時經云牽馬者自前西乃出此經不言鄭據私覿文補之故云亦也

賓出當之坐

攝之象受於賓【疏】正義曰：李氏云：司儀職曰「賓授幣，下出」，張氏爾岐云「士初受皮，仍如前張之，及賓出，降，至庭，乃對賓坐而攝之」，當對也。注云「象受於賓」者，謂對賓坐攝之，示親受於賓也。

公側授宰幣皮

如入右首而東如入左在前，皮右首者，變於生也。【疏】正義曰：側猶獨也。獨授，謂無擯贊也。昏禮受皮者適東壁，此云而東，蓋亦然。下記云「賓之幣，唯馬出，其餘皆東」，注云「皆東，藏之內府」。注云「如入左在前」者，惠氏士奇云：皮四張，執者初時行在前者立在左，此受者東行，立在左者行在前，故云如入。今案此與昏禮逆退者異。云「皮右首者，變於生也」者，案昏禮左首，注云「象生」，此右首，故以爲變於生也。禮經釋例云：士昏納徵、聘禮行享，執皮受皮，其例皆同。士昏執皮云左首，聘禮受皮云右首，鄭君遂生異議，云左首象生，右首變於生，其說非也。蓋執皮者則左首，受皮者則右首耳。士昏記執皮者左首，而受皮者無文；聘禮受皮者右首，而執皮者無文，其例互見也。鄭氏以士昏爲左首，聘禮爲右首；敖氏據士昏記欲改聘禮爲左首，皆失經之意。蔡氏德晉曰：凡獻者左首，受者右首，禮相變也。方之舊說爲長矣。釋例又云：聘賓問卿，庭實設四皮；問下大夫，如卿受幣之禮；郊勞儐使者，乘皮設；其執皮受皮之節經皆不詳蓋文不具也至於上介覿儷皮入門左奠皮公再拜受于中庭不升堂有司二人坐舉皮以東其執皮受皮之節殺於享禮也上介面卿經但云皮二人贊則又殺可知也餘互詳昏禮記

聘于夫人用璋享用琮如初禮如公立於中庭以下【疏】正義曰李氏云司儀職曰毎事如初之儀敖氏云聘享皆致聘君之命也夫人不可以親受君代受之其受之之禮則皆與己之所受者同以夫妻一體也不言束帛加琮省文耳

若有言則以束帛如享禮有言有所告請若有所問也記曰有故則束帛加書以將命春秋臧孫辰告糴于齊公子遂如楚乞師晉侯使韓穿來言汝陽之田皆是也無庭實也【疏】正義曰校勘記云注若有所問也張氏曰監本無有字云有言有所告請若有所問也者謂有所告語請求及有所問訊也若及也云記曰有故則束帛加書以將命者以有記所云卽此有言之事也又引春秋經莊二十八年臧孫辰告糴于齊僖二十六年公子遂如楚乞師成八年晉侯使韓穿來言汝陽之田而云皆是也者略舉三事以爲有言之證也賈疏謂有所告卽告糴之類請卽乞師之類問卽言汝陽之田之類案告糴于齊公羊傳曰告糴者何請糴也

是告糴亦可云請賈疏分别三事未的敖氏云若有言因聘以達之故卒聘而後行此禮也此如秦伯使西乞術來聘且言將伐晉之類今案據下記云若有故則卒聘束帛加書將命是此禮於聘後行之敖氏所引較確韋氏協夢又引左傳叔孫豹如晉聘且言齊故以證之云無庭實也者謂此禮唯無庭實餘皆如享禮也賈疏云國語臧孫辰以鬯圭者是告糴之物服注云無庭實也今案經但云束帛不云加璧又似無璧矣韋氏云不用圭璧不敢褻也不用庭實禮簡也

擯者出請事賓告事畢公事畢〔疏〕正義曰敖氏云上云請命此云請事者以其將命之禮已畢故也

右聘享

卷十六終

儀禮正義卷十七　　鄭氏注

績溪胡培翬學

賓奉束錦以請覿覿見也鄉將公事是欲交其歡敬也不用羔因使而見非特來〔疏〕正義曰自此至訝受馬言賓請私覿主君不許而先禮賓之事○吳氏章句云用束錦不用束帛嫌如享也江氏永云私覿之束錦乘馬亦是公家之幣但對享禮爲私耳今案周禮校人曰凡國之使者共其幣馬鄭注使者所用私覿江說是也　注云覿見也者爾雅釋詁文荀子曰私覿私見也云鄉將公事是欲交其歡敬也者鄉當作曏曏謂曏者行聘享公事未伸其私敬今請覿是欲交其歡敬也云不用羔因使而見非特來者周禮大宗伯曰卿執羔大夫執雁是見君之摯定八年左傳公會晉師于瓦范獻子執羔趙簡子中行文子皆執雁是見他國之君卿亦執羔也此因行聘出使而見與特來異故不用羔也○禮經釋例云案覲禮享後無覿者諸侯親見于天子享時已申其敬無緣復有私覿也聘禮享後有覿者享是聘賓致其君之命至覿時聘賓始得自申其敬蓋聘賓代君行禮故享後別有私覿

與覲不同也郊特牲云朝覲大夫之私覿非禮也此言朝覲之禮大夫從君而行無私覿也又云大夫執圭而使所以申信也鄭注以君命聘則有私見此言大夫奉使出聘則有私覿也又云不敢私覿所以致敬也孔疏覆明從君而行不敢行私覿所以致敬于己君也此申言上文朝覲大夫私覿非禮之義非謂大夫執圭而使不敢私覿也今以禮經證之覲禮無私覿聘禮有私覿鄭孔之說悉與經合也

擯者入告出辭客有大禮未有以待之

疏正義曰以以賓行聘享大禮未有以待之欲先禮賓故辭其覿也

請禮賓賓禮辭聽命

擯者入告告賓許也

疏正義曰褚氏云冠禮昏禮注讀醴爲禮者從此經也敖氏力欲異鄭故於冠禮昏禮從經文而此則讀禮爲醴詳士冠禮

宰夫徹几改筵宰夫又主酒食者也將禮賓徹神几改神席更布也賓席東上公食大夫禮曰蒲筵常緇布純加萑席尋玄帛純此筵上下大夫也周禮曰筵國賓于牖前莞筵紛純加繅席畫純左彤几者則是筵孤也孤彤几卿大夫其漆几與

疏正義曰校勘記云注緇布純重修監本純誤作紃加萑席尋萑陳本注作莞疏作萑閩本注疏俱作莞　云宰夫又主酒食者也者釋官云案周禮宰夫

職掌賓客之飲食注飲食燕饗也是其又主酒食之事故此禮賓實觶薦籩豆脯醢皆宰夫掌之云將禮賓徹神几改神席更布也者上几筵既設是爲神設此爲人故徹之改之而更設也云賓席東上者凡設席爲神而上爲人東上士昏禮云主人徹几改筵東上此不云東上故注補之也餘詳士昏禮云公食大夫禮曰蒲筵常繼布純加萑席尋玄帛純此筵上下大夫也者案公食禮記又曰上大夫蒲筵加萑席此聘賓是上大夫故鄭引以爲證且欲推出下引周禮所云是筵孤之禮也云周禮曰筵國賓于牖前莞筵紛純加繅席畫純左彤几者司几筵文云則是筵孤也孤彤几卿大夫其漆几與者鄭以公食記所云是筵上下大夫之法故以此爲筵孤又因孤用彤几謂卿大夫用漆几案周禮五几玉几二彫几三彤几四漆几又有素几乃喪事所用吳氏疑義云卿大夫舍漆几外更無他几故鄭以意言之非實有所據也又案司几筵注謂國賓諸侯來朝孤卿大夫來聘與此注不同者葢鄭注儀禮時據公食記推而言之其周禮注未及改耳

公出迎賓以入揖讓如初 公出迎者己之禮更端也

【疏】正義曰敖氏云出出廟門也公於門內之揖不盡與鄉者同處乃云如初者見其亦三揖耳今案上行聘

時及廟門公揖先入此云迎賓以入蓋與賓偕入彌致謙敬也敖云揖不盡與鄉同處以此　注云公出迎者己之禮更端也者前是賓致禮於主君此是主君致禮於賓故享不出迎而禮賓出迎是己之禮更端也

公升側受几于序端漆几也今文無升　疏正義曰側受几者公自受几於宰夫無擯相也　注云今文無升者鄭以此經宜有升字故從古文也授几之禮詳有司徹授尸几下

宰夫內拂几三奉兩端以進內拂几不欲塵坋尊者以進自東箱來授君　疏正義曰注塵坋釋文云坋或作被○李氏云內拂几拂之向己也坋被也敖氏云先言拂乃言奉是拂時几猶在地也奉兩端謂橫執之凡執几皆橫執之惟設時乃縮也盛氏云下云公東南鄉則宰夫進几蓋西北鄉也敖云南面授公非　注云內拂几不欲塵坋尊者是解所以內拂之意也云以進自東箱來授君者據覲禮記几俟于東箱也

公東南鄉外拂几三卒振袂中攝之進西鄉進就賓也　疏正義曰外拂几拂之向外也敖氏云宰夫旣拂几公又親重拂之敬也卒謂旣拂也振袂去塵也中攝之謂二手於几之中央攝之也蔡氏云中攝之便賓執兩端也儀禮紃

解云卒拂而後攝之則拂時猶宰夫執之也有司徹主人二手橫執几尸二手受于手間此中攝之君禮異也注云進就賓也者前行聘時公升二等賓升西楹西東面此公升特賓亦升不言者省文也賓在西楹西東面故知進西鄉爲就賓也**擯者告**告賓以公授几**賓進訝受几于筵前東面俟**未設也今文訝爲梧疏正義曰賓進進至筵前受几也東面仍前至設几乃北面注云未設也者謂几未設也賈疏云未設而俟者待公拜送訖乃設之故也云今文訝爲梧者惠氏棟古義曰公食大夫禮上介受賓幣從者訝受皮注云今文曰梧受旣夕若無器則梧受之注云謂對相授受疏云梧卽逆也對面相逢受案梧本作啎啎訓爲逆訝亦逆也旣夕注不蠱古文明古文訝亦有作梧也段氏玉裁云說文梧屰也各本作逆今正逆迎也屰不順也相迎者必相屰古亦通用逆爲屰又段氏以梧受爲啎之譌胡氏承珙云案釋名釋宮室又云梧在梁上兩頭相觸啎也啎之爲梧亦由聲近假借非必字之譌也**公壹拜送**公尊也古文壹作一疏正義曰敖氏云壹拜者送几之常禮必著之者以賓荅再拜稽首嫌此拜爲再拜也注云公尊也者以公尊於賓故壹拜也云古文壹爲一者詳

士冠禮賓盥卒壹揖壹讓升下**賓以几辟**辟位逡遁疏正義曰逡遁詳前**北面設几不降階上荅再拜稽首**不降以主人禮未成也凡賓左几疏正義曰注凡賓左几毛本凡誤凡嚴本亦誤校勘記云集釋通解俱作凡張氏曰疏上几作凡從疏○公壹拜而賓荅再拜稽首臣禮也注云不降以主人禮未成也者敖氏云不降辟盛禮也此禮賓之禮以用幣之禮禮爲盛今案下送幣公再拜注云事畢成禮也是禮賓之禮至用幣乃成故此受几及下受醴皆不降拜而受幣則降也云凡賓左几者士昏禮賓以几辟北面設于坐左之是也言凡者見爲人設几皆如是神則右几亦見士昏禮**宰夫實觶以醴加柶于觶面枋**酌以授君也君不自酌尊也宰夫亦洗升實觶以醴自東箱來不面擸不訝授也疏正義曰校勘記云注不訝授也授楊氏作受○凡醴皆用觶柶所以扱醴者詳士冠禮注云酌以授君也君不自酌尊也者此注似可疑禮經釋例云考士冠禮賓禮冠者士昏禮女父醴使者皆不自酌而用贊者酌之至士昏禮舅姑醴婦則贊者酌之亦贊者授之是醴不自酌蓋禮經之通例如此非獨聘禮宰夫實醴授公爲尊君也云宰夫亦洗

升實觶以醴自東箱來者下記云醴尊于東箱是醴自東箱來故鄭以爲自下升東箱實觶也言亦者鄭以几在東箱授几時當自下升取几故云亦也案經不見設洗之文褚氏云冠禮醴子贊者洗于房中豈醴子洗而醴賓反不洗歟抑文不具歟云不面擸不訝授也者李氏云擸郎葉也柶之大端爲葉小端爲枋面枋面前也凡主人授賓醴者皆面枋賓迎受之皆面葉冠禮贊者酌醴以授主人主人迎受故贊者面葉主人受之得面枋此宰夫實醴公不迎受故宰夫面枋公受之亦得面枋也宰夫不言升降者賤略之今案互詳士冠禮及下經徧擸下**公側受醴**將以飲賓疏正義曰敖氏云受醴不言序端如受几可知蔡氏云側受不用擯相也　注云將以飲賓者謂將以醴授賓也**賓不降壹拜進筵前受醴復位公拜送醴**賓壹拜者醴質以少爲貴疏正義曰校勘記云壹揚作一注同注者字監本誤作首○敖氏云壹拜亦受醴之通禮必著之者嫌賓拜當再拜稽首也賓於公乃不降而壹拜者僻受幣之儀也盛氏云復位復西楹西東面位上不著其位而此云復則其與聘時同可知今案公拜亦壹拜凡不言者可知也上授几時公先拜送此則賓先拜儀節略異也　注云醴質

以少爲貴者賓上下皆再拜此獨壹拜以用醴尙質以少爲貴故也　宰夫薦籩豆脯醢賓升筵擯者退負東塾　事未畢擯者不退中庭以有宰夫也　疏　正義曰籩盛脯豆盛醢言籩豆脯醢者見止一籩一豆也禮器曰有以少爲貴者諸侯相朝灌用鬱鬯無籩豆之薦大夫聘禮以脯醢謂此退自階下而退也　注云事未畢擯者不退中庭以有宰夫也者案負東塾是擯者常位前行聘時擯者退中庭以有釋辭相拜之事宜近嚮之至聘畢擯者退負東塾而立注云反其等位無事此禮賓之事未畢乃不退中庭者以其薦籩豆等事有宰夫主之故也或曰事未畢而退負東塾者以馬將入中庭故也　賓祭脯醢以柶祭醴三庭實設　庭實乘馬　疏　正義曰以一柶祭醴三即下記所云祭醴再扱始扱一祭卒再祭是也詳士冠禮　注云庭實乘馬者乘馬四馬也於賓祭醴時設之以酬賓也必知庭實爲乘馬者以下云賓執左馬以出知之也　降筵北面以柶兼諸觶尙擸坐啐醴　降筵就階上　疏　正義曰尙擸唐石經及各本俱作擸校勘記云聶氏從木棨說文無⿰木巤字手部擸理持也又攜刮也士冠禮面葉注云古文葉爲擕然則

今文作葉古文作擖或作攕攕擖雖皆說文所有宜以攕爲正凡字之从巤者俗皆从葛如臈躐獦之類故又爲擖後人以柶从木弁攕字亦从木非也少儀曰執箕膺擖箕舌也字亦當作攕弟子職作揲揲卽葉耳其字亦從手擖又云坐啐醴監本醴誤作酒○以柶兼諸觶者祭時左手執觶右手以柶祭醴及降筵北面將啐醴時則以柶兼弁於觶兩手奉之以啐也褚氏云敖氏謂以右手兼執柶觶不識脫空左手何用吳氏章句云尙同上攕在上則執枋也　注云降筵就階上者士昏禮女父醴使者西階上北面坐啐醴此當與彼同故鄭以降筵爲就階上卽就西階上也

公用束帛致幣也言用尊於下也亦受之於序端疏正義曰敖氏云醴賓而用束帛庭實所以將厚意亦如儐禮也今案士冠禮冠畢乃醴賓以壹獻之禮主人酬賓束帛儷皮案儷皮卽庭實也此及冠禮醴賓皆有束帛庭實蓋禮之盛者也　注云致幣也者謂庭實以束帛致也云言用尊於下也者對冠禮酬賓束帛不言用也云亦受之於序端者上受几于序端知此亦然也公食禮侑賓云公受宰夫束帛則此亦宰夫授之也

建柶北面奠于薦東糟醴不卒疏正義曰注卒字嚴本及各本多作啐周氏學健云當作卒上言

啐醴則非不啐明矣褚氏云酒卒爵而醴不卒爵故注云糟醴不卒作啐誤張氏爾岐張氏惠言亦皆以啐爲卒之譌校勘記云單疏本士冠疏引此作卒集釋此節釋辭已缺尙存不卒觶三字戴震云似集釋所見本亦作卒今據諸說改正○盛氏云建柶以柶插觶中尙枋也敖云亦尙擸非今案建柶而奠之爲將受幣也

擯者進相幣贊以辭【疏】正義曰擯者自東塾至阼階西故云進注云贊以辭者釋相之義也

賓降辭幣不敢當公禮也【疏】正義曰嚴本當誤富○敖氏云辭者謂旣受賜矣不可以又辱盛禮

公降一等辭辭賓降也【疏】正義曰敖氏云辭者止其降且不許其辭吳氏章句云兩辭皆擯者傳之

栗階升聽命栗階趨君命尙疾不連步【疏】正義曰聽命聽公辭之命也注云不連步者李氏云連步者足相隨不相過每等先舉一足而後足幷之栗階者始升連步至上等則不連步左右足各一發而升堂今案詳燕禮

降拜拜受【疏】正義曰爲將受幣而拜也

公辭不降一等殺也

升再拜稽首受幣當東楹北面亦訝受而北面者禮主於己已臣也【疏】正義曰楊氏復云禮賓之禮有三節受几也受醴也受幣也三者公

親受于序端而後授賓恭之至也禮莫重於幣故賓受几受醴皆於筵前受幣當東楹也敖氏云當東楹其視爲君將幣者又過東矣　注云亦訝受而北面者前行聘享時訝授受賓東面主君西面此亦訝受而賓北面主君莅南面也云禮主於己己臣也者己謂聘賓前聘享是將君命故賓不北面此禮賓是主於己己臣也宜循臣禮故北面也

受幣　**退東面俟**　俟君拜也不北面者謙若不敢當階然　疏　正義曰注云俟君拜也者謂退至西階東面俟君拜卽降也云不北面者謙若不敢當階然者李氏云鄉飲酒禮賓主專階者皆北面

公壹拜賓降也公再拜　不俟公再拜者不敢當公之盛也公再拜者事畢成禮也　疏　正義曰賓見公拜而卽降辟賓雖降公猶再拜也敖氏云賓已降而公猶再拜者送幣之禮當然宜終之也　注云不俟公再拜者不敢當公之盛也者再拜爲公盛禮賓不敢當故不俟再拜而降也云公再拜者事畢成禮也者前此授几授醴公皆壹拜此再拜者禮賓之事至此已畢故須再拜以成禮所以致謙敬也

賓執左馬以出　受尊者禮宜親之也效馬者并左右靮授之餘三馬主人牽者從出也　疏　正義曰敖氏云左馬者上也然則主人之庭實亦設

於西方而西上也蔡氏云庭實四馬以左爲上庭下北面以西爲左也　注云受尊者禮宜親之也者解賓自執左馬之義也云效馬者并左右靮授之者說文靮馬羈也少儀曰馬則執靮鄭注靮所以繫制之者曲禮曰效馬效羊者右牽之鄭注效猶呈見此并左右靮授之者便賓之執也云餘三馬主人牽者從出也者下記曰主人之庭實則主人遂以出是知餘三馬主人使人牽之從賓出以授賓從者也

上介受賓幣從者訝受馬　從者士介　疏　正義曰受賓幣者賓蓋左執幣右執馬以出也　注云從者士介者鄭以下記云賓之士訝受之又上云上介受賓幣故知此受馬爲士介也

右主君禮賓

賓覿奉東錦總乘馬二人贊入門右北面奠幣再拜稽首　不請不辭鄉時已請也覿用東錦辟享幣也總者總八轡牽之贊者居馬閒扣馬也入門而右私事自闑右奠幣再拜以臣禮見也贊者賈人之屬介特覿也　疏　正義曰自此至序從之言私覿之事分賓覿上介覿衆介覿爲三節

○周禮司儀職曰及禮私面私獻皆再拜稽首君荅拜鄭注云禮以醴禮客私面私覿也旣覿則或有私獻者鄭司農說私面以春秋傳曰楚公子弃疾見鄭伯以其乘馬私面今案儀禮見君謂之覿見卿大夫謂之面周禮左傳以私覿爲私面者對文異散則通也弃疾事見昭六年傳○注鄉戴校集釋改鄉贊者居馬閒校勘記云賈疏居誤爲在　云不請不辭鄉時已請也者不請謂賓不辭謂主君所以然者鄉時賓已請覿故今不復請主君亦不辭也敖氏謂此亦擯者出請入告而出許不言者可知與注異褚氏云上已言辭請禮賓矣醴後不必再請注是也云覿用束錦辟享幣也者以享君享夫人皆用束帛今覿用束錦是辟享時所用幣也云總者總八轡牽之者乘馬四馬也每馬二轡故知總爲總八轡牽之也云贊者居馬閒扣馬也者四馬而二人贊則知每一人居兩馬閒以左右手各扣一馬助賓牽也云入門而右私事自闑右者玉藻曰私事自闑東闑東卽闑右彼注以私事爲覿面是也但此入門右下擯者辭後賓仍入門左玉藻蓋據正禮言之云奠幣再拜以臣禮見也者凡臣於君皆奠而不授義詳覲禮李氏云由闑右自牽馬不從介不升堂授幣皆臣禮吳氏章句云再拜稽首奠幣於地授馬於贊者乃拜也禮經釋

例云前聘享是代君行禮故不拜此覿是以私禮見故再拜稽首也云贊者賈人之屬者或疑賈人專掌圭玉不贊牽馬褚氏云注意言如賈人之等庶人在官執役者耳非即指賈人云介特覿也者下上介衆介皆特行覿禮明不隨賓覿也

擯者辭辭其臣 疏正義曰辭其以臣禮見也

賓出事畢 疏正義曰賓以覿事已畢出廟門外接西塾立也

擯者坐取幣出有司二人牽馬以從出門西面于東塾南將還之也贊者有司受馬乃出凡取幣於庭北面 疏正義曰校勘記云塾閩本誤作熟○有司主國有司東塾門外東塾也敖氏云有司牽馬亦二人者不可多於賓之贊也西面于東塾南鄉賓也 注云將還之也者謂擯者坐取賓所奠之幣出令有司二人牽馬以從示將還之不敢當其臣禮也云贊者有司受馬乃出者謂贊者必待主國有司受馬乃可以出賈疏云幣可奠於地馬不可散放故也云凡取幣於庭北面者解擯者取幣北面而又言凡以廣之見取幣於庭者皆然也

擯者請受請以客禮受之

賓禮辭聽命賓受其幣贊者受馬 疏正義曰上云北面奠幣再拜稽首擯者辭此賓先以臣禮見而擯者辭之也此云擯者請

受賓禮辭聽命是擯者請以客禮受而賓許之也注云賓受其幣贊者受馬者謂賓受擯者取出之幣贊者受有司牽出之馬也**牽馬右之入設**庭實先設客禮也右之欲人居馬左任右手便也於是牽馬者四人事得申也曲禮曰效馬效羊者右牽之 疏正義曰注云庭實先設客禮也者此牽馬入設而下乃云賓奉幣入是庭實先設對上奉束錦總乘馬幣馬同入爲客禮也云右之欲人居馬左任右手便也者馬在右人在左用右手牽之便於控制也云於是牽馬者四人事得申也者若如前二人贊則不得云右之既言右之明人牽一匹四馬四人得申其牽馬之常賓不總牽也敖氏云二人受於有司而後四人牽之用四人則左先隨入而設於西方今案引曲禮者證右之之義也**賓奉幣入門左介皆入門左西上**以客禮入可從介 疏正義曰注可從介校勘記云陳本介作也○案此與始覿時不同始覿時賓入門右而介不從此則賓入門左而介又皆入蓋用客禮見故注云可從介也**公揖讓如初升公北面再拜**公再拜者以其初以臣禮見新之也 疏正義曰韋氏協夢云公再拜者荅鄉時覿幣之拜也鄉賓覿幣時不敢以臣禮待

之故不荅拜然終無拜而不荅之禮故于其始入也卽**賓**先再拜之此與他時拜至之意不同今案韋說是也

三退反還負序反還者不故與授圭同　疏正義曰聘時賓執圭雖三退以避公之拜然猶東面鄉公故止退而負序此更言反還者謂反轉西面又還轉東面乃負牆而立蓋盆不敢當其禮與授圭異也

振幣進授當東楹北面不言君受略之也　疏正義曰振振幣亦謂以袂內鄉拂其塵而授君也李氏云禮賓賓覿授受當東楹臣禮也春秋傳鄭伯如晉拜成授玉于東楹之東士貞伯以爲視流而行速不安其位凡敵者授受當於兩楹閒也　注云不言君受略之也者經言進授則君受可知故不言也

士受馬者自前還牽者後適其右受自由也適牽者之右而受之也此亦並授者不自前左由便也便其已授而去也受馬自前變於受皮也　疏正義曰前北方也吳氏章句云士受馬者自南來北至牽者之前又自北還南從其左至牽者之後故曰還　注云適牽者之右而受之也者此解經適其右受其指牽馬者言也四馬在庭北面東上牽者四人各在馬左今受馬者從牽者後適牽者右明於人東馬西受之也云此亦並授者不自前

左由便也便其已授而去也者李氏云受不由其左者欲牽者已授馬右還而出便也云受馬自前變於受皮者賈疏云上受享庭實之皮受皮者自後右客注云從東方來由客後西居其左受皮也此亦從東而來由馬前者馬是生物恐驚故由前是變於受皮也今案受皮與受馬皆視受幣以爲節如此經振幣進授下當東楹北面郤宖接云賓降階東拜送乃序士受馬者云云于授幣之下明君受幣郤受馬也禮經釋例云凡庭實之馬右牽之入設于庭賓授幣于堂則受馬者受馬于庭主人授其屬幣則馬出案聘禮賓覿牽馬右之入設又賓升堂受幣之時經云士受馬者自前還牽者後適其右受又公側授宰幣之時經云馬出此聘禮賓覿受馬之節也張氏爾岐曰此受馬亦視堂上受幣以爲節也覲禮侯氏享奉束帛匹馬卓上九馬隨之中庭西上又云侯氏降自西階東面授宰幣以馬出授人九馬隨之此覲禮三享受馬之節也敖氏繼公曰王臣不於內受馬者無以爲節亦至尊之禮異也凡他禮之庭實其主人之士受之者皆以堂上授受爲節又聘禮面卿賓奉幣庭實從注庭實四馬蓋賓問卿類正聘之享故庭實用四皮賓面卿類正聘之覿故庭實用四馬其授受之節當亦如賓覿也又禮賓庭實設賓執左馬以出歸

饔餼儐使者庭實設馬乘大夫降執左馬以出覲禮郊勞儐使者乘馬使者降以左驂出皆受者親執馬其節又與賓覿異也又聘禮夫人歸禮賓儐使者乘馬上介兩馬覿禮賜舍儐使者乘馬賜車服儐使者四馬經皆不云授受之節文不具也至於庭實用馬或兩馬或乘馬猶之用皮或儷皮或四皮也

牽馬自前西乃出

自由也 疏 正義曰敖氏云自前西者稍進而前乃西行又南行而出也今案牽馬者皆自前西四人同出出廟門也

賓降階東拜送君辭

拜送幣於階東以君在堂鄉之 疏 正義曰享幣不拜送此拜送者以私覿之幣是賓自致也階東西階東也鄭以階東爲鄉君敖氏謂拜於西階東別於己君也凡臣於異國之君其拜下者皆不當階拜於階下者己臣也今以儀禮諸篇考之其說亦通

拜也君降一等辭

君乃辭之而賓由拜敬也 疏 正義曰注由拜校勘記云楊敖由俱作猶浦鏜云由古通猶 云君乃辭之而賓曰拜敬也者或曰乃當作已上云君辭此云拜也是辭而猶拜敬主君也君降等再辭於賓有加禮也

擯者曰寡君從子雖將拜起也

此禮固多有辭矣未有著之者是其志而煥乎未敢明說 疏 正義曰從

謂從賓而降起謂起而升階也　注云此禮固多有辭矣未有著之者是其志而煥乎未敢明說者賈疏云周公作經未有顯著之者直云辭耳此及公食皆著其辭此二者是志記之言煥乎可見又云據此二者觸類而長之餘辭亦可以意作但疑事無質未可明說故上注每云其辭未聞也敖氏云是時賓主相接歡敬兩盡故特見之食禮亦然今案士冠士相見二篇辭多見於經內賈以爲志記之言未確此注疑有脫誤闕之可也

栗階升公西鄉賓階上再拜稽首拜成**公少退**爲敬

疏正義曰公少退示不敢當其拜亦異於本國之君也敖氏云少退荅其反還之意也

賓降出公側授宰幣馬出廟中宜清

疏正義曰敖氏云于賓之降也介亦逆出　注云廟中宜清者以宜潔清故使馬出也不言幣出者皮幣皆東藏之下記曰賓之幣唯馬出其餘皆東是也○以上賓覿

公降立擯者出請上介奉束錦士介四人皆奉玉錦束請覿玉錦錦之文織縟者也禮有以少文爲貴者後言束辭之便也

疏正義曰降立俟介覿也　注云玉錦錦之文纖縟者也者纖縟文繁也李氏云如玉之縝密敖氏云纖縟

而白似玉也云禮有以少文爲貴者士介之錦反文于賓與上介是以少文爲貴也禮器曰禮有以素爲貴者素卽少文之義也云後言束辭之便也者敖氏云亦玄纁束之類

擯者入告出許上介奉幣

儷皮二人贊 儷猶兩也上介用皮變於賓也皮麋鹿皮也 疏 正義曰敖氏云賓卿也私覿之庭實用乘馬上介大夫也用儷皮士介不用庭實此禮之差等蔡氏云二人贊使二人助攝也盛氏云執皮之法蓋如享禮注云上介用皮變於賓也者賓用馬上介用皮是變也但庭實唯國所有或馬或皮不定經於賓覿言馬於上介言皮互文耳皮以兩殺於賓也上介若用馬則亦二馬歟

皆入門右東上奠幣皆再拜稽首 皆者皆眾介也贊者奠皮出 疏 正義曰注云皆者皆眾介也者上介祇一人經兩言皆故知兼眾介也蔡氏云眾介皆奉幣從上介入門右奠幣稽首云贊者奠皮出者皮與馬妹可奠之於地故知介奠幣時贊卽奠皮先出也

擯者辭 亦辭其臣 **介逆出** 亦事畢也 疏 正義曰此上介與眾介同以臣禮見也擯者辭之介以事畢故出耳後擯者請受乃分覿上介以客禮見眾介則仍不敢以客禮見

擯者執上幣士

執衆幣有司二人舉皮從其幣出請受此請受請於上介也擯者先卽西面位請之釋辭之時衆執幣者隨立門中而俟

【疏】正義曰注衆執幣者校勘記云衆執二字楊倒○盛氏云上幣上介之束錦也衆幣士介四人之玉錦也其出之次擯者在前舉皮者從之執衆幣者在其後經以尊卑爲序故先言士耳今案經云舉皮從其幣明是從上介之幣也盛說是　注云擯者先卽西面位請之釋辭之時衆執幣者隨立門中而俟敖氏云出請受言其出爲請受也盛氏云時猶未請受也而先著其故於出之下亦經中之一例也今案據敖盛二說則此時未請受亦未釋辭似是也若如注說則此已請矣何下文又云請受乎

委皮南面擯者旣釋辭執衆幣者進卽位有司乃得委之南面便其復入也委皮當門

【疏】正義曰注云擯者旣釋辭執衆幣者進卽位有司乃得委之敖氏云執皮者從上擯出門不俟上擯之釋辭卽委皮而退盛氏云委皮之節敖得之云南面便其復入也委皮當門者李氏云委皮於門中北上贊皮者得北面取之而先入便

執幣者西面北上擯者請受請於上介也上言其次此言其位互約文也

【疏】正義曰執幣者西面北上

亦在東塾南也 注云請於上介也者李氏云雖衆幣亦請於上介介同時覿統於上介也云上言其次此言其位互約文也者鄭意以擯者執上幣節是言其出之次委皮南面以下是言其立之位約文互見故經兩言請受也敖氏則以上請受爲申言出之故秦氏蕙田云案上云請受標其目此云請受實其事本無二節盛氏云注疏泥於經文之次且不知上文所云請受爲目下事之例似失其賓敖說爲是今案請受亦謂請以客禮受也

介禮辭聽命皆進訝受其幣此言皆訝受者嫌擯者一一授之 疏 正義曰校勘記云一一徐本作二張氏曰注云嫌擯者一一受之監杭本以一一爲二從巾箱嚴本○敖氏云聽請受之命者上介也而士介亦皆訝受其幣者此時統於尊者不敢異之也介旣受幣贊者乃取皮 注云此言皆訝受者嫌擯者一一授之者謂上介及衆介皆同時受幣不一一授之故云皆也訝受者執幣者而面介皆東面是訝受也

上介奉幣皮先入門左奠皮皮先者介隨執皮者而入也入門左介至揖位而立執皮者奠皮以有不敢授之義古文奠入 疏 正義曰注皮先者皮先二字陳閩通解俱倒○獨言士介奉幣明斯時士介不隨入也敖氏云奠皮

之處亦參分庭一在南注云皮先者介隨執皮者而入也者案執皮者先入亦庭實先設之義也云入門左介至揖位而立者謂賓覿時公揖讓如初升賓入門待公揖乃進此介不升堂明入門至公揖處而立也云執皮者奠皮以有不敢授之義者案享時庭實用皮使人執之以授受皮者不奠於地此奠而不授明不敢與享時同也云古文重入者古文皮先下有兩入字案皮先謂執皮者先於上介則人門左自兼執皮與上介言之不必重也故鄭從今文

公再拜拜中庭也不受於堂介賤也疏正義曰校勘記云拜下敖有於字○敖氏云公拜荅西面也下放此注云拜中庭也者案上云公降立以後不見有升堂之文故知於中庭拜也云不受於堂介賤也者對賓升堂言之

介振幣自皮西進北面授幣退復位再拜稽首送幣進者北行參分庭一而東行當君乃復北行也疏正義曰退復位吳氏章句謂聘時入門之位是也或以為卽上注揖位恐非注云進者北行參分庭一而東行當君乃復北行也者謂自皮西進而北行歷參分庭之一乃折而東行與公相當乃復北行至公所授幣也敖氏云進者北行將至中庭與公稍相當乃東行及公左而北面公

還南面授幣也介還公復西鄉介拜亦北面褚氏云是時公立於中庭西面西面如敖所云則是對公之面而行相去無幾矣注說爲長

介出宰自公左受幣不側授介禮輕〔疏〕正義曰注不側授授毛本作受校勘記云徐本集釋作授是也今案嚴本亦作授云不側授介禮輕者上賓覿云公側授宰幣此不云側授是介禮輕也李氏云不云側授蓋贊者受於公轉以授宰敖氏云文主於受者故不言側褚氏云此亦鄭不側授之義爲長觀下宰夫受士介幣之注更明

有司二人坐舉皮以東〔疏〕正義曰上執皮者奠皮於地故此坐舉之也○上介覿禮竟

擯者又納士介納者出道入也〔疏〕正義曰注云納者出道入也者謂擯者出而道之使入也

士介入門右奠幣再拜稽首終不敢以客禮見〔疏〕正義曰賓與上介初以臣禮見辭之終以客禮見此士介仍入門右奠幣用臣禮者士介卑故也吳氏章句云初擯辭時雖隨上介聽命然分又卑於上介終不敢以客禮見也

擯者辭介逆出擯者執上幣以出禮請受賓固辭禮請受者一請受而聽之也賓爲之辭士介賤不敢以言通於主君也固

衍字當如面大夫也。疏正義曰：注「一請」下，校勘記云：楊無「受」字。「主君」下，嚴本有「也」字。校勘記云：徐本、集釋俱有「也」字，通解無。○敖氏云：公於士介亦辭之者，以其非己臣也。負幣者四人，惟執其上幣以出，又但禮請受而已，皆殺於上介也。盛氏云：上幣，士長一人之玉錦也。注云「禮請受者，一請受而聽之也」者，謂一請不從，即聽之，不再請也。云「賓爲之辭，士介賤，不敢以言通於主君也」者，此釋經士介不辭而言賓辭之義也。云「固，衍字，當如面大夫也」者，賈疏云：下士介面大夫時，擯者執上幣出，禮請受，賓辭，無「固」字，故知此「固」衍字。李氏云：一辭而許曰禮辭，再辭而許曰固辭。今擯者禮請受，明無固辭也。下士介面大夫時，賓亦一辭耳。今案：賈、李之說是也。敖氏以固非衍字，褚氏云：敖謂一辭而得請亦可謂之固，則固辭與禮辭何別乎？

公荅再拜，擯者出，立于門中以相拜。擯者以賓辭入告，還立門中閾外西面，公乃遙荅拜也。相者，贊告之。疏正義曰：「公荅再拜」者，荅其奠幣之拜也。曲禮曰：「君於士不荅拜也，非其臣則荅拜之。」是也。注云「擯者以賓辭入告，還立門中閾外西面」者，以經云「擯者出」，故知立門中閾外也。知西面者，以士介在門外之西，東面也。斯時公在門內中庭，故云「遙荅拜也」。云「相者，贊

告之者謂擯者以公拜贊告士介故云相也

士介皆辟辟於其東面位逡遁也疏正義曰辟卽逡遁之意士介聞公之拜不安其位而逡遁所以爲敬也

士三人東上坐取幣立俟擯者執上幣來也疏正義曰士主國之士也擯者已執上幣故取幣祇須三人此言取幣則前不隨上幣出也東上以公在東方也注云俟擯者執上幣來也者賓辭時上幣在擯者手因有相拜之事未授宰夫故士先取餘幣立而俟之也

擯者進就公所也疏正義曰注云就公所也者謂擯者自闑外入進至公所乃授幣於宰夫也

宰夫受幣于中庭以東使宰夫受於士士介幣輕也受之於公左賓幣公側授宰上介幣宰受於公左士介幣宰夫受於士敬之差疏正義曰注云使宰夫受於士士介幣輕也者以士介幣輕故使宰夫受也江氏筠云謂受於士敖君善謂受上幣於擯者案經於介私面云老受擯者幣于中庭又記詳賓之私獻云擯者授宰夫于中庭則敖說是也云受之於公左者少儀曰贊幣自左經未言故注明之也云賓幣公側授宰者卽上賓覿時公側授宰幣是也云上介幣宰受於公左者卽上介覿時宰自公左受幣是也今士介幣使宰夫受是其敬有差

等也**執幣者序從之**序從者以宰夫當一一受之疏正義曰注云序從者以宰夫當一一受之者案執幣者卽上坐取幣之三人也鄭意以宰夫當一一受之故此執幣之三人以次授之也然經不云授宰夫幣而云序從明是宰夫受幣以東執幣者以次從之而東也敖氏云士三人從宰夫是也○以上衆介覿

右私覿

擯者出請賓告事畢賓旣告事畢衆介逆道賓而出也疏正義曰自此至賓不顧言事畢送賓之事注云衆介逆道賓而出也者上聘記云賓降介逆出故知介逆道賓也但斯時賓及衆介倶在廟門外此逆道賓出者謂出中門及大門也**擯者入告公出送賓**公出衆擯亦逆道紹擯及賓竝行閒亦六步疏正義曰注云公出衆擯亦逆道者謂紹擯在前承擯次之上擯亦次之公在後也云紹擯及賓竝行閒亦六步者六步三丈六尺也前行聘門外陳擯注云末介末擯旁相去三丈六尺此紹擯及賓竝行中閒相去亦三丈六尺故云亦也**及大門內公問君**鄉以公禮將事無由問也賓至始入門之位北面將揖而

出衆介亦在其右少退西上於此可以問君居處何如序殷勤也時承擯紹擯亦於門東北面東上上擯往來傳君命南面蘧伯玉使人於孔子孔子問曰夫子何爲此公問君之類也疏正義曰注鄉戴校集釋改鄉云鄉以公禮將事無由問也者敖氏云鄉者行禮之時各有其節不可亂之故問勞之事至是乃爲之也云賓至始入門之位北面將揖而出衆介亦在其右少退西上者始入門之位卽聘時賓入門左注云內賓位也衆介隨入北面西上少退是也云於此可以問君居處何如序殷勤也者斯時賓北面將揖公南面正可於此問君居處以序殷勤記念之意云時承擯紹擯亦於門東北面東上上擯往來傳君命南面者卽前賓入門左注云擯者亦入門而右北面東上是也但上擯以往來傳命於賓故南面彼注云上擯進相君當亦南面也敖氏以爲賓東面公西面而問之恐非蘧伯玉事見論語憲問篇鄭引之以此爲公問君之類者朱子云所引論語非聘事意略相類耳

賓對公再拜拜其無恙公拜賓亦辟疏正義曰注恙字校勘記云陳本缺○云拜其無恙者無恙言無憂病也爾雅釋詁恙憂也風俗通恙病也又云恙噬人蟲能食人心古者草居多被此毒故相問勞曰無恙吳氏章句云公再拜慶

之韋氏協夢云賓對亦當再拜不言者文不具公再拜者荅賓之拜也今案據司儀云問君客再拜對則韋說是云公拜賓亦辟者初迎賓入門時公再拜賓辟故知此亦辟也

公問大夫賓對公勞賓賓再拜稽首公荅拜勞以道路之勤疏正義曰問毛本誤門校勘記云閩本誤以音爲注以注爲音葛本遂脫此注○王氏士讓云但言問大夫則上大夫卿該之於君則拜其無恙於大夫問之而已

公勞介介皆再拜稽首公荅拜賓出公再拜送賓不顧公既拜客趨辟君命上擯送賓出反告賓不顧於此君可以反路寢矣論語說孔子之行曰君召使擯色勃如也足躩如也賓退必復命曰賓不顧矣

疏正義曰注云公既拜客趨辟者周禮司儀職曰出及中門之外問君客再拜對君拜客辟而對君問大夫客對君勞客客再拜稽首君荅拜客趨辟鄭注中門門之外即大門之內也問君曰君不恙乎對曰使臣之來寡君命臣于庭問大夫曰二三子不恙乎對曰寡君命使臣于庭二三子皆在勞客曰道路悠遠客甚勞勞介則曰二三子甚勞問君客再拜對者爲敬愼也今案周禮較此經稍詳而大槩則同注亦可以互證此注云客趨

辟者即本周禮文也云君命上擯送賓出者以降等之客君儐送於大門內故命上擯送賓出也云反告賓不顧於此君可以反路寢矣者賓雖出君猶立而待之故上擯送賓出大門必以賓不顧回告君君於此乃可自廟而回路寢也又司儀注所云問君問大夫及勞客與介之辭未知所出九經古義引王伯厚云此亦見說苑李氏云凡去者不荅拜敖氏云凡主人拜送賓賓皆不顧經於此見之者明於尊者之禮如此則其餘可知引論語云云見鄉黨篇此引以爲反告賓不顧之證也賈疏云此送賓是上擯則卿爲上擯孔子爲下大夫得爲上擯者以孔子有德君命使攝上擯若定十年夾谷之會令孔子爲相同也江氏永云案鄉飲酒禮賓出主人送于門外再拜注云賓介不荅拜禮有終也此公再拜送賓賓但遡避而不荅拜遂不顧是亦禮有終之意鄉黨記復命不考此注似復命二字爲虛文若非君有命何以謂之復命乎經但言賓不顧無命上擯送賓及擯者復命之文者文不具耳孔子行之即是禮當如此當時爲擯者或不復命孔子則必復命也上擯送賓但送賓出大門若送至館自有訝者送之經文此下云賓請有事于大夫公禮辭許注謂上擯送賓出賓東面而請之擯者反命因告之是復命時有二事一告賓不顧

一告賓請明日有事于大夫也當時有無未可知附識於此孔子攝上擯之說不可不知知是攝上擯則召是特召君命尤重矣

右賓禮畢出公送賓

賓請有事于大夫請問問卿也不言問聘聘亦問也嫌近君也上擯送賓出賓東面而請之擯者反命因告之 疏 正義曰自此至亦如之言賓請問卿卿先往勞之事○注不言問聘盧氏文弨云此聘字疑衍云請問問卿也者案二問字亦疑衍其一注葢以請問卿解請有事也經言大夫而不言卿葢兼下大夫在內云不言問聘亦問也嫌近君也者以經言小聘曰問聘亦稱問嫌其近君故不言問而言有事于大夫也云上擯送賓出賓東面而請之者問卿乃明日事於此請之使先告君也王氏士讓云有事必請於其君義無私交也云擯者反命因告之者義已詳上 **公禮辭許**禮辭一辭 **賓卽館**小休息也卽就也 疏 正義曰注小休息毛本小作少嚴本作小校勘記云徐本通解俱作小云小休息也者謂自厥明詔賓于館至是賓乃卽館明日

又將有事是小休息也此一日之閒行聘行享及禮賓私覿其事甚多下勞賓及歸饔餼亦與聘同日記云聘日致饔是也聘義曰聘射之禮至大禮也質明而始行事日幾中而后禮成非强有力者弗能行也故强有力者將以行禮也酒清人渴而不敢飲也肉乾人飢而不敢食也日莫人倦齊莊正齊而不敢解惰以成禮節云云此之謂也云卽就也者義已詳士冠禮

卿大夫勞賓賓不見以已公事未行上介以賓辭辭之 疏正義曰勞賓往賓館勞之也賓不見不敢當其先施也注云以已公事未行者是釋所以不見之故公事卽問大夫之事下記云問大夫之幣俟于郊幣旣公家具之則事爲公事可知云上介以賓辭辭之者蓋賓不見而使上介爲之辭也知上介辭者以下經上介受鴈知之也

大夫奠鴈再拜上介受不言卿卿與大夫同執鴈下見於國君周禮凡諸侯之卿見朝君皆執羔 疏正義曰大夫以賓不見故奠鴈于地而再拜上介爲受之

注云不言卿卿與大夫同執鴈下見於國君者上云卿大夫勞賓此但云大夫而不言卿明卿與大夫同執鴈下於見國君也云周禮凡諸侯之卿見朝君皆執羔者周禮掌客職曰凡諸侯之禮上公五積卿皆見以羔侯伯四積

卿皆見以羔，是卿見來朝之君執羔也。此見來聘之賓執鴈，是與見國君有異也。

勞上介亦如之。

疏 正義曰：亦如之者，亦勞於其館。上介不見，而士介代受鴈。

右賓請有事卿先往勞之

君使卿韋弁歸饔餼五牢。變皮弁服韋弁，敬也。韋弁，韎韋之弁，兵服也。而服之者，皮韋同類，取相近耳。其服蓋韎布以爲衣而素裳。牲殺曰饔，生曰餼。今文歸或爲饋。

疏 正義曰：自此至"無儐"，言主君使人歸饔餼於賓介之事。○使卿者，以賓是上大夫，爵敵也。五牢者，飪一、腥二，皆饔也；生二，餼也。注云"變皮弁服韋弁敬也"者，李氏云：周禮司服先序祭服，次韋弁服，次皮弁服，則韋弁尊於皮弁，故云敬也。云"韋弁韎韋之弁兵服也而服之者皮韋同類取相近耳"者，字林："韋，柔皮也。"說文："韎，茅蒐染韋也。"韎是赤黃色，詳士冠禮。蓋皮以茅蒐染之，故其性柔。釋名云"以韎韋爲弁謂之韋弁"是也。周禮司服曰"凡兵事韋弁服"，韋弁服爲兵服，而歸饔餼用之者，以聘用皮弁，皮韋同類，取其相近故也。云"其服蓋韎布以爲衣而素裳"者，鄭注司服云"韋弁，以韎韋爲弁，又以爲衣裳"。春秋傳曰晉郤至衣韎韋之跗注是也今時伍伯緹衣古兵服之遺色今案司服注謂衣裳亦用韎韋爲之者蓋據左傳國語皆云韎韋之跗注又漢時伍伯緹衣緹丹黃色與韎亦近故也又鄭氏六月詩箋云天子之服韋弁服朱衣裳據左傳均服振振謂戎事上下同服則卿大夫卽戎當以韎爲裳韎亦朱類也韋弁之制自以司服注爲正此注云韎布以爲衣而素裳則衣用布而不用韋裳用素而不用韎皆與司服注異賈疏謂入廟不可純如兵服其說或然但韎布他書無考鄭云蓋則亦疑而未定之辭耳陳氏祥道謂韋弁卽爵弁攷鄭氏從之今案爵弁爲士服而韋弁通於大夫以上自是二物且爵弁用布韋弁用韋爵色近五入之緅而韋用一入之韎固有不容強同者陳氏說非也云牲殺曰饔生曰餼者饔兼飪與腥言皆是已殺者餼是生物故以生與殺對言之鄭注論語告朔之餼羊亦云牲生曰餼也云今文歸或爲饋者胡氏承珙云論語詠而歸歸孔子豚齊人歸女樂釋文竝云歸鄭本作饋蓋魯論皆作歸鄭從古文作饋此儀禮則古文作歸今文作饋鄭又從古文作歸者古文家亦各有師承儀禮古文不必與論語同也又論語詠而饋鄭注云饋酒食也魯讀饋爲歸今從古詳鄭意是魯論直以歸爲歸還之歸與古論饋餉異

義故鄭必從古作饋此經古文作歸者本與饋同義故不必改從饋今案士虞禮注云饋猶歸也是二字義本通

上介請事賓朝服禮辭 朝服示不受也受之當以尊服 疏 正義曰注云尊服謂皮弁服下尊賓皮弁迎大夫于外門外是也或疑注朝服示不受之說不知朝服卑於皮弁若賓旣辭之而仍服受之之服有是理乎注說未可易

有司入陳 入賓所館之廟陳其積 疏 正義曰上云禮辭是一辭而許矣故郎入是陳也注云入賓所館之廟陳其積者謂有司入賓館陳設之也知館必於廟者下文揖入及廟門注云大夫行舍於大夫廟是也義詳彼聘義曰饋客於舍孔疏云於舍謂於賓館也或謂注以饔餼爲積似誤案周禮宰夫注云積謂牢米薪芻則下所陳亦積之屬也萬氏斯大云聘義曰主國待客出入三積說者謂饋之牢禮米禾薪芻之屬曰積考聘禮賓初至館宰夫致飧是一積也聘之日使卿致饔餼是二積也此所以供其在館之資也臨行當更有饋遺以供其在道之需是三積也故曰出入三積注疏見聘禮不言積因謂出入三積專指待上公之臣儀禮是待侯伯之臣故無積然則致飧之禮飪腥凡二牢米禾皆二十車而薪芻倍之歸饔餼之禮飪腥餼凡五牢米禾皆三十

車而薪芻倍之獨非積也邪葢分言之曰飧曰饔合言之則曰積今案萬說是也**饔**謂飪與腥疏正義曰周禮天官序官注云饔割亨煎和之稱割者腥也亨煎和飪也是饔兼飪與腥而言故經以饔總目之也**飪一**

牢鼎九設于西階前陪鼎當內廉東面北上上當碑南陳牛羊豕魚腊腸胃同鼎膚鮮魚鮮腊設扃鼏膷臐膮葢陪牛羊豕陪鼎三牲臛膷臐膮陪之庶羞加也當內廉辟堂塗也腸胃次腊以其出牛羊也膚豕肉也唯燖者有膚此餼先陳其位後言其次重大禮詳其事也宮必有碑所以識日景引陰陽也凡碑引物者宗廟則麗牲焉以取毛血其材宮廟以石窆用木疏正義曰校勘記云注三牲膗諸本俱作臛釋文集釋作膗今案嚴本作臛與說文合從之校勘記又云唯燖者有膚陸氏曰燖一本作爓音潛膚嚴本作獻今案膚下此字嚴本作北黃氏丕烈云案膚此譌爲獻北形涉而誤校勘記又云引陰陽也朱子云引疑當作別周學健云別字固直截或以縆著碑引之而定方位則引字亦可解敖氏改別凡碑引物者引嚴本作別案上引字可作別此引字不可作別嚴本誤也○飪

熟也熟飡不可久停故腥有多寡而餼皆一牢鼎九即下所陳牛羊至鮮魚鮮腊九者也設于西階前統於賓也陪鼎即羞鼎其數三即下所陳膷臐膮是也陪鼎與鉶異辨見六鉶繼之下東面鼎皆東向也北上鼎居北者爲首也上當碑者正鼎以牛爲上陪鼎以膷爲上謂鼎之上者北與碑齊其次向南陳之故云南陳也魚下言鮮則此魚薧也鮮腊析而未乾也鼎與扃鼏之制詳士冠禮鼏字鄭賈無釋敖氏郝氏以爲發語辭盛氏云正鼎曰鼏陪鼎曰葢皆所以覆鼎也異其名者鼏鼎大而葢小也鼏以他物爲之故云設葢與鼎同物故不云設言葢而不言扃陪鼎小其手舉之歟秦氏蕙田以盛說爲長褚氏云庶羞應拄豆豆用葢不用扃鼏今案經明云陪鼎而以爲豆恐非庶羞有盛於豆者公食大夫禮是也陪牛羊豕者正鼎有九而陪鼎止三故以膷臐膮爲陪牛羊豕也王氏士讓云五牢之序先餼次腥次乃及飧賓入館先用熟者次用腥者飧則罋以代匱也　注云陪鼎三牲臛膷臐膮者公食禮注云膷臐膮今時臛也牛曰膷羊曰臐豕曰膮皆香美之名也說文脽肉羹也段氏注云脽字不見於古經而見於招魂王逸云有菜曰羹無菜曰脽許不云羹也而云肉羹也亦無菜之謂匡謬正俗駁叔師說甚誤然則膷臐膮即以牛

羊豕之肉爲羹也云陪之庶羞加也者以庶羞是加饌非正饌故云陪也云當內廉辟堂塗也者李氏云內廉西階之東廉也階有東西兩廉近堂之中者爲內廉釋宮又云堂塗謂之陳郭氏曰堂下至門徑也其北屬階其南接門內霤今案據郭云北屬階則堂塗直階矣正鼎設于西階前當稍近東堂塗寬故無礙若陪鼎設于正鼎之西則有礙堂塗矣故當內廉以辟之也當對也吳氏疑義云飪鼎在西階前稍東爲一列陪鼎又在其東爲一列是也故下經云如飪鼎二列云腸胃次腊以其出牛羊也者腊之後即列腸胃以其出於牛羊故在膚前也楊氏復云牛羊腸胃同一鼎不異之腴賤也云膚豕肉也者詳少牢禮云唯燖者有膚者鄭意葢謂唯豕有膚耳燖字或有譌誤牛羊有腸胃而無膚豕則有膚而無腸胃記曰君子不食圂腴圂犬豕也云此饌先陳其位後言其次重大禮詳其事也者賈疏云先陳其位者南陳已上是也後言其次者牛羊豕已下是也又云設飧經直云飪一牢在西鼎九羞鼎三腥一牢在東鼎七不言次陳位者飧禮小略之也云宮必有碑者賈疏云案諸經云三揖者鄭注皆云入門將曲揖既曲北面揖當碑揖若然士昏及此聘禮是大夫士廟內皆有碑矣諸侯廟及天子廟有碑可知鄉飲鄉射言三揖

則庠序之內亦有碑矣惟寢內不見有碑但兩君相朝燕在寢豈不三揖乎明亦當有碑矣云所以識日景引陰陽也者李氏云視碑景邪正以知日之早晚視景短長以知陰陽之盈縮進退設碑之處鄭氏謂近如堂湥李氏釋宮中之云堂下至門謂之庭三分庭一在北設碑敖氏則云碑在庭東西南北之中焦氏以恕云此歸饔餼醯醢百罋夾碑十列又米百筥設于中庭亦十列繼醯醢而南此碑居庭北之一證又還玉及賄禮章云賓自碑內聽命賓負碑北面聽命于下如碑在中庭而非庭北則疑立處太遠又大夫降中庭賓降自碑內東面授上介于阼階東兩言碑內皆近堂階而與中庭有別當以鄭說爲是云凡碑引物者宗廟則麗牲焉以取毛血者案祭義云君牽牲旣入廟門麗於碑卿大夫袒而毛牛尚耳鸞刀以刲取膟膋乃退彼注云麗猶繫也是其麗牲取毛血之事云其材宮廟以石窆用木者案說文碑豎石也是碑用石之證段氏注云檀弓公室視豐碑三家視桓楹鄭注豐碑斲大木爲之形如石碑於椁前後四角豎之穿中於閒爲鹿盧下棺以繂繞案此檀弓注卽聘禮注所謂窆用木也朱子云今禹墓窆石尚存高五六尺廣二尺厚一尺許其中有竅以受繂引棺者也然則窆亦用石矣今案朱子說與鄭異並存

之腥二牢鼎二七無鮮魚鮮腊設于阼階前西面南陳如飪鼎二列有腥者所以優賓也【疏】正義曰腥殺而未烹也不曰鼎十有四而云二七者見其每牢七鼎爲二列也無鮮魚鮮腊少飪鼎之二故每牢止七鼎也設于阼階前腥在東與設飧同二列者一列在阼階前少西一列又在其西當阼階之內廉也北上上當碑俱與飪同方氏苞云飪一牢外復有腥二牢何也飪鼎卽日所需腥鼎則翼日所需始至未暇自割牲故也○校勘記云注腥徐本作腊張曰注曰有腊者所以優賓案疏腊作腥經曰無鮮魚鮮腊今注作有腊傳寫誤也從疏案張引注無也與徐本不合今案嚴本有也字○云有腥者所以優賓也者對下士四人皆餼大牢無腥言也堂上八豆設于戶西西陳皆二以竝東上韭菹其南醓醢屈戶室戶也東上變於親食賓也醓醢汁也屈猶錯也今文竝皆爲併【疏】正義曰西陳者言豆自東向西設之是東爲上故下又云東上也皆二以竝者謂八豆皆菹醢兩兩竝列下云韭菹其南醓醢卽二以竝之位也舉此二豆以示人則其餘豆之位可知周禮醢人朝事之豆其實韭菹醓醢昌本麋臡

菁菹鹿臡茆菹麋臡饋食之豆其實葵菹蠃醢此經言豆實但云韭菹醓醢而已不言其他賈疏因用朝事之豆六去茆菹麋臡二豆而以饋食之葵菹蠃醢足之蓋據公食禮下大夫六豆用韭菹醓醢昌本麋臡菁菹鹿臡上大夫八豆鄭注云加葵菹蝸醢蝸醢即蠃醢又據少牢用韭菹醓醢葵菹蝸醢朝事饋食之豆兼用故也敖氏則以八豆有茆菹麋臡而無葵菹蝸醢謂經惟言韭菹醓醢則爲朝事之豆可知文省耳二說不同後人或從賈或從敖紛紛辨論然經無正文二者似皆可通惟解屈字之義則賈敖俱失之賈氏云屈者謂其東上醓醢醓醢西昌本昌本西麋臡麋臡西菁菹菁菹北鹿臡鹿臡東葵菹葵菹東蝸醢蝸醢東韭菹敖氏謂醓醢西昌本昌北麋臡麋西菁菹菁南鹿臡鹿西茆菹茆北麋臡由折而下所謂屈也今案賈敖之說與經二以並之文皆不合賈以東上專屬醓醢尤非蓋韭菹醓醢二者在東其西爲昌本麋臡二豆昌本麋臡之南爲菁菹鹿臡二豆菁菹鹿臡之東爲茆菹麋臡二豆設法自東而西復自西而東故謂之屈公食禮上大夫八豆注云四四爲列亦謂豆兩兩並列東西各四南北亦各四也○校勘記云注於監本誤作乎　云戶室戶也者堂上以室戶之西爲正中故知戶謂室戶也云東上變於

親食賓也者案公食禮是公親食賓云宰夫自東房薦豆六設于醬東西上此云東上是變於親食賓也云醓醢汁也者案周禮醢人注云醓肉汁也又云醓醢肉醬也詩大雅疏以肉汁獨多故名醓然則醓本肉汁之名而以之爲醢則亦醬類故說文云醓肉醬也云屈猶錯也者案此經言屈下八簋繼之乃言錯則屈與錯異詳下云今文竝皆爲併者詳士昏禮

八簋繼之黍其南稷錯黍在北　疏　正義曰李氏云繼豆以西黍南稷稷西黍黍北稷八簋間錯陳之敖氏云八簋黍稷各四也錯者取二物相間之意吳氏疑義云錯者東一行北黍南稷二行北稷南黍三行北黍南稷四行北稷南黍相間錯陳與屈不同今案屈與錯不可混爲一吳說是也黍稷詳公食禮簋詳上竹簋方及公食記簋有蓋冪下

六鉶繼之牛以西羊豕豕南牛以東羊豕鉶羹器也　疏　正義曰郝氏敬云六鉶繼簋而西牛居東西爲羊又西爲豕北一列也豕南爲牛牛東爲羊又東爲豕南一列也吳氏疑義云北列牛羊豕自東而西南列牛羊豕自西而東屈也今案經不言屈者以可推而知六者牛豕東西常易位而羊居中不易也注云鉶羹器也者鉶是盛牛羊豕之羹非盛肉也周禮

掌客注亦云羹器也公食禮宰夫設鉶四于豆西注云鉶菜和羹之器是鉶爲器名故說文云鉶器也鉶以盛和菜之羹因又以鉶爲羹名鄭注士虞禮云鉶菜羹也注特牲禮云鉶肉味之有菜和者詩閟宮毛炰胾羹毛傳羹大羹鉶羹也周禮亨人祭祀共大羹鉶羹鄭司農云大羹不致五味也鉶羹加鹽菜矣是又以鉶爲羹名也段氏說文注云案大羹煮肉汁不和貴其質也鉶羹肉汁之有菜和者也大羹盛之于登鉶羹盛之于鉶鉶羹菜和謂之芼其詳在禮經鉶經典亦作鈃非正字也內饔職鉶作刑亦假借字今案說文有鈃字云似鍾而長頸鍾酒器也據說文鈃與鍾相次則鈃爲酒器與鉶異聶氏三禮圖引舊圖云鉶受一斗兩耳三足有蓋士以鐵爲之大夫以上以銅爲之諸矦飾以白金天子飾以黃金聶氏又云鉶是羹器卽鉶鼎也故周禮掌客注云不殺則無鉶鼎然則據羹在鉶則曰鉶羹據器言之則曰鉶鼎據在正鼎之後設之則謂之陪鼎據入庶羞言之則謂之羞鼎其實一也楊氏儀禮圖亦因之今案此說甚誤據此經上云陪鼎當內廉此堂上又有鉶則鉶非陪鼎矣周禮掌客公鉶三十有八鼎簋十有二矦伯鉶二十有八鼎簋十有二子男鉶十有八鼎簋十有二鄭注鉶羹器也鼎牲器也鼎十有二者正鼎九與

陪鼎三，鄭別鉶與鼎爲二器甚明。其云不殺則無鉶鼎者，謂不殺則無鉶與鼎，非爲一物也。自賈氏掌客疏云鉶鼎即陪鼎，後人沿其誤。葢鼎以盛牲體，鉶以盛煮牲肉汁，鉶羹亦出於牲，故必殺牲乃有之。禮經釋例云：聘禮堂上六鉶，牛以西羊豕，豕南牛，以東羊豕；又西夾四鉶，牛以南羊，羊東豕，豕以北牛。公食禮宰夫設鉶四于豆西，東上，牛以西羊，羊南豕，豕以東牛。此皆用大牢者，故鉶羹有牛羊豕之別。少牢禮上佐食羞兩鉶，取一豕鉶于房中，下佐食又取一豕鉶于房中以從。有司徹主婦獻尸，入于房，取一羊鉶，主婦贊者執豕鉶以從。注：飲酒而有鉶者，祭之餘。鉶此皆用少牢者，故鉶羹有羊豕之別。士虞禮陰厭設一鉶于豆南。特牲禮陰厭兩鉶，鉶芼設于豆南。此皆用特豕者，唯豕羹而已，是也。又云鹽菜者，所以和羹也，凡鉶羹皆有之。公食記曰：鉶芼，牛藿，羊苦，豕薇，皆有滑，是也。今案：鉶芼詳公食禮。

兩簠繼之，粱在北。簠不次簋者，粱稻加也。凡餽屈錯要相變。

疏 正義曰：郝氏云：簠以盛稻粱，兩簠稻粱各一，繼鉶而西，粱居北，稻居南。注云簠不次簋者粱稻加也者，簠簋同類，今不次簋而次鉶後，以見其爲加也。云凡餽屈錯要相變者，是廣言設餽之法。此節不言屈錯者，以兩簠止一行也。稻粱詳公食禮，簠詳

公倉記

八壺設于西序北上二以並南陳壺酒尊也酒蓋稻酒粱酒不鎔者酒不以𥝧鎔為味

疏正義曰西序堂上之西牆也郝氏云酒八壺順堂西牆自北而南兩兩相並向南陳也今案周禮酒正共賓客之禮酒酒人祭祀共酒以往賓客之陳酒亦如之謂此　注云壺酒尊也者謂盛酒之尊周禮掌客注壺酒器也禮記禮器注壺大一石公羊昭二十五年傳注壺禮器腹方口圓曰壺反之曰方壺有爵飾又為盛水之器見周禮序官挈壺氏注又禮記投壺釋文壺器名是又為投壺之器也云酒蓋稻酒粱酒者謂稻粱各四壺也賈疏云以下夫人歸禮醙黍清各兩壺此中若有黍不得各二壺若三者各二壺則止有六壺與夫人歸禮同又云鄭知不直有稻黍而為稻粱者稻粱是加相對之物故也敖氏云八壺之酒稻也黍也粱也稻黍各二壺稻在北黍次之粱四壺又次之蓋如設簠米之例褚氏云注謂稻粱二種各四壺賈以與夫人歸禮異解之取昀今案八壺之實經無明文鄭敖各以意言之而鄭說較確云不鎔者兩兩並設先稻後粱不𥝧鎔陳之云酒不以𥝧鎔為味者是釋所以不鎔之意也〇此設于戶西者八豆八簋六鉶兩簠及西序八壺共三十二器皆陳于堂上也

西夾

六豆設于西墉下北上韭菹其東醓醢屈六簋繼之黍其東稷錯四鉶繼之牛以南羊羊東豕豕以北牛兩簠繼之粱稻西皆二以竝南陳六壺西上二以竝東陳東陳在北墉下統於豆

【疏】正義曰西夾設豆之次賈疏据公食禮謂先設韭菹其東醓醢又其東昌本南麋臡西菁菹又西鹿臡今案公食禮云設于醬東西上此云北上則其陳之必有異矣唯郝氏敬云韭菹在西北其東爲醓醢醓醢之南昌本昌本之南麋臡麋臡之西菁菹菁菹之北鹿臡鹿臡之北韭菹故曰屈其說本西北上賈疏之文實於經義有合秦氏蕙田說亦同當以此爲正姜氏兆錫盛氏世佐皆嘗更定六豆次序而與經未符故不錄郝氏又云六簋黍稷各三繼豆而南黍在西北東爲稷稷南爲黍黍西爲稷稷南又爲黍黍東又爲稷故曰錯亦是也朱子云凡言北上者皆南陳西上者皆東陳此經西夾六豆設于西墉下北上至兩簠下結云皆二以竝南陳又云六壺西上東陳餼于東方亦如之西北上壺東上西陳則是東西之餼自簠以上皆南陳唯壺東西陳之疏于東夾之豆亦云于東

壂下南陳而布置西夾之豆乃東陳之又以簋鉶簠皆與壺東陳不唯與經文不合而亦自相牴牾殊不可曉秦氏蕙田云以朱子之說推之則東西二夾所陳六豆最北亦簋在豆南四鉶在簋南兩簠在鉶南所謂南陳也若如楊信齋儀禮圖則豆簋鉶簠在西夾者東陳在東夾者西陳與經文不合今案楊圖蓋沿賈疏東陳一語而誤六壺之酒鄭無注敖氏則謂稻酒黍酒粱酒各二壺未知是否二以竝東陳者謂六壺兩兩竝設自西而向東陳之也　注云東陳在北墉下統於豆者鄭意以豆簋鉶簠皆在西墉下自北而南則豆之東尙有餘地故以東陳爲在北墉下向東陳之也鄭知在北墉下者以其統於豆也敖氏謂壺不著其所蓋亦近于簠而設之與在堂上者之位相似則巳疑鄭說郝氏乃謂壺在南墉下不知夾固無南墉也西夾東東夾之制巳詳前設飧節西夾六下○王氏士讓云西統于賓故飪先陳在西堂上之饌亦于西西夾之饌亦先敘

饌于東方亦如之東方東夾室

疏 正義曰盛氏云案之指西夾也如者如其六豆北上以下至皆二以竝南陳之儀也唯設于東墉下爲異

西北上亦韭菹其東醓醢也

疏 正義曰李氏云雖陳于東墉下其陳亦以西北爲上悉與西夾同嫌統于東墉

以東北爲上故著之　注云亦韭菹其東醓醢也者上西夾設豆之次云韭菹其東醓醢明此亦然是以西北爲上也

壺東上西陳　亦在北墉下統於豆　疏　正義曰此亦以豆西有餘地統於豆也○以上設於西夾八豆八籩四鉶兩簠六壺凡二十四器東夾亦然共四十八器唯壺東西陳爲異餘兩夾位次悉同褚氏云敖氏强以飪尊而腥卑又强以堂上之饌配飪兩夾之饌配腥太鑿

醯醢百甕夾碑十以爲列醯在東　夾碑在鼎之中央也醯在東醯穀陽也醢肉陰也　疏　正義曰周禮醢人云賓客之禮共醢五十甕醯人云賓客之禮共醯五十甕彼注云致饔餼時是醯醢百甕也王氏士讓云醯醢二物乃飪腥與饔餼諸品所宐相調和者故敘次於飪腥之後以見其爲百物之所需也○今案甕詳旣夕禮甕三醯醢屑下　注云夾碑在鼎之中央也者謂在飪鼎腥鼎二者之中央也前設鼎云上當碑是鼎在碑南此云夾碑則似半在碑南半在碑北矣十以爲列蔡氏云謂左右直列吳氏疑義云醯五十甕作五行在碑之東醢五十甕作五行在碑之西十甕爲列是也云醯在東醯穀陽也醢肉陰也者蓋以東爲陽方西爲陰方也敖氏則云醯在東醯爲尊

也褚氏云榖陽肉陰而分東西注義甚精何取尊卑爲義乎今案褚説是也惠氏云醢醬也後儒誤以爲醓醓始于廣雅古有梅無醓離騷吳酸亦非醓也侯考**餼二牢陳于門西北面東上牛以西羊豕豕西牛羊豕**餼生也牛羊右手牽之豕東之寢右亦居其左疏正義曰牛羊豕具爲一牢此二牢者謂生牛羊豕各二也陳于門西廟門內之西爲其踐汚館庭使近外也北面向堂自東而西牛羊豕牛羊豕六者相閒共爲一行敖氏云二牢爲一列變於腥亦以惟有牢故也東上門西之位然也亦變於饔○校勘記云張氏曰注豕豕東之案疏云豕東縛其足亦北首經云牛以西羊豕則豕在羊西言東非也東字誤作東爾從疏案嚴徐鍾本俱作東　云餼生也者詳前云牛羊右手牽之者曲禮曰效馬效羊者右牽之是也用右手牽之則人居其左矣云豕東之寢右亦居其左者賈疏云豕東縛其足亦北首寢臥其右亦人居其左案特牲云牲在其西北首東足鄭注東足者向右也與此不同者彼祭禮法用右胖故寢左上右士虞記云陳牲于廟門外北首西上寢右鄭注寢右者當升左胖也變吉故與此生人同也**米百筥筥半斛設于中庭十以爲**

列北上黍粱稻皆二行稷四行庭實固當庭中言當中庭者南北之中也東西為列列當醯醢南亦相變也此言中庭則設碑近如堂深也

疏正義曰筥竹器詩維筐及筥毛傳圓曰筥是也此筥以盛米與下記四秉曰筥之筥殊下記又云十斗曰斛則半斛五斗也　注云庭實固當庭中言當中庭者南北之中也者賈疏云上享時直言庭實入設不言中庭則在東西之中其南北三分庭一在南此更言中庭欲明南北之中也上文公立于中庭宰受幣于中庭皆南北之中也褚氏云經凡言中庭者南北之中也言階閒者東西之中也燕禮大射司正立位及士喪禮置重之中庭則既在東西之中又在南北之中與此中庭同也敖氏謂中庭乃東西之中其南北之節宜于庭少南非矣云東西為列列當醯醢南亦相變也者李氏云醯醢言醯在東則南北為列米言北上則東西為列米繼醯醢設之知在醯醢南也今案經云十以為列北上則是十筥為列自東至西橫陳之黍兩行在北次粱兩行次稻兩行次稷四行與上醯醢百甕自北而南直陳之者異故云相變也李氏又云米以黍稷為正稻粱為加故南北兩端陳黍稷而稻粱于其閒設之郝氏云稷獨四行稷百穀長用廣也云此言中庭則設

碑近如堂深也者李氏云醯醢夾碑米設于庭南北之中而在醯醢南則碑近北矣設洗南北以堂深而鄭言設碑如堂深則碑東當洗也○敖氏云此米從飪者也禮經釋例云敖以此節在餼二牢之下故望文生義以爲從餼非也以米言之簠簋之米從飪牢筥米從腥牢車米從生牢經例甚明考之下經歸上介饔飪腥各一牢堂上之饌六西夾亦如之下卽云筥及甕如上賓則米筥在醯醢甕之上則從饔可知米百筥節似非其次空在醯醢百甕節之上絶爛誤在餼二牢節之下也今案簠簋之米係已炊爲飯者故從飪牢筥米係舂熟可卽炊者故從腥牢車米係畱以備用者故從生牢釋例說似亦可從俟考○此以上皆陳于門內者聘義曰餼客于舍五牢之具陳于內是也

門外米三十車車秉有五籔設于門東爲三列東陳大夫之禮米禾皆視死牢秉籔數名也秉有五籔二十四斛也籔讀若不數之數今文籔或爲逾 疏 正義曰校勘記云三十唐石經作卌下同注五籔五字徐陳閩葛俱作伍○設于門東廟門外之東也下門西放此爲三列東陳謂每十車爲一列首一列在西餘二列以次向東陳之也此及下所陳之車皆人輓之非駕牛馬者 注云大夫之禮米禾

皆視飤牢者上飪一牢腥二牢合三牢皆飤牢也故米三十車禾亦三十車是皆視飤牢也米禾視飤牢下經文云秉籔數名也秉有五籔二十四斛也者秉籔皆量器之數名下記云十斗曰斛十六斗曰籔十籔曰秉注云秉十六斛是一秉爲十六斛又五籔爲八斛通爲二十四斛也每斛十斗故下記又云二百四十斗也此秉亦與四秉曰筥之秉殊詳下記云籔讀若不數之數今文籔或爲逾者胡氏承珙云鄭云不數之數自是漢人常語用以比方籔音如漢書東方朔傳注引蘇林曰籔音數錢之數是也賈疏以不數亦爲數名恐非今文籔爲逾者逾疑當作匬說文匬下云甌匬器也从匚俞聲玉篇匬余主切器受十六斗此即論語與之庾之庾集解引包注十六斗爲庾與賈逵左傳注唐尚書國語注皆合今案據此則逾即庾也籔庾皆十六斗量名而鄭從古文作籔者周禮陶入庾實二觳鄭注豆實三而成觳則觳受斗二升然則二觳二斗四升又非十六斗之庾周禮疏謂庾本有二法鄭恐與實二觳之庾混故從古文不從今文也

禾三十車車三秅設于門西西陳秅數名也三秅千二百秉

疏正義曰禾亦爲三列不言者可知也　注云三秅千二百秉者下記云四秉曰筥十筥曰稯十稯曰

秅四百秉爲一秅則三秅千二百秉也

薪芻倍禾

倍禾者以其用多也薪從米芻從禾四者之車皆陳北輈凡此所以厚重禮也聘義曰古之用財不能均如此然而用財如此其厚者言盡之於禮也盡之於禮則內君臣不相陵而外不相侵故天子制之而諸侯務焉爾【疏】正義曰薪芻義詳前設飱節下敖氏云倍禾謂車數也獨言倍禾者以其相類而相等故也盛氏云薪芻之屬以束計不以秉計詩云生芻一束是也每車束數未聞今案禾三十車倍之則薪芻各六十車也○注古之用財毛本財誤作材　云倍禾者以其用多也者此言所以倍之之義也云薪從米芻從禾者謂其設之亦于門東門西也賈疏云鄭言此者以經云倍禾恐竝從禾陳之故也云四者之車皆陳北輈者以其向內爲正故也秦氏蕙田云米禾皆以十車爲一列米先西後東故云東陳禾先東後西故云西陳其輈則皆北鄉敖氏以東陳爲西轅者非今案秦説是也云凡此所以厚重禮也者是統上文言之厚重禮謂厚此聘禮也下引聘義即以明所以厚之之意聘義原文作古之用財者此引無者字○此以上皆陳于門外者聘義曰米三十車禾三十車芻薪倍禾皆陳於外是也

賓皮弁迎大夫于外門外再拜

大夫不荅拜大夫使者卿也。疏正義曰：賓不韋弁，嫌其加於致君命時之服也。外門即大門，迎于外門外，敵禮也。不荅拜，亦爲人使之禮然也。注云「大夫使者卿也」者，以經所云大夫即上君所使歸饔餼之卿，故云使者卿也。卿稱大夫者，卿爲上大夫，故散文亦稱大夫也。**揖入及廟門賓揖入**賓與使者揖而入，使者止執幣，賓俟之於門內，謙也。古者天子適諸侯，必舍於大祖廟，諸侯行舍於諸公廟，大夫行舍於大夫廟。疏正義曰：韋氏協夢云：「揖入亦有每曲揖之節，經不言者，文省。」今案：敖氏以爲廟有外門者，臆說也。注云「賓與使者揖而入」者，經上云揖入，入大門也；下云賓揖入，入謂入廟門也。入大門，賓與使者並入；入廟門，則賓揖先入，故注又云使者止執幣，賓俟之於門內也。知使者止執幣者，以下經始云大夫奉束帛入故也。云「謙也」者，前聘時公揖入立于中庭，此俟于門內，是謙也。敖氏云：「俟之于入門右之位是也。」云「古者天子適諸侯必舍於大祖廟」者，禮運曰「天子適諸侯，必舍其祖廟」是也。云「諸侯行舍於諸公廟」者，賈疏云：「諸公，大國之孤。若無孤之國，諸侯舍於卿廟也。」今案：鄭知舍於諸公廟者，下記云「卿館于大夫，大夫館于士，士館于工商」，注云「館者必於廟，不館於敵者之廟，爲太尊也」。

以此差之故知諸侯行不舍於諸侯廟而舍於其孤廟也云大夫行舍於大夫廟者卽記所云卿館于大夫也此鄭因及廟門而申言之以明賓館在廟也

大夫奉束帛　執其所以將命　疏　正義曰束帛所以將命者也

入三揖皆行　皆猶竝也使者尊不後主人　疏　正義曰使者卽大夫主人謂聘賓賓在館則爲主人也此使者奉君命來故不後主人與之竝行也

至于階讓大夫先升一等　讓不言三不成三也凡升者主人讓於客三敵者則客三辭主人乃許升亦道賓之義也使者尊主人三讓則許升矣今使者三讓則是主人四讓也公雖尊亦三讓乃許升不可以不下主人也古文曰三讓　疏　正義曰注云讓不言三不成三也者儀禮經內大率多言三讓然必主客俱讓至三而後謂之三也此經但言讓不言三者褚氏云主人第三讓客遂不辭而先升主讓三而客讓二故云不成三也云凡升者主人讓於客三敵者則客三辭主人乃許升亦道賓之義也者胡氏承珙云凡升階之禮主人先讓於客而客辭之至主人三讓客亦三辭其數適均于是主人先升客從之此由主人與客敵或主人尊皆主人道客先升故主客適以三讓而升也今案此注是廣言三讓之法辭亦

讓也。云「使者尊，主人三讓則許升矣」者，謂主人一讓而客一辭，再讓而客再辭，至主人三讓，則客不辭而即升，是無三讓矣。此注即據此經大夫先升言之，以明經不云三之義也。使者即謂大夫也。云「今使者三讓，則是主人四讓也」者，案：注「令」疑「令」之訛，言設令使者三讓也。張氏爾岐云：「假使客三辭而猶先升，則是主人四讓矣，禮固無四讓法也。」又云：「公雖尊，當其爲主人，亦必三讓乃先升，此主人自下之義也。」今案：注云「公雖尊，亦三讓乃許升」者，此據行聘時公升二等、賓升，是公先升，而經亦言三讓，明其爲主人之道如是，與此異也。胡氏又云：「此經大夫歸聘賓饔餼，大夫奉主君之命而來，尊其君命，故讓大夫先升。若覲禮郊勞至于階，使者則不讓而先升矣。此後聘賓問卿，至于階，讓，賓升一等，鄭亦不從古文作三讓，亦以賓先升，不能成三讓也。」今案：此說極明。云「古文曰三讓」者，此鄭從今文無「三」字，而疊出古文於注也。褚氏云：「鄭言『今使者三讓，則是四讓也』者，明其必不然，是駁古文三讓之文，見所以不從之故，賈疏可疑。」今案：此節賈疏本欠明，敖氏又爲定從古文之說，于是駁注者紛紛，而經義晦矣。今據張、褚、胡諸說申之。

賓從，升堂，北面聽命。北面於階上也。【疏】正義曰：注云「階上」，阼階上也。賓館于此，有主義焉故升降由阼階**大夫東面致命賓降階西再拜稽首拜餼亦如之**大夫以束帛同致饔餼也賓姝拜之敬也重君之禮也疏正義曰張氏爾岐云大夫東面致命在西階上也賓降階西再拜東階之西也姝拜者分別兩次拜之成拜訖又降拜拜也今案經云拜餼亦如之是饔與餼分兩次拜矣張氏謂成拜訖又降拜盛氏以拜餼亦如之在大夫辭之上則拜雖兩次升降只一番也蔡氏疑拜餼亦如之在升成拜之後葢與張說同**大夫辭升成拜**尊賓疏正義曰敖氏云大夫辭亦稱君命辭之吳氏疑義云辭而升升而成拜君臣之禮皆然注以爲尊賓恐非**受幣堂中西北面**趨主君命也堂中西中央之西疏正義曰校勘記云注央嚴本作夫張曰杭本以夫爲失監本作央西下嚴鍾俱有也字云趨主君命也者斯時大夫在西賓不受于堂中而至堂中之西受之是急趨君命也云堂中西中央之西也者李氏以爲中堂與西楹之閒是也敖氏謂四分楹閒一在西則非矣**大夫降出賓降授老幣出迎大夫**老家臣也賓出迎欲儐之疏正義曰云出者出廟門也○校勘記云注儐徐本集釋俱作擯今案

戴校集釋云作擯訛**大夫禮辭許入揖讓如初賓升一等大夫從升堂**賓先升敵也皆北面【疏】正義曰揖讓如初謂如前大夫奉束帛入三揖皆行至于階讓蓋亦不成三也胡氏承珙云聘賓儐大夫則正用尋常賓主敵體之儀可行三讓矣乃云揖讓如初者蓋儐禮略也其後賓問卿至于階讓賓面卿云揖讓如初大夫升一等賓從之此則主人先升而亦云揖讓如初者亦以禮略故歟　注云賓先升敵也者前歸饔餼大夫奉君命尊故先升此賓亦先升者以儐禮賓主體敵亦得先升也云皆北面者以下始云賓奉幣西面大夫東面明此時皆北面也**庭實設乘馬**乘四馬也**賓降堂受老束錦大夫止**止不降使之餘尊【疏】正義曰設庭實受束錦將以儐大夫也高氏愈云卿郊勞以束錦儐之此于致饔餼復然蓋欲聯二國之好而致其慇懃如此　注云止不降使之餘尊者大夫卽使者禮經釋例云注蓋謂使者奉主君之命來有主君之餘尊故不降賈疏未能發明斯義褚氏云敖謂降堂受錦辟君禮是也至解不降之義細思終以注餘尊之說爲優**賓奉幣西面大夫東面賓致幣**不言致命非君命也【疏】

正義曰幣卽束錦也大夫對北面當楣再拜稽首稽首尊君客也致對有辭也疏正義曰注云稽首尊君客也者義詳郊勞節勞者再拜稽首受下蔡氏云以賓稽首受其君命故因其禮而荅之也說亦通云致對有辭也者謂賓致幣當有辭大夫對亦當有辭但文不具耳受幣于楹閒南面退東面俟賓北面授尊君之使疏正義曰俟者俟賓拜送也注云賓北面授尊君之使者以經云受幣南面故知授者北面也賓北面而大夫南面以其爲君使尊之也賓再拜稽首送幣大夫降執左馬以出出廟門從者亦訝受之疏正義曰方氏苞云同等宜再拜而不稽首大夫旣稽首拜受則賓亦宜稽首拜送也注云出廟門從者亦訝受之者前禮賓時賓執左馬以出從者訝受馬故知此儐禮大夫執左馬以出亦從者訝受之也又覲禮郊勞侯氏儐使者使者以左驂出事與此同賓送于外門外再拜明日賓拜于朝拜饔與餼皆再拜稽首拜謝主君之恩惠於大門外周禮曰凡賓客之治令訝聽之此拜亦皮弁服疏正義曰前迎于外門外故此送亦于外門外也

李氏云案鄉射禮明日賓拜賜于門外主人不見知此拜饔餼亦于大門外也拜于大門外而云拜于朝則諸侯外朝在大門外明矣今案經云拜饔與餼則二者亦殊拜也注云周禮曰凡賓客之治令訝訝聽之者此掌訝職文據原本作凡賓客之治令訝訝聽之此引脫一訝字盛氏云引之者欲見賓之拜謝亦以告訝而訝爲之導也○以上卿歸饔餼於賓

上介饔餼三牢飪一牢在西鼎七羞鼎三飪鼎七無鮮魚鮮腊也賓介皆異館　疏正義曰三牢者飪一腥一餼一也敖氏云三牢亦降以兩也○注也字集釋無　云飪鼎七無鮮魚鮮腊也者前賓腥二牢鼎二七無鮮魚鮮腊故知此鼎七亦無鮮魚鮮腊也賓飪鼎九此七爲異耳羞鼎同云賓介皆異館者前及館云展幣于賈人之館則賓介以下皆異館可知矣據下記賓卿也館于大夫上介大夫也館于士士介館于工商也歸饔餼先賓後介非必同時以上介在賓館爲之請事入告必賓禮畢而後能即已館受禮也

腥一牢在東鼎七堂上之饌六六者賓西夾之數

西夾亦如之筥及甕如上賓凡所不貶者尊介也言如上賓者明此賓客介也　疏正義曰注客集釋作

容盧云疏兩客字同亦當作容許宗彥云客不誤明以此介爲賓客耳今案許說是也　云凡所不貶者尊介也者謂凡餼之數同於賓者皆以尊介也云言如上賓者明此賓客介也者經云筥及罋如上賓筥卽米百筥罋卽醯醢百罋與賓同明以賓客之禮待介也郝氏云此西夾不殺以東夾全損也蔡氏云米醯醬不殺常用等也說可附存

餼一牢門外米禾視死牢牢十車薪芻倍禾凡其實與陳如上賓凡凡餼以下　疏　正義曰死牢謂餼與腥也牢十車則米禾各二十車也薪芻倍禾則各四十車也韋氏云賓禮門外米三十車禾三十車與此經所言米禾視死牢牢十車互文見義　注云凡凡餼以下者謂自餼一牢至此其所實之物與其陳設之序皆如上歸饔餼於賓也

下大夫韋弁用束帛致之上介韋弁以受如賓禮介不皮弁者以其受大禮似賓不敢純如賓也**儐之兩馬束錦**　疏　正義曰王氏士讓云儐卿馬乘此以兩是其降差○以上下大夫歸饔餼於上介

士介四人皆餼大牢米百筥設于門外牢米不入門略之也米設當門亦十爲列北上

牢在其南西上

疏正義曰士介四人皆餼大牢米百筥者牛羊豕具曰大牢謂每人餼以大牢及米百筥故云皆也設于門外設于所館之門外也士介亦異館或曰據周禮掌客凡介皆有饔餼此獨有餼者餼具大牢禮盛故特著之饔從略耳然下記言士無饔則士介本無饔矣闕疑可也　注云牢米不入門略之也者上文賓餼陳于門西米設于中庭皆在門內上介亦如之此言設于門外是不入門故云略也云米設當門亦十爲列北上牢在其南西上者李氏云設于門外不言東西明當門牢亦在米南與賓介之陳同此西上爲異耳今案褚氏云此注西上恐是東上之訛以宰夫牽牛致命當近東故也

宰夫朝服牽牛以致之

執紖牽之東面致命朝服無束帛亦略之士介西面拜迎

疏正義曰注士校勘記云嚴徐通解俱作上今案作上誤也　云執紖牽之者紖所以繫制牛者少儀曰牛則執紖宰夫牽牛則有司牽羊豕也云東面致命者謂宰夫于館門外東面以君命致之也云朝服無束帛亦略之者此宰夫上也故朝服下士介亦以朝服受爵同也賓及上介皆以束帛致之此無束帛是略也亦者亦上牢米不入門也云士介西面拜迎者以其爲主人故知出門西面拜迎也上經云門外米禾視死

牢此無飧牢故無米禾無米禾則無薪芻矣**士介朝服北面再拜稽首受**受於牢東拜自牢後適宰夫右受由前東面授從者[疏]正義曰上注云士介西面拜迎此由西面轉而北面拜受也云受於牢東拜自牢後適宰夫右受者謂受時于牢東拜拜訖由牢後適宰夫之右受牛斯時宰夫益亦北面也云由前東面授從者謂由牢前東面以授從者也**無儐**旣受拜送之矣明日衆介亦各如其受之服從賓拜於朝[疏]正義曰儐校勘記云唐石經嚴徐陳閩葛本集釋通解楊敖俱作擯李氏云擯當作儐下經記無擯及注不擯賓同秦氏蕙田云案儐石經及宋元本皆作擯故楊復李如圭皆云當作儐監本已改正今案毛本作儐與監本同從之○賓上介受饔餼皆有儐此士介無儐義詳下記無饔者無儐下　注云旣受拜送之矣者謂士介旣拜受宰夫亦拜送之經不言者略也云明日衆介亦各如其受之服從賓拜於朝者案賓受君賜必拜於朝衆介自無不拜之理故注補之衆介兼上介在內此節注皆以補經所未及也○以上宰夫餼士介

右歸饔餼於賓介

賓朝服問卿不皮弁別於主君卿每國三人 疏 正義曰自此至如主人受幣禮不拜皆言賓問主國卿大夫之事分四節賓初以君幣問卿次以私幣面卿一也次上介特面次衆介皆面二也次上介以君幣問下大夫嘗使至者次上介以私幣面下大夫三也次又設言大夫不見之禮四也此賓于聘之明日拜饗餼于朝返即備舉此禮○高氏愈云聘本爲君也而因以及其夫人而幷以問其卿大夫則凡內外尊卑之間無不致其殷勤敬禮之意而所以睦於鄰者大矣 注云不皮弁別於主君者上聘賓與主君行聘享私覿等禮皆皮弁此不皮弁而朝服是不敢與正禮同服故云別於主君也云卿每國三人者詳前君與卿圖事下鄭言此者見問偏及三卿其下大夫則惟使至已國者問之也

卿受于祖廟重賓禮也祖王父也 疏 正義曰賓問卿卿不辭而即受之者賈疏云初君送客之時賓請有事于大夫君禮辭許是以卿不敢更辭今案下記云大夫不敢辭君初爲之辭矣是也 注云重賓禮也者謂不受于禰廟而受于祖廟是重之也 云祖王父也者賈疏云大夫三廟有別子者立大祖廟非別子者幷立曾祖廟王父即祖廟也今不受于大祖廟及曾祖廟而受于祖廟以其諸侯受於大祖廟大

夫下君故受於王父廟

下大夫擯無士擯者旣接於君所急見之

疏正義曰校勘記云夫唐石經作大誤〇前主君接賓有卿爲上擯大夫爲承擯士爲紹擯此則但使下大夫爲擯而已蓋禮簡於君也李氏云不必備士擯是也敖氏云下大夫擯公使爲之也盛氏云此與卿聘而用大夫爲上介之意同　注云無士擯者旣接於君所急見之者謂行聘享時卿已與賓相接故急見之吳氏疑義云注說曲而未當夫使禮果當有士擯豈得以急見之故并禮廢之今案吳說似是

擯者出請事大夫朝服迎于外門外再拜賓不荅拜揖大夫先入每門每曲揖及廟門大夫揖入

入者省內事也旣而俟於宁也

疏正義曰擯者下大夫也大夫卿也下同朝服如賓服也大夫亦有每門每曲揖者盛氏云大夫三廟茲受於祖廟祖廟在大祖廟之東南則自入都宮之門之後又多東行一曲也王氏士讓云案大夫二門入大門東曲又北曲而至都宮門然後及廟門賈疏仍主廟制一列之說誤今案公迎聘賓在大門內大夫迎賓在大門外故有大門外之揖經云揖大夫先入是也入大門後又有每門之揖者謂至大門內北行有揖

及至都宮門又揖也苒曲之說王氏得之盛說亦可存參注云入者省內事也旣而俟於宁也者賈疏云省內事請入爲席是也宁門屋宁也不俟於庭者下君也爾雅門屛之閒謂之宁李巡謂正門內兩塾閒名曰宁孫炎謂門內屛外人君視朝所佇立處今案大夫無屛則宁當卽謂正門內兩塾閒也詩齊風俟我于著乎而孫炎云著與宁音義同然則卿大夫士亦得通稱宁矣蓋公揖入立於中庭不復出此則揖入省內事後復出而俟於兩塾之閒故賈以爲下君也

擯者請命亦從入而出請不几筵辟君也疏正義曰校勘記云注几徐本作几誤云亦從入而出請者謂擯者從卿入而後出請命也賈疏云亦者亦君受聘時云不几筵辟君也者詳前几筵旣設下敖氏謂君使尊不敢設神位以臨之義可存參

庭實設四皮麋鹿皮也

賓奉束帛入三揖皆行至于階讓皆猶竝也古文曰三讓疏正義曰校勘記云注三讓徐本三作二誤通解集釋俱作三○詳前歸饔餼節

賓升一等大夫從升堂北面聽命賓先升使者尊疏正義曰注云賓先升使者尊者使者卽賓言使則見其奉君命來也李氏云尊聘君之命是也

賓東面

致命致其君命**大夫降階西再拜稽首賓辭升成拜受幣堂中西北面**於堂中央之西受幣趨聘君之命疏正義曰上賓致命爲致其君命故此降拜稽首如見聘君然**賓降出大夫降授老幣無儐**不儐賓辭君也疏正義曰校勘記云儐唐石經徐陳閩葛集釋通解楊敖俱作擯注同今亦從毛本作儐義詳於前○李氏云案卿受問之儀與賓受饔餼禮同惟在君側不儐賓爲異耳○以上賓問卿下乃言面卿之事**擯者出請事賓面如覿幣**面亦見也其謂之面威儀質也疏正義曰賓私覿用束錦　乘馬此云面如覿幣則亦用束錦乘馬也　注云面亦見也者前賓奉束錦以請覿注覿見也故此云亦敖氏云聘使私見於主君曰覿於大夫曰面蓋異其稱以別尊卑也云其謂之面威儀質也者以覿儀繁面則儀簡耳鄭散文覿亦稱面詳前賓覿下**賓奉幣庭實從**庭實四馬疏正義曰吳氏章句云庭實不先設辟君**入門右大夫辭**大夫於賓入自階下辭迎之疏正義曰辭者辭其入門右也鄭知階下辭者賈疏云以其授老幣時降故也敖氏云於中庭南面辭之褚氏云

階下太遠敖是也賈又云知迎者下文揖讓如初明迎之可知

賓遂左見私事也雖敵賓猶謙入門右爲若降等然曲禮曰客若降等則就主人之階主人固辭於客然後客復就西階

疏正義曰校勘記云注固辭徐陳通解固俱作興　云見私事也雖敵賓猶謙入門右爲若降等然者敖氏云賓與大夫爵敵乃若降等然者不敢自同於奉命之禮也今案引曲禮者證降等之法此賓先入門右因大夫辭而遂左與降等之客先就主人之階因主人辭而復就西階略同故云若降等然也

庭實設揖讓如初大夫至庭中旋竝行

疏正義曰揖讓如初者謂如問卿時三揖皆行至于階讓亦不成三也義詳前　注云大夫至庭中旋竝行者褚氏云注意必俟賓入始從階至中庭與之竝行亦嫌自尊敖謂主人至入門右之位揖賓而皆行理較勝

大夫升一等賓從之大夫先升道賓

疏正義曰前賓奉君命問卿故賓先升此則大夫先升者行體敵之禮先升爲道賓也

大夫西面賓稱面稱舉也舉相見之辭以相接

疏正義曰賓稱面致面見之辭也敖氏云稱面不言東鄉可知也

大夫對北面當楣再拜受幣于楹閒南面退

西面立受幣楹閒敵也賓亦振幣進北面授疏正義曰大夫對荅其稱面之辭也退西面立俟賓拜送也敖氏云不稽首別於聘君之命也不言受馬之儀如覿可知　注云受幣楹閒敵也者前受幣堂中西注以爲趨君命此受于楹閒是行敵禮也楹閒堂東西之中也賓當楣再拜送幣降出大夫降授老幣

右賓問卿面卿

擯者出請事上介特面幣如覿介奉幣特面者異於主君士介不從而入也君尊衆介始覿不自別也上賓則衆介皆從之疏正義曰幣如覿亦束錦儷皮也介奉幣介卽上介也下同　注云特面者異於主君士介不從而入也者前覿主君時上介及士介同奉幣請覿此上介特面卿士介不從而入是異於見主君也云君尊衆介始覿不自別也者高氏愈云君尊故上介與衆介同時而覿若臣之覿君也今案云始覿者謂前覿君時擯者辭後上介乃奉幣先覿其初則上介衆介同入門右奠幣再拜不自分別也云上賓則衆介

皆從之者前賓問卿面卿時介皆從入因經無文故注補之李氏云上賓面卿亦從介如覿介統於賓也盛氏云特面之義有二一是不與衆介同執幣而入異於見主君也一是不以衆介自隨下於賓也○案上介面卿貶于賓者有三焦氏以恕云賓問卿與私面衆介皆從今上介特面士介不從其貶損者一也賓私面入門右大夫卽辭賓亦不果奠幣今上介入門右旣奠幣再拜大夫乃辭其貶損者二也賓當楣再拜送幣今上介降拜大夫降辭而後介升再拜送幣其貶損者三也

皮二人贊亦儷皮也疏正義曰贊義詳前私覿節

入門右奠幣再拜降等也疏正義曰賈疏云言降等者主人是卿上介是大夫故入門右不敢自同賓客敖氏云介奠幣贊者亦奠皮出

大夫辭於辭上介則出

擯者反幣出還於上介也疏正義曰不言反皮者皮從幣出可知

庭實設介奉幣入大夫揖讓如初大夫亦先升一等今文曰入設疏正義曰經云入者入門左也注云大夫亦先升一等者前賓面卿時大夫升一等賓從之故知此亦大夫先升也因經未言升故補之云今文曰入設者胡氏承珙云案上文賓面卿云庭實設揖讓如初不云入設鄭以

彼涘此故從古文**介升大夫再拜受**亦於楹閒南面而受疏正義曰注亦於楹閒毛本於誤作如云亦於楹閒南面而受者前賓私面時大夫受幣於楹閒南面此受幣亦然故云亦也敖氏云介於卿雖降一等然同爲大夫故受於堂上亦得在楹閒也**介降拜大夫降辭介升再拜送幣**介旣送幣降出也大夫亦授老幣疏正義曰此注補經所未備也但大夫降辭後仍升敖氏云降拜者貶於卿大夫旣辭則揖而先升西面介升拜於西階上北面也補言大夫之升亦密○以上上介特面下乃言衆介面卿也

擯者出請衆介面如覿幣入門右奠幣皆再拜大夫辭介逆出擯者執上幣出禮請受賓辭賓亦爲士介辭疏正義曰如覿幣各玉錦束也于士介亦親辭辟君也蔡氏云餘大約與其覿君同注云賓亦爲士介辭者前士介覿君時擯者執上幣以出禮請受賓辭者注以爲士介賤不敢辭賓爲之辭故知此亦然也**大夫答再拜擯者執上幣立于門中以相拜士介皆辟老受擯者幣于中庭士三**

入坐取羣幣以從之疏正義曰老受擯者幣于中庭亦受以東也○盛氏云賓奉其君之命問主國卿因而私面故其禮特恭上介士介本非卿之敵體則其因是而加恭也固宜然其異於覿主君者經文歷歷可考惟士介與卿尊卑懸隔故其私面之儀幾與覿君相似而奠幣再拜不稽首卿不使擯者辭而自辭又其初不與上介俱入亦足以見其隆殺之辨矣郝氏乃謂卿所以待之者無以異於主君何其弗思甚邪擯者出請事賓出大夫送于外門外再拜賓不顧不顧言去疏正義曰盛氏云賓亦告事畢乃出擯者入告大夫乃送也擯者退大夫拜辱拜送也疏正義曰敖氏云拜辱謝其屈辱而相己也方氏苞云擯者下大夫也以同僚而共己之私事故拜其辱今案下使者歸介送至使者之門乃退使者拜其辱與此義同　注云拜送也者敖氏云此拜亦兼拜辱拜送二義經蓋以其所主者立文也

右介面卿

下大夫嘗使至者幣及之嘗使至己國則以幣問之也君子不忘舊疏正義曰注云嘗

使至己國則以幣問之也者謂下大夫嘗以使事至聘賓之國則問及之賈疏云諸侯有三卿五大夫三卿皆以幣及之其五大夫或作介或特行至彼國者乃以幣及之略於三卿故也今案儀禮釋官云諸侯下大夫五人謂三卿下佐事者其餘大夫尚多不止五人說詳孔仲達曾子問疏云君子不忘舊者以嘗使至其國卽有故舊之誼故問必及之示不忘舊也

上介朝服三介問下大夫下大夫如卿受幣之禮上介三介下大夫使之禮也疏正義曰高氏愈云下大夫賓不親問而使上介問之取其爵之相稱也止三介者降于賓也　注云上介三介下大夫使之禮也者下經云小聘曰問其禮如爲介三介是下大夫出使之禮也吳氏章句云此三介卽賓之士介也

其面如賓面于卿之禮疏正義曰張氏爾岐云旣致公幣而又私面也今案如賓面于卿之禮者如其禮耳庭實則用儷皮士介不面略也

右問下大夫

大夫若不見有故也疏正義曰此大夫兼卿大夫言下使大夫同　注云有故也者謂因有故而

不見也有故如疾病居喪及出使在外之類皆是也

君使大夫各以其爵爲之受如主人受幣禮不拜各以其爵主人卿也則使卿大夫也則使大夫大夫不拜代受之耳不當主人禮也

疏 正義曰賓以聘君之命來問大夫不可虛其君命故君使人代爲之受也盛氏云經惟云受幣則不私面可知 注云各以其爵主人卿也則使卿大夫也則使大夫者代之必以同班稱也云不拜代受之耳不當主人禮也者謂不敢以主人自居也褚氏云所謂拜即上經聽命後降階西再拜稽首升成拜是也此則不可代之故不拜敖氏謂并揖讓之節亦無未然今案經云如主人受幣禮則凡禮皆如主人唯不拜爲異耳褚說是也

右大夫代受幣

夕夫人使下大夫韋弁歸禮夕問卿之夕也使下大夫下君也君使之云夫人者以致辭當稱寡小君

疏 正義曰自此至賓拜禮于朝言主君夫人歸禮于賓與上介○聘享兼及大夫故於歸饔餼之明日夫人亦歸禮焉韋弁與卿歸饔餼同服吳氏章句云此即周禮酒正所謂致飲於賓客之禮也 注云夕問卿

之夕也者下記云明日問大夫夕夫人歸禮是也敖氏以夕爲不敢與君同時郝氏以夫人禮從陰盛氏則謂此一日之內禮節繁多賓即館容有至暮者于是言夕見其不以暮廢事亟歸禮也今案盛說較長云使下大夫下君也者此與夫人使下大夫勞賓同爲下于君君則使卿也云君使之云夫人者以致辭當稱寡小君者賈疏云案隱二年傳何休注云禮婦人無外事明知此使下大夫歸禮者是君使之可知而稱夫人使者以致辭于賓客時當稱寡小君故稱夫人使下大夫其實君使之也

堂上籩豆六設于戶東西上二以竝東陳籩豆六者下君禮也臣設于戶東又辟饌位也其設脯其南醢屈六籩六豆【疏】正義曰戶東室戶東也西上變于君饌東上也西上故東陳二以竝同東陳則與君饌異方氏苞云聘使卿也而六豆六籩六壺與掌客夫人致禮子男同大國之卿當小國之君周制也○注設于戶東上嚴本及各本俱有臣字集釋無據賈疏似亦無臣字吳氏疑義臣作陳張氏惠言云臣當作豆今案經但云設于戶東則臣字疑衍玄從集釋　云籩豆六者下君禮也者君歸饔餼堂上八豆此六是殺于君禮也云設于戶東又辟饌位也者君歸饔餼設于戶西此于戶東是又

辟君饌位也云其設脯其南醢屈者姜氏兆錫云經不言籩豆所設注未識何據豈有六籩但用一脯六豆但用一醢之理邪几經云薦脯醢者約詞耳豈以是而誤邪焦氏以恕云君歸饔餼經云非菹其南醓醢屈省文不全故鄭放此而云云其設脯者謂六籩設之于北其南醢者謂醢以下之六豆以次相閒交屈而設蓋舉其一端以概全文醢非直謂一脯一醢可知今案鄭此注未詳當以敖說爲正敖氏云此六豆六籩皆宜用朝事者而各去其末之二其設之之序則豆皆在西籩繼之而東案醢人朝事八豆巳詳前依敖說去其末之二則六者韭菹醓醢昌本麋臡菁菹鹿臡也至周禮籩人朝事之籩爲麷蕡白黑形鹽膴鮑魚鱐八者依敖說去其末之二則當是麷蕡至膴六籩而無鮑魚與鱐較爲的實又凡設饌皆以豆爲本則謂豆在西而籩在東其設亦確據經文二以並則是六豆分爲三列六籩亦分爲三列以次向東直陳之經無屈文固不必以屈言耳云六籩六豆者鄭恐人疑籩豆六爲籩豆各三故著之也韋氏協夢云君歸饔餼堂上惟有八豆而無籩此六豆六籩者君有簠簋鉶而又有西夾東夾之供夫人無此數者故堂上設六豆減於君也加以六籩亦厚待賓之意也

壺設于東序北上二以並

南陳酸黍清皆兩壺酸白酒也凡酒稻爲上黍次之粱次之皆有清白以黍閒清白者互相備明三酒六壺也先言酸白酒尊先設之 疏 正義曰敖氏云設于東序北上亦統於豆 注云凡酒稻爲上黍次之粱次之者敖氏云葢據內則三醴之次言之也云皆有清白內則曰酒清白鄭注目諸酒也是酒有清白云以黍閒清白者互相備明三酒六壺也先言酸白酒尊先設之者賈疏云酸白也上言白明黍粱皆有白下言清明稻黍亦有清故也於清白中言黍明酸即是稻清即是粱故言互相備也三酒旣有清白二色故言六壺必先言酸者以白酒尊重故先設之也今案經云酸黍清皆兩壺謂稻酒黍酒粱酒皆有清白兩壺是六壺也注釋經極簡明李氏云上介四壺知此六壺秦氏蕙田云六壺盛三酒爲三行稻冣北黍次之粱在南又次之每行白酒在西清酒在東竝陳惠氏棟云漢律曰稻米一斗得酒一斗爲上尊稷米一斗得酒一斗爲中尊粟米一斗得酒一斗爲下尊顏師古曰稷即粟也中尊宜爲黍米不當言稷葢據此注而言**大夫以束帛致之**致夫人命也此禮無牢下朝君也 疏 正義曰敖氏云飧不致此殺於飧乃致者葢主君以設飧爲差輕而夫人以歸禮爲特重所以

異也。注云「此禮無牢，下朝君也」者，周禮掌客上公之禮夫人致禮八壺、八豆、八籩，膳大牢，矦伯以下亦皆有牢。彼君來朝有牢，此卿來聘無牢，是下於來朝之君也。

賓如受饗之禮，儐之乘馬束錦。

疏 正義曰：云如者，亦大略言之，不盡同也。○以上歸禮于賓。

上介四豆、四籩、四壺，受之如賓禮，儐之兩馬束錦。四壺無稻酒也。不致牢，下於君也。

疏 正義曰：注云「四壺無稻酒也」者，上歸禮于賓稻黍粱皆有清白兩壺，此去稻酒之兩壺，故四壺也。敖氏以四壺爲去粱酒，經無明文，義亦可通。敖氏又云四豆者去菁菹、鹿臡，四籩者去形鹽、膴，皆從下去之也。此于上介當亦使下大夫歸之，禮窮則同也。云「不致牢，下於君也」者，謂君歸饔餼有牢，夫人歸禮于賓與上介無牢，是下君也。不及士介，禮又殺也。○以上歸禮于上介。

明日，賓拜禮于朝。於是乃言賓拜，明介從拜也。今文禮爲醴。

疏 正義曰：注云「於是乃言賓拜，明介從拜也」者，謂賓之拜禮不言於儐之乘馬束錦之下，而言于此，明上介亦從拜可知。云「今文禮爲醴」者，詳冠禮「禮于阼下」。

右夫人歸禮賓介

大夫餼賓大牢米八筐其陳於門外黍粱各二筐稷四筐二以竝南陳無稻牲陳於後東上不饌於堂庭辟君也【疏】正義曰自此至牽羊以致之言主國大夫餼賓介之事○高氏愈云聘君於大夫有陳皮東帛之問故大夫於賓亦有大牢八筐之餼今案賓礿以君幣問而又以私幣面介及衆介皆面故大夫之致禮於賓介者亦隆也　注云其陳於門外黍粱各二筐稷四筐二以竝南陳無稻者前君餼士介牢米皆設於門外此無入門之文故知亦陳於門外也君歸賓饔餼米百筥設于中庭十以爲列北上黍粱稻皆二行稷四行據下記云凡餼大夫黍粱稷則無稻矣故知此八筐爲黍粱各二筐稷四筐也二以竝南陳則黍二筐在北粱二筐次之稷四筐分爲二列每列二筐以次向南陳之亦北上矣筐竹器詩毛傳云方曰筐據下記筐容五斛敖氏云君餼賓米百筥筥半斛此米入筐筐五斛以量言之則八筐者殺於君米二筐也所以下之今案君餼賓米用四種大夫用三種君用筥筥器小而多大夫用筐器大而寡亦所以爲差降也云牲陳於後東上者前士介四人皆餼大牢米百筥注云米

設當門又云牢在其南西上此陳於後蓋亦在米南也彼注西上禇氏以爲東上之訛義詳彼云不饌於堂庭辟君也者前君歸賓饔餼餼二牢米百筥皆設于門內堂下之庭此陳于門外是辟君也○賈疏云案掌客鄰國之君來朝卿皆見以羔膳大牢侯伯子男膳特牛彼又無筐米此侯伯之臣得用大牢有筐米者彼爲君禮此是臣禮各自爲差降不得以彼難此

賓迎再拜老牽牛以致之賓再拜稽首受老退賓再拜送老室老大夫之貴臣疏正義曰敖氏云賓出門左西面拜迎聽命老東面致命賓還北面拜乃適老右受此使老致之者大夫之臣老爲尊也賓于老乃拜迎之亦重其爲使也大夫不親餼者以其禮輕不欲煩賓也蔡氏云再拜稽首受者以大夫向者稽首受其君命而因其禮也　注云老室老大夫之貴臣者喪服傳曰公卿大夫室老士貴臣其餘皆衆臣也注室老家相也士邑宰也是室老與士皆大夫之貴臣餘詳士昏喪服諸篇

上介亦如之衆介皆少牢米六筐皆士牽羊以致之米六筐者又無粱也士亦大夫之貴臣疏正義曰上介亦如之者敖氏云牢米亦如賓餼以其具不可得而殺故也

今案少牢有羊豕而無牛故牽羊以致　注云米六筐者又無粱也者上八筐無稻此六筐又無粱皆去其加者也敖氏云米六筐蓋黍粱稷各二筐也經無正文說可並存焉云士亦大夫之貴臣者詳上敖氏云於賓上介使老於衆介使士所使者雖賤亦不可以無所別也

右大夫餼賓介

公于賓壹食再饗　饗謂亨大牢以飲賓也公食大夫禮曰設洗如饗則饗與食互相先後也古文壹皆爲一　今文饗皆爲鄉　疏　正義曰自此至致食以侑幣言主國君臣於賓介食饗燕賜之數及不親食饗之禮

○壹食再饗賈疏以爲五等諸侯使卿大聘之禮似矣據掌客天子待子男一食一饗而諸侯使於聘卿再饗已多於君賈疏雖以君臣各自爲禮解之但以此爲侯伯之卿之禮則上公之卿當又有加不更多乎聘禮一篇主侯伯之卿言而亦有通五等言之者此類是也凡待賓之禮有三饗也食也燕也儀禮有燕禮及公食大夫禮而無饗禮近諸氏錦作饗禮補亾一篇未明備也攷春秋內外傳諸侯之臣出聘主國饗之燕之者甚多食禮亦閒行焉此則古

禮之尚存者爾　注云饗謂享大牢以飲賓也者食禮主於飯有牲無酒饗則牲酒皆有故云享大牢以飲賓也公食禮陳鼎七用大牢則饗亦用大牢可知左傳享有體薦是其證也云公食大夫禮曰設洗如饗則饗與食互相先後也者鄭見此文先言食後言饗而公食禮曰如饗則饗在前可知故云互相先後也敖氏云案注云互相先後謂食居二饗之閒也今案周禮大行人掌客皆先言饗後言食敖說或得鄭意歟云古文壹皆爲一詳士冠禮今文饗皆爲鄉者胡氏承珙云說文亯作亯云獻也从高省曰象進孰物形孝經曰祭則鬼亯之凡亯之屬皆从亯又饗云鄉人飲酒也从食从鄉鄉亦聲二字古多通用故周禮禮記饗燕字多作饗左傳則多作享此注云今文饗皆爲鄉而公食禮注又云古文饗或作鄉者則皆因饗而偕鄭所不從

燕與羞俶獻無常數羞謂禽羞鴈鶩之屬成熟煎和也俶始也始獻四時新物聘義所謂時賜無常數由恩意也古文俶作淑　疏　正義曰饗食有定數燕無定數燕禮略輕於饗食也賈疏云周禮掌客上公三燕侯伯再燕子男一燕此臣無常數者亦是君臣各爲禮不得相決　注云羞謂禽羞鴈鶩之屬成熟煎和也者案下記以禽羞俶獻連言故知此羞謂禽羞也但禽羞

與宰夫所歸之乘禽異彼是未烹孰者此是已成熟煎和之物而注同以鴈鶩之屬解之似少分别吳氏疑義云禽羞當爲內則鶉鷃之屬或然云假始也者爾雅釋詁文云始獻四時新物者下記注云假獻四時珍美新物也假始也言其始可獻也聘義曰燕與時賜無數謂此云由恩意也者謂由恩意有厚薄故無常數也葉氏夢得云饔以訓恭儉故至於再燕與時賜以示慈惠故無數云古文假作淑者假是正字淑是假借字說文淑水清湛也古文假淑爲假鄭所不從

賓介皆明日拜于朝

疏　正義曰明日饗食燕之明日也王氏紃解云賓于發去之日乃三拜乘禽于朝則此之拜賜爲拜饗食燕也上文羞假獻經連類及之耳敖氏云上惟見賓禮乃言介拜似非其次蓋此文宜在下句之下也盛氏云饗賓食賓之時介皆與焉而燕又以介爲賓則其從拜可知上歸饔餼章亦言拜賜於介禮之上是其例矣今案敖以爲失次非也

上介壹食壹饗

饗食賓介爲介從饗獻矣復特饗之客之也

疏　正義曰此特食饗上介也壹饗殺於賓也不言燕者盛氏云燕賓之時賓爲苟敬上介爲賓是亦足以伸其敬矣故不特燕之今案不及士介微也　注云復特饗之客之也者謂饗食賓之時介已從

與饗獻矣此復特饗之是客禮待之也賈疏云下記大夫來使無罪饗之其介爲介故知介從饗也**若不親食使大夫各以其爵朝服致之以侑幣如致饔無儐**君不親食謂有疾及他故也必致之不廢其禮也致之必使同班敵者易以相親敬也致禮於卿使卿致禮於大夫使大夫非必命數也無儐以己本宂往古文侑皆作宥【疏】正義曰大夫兼上下大夫言侑幣侑食之幣詳下公親食有侑幣不親食故使人以侑幣致之於賓館也如致饔謂如致饔餼之禮但無儐爲異耳　注云君不親食謂有疾及他故也者賈疏云他故之中兼及有哀慘敖氏云若不親食之文雖主於君然賓有故而不及往者其禮亦存焉張氏爾岐云他故謂奺喪及使者聘而誤或大客繼至之屬案聘禮喪主人畢歸禮賓唯饔餼之受謂有奺喪而致饗與食則賓不受之餘皆可受也云致禮於卿使卿致禮於大夫使大夫者所謂各以其爵也云非必命數也者張氏云周禮典命大國小國卿大夫命數不同此所使致禮但取爵同耳不計命數也云無儐以己本宂往者張氏云食禮賓當往君所受禮無儐使者之法今雖使人致禮以賓本宂赴爾故仍無儐也云古文侑皆作宥者惠氏士奇云古

有宥坐之器亦謂置器於坐以詔侑人也今案莊十八年左傳云王享醴命之宥杜注飲宴則命以幣物宥助也是宥與侑通侑正字宥古文假借字

致饗以酬幣亦如之

酬幣饗禮酬賓勸酒之幣也所用未聞也禮幣束帛乘馬亦不是過也禮器曰琥璜爵蓋天子酬諸侯

【疏】正義曰上言不親食之禮此言不親饗之禮也其致之以酬幣而其儀節一與致食同　注云禮幣束帛乘馬亦不是過也者既言所用未聞而又言此蓋以酬幣雖無正文但主君禮賓及歸饔餼俱用束帛乘馬則其幣亦不得過是耳云禮器曰琥璜爵蓋天子酬諸侯者彼注云琥璜爵者天子酬諸侯諸侯相酬以此玉將幣也與此注略同鄭引之者見酬幣用玉乃天子諸侯之禮非饗聘使所得用爾三禮札記云禮記孔疏引崔氏云諸侯貴者以琥賤者以璜因言公侯用琥伯子男用璜賈疏則謂公侯伯用琥子男用璜不同者蓋皆以意言之也陳氏禮書云食有侑食故有侑幣饗有酬爵故有酬幣儀禮公食大夫侑以束帛而庭實以皮大夫相食以束錦此食有侑幣也聘禮公于賓若不親食使大夫致之以侑幣致饗以酬幣亦如之大夫于賓若不親饗則公作大夫致之以酬幣致食以侑幣士昏禮舅饗送者以一獻之禮酬以束

錦姑饗婦人送者酬以束錦春秋之時虢公晉侯朝王王饗醴命之宥皆賜玉五穀馬三匹秦后子享晉侯歸取酬幣終事入反魯侯享范獻子莊叔執幣此饗有酬幣也禮器曰琥璜爵又王饗虢公晉侯皆賜玉五穀是天子饗諸侯諸侯相饗酬幣用玉也諸侯食大夫大夫相食以皮帛與錦則侑幣固有差矣酬幣亦謂之侑侑幣不謂之酬故春秋傳享醴皆曰宥以侑者勸酬之通稱也禮經釋例云凡食賓以幣曰侑幣飲賓以幣曰酬幣案公食大夫禮賓三飯後公受宰夫束帛以侑擯者進相幣賓降辭幣升聽命再拜稽首受幣公壹拜賓降也公再拜介逆出賓北面揖執庭實以出公降立上介受賓幣從者訝受皮然後賓復入門左升堂卒食此侑幣也士冠禮醴賓以壹獻之禮主人酬賓束帛儷皮注飲賓客而從之以財貨曰酬所以申暢厚意也束帛十端也儷皮兩鹿皮也此酬幣也儷皮即庭實醴賓而有束帛庭實者較飲酒之禮爲盛也士昏禮舅饗送者以一獻之禮酬以束錦注爵至酬賓又從之以束錦此饗禮但云束錦不云庭實者蓋昏禮之饗殺於天子諸侯故也又云饗禮篇亾禮經可考者唯士昏及聘禮數語而已左傳王饗醴命之宥皆賜玉五穀馬三匹饗謂饗禮醴謂醴賓馬者蓋謂饗及醴賓之庭實故聘禮醴

賓亦云賓執左馬以出也杜注以爲行饗禮先置醴酒恐誤今案陳氏禮書謂燕亦有酬幣詳燕禮

大夫於賓壹饗壹食上介若食若饗若不親饗則公作大夫致之以酬幣致食以侑幣作使也大夫有故君必使其同爵者爲之致之列國之賓來榮辱之事君臣同

【疏】正義曰高氏愈云大夫於賓復行饗食之禮君之所厚者臣亦不敢薄也吳氏章句云上介若食若饗二者用其一又殺也今案致食以侑幣亦謂不親食者也　注云作使也大夫有故君必使其同爵者爲之致之者經但云作大夫未言各以其爵故注補之敖氏云酬幣侑幣皆用束錦亦有庭實此致之以大夫不嫌與君同者公作之故也今案國語晉羊舌肸聘于周單靖公享之又左傳叔孫穆子食慶封慶封汎祭是大夫相饗食之禮春秋時猶有存也賈疏云昭二年左傳韓宣子來聘宴于季氏傳無譏文明鄰國大夫亦有相燕之法

右主國君臣饗食賓介之禮

君使卿皮弁還玉于館玉圭也君子於玉比德焉以之聘重禮也還之者德不可取於人相

切厲之義也皮弁者始以此服受之不敢不終也【疏】正義曰：自此至賓送不拜，言主君使卿詣賓館還玉及賄與禮之事。○使卿者，亦欲與賓齊相敵也。注云「玉，圭也」者，此玉即圭璋也。云「君子於玉比德焉」者，聘義文。云「以之聘，重禮也；還之者，德不可取於人，相切厲之義也」者，案聘義曰：「以圭璋聘，重禮也；已聘而還圭璋，此輕財而重禮之義也。諸侯相厲以輕財重禮，則民作讓矣。」鄭此注大略本此，而又以德爲己所自有，不可取之於人，故還之以示相切厲之意，此從比德於玉上生出一義也。敖氏云：「還玉，即還摯之義。」亦通。云「皮弁者，始以此服受之，不敢不終也」者，案受之謂受此玉，初時行聘享以皮弁服受，故今仍以皮弁服還也。

賓皮弁襲，迎于外門外，不拜，帥大夫以入。迎之不拜，示將去，不純爲主也。帥，道也。古文曰迎于門外，古文帥爲率。【疏】正義曰：賓襲，爲將受玉敬也。大夫，即卿也，亦襲。敖氏云：「帥以入，則是不揖之也。」注云「迎之不拜，示將去，不純爲主也」者，賓在館如主人，上歸饔餼時，賓拜迎，是純爲主也。此不拜，故云示將去不純爲主。敖氏云：「禮不主于己，故不拜。」江氏筠云：「此不純爲主，非以將去之故，以其圭爲君物，非己所得而主也。璋亦然，故還璋如初入。其賄與禮亦皆是代君受者故皆如還玉禮記言君不見使大夫受之儀自聽命以迄降階悉與此同足以明之矣蓋此之送迎不拜者猶之奉使不荅拜之義敖氏謂禮不主于己者得之云帥道也及古文帥爲率詳前云今文曰迎于門外者案下記云卿館于大夫大夫有二門外門卽大門也上歸饔餼云賓皮弁迎大夫于外門外此今文門上無外字故鄭不從

大夫升自西階鉤楹鉤楹由楹內將南面致命致命不東面以賓在下也必言鉤楹者賓在下嫌楹外也疏正義曰注賓在下嫌楹外也校勘記云在陳本誤作佐　云鉤楹由楹內將南面致命者謂由楹西轉而之楹北乃東行至堂中南面致命也云致命不東面以賓在下也者上歸饔餼時大夫東面致命此不東面而南面以賓在堂下故也云必言鉤楹者賓在下嫌楹外也者以賓在堂下嫌由楹外致之故必言鉤楹以見其入堂㴱也

賓自碑內聽命升自西階自左南面受圭退負右房而立聽命於下敬也自左南面右大夫且竝受也必竝受者若鄉君前耳退爲大夫降逡遁今文或曰由自西階無南面疏正義曰朱子云君使卿還玉于館賓退負右房而立賓故館於大夫也則大夫亦有右序矣敖氏說

同今案下記若君不見使大夫受之禮亦云負右房而立則大夫廟寢之制與諸侯同可知賈疏乃云於正客館故有右房萬氏斯大云曾子問有言卿大夫之家曰私館公館與公所爲曰公館賈疏因謂此負右房或不在大夫廟而於正客館故有右房意若以舍於大夫則不當有右房也予謂古者諸侯之邦交不一所以待客者當必非一處而古者上下之等威甚辨所以待國君與待外臣者當必不從同卽令舍聘賓于公館亦必大夫之館而非諸侯之館也在此經明言館于大夫乃因有右房而指之爲諸侯之公館可乎且賓之去也釋皮帛于館堂賓不致主人不拜若公館當稱館人豈得稱主人乎褚氏云大夫之廟而有右房則士亦有可知賈以此爲正客館蓋欲迴護注意而爲之辭郎云客館亦因其本宦有者而制之也案此二條駁賈正客館之說甚精蓋東房西室乃燕寢之制其正寢與廟則自上及下皆有左右房也說詳士昏禮及公食大夫禮○注鄉戴校集釋改曏

云聽命於下敬也者上歸饔餼時賓從升堂北面聽命是聽命於堂上也此云自碑內則在堂下矣故云敬也碑內碑北也褚氏云不云階閒而云碑內近碑可知注云敬也勝敖氏君命不主于己之說遠甚云自左南面右大夫且並受也者謂賓在大夫

之左，大夫在賓之右，南面並受也。敖氏云：「升自西階，非受玉之正主也。亦鉤楹，由大夫之後，乃自左受之。二人俱代君行禮，故皆不北面。」是也。云「必並受者，若鄉君前耳」者，賈疏云：「謂于本國君前受圭璋時，北面並受。今還南面並受，面位不同，並受不異，故云若鄉者在君前受耳。」云「退爲大夫降逡遁」者，逡遁是解退意。前行聘時「賓三退，負序」，注云「三退，三逡遁也」，是也。但賓之逡遁，以受圭愼重之故，負右房則在堂之西北而南面矣。立者，俟大夫降乃降也。注以爲爲大夫降而逡遁，恐非。云「今文或曰由自西階，無南面」者，胡氏承珙云：「案自卽由也，言自則不必言由。凡授受之禮，相鄉者謂之訝授受，同面者謂之並授受。曲禮『鄉與客並，然後受』，鄭云『于堂上則俱南面，禮敵者並受』。士昏禮『納采，授鴈于楹閒，南面』，注云『並受也』。今文無南面，卽並受之義不明，故鄭俱從古文。」

大夫降中庭。賓降自碑內，東面授上介于阼階東。大夫降出，言中庭者，爲賓降節也。授於阼階東者，欲親見賈人藏之也。

賓還阼階下，西面立。

疏　正義曰：注云「大夫降出，言中庭者，爲賓降節也」者，大夫降則出矣，非止於中庭也。乃言降中庭者，蓋爲賓降節耳。敖氏云：「大夫降而至於中庭，賓乃發于負右房之位而降，是以之爲節也褚氏云必言自碑內者見由西階降也盛氏云此章兩言自碑內一言中庭見其升降皆不由堂塗也此賓與大夫皆代君行禮不敢以賓主自居故異於常法歟云授於阼階東者欲親見賈人藏之也者儀禮凡受藏者皆在東賓自碑內至阼階東授上介上介又轉授之賈人斯時賈人蓋在阼階東故云欲親見其藏之也云賓還阼階下西面立者賈疏云以其賓在館如主人在階下西面立是其常處敖氏則云旣授上介則復立於中庭今案敖說亦可存參立者待還璋也○敖氏云司儀職曰還圭如將幣之儀謂君親還之也則其禮皆與此異矣

上介出請賓迎大夫還璋如初入

出請請事於外以入告也賓雖將去出入猶東唯升堂由西階凡介之位未有改也

疏正義曰敖氏云如初入者自帥入以至授介皆如之也還璋爲夫人還之注云賓雖將去出入猶東唯升堂由西階者凡主人之義出入由闑東升堂由阼階鄭以此賓將去不純爲主唯升堂由西階而出入仍由東是以升自西階爲將去之故也敖氏解上文升自西階云非受玉之正主也則以爲辟正主之故江氏筠謂敖說得之又謂升不由阼猶之宰夫待君爲獻主而升降自西階之義其比例亦精云凡介之位未有改

也者謂介猶往東方不改故上文云授上介于阼階東也**賓裼迎大夫賄用束紡**賄予人財之言也紡紡絲爲之今之縳也所以遺聘君可以爲衣服相厚之至也

疏正義曰敖氏云裼者巳受聘玉則復其常也大夫于賓裼亦裼亦上介出請入告乃迎之盛氏云于是言裼則還璋之時尙襲矣所謂圭璋特而襲也○注今之縳也校勘記云縳釋文作縭云劉音須一本作縳息絹反案說文白鮮色也居椽反聲類以爲今正絹字戴震曰周禮內司服注素沙者今之白縳也釋文劉音絹聲類以爲今作絹字此獨作縭縭乃繻之俗體繻因有須音然與周禮音義刺謬以聲類證之音絹是也須乃絹之訛以周禮證之作縳縳是也釋文訛而爲縭案注宜作縳不宜作縭此說是也劉于此注亦作縳而音絹耳釋文誤讀劉音遂誤改注字監本作縳亦誤今案說文縳从糸專聲段氏注云聲類以縳爲今正絹字案據許則縳與絹各物音近而義殊二禮之鄭注自謂縳不謂絹也縳以其質堅名之字从專絹以色如麥稍名之字从肙李登作聲類時巳失其傳矣相厚之至也校勘記云徐陳通解敖氏俱無也字集釋楊氏俱有按賈有也字　云賄予人財之言也者按爾雅釋言云賄財也又一切經音義引通俗文云財帛

曰賄故鄭以賄爲予人財也云紡紡絲爲之者說文紡紡絲也段氏注云各本作網絲誤絲之紡猶布帛之績緝也今案絲以紡而成故謂之紡詩斯干載弄之瓦毛傳瓦紡專也說文專一曰紡專專與甎同卽紡絲之具矣云今之縛也者周之紡卽漢之縛故舉以示人也云所以遺聘君可以爲衣服相厚之至也者鄭以此爲遺聘君而或又以爲賄聘賓惟敖氏云賄禮主于荅其聘盛氏云賄主君所以報聘也其說是矣蓋玉帛乘皮以報享而報聘但用束紡似乎物薄然聘以圭璋已聘還之主君于聘一無所受而又不可恝然已也故用束紡以致其勤綣之意注所謂厚之至也此在還玉之後故知爲報聘之物若以爲賄聘賓則當在公使卿贈如覲幣之下非其次矣呂氏春秋云宋有澄子者亾緇衣求之塗見婦人衣緇衣曰子不如速與我我所亾者紡緇也今之衣禪緇也以禪緇當紡緇子豈不得哉此束紡可爲衣服之證而紡與禪對則亦可見其爲繒之厚者矣

禮玉束帛乘皮皆如還玉禮禮禮聘君也所以報享也亦言玉璧可知也今文禮皆作醴

【疏】正義曰敖氏云不言迎大夫文又省皆者皆賄與禮玉也禮玉之庭實不在如中是亦大槩言之耳今案賄以報聘禮以報享更端故須出迎

褚氏謂兩事實一事無庸再迎非也若是一事則經當云如還玉禮不必言皆矣李氏云卿不報聘君之幣尊卑不敵　注云禮禮聘君也者謂主君以此物禮聘君也云所以報享也者聘君來享用束帛加璧有乘皮爲庭實主君皆受之故此一一報之周禮司儀職曰凡諸侯之交各稱其邦而爲之幣以其幣爲之禮是也云亦言玉璧可知也者上還玉爲圭璋此當爲璧琮之屬乃亦言玉者以其享用璧則報亦用璧可知云今文禮皆作醴者謂禮玉及還玉禮之禮今文皆作醴也此以形涉而誤故鄭不從詳冠禮禮于阼下

大夫出賓送不拜 正義曰送不拜與迎不拜意同

右還玉及賄禮

卷十七終

儀禮正義卷十八　　鄭氏注

績溪胡培翬學

公館賓爲賓將去親存送之厚殷勤且謝聘君之意也公朝服〔疏〕正義曰自此至賓退言明日賓將發君往拜賓賓來請命之事○敖氏云館者就其館之稱也張氏爾岐云館賓者拜賓於館也　注云爲賓將去親存送之云云此釋所以至賓館之由也謝聘君之意卽下拜聘享等是也云公朝服者前行聘享于廟主相尊敬故服皮弁此館賓禮輕故知朝服也

賓辟不敢受主國君見己於此館也此亦不見言辟者君在廟門敬也凡君有事於諸臣之家車造廟門乃下〔疏〕正義曰校勘記云注不敢受下徐本集釋通解楊氏俱有主字諸臣之家諸下徐本通解俱有侯字張曰疏無侯侯字從疏○云不敢受主國君見己於此館也者主國君尊故不敢受其見己之禮云此亦不見言辟者君在廟門敬也者前賓卽館卿大夫勞賓賓不見此亦與彼同乃變文言辟者以其君在廟門故不敢言不見而言辟以致其敬也敖氏云不敢辭不敢見若隱辟然故經以之爲稱此辟字義與上文所云者異

云凡君有事於諸臣之家車造廟門乃下者賓館於大夫
廟大夫家有大門入大門乃至廟門凡君至臣家車造廟
門乃下亦尊卑之體宜然也曲禮曰客車不
入大門爲同等言之也敖氏以爲外門非 **上介聽命** 聽
命
於廟門中西面如相拜然也擯者每贊
君辭則曰敢不承命告于寡君之老 疏 正義曰周禮司
儀職曰公館客
客辭介受命謂此又言遂送者卽下所云送賓也賓辭而
使上介聽命亦猶卿大夫勞賓賓不見而使上介受雁也
注云聽命於廟門中西面如相拜然也者前覿時受士
介幣公荅再拜擯者出立于門中以相拜此聽命在門中
與相拜同知西面者君如賓禮東面介西面向之可知云
擯者每贊君辭則曰敢不承命告于寡君之老者擯是君
之擯者君尊不自出辭故擯者贊之每一辭出則上介荅
以敢不承命告于寡君之老也賓稱寡君之老者玉藻曰
上大夫曰下臣擯者曰寡君之老鄭注擯者之辭主謂見
於他國君孔疏此上大夫出使他國在於賓館主國致禮
上大夫此擯者稱大夫爲賓君之老雖以擯爲文其實謂
介接主君之時辭亦當然擯介通也孔疏蓋據此經言之
然則玉藻之擯者
卽此經之上介矣 **聘享夫人之聘享問大夫送賓公皆再**

拜拜此四事公東面拜擯者北面【疏】正義曰高氏愈云君與夫人有聘享大夫有問禮意厚矣主君不能往拜於其國故特於館賓拜之送賓者館賓之後公自此不復見賓故特拜送之也　注云拜此四事者君之聘享一也夫人之聘享二也問卿及嘗使至彼國之下大夫三也送賓四也張氏惠言云案記擯者贊辭是公毎一事再拜張蒿菴以擯者歷舉四事而君拜之則似君總再拜非矣今案經云公皆再拜言皆則是毎事拜之明矣張氏惠言説是也

公退賓從請命于朝賓從者實爲拜主君之館己也言請命者以己不見不敢庰尊者之意【疏】正義曰注意言此公退而賓從之至朝賓爲拜主君之館己也乃言請命者以己不見不敢庰尊者之意故須請命而後拜也周禮司儀曰客從拜辱於朝與此言請命不同者盛氏云此賓拜辱而其辭則曰請命謙也周禮緣其意而此則據其辭所以異耳

公辭賓退辭其拜也退還館裝駕爲旦將發也周禮曰賓從拜辱於朝明日客拜禮賜遂行【疏】正義曰校勘記云注遂行下徐本有之字今案周禮原文無之字　云辭其拜也者謂辭賓之拜也然據周禮云拜辱則賓已實拜可知云退還館裝駕爲旦將發也者裝駕謂束裝整駕也云周禮曰

客從拜辱於朝明日客拜禮賜遂行者皆司儀職文此引以爲且將發之證也明日拜辱之明日也彼注云禮賜謂乘禽詳下

右公館賓賓請命

賓三拜乘禽于朝訝聽之發去乃拜乘禽明己受賜大小無不識 疏 正義曰自此至送至于竟言賓行主君贈送之禮○乘禽詳下記張氏爾岐云他賜皆即拜于朝唯日歸乘禽不勝其拜故於發時總三拜之今案訝主國所使待事於賓客者亦詳於下記聽之者賓拜于朝君不親見訝爲之入告出報周禮掌訝職曰至于朝詔其位入復又曰詔相其事而掌其治令是也○注乘字校勘記云陳本通解俱誤作承己字張氏曰監本己作巳從諸本今案此爲人己之己不當作巳　云發去乃拜乘禽明己受賜大小無不識者乘禽微矣猶必拜之況大者乎然必發去乃拜者見己之受賜大小無不識於心也**遂行舍于郊**始發且宿近郊自展軨 疏 正義曰注云始發且宿近郊者敖氏云爲當與主國爲禮於此也云自展軨者曲禮曰君車將駕則僕執

策立於馬前已駕僕展軨鄭注展軨具視孔疏舊解云軨車欄也駕竟僕則從車軨左右四面看視之上至於欄也盧氏云軨轄頭轊也皇氏謂軨是轄頭盧言是也一則車行由轄二則欄之笭字不作車邊爲之鄭云具視謂徧視之今案彼是君禮故僕展軨此卿大夫則自展軨也

公使卿贈如覿幣贈送也所以好送之也言如覿幣見爲反報也今文公爲君【疏】正義曰敖氏云出郊而後贈亦異於荅君之節也褚氏云至此始贈賓見前之東紡專遺聘君　注云贈送也所以好送之也者贈是以物送行之名既夕注亦云贈送也此臨行而有贈所以致二國之好左傳曰出有贈賄謂此云言如覿幣見爲反報也者敖氏云如覿幣帛用束也其庭實亦存焉今案贈如覿幣則不言反報而反報之意見焉云今文公爲君者胡氏承珙云公與君本爲通稱於義無別經文固無定例此節古文作公故鄭不復易之

受于舍門外如受勞禮無儐不入無儐明去而空有已也如受勞禮以贈勞同節【疏】正義曰勞禮受于舍門內又儐勞者此經云受于舍門外無儐皆是著其異於勞者爾其受幣之禮蓋與受勞同也　注云不入無儐明去而空有已也者此皆對勞言之勞在門內贈在門外是

不入門也已止也即禮有終之意云如受勞禮以贈勞同節者賓禮以郊勞始以贈賄終且俱在近郊故云贈勞同節左傳每云自郊勞至于贈賄以此**使下大夫贈上介亦如之使士贈衆介如其覿幣大夫親贈如其面幣無儐贈上介亦如之使人贈衆介如其面幣士送至于竟**疏正義曰上使卿贈賓此使下大夫贈上介使士贈衆介亦各以其爵也敖氏云大夫親贈賓上介而使人贈衆介以其降等也亦爲褻者不親受今案周禮訝士中士爲之此送至于竟之士疑即訝士詳前君使士請事下

右賓行主國贈送

使者歸及郊請反命郊近郊也告郊人使請反命於君也必請之者以己久在外嫌有罪惡不可以入春秋時鄭伯惡其大夫高克使之將兵逐而不納此蓋請而不得入疏正義曰自此至拜其辱言使者反命之事○校勘記云注使請反命於君也請字陳缺右畔監本直作言嫌有罪惡嫌徐本作言誤使之將兵釋文

無兵字云一本作使之將兵兵則後加字案據公羊本文無兵字陸說是逐而不納逐要義作遂云一本遂作逐監本作遂張口鄭伯於高克不召使歸而已非逐也遂者謂遂其將兵之事而終不召也於義爲得從監本案何休云隨後逐之則當作逐明矣張說殊迂　注云郊近郊也者此使者歸而及本國之郊也初時受命遂行舍於此故知爲近郊也云告郊人使請反命於君也者反命猶復命也郊人疑卽郊遂之官高克事見閔二年公羊傳鄭引以證有罪惡不可以入故又申之云此蓋請而不得入者鄭旁通傳記而爲之說也其實自外而歸請而後入亦禮之常吳氏疑義云反命必請臣禮如此蓋臣無突然見君之理故必先請也

朝服載旜行時稅舍於此郊今還至此正其故行服以俟君命敬也古文旜作膳

疏 正義曰注正其二字校勘記云陳氏本倒　云行時稅舍於此郊今還至此正其故行服以俟君命敬也者行時至郊脫朝服服深衣今還至此去深衣仍服朝服是正其故行服也必朝服者以俟君命卽入見君故云敬也褚氏云敖謂及郊乃載旜者出時受命至此而斂歸時反命至此而載亦其節也知此則知朝服稅舍之節矣又云於及郊始朝服亦見在道服深衣也云古文旜作膳詳前

禳

乃入禳祭名也爲行道累歷不祥禳之以除災凶疏正義曰注云禳祭名者案經云禳乃入明是行禳祭乃入故知爲祭名也云爲行道累歷不祥禳之以除災凶者說文禳磔禳祀除厲殃也周禮小祝注禳禳卻凶咎令案禳訓除又訓卻卻亦祓除之意故云禳之以除災凶此云乃入乃入謂入國也下云乃入謂入朝也乃入陳幣于朝西上上賓之公幣私幣皆陳上介公幣陳他介皆否皆否者公幣私幣皆不陳此幣使者及介所得於彼國君卿大夫之贈賜也其或陳或不陳詳尊而略卑也其陳之及卿大夫處者待之如夕幣其禮於君者不陳上賓使者公幣君之賜也私幣卿大夫之幣也他介士介也言他容衆從者疏正義曰前夕幣在寢門外朝此陳幣當亦在寢門外治朝也褚氏云西上放謂賓公幣在西私幣次而東上介幣又次之三者又以所得先後爲序是也

注云皆否者公幣私幣皆不陳者謂士介之公幣私幣皆不陳又降於上介上介之公幣陳而私幣不陳也然據下注士介之幣亦載以造朝但不陳不告耳云此幣使者及介所得於彼國君卿大夫之贈賜也者謂此幣皆彼國君臣所贈賜故陳之以爲榮也云其或陳或不陳詳尊而略卑

也者謂賓之幣公私皆陳上介惟陳公幣士介之幣則公私皆不陳是於尊者詳之卑者略之也云其陳之及卿大夫處者待之如夕幣者謂此幣陳之之法如夕幣也又夕幣時卿大夫在幕東西面北上乃處者之位此時卿大夫處者在位待之亦如夕幣也云其禮於君者不陳者張氏爾岐云禮於君者謂賄用束紡禮玉束帛乘皮不陳之者以使者將親執以告云上賓使者謂經所云上賓即使者也云公幣君所賜也私幣卿大夫之幣也者案君所賜之幣以郊勞始以郊贈終卿大夫之幣如飧饗郊贈之類經皆可考賈疏一一臚陳而多舛錯朱子嘗糾其誤今不備錄焉

束帛各加其庭實皮左不加於其皮上榮其多也【疏】正義曰注云不加於其皮上榮其多也者注意以經云皮左明皮在束帛之左是不加於其上矣不加於其皮上葢不令相掩蔽以見其多也敖氏云上經云陳皮北首此皮左皮上左也故云加今案皮即庭實據經云束帛各加其庭實則在皮上矣敖說似亦可從惟謂皮各重累陳之則非庭實不皆用皮亦有用馬者此言皮左謂庭實若用皮則加於左皮上與夕幣一耳焦氏以恕云案此禮見於經者凡三夕幣也展幣也反命陳幣也夕幣云皮北首西上加其奉于左皮上展幣云陳皮

北首西上又拭璧展之會諸其幣加于左皮上此陳幣云束帛各加其庭實皮左西爲上者皮上左也則三處竝同可知

公南鄉亦宰告於君君乃朝服出門左南鄉 疏 正義曰注云亦者亦夕幣時也此陳幣禮與夕幣略同故鄭據彼言之出門謂出寢門也

卿進使者使者執圭垂繅北面上介執璋屈繅立于其左此主於反命士介亦隨入竝立東上 疏 正義曰上介執璋屈繅不垂以事未至詳前宰執圭屈繅自公左授使者下吳氏疑義云玉藻曰執圭玉襲是執圭必襲此亦當如聘時襲文不具耳賈疏以爲賓執圭裼非

注云此主於反命士介亦隨入竝立東上者前將行受命於朝時君使卿進使者使者入及衆介隨入北面東上此反命當與受命同故知士介亦隨入竝立東上也經略故注補之

反命曰以君命聘于某君某君受幣于某宮某君再拜以享某君某君再拜君亦揖使者進之乃進反命也某君某國君也某宮若言桓宮僖宮也某君再拜謂再拜受也必言此者明彼君敬君己不辱命 疏 正義曰校勘記云注某國名也名集釋敖氏俱作君字案作君是謂再拜三字陳閩

監葛本通解俱脫君己二字閩監葛本集釋俱倒云君亦揖使者進之乃進反命者前受命于朝時使者入君揖使者進之注進之者有命宜相近也故知此反命時君亦揖使者進之使者乃進反命也云某君某國君也者若鄭君齊君之類云某宮若言桓宮僖宮也者春秋時魯有桓宮僖宮故舉以爲證云必言此者此字指某君再拜言云明彼君敬君己不辱命者以奉命往他國行聘享禮而其君再拜受之其敬吾君如是則己之不辱君命可見矣

宰自公左受玉亦於使者之東同面竝受也不右使者由便也【疏】正義曰注云亦於使者之東同面竝受也者前受命于朝時宰執圭屈繅自公左授使者使者受圭同面注宰就使者北面竝受之案公南面左爲東宰自公左授使者是在使者之東此自公左受玉明亦於使者之東同面受之云不右使者由便也者凡授受之禮授由其右受由其左則授者宜在受者之右今宰在使者之東是不右使者也故注以爲由便賈謂因東藏之便其實宰及使者面位反命與受命皆同惟受命時玉由宰授使者反命時玉由使者授宰故有不同不必以常禮拘也

受上介璋致命亦如之變反言致者若云非君命也致命曰以君命聘於某君夫人某

君再拜以享於某君夫人某君再拜不言受幣於某宮可知略之 疏 正義曰張氏爾岐云受上介璋賓受之也賓受璋當亦垂繅而致命 今案亦如之者謂其儀節與反命同宰亦自公左受玉也 注云變反言致者若云非君命也者聘於鄰國夫人當受命於夫人但婦人無外事亦君命之今不言反命而言致命若本非君命猶夫人之命然故變反言致也此賈疏之說敖氏則謂致命與反命同王氏士讓云於君言反命此言致命亦所以明別似王說是致命當有辭經未言故注依上經推而補之云不言受幣於某宮可知略之者聘享君與聘享夫人受幣同處不言可知故略之也

執賄幣以告曰某君使某子賄授宰 某子若言高子國子凡使者所當以告君者上介取以授之賄幣在外也 疏 正義曰此亦賓執之以告也賄幣東紡也鄰君所以報聘者故先執以告公告後亦授宰藏之 注云某子若言高子國子者某謂賄者姓氏也春秋時齊有高子國子爲貴卿而見於經傳故舉以爲證云凡使者所當以告君者上介取以授之者謂使者所當執以告君者皆上介取以授之不獨璋由上介授也云賄幣在外也者上注云其禮於君者不陳此賄幣是禮於君者不在陳幣之列故知在外

也

禮玉亦如之亦執束帛加璧也告曰某君使某子禮宰受之士隨自後左士介受乘皮如初上介出取玉束帛士

疏正義曰注士介從取皮也毛本從作後介從取皮也校勘記云徐本集釋俱作從通解作後案通解於疏仍作從則注中後字偶誤耳今本遂從之謬矣云亦執束帛加璧也者經云亦如之謂亦執以告公且授宰也禮禮玉即上經禮玉束帛乘皮也言禮玉者省文耳彼注云禮禮聘君也所以報享也亦言玉璧可知也是禮玉即束帛加璧矣此亦禮於君者故執以告公與賄幣同云告曰某君使某子禮者亦倣上經言之也云宰受之士隨自後左士介受乘皮如初者乘皮以爲庭實玉束帛宰受之乘皮則士介受之也必知自後左士介受者前行享時士受皮者自後右客注云從東方來由客後西居其左受皮也此亦然故云如初也云上介出取玉束帛士介從取皮也者章氏平云案此注上介出取與上經注賄幣在外上介取以授賓同但因上有左士介受乘皮語故復本士介取皮之節言之謂上介出取幣士介亦從而取皮故士得左士介受也

執禮幣以盡言賜禮禮幣主國君初禮賓之幣也以盡言賜禮謂自此至於贈

疏正義曰禮玉以上皆其禮於君者此則使者所

得幣也故至此始言之必執幣者若以實其言也注云以禮幣主國君初禮賓之幣也者初禮賓則郊勞幣也云盡言賜禮謂自此至於贈者張氏爾岐云自郊勞至贈行八度禮賓皆有幣執郊勞之幣而歷舉其全以告也今案由勞至贈幣不勝執故執初以該終也

公曰然而不善乎 善其能使於四方而猶女也

疏 正義曰然字斷句注女與汝通

授上介幣再拜稽首公荅再拜 授上介幣當拜公言也不授宰者當復陳之

疏 正義曰注云授上介幣當拜公言也者謂公言稱善使者當拜之故以幣授上介而再拜稽首也云不授宰者當復陳之者謂上介受幣當復陳於故處此是入己之物與君物異故不授宰也

私幣不告 亦略卑也

疏 正義曰注云亦略卑也者賓之私幣雖陳而不告以其非彼國君尊者之賜故略之云亦者亦前乃入陳幣于朝節注云詳尊而略卑也

君勞之再拜稽首君荅再拜 勞之以道路勤苦

若有獻則曰某君之賜也 言此物某君之所賜予爲惠者也其所獻雖珍異不言某爲彼君服御物謙也其大夫出反必獻忠孝也

疏 正義曰獻獻於己君也若者有無不定之辭曲禮曰

大夫私行出疆反必有獻禮與此異某君之賜也明其物所自來此及下君其以賜乎皆是獻於君之辭注云言此物某君之所賜予爲惠者也既云賜予爲惠明非常賜可知稱某氏云此所獻乃公幣外加賜之物秦氏蕙田云有獻謂彼國之君於常賜外別有賜予故獻之於君敖氏以爲賄禮中之物則是彼國所以遺主君者非賓之私物詎可云獻乎今案諸説是也云其所獻雖珍異不言某爲彼君服御物謙也者若言某物爲彼君服御物則是誇其美矣故不言是謙也云其大夫出反必獻忠孝也者獻而謂之忠孝亦謂其有燮君敬君之心云爾

君其以賜乎

不必其當君也獻不拜者爲君之荅己也

疏 正義曰注云不必其當君也者言未必可當君用或其以爲賜下之需乎不敢質言君受也云獻不拜者爲君之荅己也者郊特牲曰大夫有獻弗親君有賜不面拜爲君之荅己也玉藻曰凡獻於君大夫使宰又曰大夫不親拜爲君之荅己也此二條皆言弗親獻之義此親獻而不拜亦是爲恐煩君之荅己蓋君於士不荅拜於大夫則必荅拜也

上介徒以公賜告如上賓之禮

徒謂空手不執其幣

疏 正義曰敖氏云徒以告下賓也如如其盡言賜禮

君勞之再

拜稽首君苔拜勞士介亦如之士介四人旅苔壹拜又賤也〔疏〕正義曰君勞之勞上介也勞士介亦如之亦再拜稽首君苔拜也注云士介四人旅苔壹拜又賤也者謂又賤於上介也褚氏云於使者言苔再拜於上介不言苔再拜而言苔拜則一拜可知於士介言亦如之則旅苔一拜可知注皆依經立訓敖氏謂君苔士介皆再拜是欲破注而先倍經矣前士介覿而主君苔再拜以其爲介也案褚說極明析賈疏云案曲禮君於士不苔拜此君苔拜士者以其新行反命而勞之故異於常也

君使宰賜使者幣使者再拜稽首以所陳幣賜之也禮臣子人賜之而必獻之君父不敢自私服也君父因以予之則拜受之如更受賜也旣拜宰以上幣授之〔疏〕正義曰校勘記云注不敢自私服也敖氏云服字恐誤案服字敖改作之云以所陳幣賜之也者所陳幣卽上經云上賓之公幣私幣皆陳者本是彼國賜使者之物故仍賜之也云君父因以予之則拜受之如更受賜也者案內則曰婦或賜之衣服則受而獻諸舅姑若反賜之則辭不得命如更受賜鄭蓋本此爲說然則不敢自私者臣之禮因以予之者君之惠也方氏苞云昭四年左傳杜洩曰夫子聘于王王賜

之路復命而致之君君不敢逆王命而復賜之王賜且然則鄰國之賜必待君之復賜宜也云旣拜宰以上幣授之者案上幣當是上等之幣宰不能偏授故以上幣授之其餘則有司授之也盛氏云公不荅拜者以其惠不出於己也荅之嫌於己賜

賜介介皆再拜稽首士介之幣皆載以造朝不陳之耳與上介同受賜命俱拜旣拜宰亦以上幣授上介疏正義曰注士介之幣校勘記云士陳本誤作上○李氏云至此不別上介知與士介同拜賜

乃退君揖入皆出去疏正義曰注云君揖入皆出去者謂君揖入使介皆退去也必知君揖入者據前受命時公揖入言之敖氏以爲君後入非也

介皆送至于使者之門將行俟於門反又送於門與尊長出入之禮也疏正義曰注云將行俟於門者即前出聘之日上介及衆介俟於使者之門外是也

乃退揖揖別也疏正義曰上乃退使介皆退朝也此乃退揖介退去揖辭使者也

使者拜其辱隨謝之也再拜上介三拜士介疏正義曰注云隨謝之也者謂謝其屈辱而副己出使也與前大夫拜辱意同云隨者謂於門外揖別時即拜謝之也或以隨謝爲至介家拜之誤矣云再拜上介三拜士介者以次

差之上介尊當再拜士介卑當人各一拜也注云三拜似可疑若以爲總三拜之則多於上介之再拜矣若人各一拜則士介四人又不當言三也

右使者反命

釋幣于門門大門也主於闑布席於闑西閾外東面設洗於門外東方其餘如初於禰時出於行入於門不兩告告所先見也疏正義曰自此至亦如之言使還禮門與禰之事○郝氏敬云釋幣于門使者自禮其家門也注云門大門也者賈疏云以其從外來先至大門即禮門神故知門是大門也云主於闑布席於闑西閾外東面設洗於門外東方者主於闑謂設主於門闑也據蔡邕獨斷祀門設主於門左樞未知孰是布席於闑西閾外據特牲筮席而言李氏云特牲設筮席西面此東面者神位在西也洗當東榮故門外設之亦于東方云其餘如初於禰時者謂初行釋幣于禰時也如之者如其祝告及釋幣埋幣之事云出於行入於門不兩告告所先見也者出時先見行入時先見門故於所先見者告之不兩告也敖氏云行爲道路之始出則禮之門爲內外之限入則禮之也

乃至于禰筵几于室薦脯醢告反也薦進也疏正義曰入門乃即至于禰廟者象生時反必面也筵几于室亦有司設之也薦脯醢明無牲牢也　注云告反也者謂告禰以使反也薦進也爾雅釋詁文

觴酒陳主人酌進奠一獻也言陳者將復有次也先薦後酌祭禮也行釋幣反釋奠略出謹入也疏正義曰觴爵屬也云酒見其無玄酒也全經酌稱觴者一唯此　注云主人酌進奠一獻也者謂主人酌酒進奠是一獻也盛氏謂此節爲陳設之事注以主人初獻釋之誤案下云席于阼是酢主人矣豈有未獻而先酢乎盛說非云言陳者將復有次也者李氏云不言奠而曰陳者陳者次第之言并後再獻三獻俱列之云先薦後酌祭禮也者凡燕飲之法皆先獻而後薦此先薦而後奠是祭禮與飲酒之法異云行釋幣反釋奠略出謹入也者行時迫促故但釋幣以告之反則行奠祭之禮具觴酒籩豆故云略出謹入也

席于阼爲酢主人也酢主人者祝取爵酌不酢於室異於祭疏正義曰注云爲酢主人也者阼是主人之位故即席于阼爲酢主人也云酢主人者祝取爵酌者以無尸故主人自酢祝爲酌也言取爵者明取別爵無尸爵也云不酢於室異於祭者案特牲少牢皆於室內受

酢此不於室而於阼是與正祭之禮異也敖氏云設酢席于阼變於祭且爲將與從者爲禮於堂也

薦脯醢成酢禮也[疏]正義曰此脯醢爲主人薦也薦之以成酢禮也無俎不殺也

三獻室老亞獻士三獻也每獻奠輒取爵酌主人自酢也[疏]正義曰注云室老亞獻士三獻也者室老家相士邑宰皆大夫之家臣盛氏云正祭以主人主婦賓長爲三獻今主婦不與而取室老士者以其爲從行之貴臣故助主人釋奠也今案歸饔餼云賓降授老幣是大夫有老與士從行矣云每獻奠輒取爵酌主人自酢也者褚氏云主人自酢也句似贅張氏爾岐言當以輒取爵酌主人爲句自酢也爲句言室老士酌主人因自酢也如此則頗似特牲少牢致爵主人之意亦通今案主人二字疑衍正祭每獻訖尸酢之此無尸故皆自酢但主人自酢已詳上注此言每獻奠輒取爵酌自酢者指亞獻三獻言之也不當有主人二字賈疏舉前包後之說固爲迂曲張說亦未旳當敖氏云亞獻三獻皆不薦也主人初獻而酢于阼則亞獻三獻者皆酢於西階上矣

一人舉爵三獻禮成更起酒也主人奠之未舉也[疏]正義曰注云三獻禮成更起酒也者上三獻禮成欲獻從者故更起酒以爲行酬之始禮經釋例云凡一人舉

觶爲旅酬始案鄉飲酒禮主人獻衆賓畢一人洗升舉觶于賓注一人主人之吏發酒端曰舉鄉射亦然此一人舉爵與彼一人舉觶略同云主人賓之未舉也者賈疏云以其下文云獻從者乃云行酬似鄉飲鄉射一人舉觶未舉待獻介衆賓後乃行酬也**獻從者**從者家臣從行者也主人獻之勞之也皆升飲酒於西階上不使人獻之辟國君也疏正義曰注云從者家臣從行者則是凡從行之人皆得與於獻不特室老士已也云主人獻之勞之也者高氏愈云從者雖以國事出然風塵委頓亦已勞矣故特獻之并行酬以息之云皆升飲酒於西階上者案特牲禮獻衆賓及兄弟之等皆升飲於階上故此獻從者亦升飲於西階上可知**行酬乃出**主人舉賓酬從者下辯室老亦與焉也疏正義曰乃出出廟門也敖氏以此爲飲至之禮褚氏云歸而告反禮之常也與飲至禮各別楚子重伐吳歸而飲至乃自誇其功耳注云主人舉賓酬從者下辯者賓即上賓而未舉之爵辯猶偏也言自貴臣以至衆臣凡從行者酬之無不偏也云室老亦與焉也者恐人疑室老備亞獻或不與於酬故特明之不言士者賈疏云文不具亦與可知**上介至亦如之**疏正義曰至至其家也亦如之亦如其禮門

奠禰也李氏云士之初行不釋幣故反亦不告祭今案出而告行歸而告反事親之禮人子所同或士介位卑無釋幣奠祭之儀故略而不書耳

右使還禮門奠禰

聘遭喪入竟則遂也遭喪主國君薨也入竟則遂國君以國爲體士旣請事已入竟矣關人未告則反　疏　正義曰自此至卒殯乃歸皆聘者遭喪之禮或所聘國君薨及夫人世子喪或出聘後本國君薨或聘賓有私喪或賓死及介死凡四節案文六年左傳曰季文子將聘于晉使求遭喪之禮以行卽謂此也　注云遭喪主國君薨也者以下更云遭夫人世子之喪故知此遭喪爲君薨也云入竟則遂國君以國爲體者案遂謂遂行聘事以國爲體公羊傳文言已至國則不可以已也云士旣請事已入竟矣關人未告則反者此申言入竟未入竟之別也上經云君使士請事遂以入竟是士旣請事則已入竟也上經又云及竟乃謁關人關人問從者幾人當以告君若未告則是未入竟聘使可反也

不郊勞子未君也　疏　正義曰注云子未君也者案春秋經文入

年天王崩九年毛伯來求金公羊傳曰何以不稱使當喪未君也案郊勞當稱君使子未君無使之者故不郊勞也敖氏云聘不主於嗣君使人郊勞則嫌致命不於廟就尸柩於殯宮又不神之者筵几所以依神若設之是以神道待之矣故李氏云殯宮不筵几未忍異於生是也敖氏謂此亦受於廟盛氏云此必受於殯宮者有二義一則大夫方爲君持服不可以入廟攝行禮二則所聘者故君也雖薨而聘君之命不可以不達故就殯宮致命焉在使者爲不廢命在主國爲不奺其君也敖說非江氏筠云賓必就尸柩者猶之聘君薨歸復命於殯之義其必致命殯宮者猶之賓未將命奺以棺造朝之義方氏觀承云案下文特著夫人世子之喪君使大夫受於廟之文則此國君之喪可知不受於廟也今案盛氏江氏發明受於殯宮之義甚精方氏以夫人世子喪證之尤確敖說斷不可從

也不郊勞則夫人亦不使下大夫勞矣

不筵几

廟就尸柩於殯宮又不神之

疏 正義曰注云致命不於廟就尸柩於殯宮者賈疏云聘爲兩君相好今君薨當就尸柩故不就祖廟也褚氏云君薨則廟皆無主故不受於廟而於殯宮云又不神之者筵几所以依神若設之是以神道待之矣故李氏云殯宮不筵几未忍異於生是也敖氏謂此亦受於廟盛氏云此必受於殯宮者有二義一則大夫方爲君持服不可以入廟攝行禮二則所聘者故君也雖薨而聘君之命不可以不達故就殯宮致命焉在使者爲不廢命在主國爲不奺其君也敖說非江氏筠云賓必就尸柩者猶之聘君薨歸復命於殯之義其必致命殯宮者猶之賓未將命奺以棺造朝之義方氏觀承云案下文特著夫人世子之喪君使大夫受於廟之文則此國君之喪可知不受於廟也今案盛氏江氏發明受於殯宮之義甚精方氏以夫人世子喪證之尤確敖說斷不可從

不禮賓

喪降事也

疏 正義曰平時行聘享訖則以醴酒禮賓今因君薨而不禮賓故注云喪降事也蓋君薨而子未君

君使大夫受亦非正主故不行禮賓之禮耳**主人畢歸禮**賓所飲食不可廢也禮謂饔餼饗食【疏】正義曰注賓所飲食校勘記云所集釋作於 云賓所飲食不可廢也者謂賓所飲食之需不可廢缺故悉以歸之見不以我喪而略待賓之禮也云禮謂饔餼饗食者據下文云賓唯饔餼之受則所歸不止饔餼已矣饗食有使人致之之法故知歸禮中兼有饗食不言燕者據上經燕無致之之法故也**賓唯饔餼之受**受正不受加也【疏】正義曰周禮掌客職曰遭主國之喪不受饗食受牲禮據云不受饗食則饗食亦在歸禮中可知又云受牲禮者即受饔餼也彼注云牲當為腥有喪不忍煎亨正禮飧饔餼當熟者腥致之也據此注則飧亦致之受之矣上注 不言飧者敖氏云受饔餼則飧亦受可知飧饔餼之細也 注云受正不受加也者饔餼是正禮日夕所必需故受之饗食乃主國所以加禮於賓者今主國有喪雖致之亦不受也**不賄不禮玉不贈**喪殺禮為之不備【疏】正義曰賄即賄用束紡禮玉即上所云禮玉束帛乘皮贈即使者至郊使卿贈如覿幣者敖氏云賄與禮玉主君以報聘君者也今主君㷀難乎其為辭故闕之贈者所以荅私覿遭喪則不覿故主國亦不贈

注云喪殺禮爲之不備者卽掌客所云凡禮賓客札喪殺禮是據大槩言之不若敖說之細密

遭夫人世子之喪君不受使大夫受于廟其他如遭君喪

夫人世子死君爲喪主使大夫受聘禮不以凶接吉也其他謂禮所降

疏 正義曰於此云受于廟則上君喪不受於廟明矣聘本宜於廟受之夫人世子之喪則仍其常與君薨異也 注云夫人世子死君爲喪主者禮記服問曰君所主夫人妻大子適婦鄭注言妻見大夫以下亦爲此三人爲喪主也云使大夫受聘禮不以凶接吉也者爲喪主則其服重故不以凶接吉而使大夫受大夫於君之妻長子亦有服但較喪主爲輕故可接吉耳云其他謂禮所降者賈疏謂不禮以下不贈以上意謂君仍使人郊勞廟受仍設筵几也然其中亦尙有辨旣使大夫受聘禮則報聘之賄與禮玉自不可闕惟喪中不行私覿之禮則禮所降者不禮賓畢歸禮饗食弗親及不贈耳敖氏謂此大夫廟受之禮卽記所云者也盛氏云下記云若君不見使大夫受者謂君有疾及他哀慘之事非夫人世子喪之比也其受玉之儀雖同而服則異彼用皮弁服此用長衣練冠如下文所云也敖一之非今案盛氏之辨是也

遭喪將命于

大夫主人長衣練冠以受遭喪謂主國君薨夫人世子死也此三者皆大夫攝主人長衣素純布衣也去衰易冠不以純凶接純吉也吉時在裏爲中衣中衣長衣繼皆掩尺表之曰深衣純袂寸半耳君喪不言使大夫受子未君無使臣義也【疏】正義曰注不以純凶接純吉也以毛本誤必校勘記云徐陳閩葛集釋通解楊敖俱作以又云君喪不言使大夫受案賈無言字使毛誤作死　云遭喪謂主國君薨夫人世子死也此三者皆大夫攝主人者賈疏云此經總說上三人死主君不得受命故使將命于大夫主人即大夫故鄭云此三者皆大夫攝主人也李氏云更云遭喪不蒙上夫人世子之文知主國君薨亦使大夫受也吳氏章句云遭喪即上三者之喪此蓋以補上文所未及今案上未言將命及受之之服故總言以補之遭喪自兼三者之喪言敖氏專以爲君喪盛氏專以爲夫人世子喪皆非也惟孔氏廣森云遭喪將命于大夫者謂遭主國有喪而行問卿大夫之禮也主人即所問之卿大夫也雖遭喪不廢問卿大夫者使者之義無留其君之命也說可存參云長衣素純布衣也去衰易冠不以純凶接純吉也者案長衣以布爲之而純以素故云素純布衣也純謂緣之也練冠練布爲冠小祥所服也

臣爲君喪服斬衰爲夫人世子喪服齊衰是純凶之服矣聘是純吉之事今去衰衰䘵而易以長衣練冠是不以純凶接純吉也襍記大夫筮宅史練冠長衣以筮亦是權制此服以接吉耳彼注謂長衣練冠爲純凶服者乃對下占者朝服言之此對斬衰齊衰言則非純凶矣云吉時在裏爲中衣中衣長衣繼皆掩尺表之曰深衣純袂寸半耳者此因長衣而分別三者之制也案鄭禮記深衣目錄云深衣連衣裳而純之以采者素純曰長衣有表則謂之中衣與此注相發明蓋長衣中衣深衣三者皆用十五升布連衣裳爲之而長衣之所以異於中衣者長衣衣在外中衣衣在裏也長衣之所以異於深衣者長衣純以素深衣純以采也長衣又有與中衣同者繼皆掩尺玉藻曰長中繼掩尺鄭注其爲長衣中衣則繼袂掩一尺蓋今褎矣是也長衣又有與深衣同者二者皆服之於外此注云表之曰深衣是也純袂寸半深衣篇文蓋深衣不爲繼掩尺之制但緣其袂口寸半而已此其與長中異者也深衣爲諸侯大夫士夕服又爲庶人吉服其制具詳禮記深衣及江氏永深衣考誤云君喪不言使大夫受子未君無使臣義也者李氏云無使臣義者春秋武氏子來求賻不稱使天子當喪未君是也

右遭所聘國君喪及夫人世子喪

聘君若薨于後入竟則遂既接於主國君也疏正義曰敖氏云後謂使者既行之後也云入竟則遂是未入竟則反而奔喪矣今案入竟則遂者謂已入竟始聞本國君薨則遂行聘事也注云既接於主國君也者謂關人入告君使士請事是既接於主君矣此釋所以則遂之義也

赴者未至則哭于巷衰于館未至謂赴告主國君者也哭于巷者哭于巷門未可為位也衰于館未可以凶服出見人其聘享之事自若吉也今文赴作訃疏正義曰注云未至謂赴告主國君者也此言使者已得赴而其赴于主國君者猶未至也蓋本國有喪當急使人告使者俾未入竟而反故使者得先聞之云哭于巷哭于巷門未可為位也者李氏云君赴未至主國不敢專館為位而哭故哭于巷也曾子與客立於門側其徒之父死將出哭於巷敖氏云其哭也亦為位奔喪曰諸臣在他國為位而哭亦謂此時也盛氏云哭于巷別於私喪也巷哭則不為位可知奔喪所云赴者既至之禮也敖引之非今案敖說褚氏亦辨之云衰于館未可以凶服出見人者對下赴者至則衰而出

言之衰于館言但于館內著衰也云其聘享之事自若吉也者以其主國未得赴告則行聘享之事自與吉時同也云今文赴作計詳既夕記

受禮受饔餼也疏正義曰鄭知受禮爲受饔餼者以其饔餼是大禮主國所空致於賓者今赴未至主國不敢不受也然則飧亦受之矣

不受饗食亦不受加疏正義曰敖氏云不受饗食者以主君若饗食己己有君喪自不空往故雖歸之猶不受也　注云亦不受加者上經賓惟饔餼之受注云受正不受加也此亦以饗食爲加禮故不受耳

赴者至則衰而出禮爲鄰國闕於是可以凶服將事也疏正義曰吳氏章句云衰而出當以自館至朝言若入而行事則當長衣練冠與攝主同今案吳說是也長衣練冠雖非純凶服亦是凶服之類注凶服中包之矣賈疏謂正行聘享著吉服恐非　注云禮爲鄰國闕者襄二十三年左傳語張氏爾岐云謂鄰國有喪爲之徹樂也今案鄭引之者見鄰國哀樂一體之義云於是可以凶服將事也者言赴已至主國則可以凶服將事不服吉服也

唯稍受之稍稟食也疏正義曰注云稍稟食也者下記句而稍注同周禮內宰宮正廩人掌固所云稍食注皆以祿稟解之說文稍出物有漸也賈疏云以其稍

稍給之故謂米稟爲稍說文又云稟賜穀也是稟食乃米穀之類無牲牢可知中庸之旣稟亦是給以米者或以爲兼有肉食誤矣稟或作廩非周禮掌客職曰賓客有喪惟芻稍之受鄭注芻給牛馬稍人稟也此承上赴者至而云唯稍受之則稍外無一受矣即或赴至而歸饔餼亦唯受其米禾芻薪而已其牲鼎之屬必不受之蓋喪己君與喪鄰國之君有別也稍所以受之者以卿行旅從從者旣多稍不可闕爾○以上使者本國君薨在所聘國聞喪之事

歸執圭復命于殯升自西階不升堂復命于殯者臣子之於君父存亾同疏正義曰此以下言使者歸本國復命于殯之事也敖氏云亦衰而執圭也升自西階而不升堂告殯之禮然也是時上介亦執璋立于其左郝氏云升自西階在西階上也不升堂臣見君于堂下也今案敖氏謂衰而執圭是已襍也記曰執玉不麻是指行聘享時言之非謂歸而復命時也注云復命于殯者臣子之於君父存亾同者蓋不忍死其君故歸必於殯復命是事亾如存也

子即位不哭將有告請之事宜清靜也不言世子者君薨也諸臣待之亦皆如朝夕哭位疏正義曰注淨集釋作靜云將有告請之事宜清靜也者是釋所以不哭之義

告請之事，即謂下辭復命也。敖氏云子位在阼階上，不哭者，子臣同。云不言世子者，君薨也者，據經言子不言世子，故釋之。案襍記曰：君薨，大子號稱子。鄭引春秋葵丘之會宋襄公稱子以證之。孔疏案僖九年正月宋公御說卒，夏，公會宰周公、齊侯、宋子以下于葵丘，是宋襄公稱子。案公羊傳云：君存稱世子，君薨稱子某，旣葬稱子，踰年稱君。今宋襄公未葬父，當稱宋子某，而稱子者，鄭用左氏之義，未葬以前則稱子，旣葬以後踰年則稱君，故僖九年傳云：凡在喪，王曰小童，公侯曰子。是未葬爲在喪之稱也。云諸臣待之亦皆如朝夕哭位者，案奔喪曰：奔父之喪，在家丈夫婦人待之，皆如朝夕哭位，故知諸臣待之亦然。

辭復命如聘。自陳幣至於上介，以公賜告無勞。[疏]正義曰：注云自陳幣至於上介以公賜告者，謂自陳公幣以下，平時聘歸一一復命於君者，今亦一一復命於殯，故云辭復命如聘也。云無勞者，以勞出於君，今君薨，不可代君作勞辭，故知無勞也。

子臣皆哭。使者旣復命，子與羣臣皆哭。[疏]正義曰：臣謂羣臣在朝夕哭位者。此云子臣皆哭，則上不哭亦子臣同可知，敖說是也。皆哭者，痛君親之不親受也。

與介入，北鄉哭。北鄉哭，新至，別於朝夕。[疏]正義曰：與介入，此入當如入堂深之入謂稍前近殯耳賈疏云使者復命訖不見出文而言與介入者以其復命訖除去幣更與介前入近殯北鄉哭是也褚氏云復命不得親見君因鄉前哭尚非行奔喪禮故不就朝夕哭位哭訖出袒括髮以下乃行奔喪禮也敖氏謂復命後不哭出而復入乃哭恐無此情理葢誤解入爲入門耳　注云北鄉哭新至別於朝夕者案朝夕哭位在阼階下西面今在殯前北鄉以其新至故與朝夕哭位別也

出袒括髮悲哀變於外臣也

疏正義曰注云悲哀變於外者以其出而袒括髮是變於外與人子奔喪入門左升自西階殯東袒括髮異者臣之道然也

入門右即位踊從臣位自哭至踊如奔喪禮

疏正義曰注云從臣位者謂入門右即位就阼階下臣位也云自哭至踊如奔喪禮者案奔喪曰降堂東即位西鄉哭成踊此雖子禮其哭踊之節亦與彼同也李氏云春秋傳魯公孫歸父聘于晉還至笙聞君薨家遣壇帷復命于介旣復命袒括髮即位哭三踊而出遂奔齊君子善之

右出聘後本國君薨

若有私喪則哭于館衰而居不饗食私喪謂其父母哭于館衰而居不敢以私喪自聞於主國凶服于君之吉使春秋傳曰大夫以君命出聞喪徐行而不反【疏】正義曰注謂其父母也毛本無也字校勘記云嚴本集釋楊敖俱有又凶服于君之吉使徐陳監本集釋敖氏俱作干嚴鍾閩本通解楊氏俱作于戴氏震云干訛于○敖氏云不饗食謂主君饗食已則不往也其致之則受之盛氏云案唯云不饗食則其他皆受之矣牲牢乘禽之屬亦得受之者襍記曰三年之喪如或遺之酒肉則受之必三辭主人衰絰而受之如君命則不敢辭受而薦之是也今案經云不饗食不云不受饗食則敖說是矣 注云私喪謂其父母也者謂使者之父母也云哭于館衰而居不敢以私喪自聞於主國凶服于君之吉使者不敢以三字直貫下句蓋經云哭于館明在館哭之不哭於外是不敢以私喪自聞於主國也云衰而居明居時服衰行禮不服衰是不敢以凶服于君之吉使也賈疏謂行聘享仍服皮弁蓋不以私喪廢公事也或乃駁之謂當使上介攝案下文賓死介攝其命則此不使介攝明矣云春秋傳曰大夫以君命出聞喪徐行而不反者宣八年公羊傳文何注云聞喪者聞父母之喪徐行者不忍疾

行又爲君當使人追代之今案鄭引之者證奉命出聞喪不反君不使人代之則至彼國當終其事故其禮如此也據經云不饗食則已行聘享可知

歸使衆介先衰而從之己有齊斬之服不忍顯然趨於往來其在道路使介居前歸又請反命己猶徐行隨之君納之乃朝服既反命出公門釋服哭而歸其他如奔喪之禮吉時道路深衣

疏 正義曰注云己有齊斬之服不忍顯然趨於往來其在道路使介居前者釋所以使衆介先之義也禮爲父斬衰爲母齊衰此私喪中兼有父母故兩言之聘爲吉事己有喪不可居前故使衆介先而己服衰從之也上云衰而居此云衰而從之明是成服而后行者奔喪日唯父母之喪見星而行見星而舍若未得行則成服而后行鄭注謂以君命有爲者是也與平常至家三日而後成服者異云歸又請反命己猶徐行隨之君納之乃朝服者此以下鄭補言歸國以後事請反命郎上使者歸及郊請反命也斯時亦使衆介先己徐行隨之君令之入乃易朝服者以凶服不可入公門也云既反命出公門釋服哭而歸者謂出公門後釋朝服返衰服哭而歸家也云其他如奔喪之禮者謂至家入門左升自西階及哭踊之節皆與平常奔喪之禮同也云吉時道路深衣者謂吉

時在道深衣今褻而從是與吉時異也餘詳使者受命遂行舍于郊下

右聘賓有私喪

賓入竟而死遂也主人爲之具而殯具謂始死至殯所當用疏正義曰吳氏章句云入竟則聘事已聞於主君不可以一人而廢邦交之命也主人主國之君也今案若未入竟則可告於君而反矣○注始校勘記云陳本作如　云具謂始死至殯所當用者謂始死至殯時所需用之物主人皆爲之備具而殯之必殯之者以反國尚需時日也周禮掌客注云死則主人爲之具而殯矣賈彼疏云在館權殯還日以柩行其說是也褚氏云若死於俟閒之後須以棺造朝斂之而已行事後乃權殯其說更密

介攝其命爲致聘享之禮也初時上介接聞命疏正義曰注云爲致聘享之禮也者以聘享主君及夫人之禮皆君所命不可因賓死而廢故介攝而致之也云初時上介接聞命者謂初在本國受命於朝時上介立於使者之左接聞命故今得代致之此下言介皆謂上介也

君弔介爲主人雖有臣子親姻猶不爲主人以介與賓竝命於君尊

也 疏 正義曰注姻校勘記云徐本作因集釋通解楊氏俱作姻○賈疏云古者賓聘家臣適子皆從行是以延陵季子聘于齊其子死葬于嬴博之閒故鄭云雖有臣子親姻猶不爲主人敖氏云凡諸侯弔于異國之臣君爲之主此時其君不在故介爲主人受主君之弔以此時惟介爲尊故也君弔蓋皮弁服介爲主則袒免喪服記曰朋友皆在他邦袒免謂此類也

主人歸禮幣必以用 當中賓賵諸喪具之用不必如賓禮 疏 正義曰注云當中賓賵諸喪具之用者此歸禮幣與上具而殯異具具而殯蓋謂始死襲與小斂大斂及殯所用者此歸禮幣則殯後之事注以爲賓賵諸喪具之用賓者喪祭之名賵者送葬之名諸喪具具非謂棺槨衣衾之具乃謂喪中賓賵諸事所需用之具必以用謂必中賓賵諸事之用掌客曰凡賓客死致禮以喪用鄭注喪用者饋賓之物是也云不必如賓禮者謂不必如賓生時所致束帛束錦之類也

介受賓禮無辭也 介受主國賓己之禮無所辭也以其當陳之以反命也有賓喪嫌其辭之 疏 正義曰注云介受主國賓己之禮無所辭也者以介旣攝命行禮主國卽以待賓之禮待之介直受之而不辭也所以然者以其公幣私幣皆當陳之以反命也云有賓喪嫌

其辭之者此辭乃不受之謂非禮辭再辭之辭以有賓喪嫌其不受故特著之**不饗食**疏正義曰此亦謂主君饗食己而不往也若致之則受之前經云公于賓壹食再饗上介壹食壹饗此待以賓禮當壹食再饗也**歸介復命柩止于門外**門外大門外也必以柩造朝達其忠心疏正義曰注云門外大門外也者此大門即庫門也諸侯三門庫雉路諸侯三朝外朝在庫門外治朝在路門外燕朝在路門內此江氏永鄉黨圖考之說據此則大門外即為外朝之地故經言門外而注言造朝也云必以柩造朝達其忠心者賓外而歸則介復命於君矣而猶必以賓柩造朝是達其忠心也此以柩造朝謂本國之朝下以柩造朝則所聘國之朝也**介卒復命出奉柩送之君弔卒殯**卒殯成節乃去疏正義曰兩卒字皆訓畢介卒復命出奉柩送之謂介復命畢出大門乃奉柩送至賓之家也君弔卒殯謂君親弔視殯畢而後歸也盛氏云案大夫之喪至自外之禮見雜記殯在兩楹之間　注云卒殯成節乃去者士喪禮君視斂卒塗乃奠君要節而踊然後出門是成節乃去也**若大夫介卒亦如之**不言上介者小聘上介士也疏正義曰吳氏疑

義云如者如其爲具以下至卒殯也　注云不言上介者小聘上介士也者此大夫介卽上介也以小聘上介是士故不言上介而言大夫介以別之賈疏謂兼見小聘之法蓋小聘使大夫則其禮與大夫爲介者同小聘之上介是士士則其禮與士介同也

士介死爲之棺斂之不具他衣物也自以時服也　疏　正義曰校勘記云爲之棺上要義有則字注衣物也物通解作服○經云爲之棺斂之明斂而不殯耳此其下於賓與上介也注云不具他衣物也自以時服也者案此說恐非士喪禮君有致襚之禮豈他國士介死於其國而反缺斂衣物邪方氏苞云鄭蓋以爲之棺句謂獨具其棺而斂以親身之衣不知經意正謂爲之棺而具衣物以斂耳

君不弔焉主國君使人弔不親往　疏　正義曰注云主國君使人弔不親往者解經不弔爲不親弔也李氏云士喪禮君有賜則視斂常禮君不親弔士介案賓與上介死君親弔之此不親弔亦其差也

若賓死未將命則旣斂于棺造于朝介將命未將命謂俟聞之後也以柩造朝以已至朝志在達君　疏　正義曰未將命校勘記云未唐石經作來誤注謂俟命聞之後也毛本謂作請校勘記云徐本集釋通解楊

敖俱作謂以已至朝張氏曰監本已作己從監本今案賈疏云是以鄭云以柩造朝以其既至朝志在達君命作已字解是也當作已○敖氏云此朝謂大門外也介將命於廟如賓禮既則殯其柩於館　此注云未將命謂俟閒之後也者前賓入竟而死未至國此云未將命則是將行聘享時故注以爲俟閒之後也俟閒者前賓至下大夫勞者以賓入至于朝主人曰不腆先君之祧既拚以俟矣賓曰俟閒此後大夫帥至于館至明日乃行聘享事於此之時而死則必以棺造朝也云以柩造朝以已至朝志在達君命者謂賓入已至于朝將行聘享故以柩造朝所以體死者之心明必達君命也朱子云禮賓已至朝主君將欲行禮賓請閒之後而賓死則以柩造朝以尸將事左傳陳侯使公孫貞子弔吳及良將以尸入吳吳子使大宰嚭勞且辭上介芋尹蓋援聘以尸將事之禮吳人納之向令公孫貞子卒于俟閒之後行此禮可也今卒于竟內亦行此禮而吳人從之杜注又以爲知禮胥失之矣案此論甚精足與經義相發明

若介死歸復命唯上介造于朝若介死雖士介賓既復命往卒殯乃歸往謂送柩

疏　正義曰此若介死兩介字俱兼上介士介言歸復命唯上介造

于朝者士介卑不接聞命故不以柩造朝也敖氏云於賓言止于門外於上介云造于朝文互見也今案上賓死云介卒復命出奉柩送之又云大夫介卒亦如之是上介死雖賓復命後必送其柩至家恐人疑士介或不如是故言與士介賓旣復命必往送其柩至家視殯卒乃歸也但賓與上介死言君弔此不言君弔略之王氏士讓云案士喪禮君於士有視斂禮況奉使有勞於國君必弔可知

右出聘賓介死

小聘曰問不享有獻不及夫人主人不筵几不禮面不升不郊勞記貶於聘所以爲小也獻私獻也面猶覿也疏正義曰自此至三介言侯伯行小聘之事〇校勘記云陸氏曰亨本又作饗盧氏文弨云注面猶覿也下敖有今文禮作醴五字案下記不禮注古文禮作醴敖乃移於此而改古文爲今文今校集釋者亦依敖氏而增此五字非是校勘記云案敖氏聘禮正誤不禮一條在醴不拜至之後明係記中之不禮非此經之不禮也不知校者何以皆誤認今案嚴本無此五字從嚴本〇小聘不曰聘

而曰問者周禮大行人凡諸侯之邦交歲相問也殷相聘也歲相問卽謂小聘不享有獻不及夫人者盛氏云案享與獻皆聘君之所以遺主君也而其別有二享必以玉帛庭實獻則隨其國之所有而已一也享君與夫人皆有之獻但及君而已不及夫人二也大聘享而不獻小聘獻而不享輕重之差也注以獻爲私獻非今案周禮司儀曰及禮私面私獻私獻言於私面之後則是聘臣之所獻非聘君所獻矣盛說是也主人不筵几下記云唯大聘有几筵注云謂受聘享時也小聘輕雖受於廟不爲神位案筵几所以依神不爲神位故不設筵几也郝氏云不筵几不行禮於廟也江氏筠云不於廟則本非設神席之處矣何必贊言不筵几乎鄭氏以爲禮輕是也不禮不以醴禮賓也面不升注云面猶覿也謂私覿庭中受之不升堂也不郊勞謂不行郊勞之禮也凡此皆禮之殺於聘者故注云記貶於聘所以爲小也

其禮如爲介三介如爲介如爲大聘上介

疏正義曰禮主國待賓之禮謂飧饔餼饗之屬李氏云三介者大夫降於卿二等然則公之卿聘七介者小聘使大夫五介子男之卿聘三介者小聘使大夫一介　注云如爲介如爲大聘上介者謂所得於主國之禮與爲大聘上介同蓋小聘之賓與大聘之

上介皆大夫爲之故其禮同也

右小聘

記

久無事則聘焉事謂盟會之屬疏正義曰久無事則聘注以事爲盟會之屬者葢大聘雖定以三年而若遇盟會之歲兩君業已相見又拘於定制使其臣更行聘禮則爲煩瀆故必久無盟會之事乃聘以通好此記補經所未及非於三年之制有違也惟古者盟會之事天子主之周禮大行人時會以發四方之禁又有司盟掌盟載之灋故其時盟會少而聘問得如常期厥後霸國爭雄擅相摟合所謂有事而會不協而盟者幾於無歲無之如大行人疏所引左傳魯自襄二十年聘齊及昭九年孟僖子乃如齊殷聘中閒相隔二十一年非古法矣餘詳篇首鄭目錄下

若有故則卒聘束帛加書將命百名以上書于策不及百名書于方故謂災患及時事相告請也將猶致也名書文也今謂之字策簡也方板也

【疏】正義曰：注版，毛本作板。○校勘記云：釋文、集釋、通解、楊氏俱作版。陸氏云：版音板。○此有故與經若有言同。經云若有言則以束帛如享禮，而儀節未詳，故記補之。敖氏云：卒，已也。聘者兼享而言。束帛加書，以書加於帛上也。張氏爾岐云：卒聘，倉猝而聘，不待殷聘之期也。今案此禮於聘享畢行之，敖訓卒爲已是也，張說非。注云故謂災患及時事相告請也者，賈疏以臧孫辰告糴于齊、公子遂如楚乞師爲災患，晉侯使韓穿來言汶陽之田爲時事，蓋皆本上經若有言注爲說，是其義一也。云名，書文也，今謂之字者，中庸曰書同文，論語必也正名乎，鄭注：正名，謂正書字也。古者曰名，今世曰字。又注周禮外史達書名、大行人諭書名略同，是名即今之字也。說文序云：倉頡之初作書，蓋依類象形，故謂之文；其後形聲相益，即謂之字。字者，言孳乳而寖多也。箸于竹帛謂之書，書者如也。段氏注云：二禮、論語皆言名，左傳反正爲乏、止戈爲武皆言文，六經未有言字者，秦刻石同書文字，此言字之始也。云策，簡也；方，版也者，鄭注旣夕及中庸皆同。蓋簡以竹爲之，一片謂之簡，編連謂之策。莊子釋文云：簡，竹簡也。曲禮釋文云：策，編簡也是也。版以木爲之，少牢卦以木，鄭注書於版是也。方是一版不編連者。張氏爾岐云：字多書于策，策以眾簡編連也，字少書于方，一版可盡也。賈疏云：「鄭作論語序云：易、詩、書、禮、樂、春秋策皆二尺四寸，孝經謙半之，論語八寸策者，三分居一，又謙焉。是其策之長短。鄭注尚書三十字一簡之文，服虔注左氏云：古文篆書一簡八字。是一簡容字多少者。」今案：賈疏原文作「春秋策皆尺二寸」，據校勘記改「二尺四寸」，下云「孝經謙半之」，乃一尺二寸也。

主人使人與客讀諸門外，受其意。既聘享，賓出而讀之。不於內者，人稠處嚴，不得審悉。主人，主國君也。人，內史也。書必璽之。

〔疏〕正義曰：校勘記云：注「賓出而讀之」，徐本、集釋、楊氏俱重出「讀之」二字，通解不重。「主國君也」，徐本、集釋、通解、要義、楊氏俱無「主」字，敖氏有。云「受其意，既聘享，賓出而讀之」者，敖氏云：「公既受書，客降出，公以書授宰，降立，乃使人與客讀書於廟門外。」是也。云「不於內者，人稠處嚴，不得審悉」者，此有二義：一則門外乃清靜之所，讀之可以審悉；一則告請或有密事，不欲使衆共聞之故也。必與客讀之者，欲詳悉其事之原委也。云「人，內史也」者，周禮內史職曰：「凡四方之事書，內史讀之。」故知此使人與客讀者即內史也。儀禮釋官云：「諸侯有大史、小史之官，見大射儀。此注云：人，內史。尚書酒誥曰：大史友、內史友。左傳季孫召外史掌惡臣而問盟首焉。則諸侯亦有內史、外史明矣禮記玉藻曰動則左史書之言則右史書之孔疏以大史爲左史內史爲右史與大戴禮盛德篇盧注合考左傳諸國有大史而無內史有左史而不見右史則東遷後史官廢闕不能依禮之故孔穎達春秋序疏遂謂諸侯無內史失之矣云書必璽之者據襄二十九年左傳云璽書追而與之是書必璽之也杜注云璽印也**客將歸**

使大夫以其束帛反命于館爲書報也疏正義曰敖氏云大夫卽還玉之卿也束帛言其是卽鄉者加書者也以其束帛反命亦如還玉之義此反命蓋與還玉同日　注云爲書報也者上云束帛加書將命此云反命雖不言書明亦有書可知故注云反命爲書以報之也**明日君館之**旣報館之書問尙疾也疏正義曰盛氏云此以見反命之節在館賓前一日也　注云旣報館之書問尙疾也者言旣報書卽於明日館之者欲以便賓之早歸俾復書得早達於彼君故云書問尙疾也

右記有故卒聘致書之事

旣受行出遂見宰問幾月之資資行用也古者君臣謀密草創未知所之遠近問行

用當知多少而已古文資作齎

【疏】正義曰受行謂受命出使也入旣受命於君出遂見宰問幾月之資者宰制國用故也敖氏云見宰見之於其官府也　注云資行用也者謂行者之所用也云古者君臣謀密云云朱子駁之云上言與卿圖事則固已知所之矣此但言與宰計度資費之多寡而已注言未知所非是云古文資作齎者說文資貨也从貝炗聲齎持遺也从貝齊聲周禮外府共其財用之幣齎鄭注齎行道之財用也聘禮曰問幾月之齎鄭司農云齎或爲資今禮家定齎作資玄謂齎資同耳其字以齊炗爲聲从貝變易古字亦多或段氏玉裁云此司農說禮家定齎當作資而鄭君非之謂二字皆可用許則釋資齎其義分別胡氏承珙云案鄭君雖謂齎資聲義皆同然其訓之亦微有別如周禮掌皮歲終則會其財齎注云齎所給予人以物曰齎此與說文齎訓持遺者合巾車毀折入齎于職幣注云杜子春云齎讀爲資資謂財也此又與說文資訓貨者合然則鄭意未嘗無別惟以二字聲義本同故可通耳此注從今文作資者蓋周禮故書齎多作資見典婦功典臬注其義較古鄭注外府引聘禮作齎者則就周禮經文作齎故也

使者旣受行日朝同位謂前夕幣之閒同位者使者北面介立於

左少退別於其處臣也疏正義曰校勘記云唐石經無旣字案疏有旣字戴校集釋據石經刪旣今案旣字因上節而行刪之是也注少退別於其處毛本如是校勘記云徐本集釋通解楊氏俱無於字張淳引注亦無於字又據釋文去其字與疏合惟前經使者北面節疏引此注無於字而有其字今案嚴本亦無於字有其字從之○使者受行之日而朝則同位也秦氏蕙田云敖氏以日朝爲每日常朝其説甚鑿褚氏亦謂當於日字絶句注云謂前夕幣之閒同位者使者北面介立於左少退別其處臣也者謂夕幣之時使者北面衆介立於其左東上及將行之日使者入朝衆介隨入北面東上是也注不徒云夕幣而云夕幣之閒蓋兼二者言之蔡氏云使者有卿有大夫有士常時朝位各異此則朝位竝同北面東上以別於臣之處者也

出祖釋軷祭酒脯乃飲酒于其側祖始也旣受聘享之禮行出國門止陳車騎釋酒脯之奠於軷爲行始也詩傳曰軷道祭也謂祭道路之神春秋傳曰軷涉山川然則軷山行之名也道路以險阻爲難是以委土爲山或伏牲其上使者爲軷祭酒脯祈告也卿大夫處者於是餞之飲酒于其側禮畢乘車轢之而遂行舍於近郊矣其牲犬羊可也古文軷作祓

正義曰：校勘記云注軷涉山川張氏曰釋文釋經釋軷之注云注跋涉音同此軷蓋跋字也從釋文又伏牲其上伏上上嚴徐集釋通解楊氏俱有或字上陳閩葛本俱誤作土今案嚴本軷涉山川亦作軷集釋同段氏說文注云跋同音假借字鄭所引春秋傳本作軷詩泉水孔疏引此注伏上亦有或字　云祖始也者釋詁文云旣受聘享之禮行出國門止陳車騎釋酒脯之奠於軷爲行始也者案此禮行於本國門去時行之故在旣受聘享之禮後知在國門外者以經云出故也泉水孔疏云軷祭皆於國外爲之又名祖詩云出祖是也又名道曾子問云道而出是也此經軷旣爲祭名則祖不得又爲祭名故鄭以始解之孔疏又云重己方始有事於道故祭道之神是也釋如釋奠釋菜之釋敖氏云釋軷者釋其所軷之物謂酒脯也旣釋則人爲神祭之如士虞禮佐食爲神祭黍稷膚祝祭酒之爲案此解祭字較有分析盛氏云始行而祭曰祖軷軷壤也釋軷者舍其所祭之物於軷上也鄭注月令乃軷字旳解案此以祖爲祭名而軷爲設祭之處非鄭義矣月令孟冬其祀行鄭注行在廟門外之西爲軷壤厚二寸廣五尺輪四尺祀行之禮北面設主於軷上此每歲常祀也上經釋幣于行則爲將行而釋幣以告之皆與此軷祭有異故泉水

疏云卿大夫之聘出國則釋軷在家釋幣于行注云告將行也是三者不同後人欲牽合爲一故多岐說云詩傳曰軷道祭也者生民篇毛傳文云謂祭道路之神者此釋傳義以證軷爲祭名也云春秋傳曰軷涉山川者襄二十八年左傳文云然則軷山行之名也者謂軷本山行之名而出行之祭亦因名爲軷也詩鄘風大夫跋涉毛傳云草行曰跋水行曰涉跋與軷義同云道路以險阻爲難是以委土爲山或伏牲其上使者爲軷祭酒脯祈告也者此解所以釋軷之義道路多有險阻故爲軷祭祈告之使無險患也此經但云酒脯則無牲矣而云或伏牲其上者葢指天子諸侯禮而言故云或也又生民鄭箋謂軷祭有尸此無尸亦天子諸侯禮異也周禮大馭職曰犯軷遂驅之鄭注行山曰軷犯之者封土爲山象以菩芻棘柏爲神主旣祭之以車轢之而去喻無險難也與此注義同說文解軷字云出將有事於道必先告其神立壇四通樹茅以依神爲軷旣祭犯軷轢牲而行爲犯軷是許義亦與鄭同云卿大夫處者於是餞之飲酒于其側者凡送行飲酒謂之餞泉水詩曰飲餞于禰是也賈疏云韓奕詩韓侯出祖出宿于屠顯父餞之是韓侯入覲天子出京城爲祖道此聘使還亦宜有祖但文不具案此說可存云禮畢乘車轢之而遂

行者此謂委土爲山乘車轢山而行也若有牲者則伏牲其上轢之而行說文及犬人注所言是也月令孔疏泥於軷壤廣五尺之說引此注謂轢者唯車之一輪轢耳若兩輪相去八尺不得俱轢今案此軷祭與孟冬在家祀行之禮不同據注云委土爲山則與常祀爲軷壤於廟門外者大小當懸殊也云其牲犬羊可也者言軷而用牲則犬與羊皆可用周禮犬人掌犬牲伏瘞亦如之鄭注伏謂伏犬以王車轢之又詩曰取羝以軷是犬與羊皆可用也此鄭廣言釋軷之禮非謂卿大夫軷祭亦有牲也云古文軷作祓者胡氏承珙云祓爲除惡之祭周禮女巫掌歲時祓除釁浴此祓與軷音同義別故鄭從今文

右記使者受命將行之禮

所以朝天子圭與繅皆九寸剡上寸半厚半寸博三寸繅三采六等朱白倉朱白倉圭所執以爲瑞節也剡上象天圜地方也襍采曰繅以韋衣木板飾以三色再就所以薦玉重慎也九寸上公之圭也古文繅或作藻今文作璪疏正義曰襍記孔疏引此記

作繅三采六等朱白蒼朱白蒼朱子云記只有朱白蒼三字而襍記疏所引乃重有之不知何時傳寫之誤失此三字今案朱白蒼三采爲六等必重言之而義始明也今從之又案唐石經亦失此三字校勘記云蒼唐石經嚴本集釋敖氏俱作倉通解楊氏俱作蒼戴氏震云蒼倉古通用今從石經注象天圓嚴徐通解楊氏俱作圜以韋衣木板陳本作版上公之圭也嚴本集釋通解楊敖俱作上今案毛本上誤三○圭與繅皆九寸謂長九寸也剡上寸半厚半寸博三寸凡圭所同也襍記贊大行曰圭公九寸侯伯七寸博三寸厚半寸剡上左右各寸半與此同博言其寬也說文云剡鋭利也案圭形上鋭襍記疏云剡殺也殺上左右角各寸半也圭博三寸殺上左右各寸半則成上鋭之形矣賈疏云此記直言剡上寸半不言左右文不具也

注云圭所執以爲瑞節也者大宗伯曰以玉作六瑞掌節曰守邦國者用玉節蓋皆執以通信也云剡上象天圜地方也者殺上左右角則成圜形矣上圜而下方故云取象於天地也云襍采曰繅以韋衣木板飾以三色再就所以薦玉重慎也者繅有五采三采二采之異而其大小長短悉與圭同周禮典瑞曰王晉大圭執鎮圭繅藉五采五就以朝日鄭注繅有五采文所以薦玉木爲中榦用韋衣

而畫之就成也鄭司農云五就五帀也一帀爲一就今案襍記曰藻三采六等與此同而字作藻鄭注藻薦玉者也三采六等以朱白倉畫之再行也孔疏案聘禮記云繅三采六等朱白倉朱白倉是也既重云朱白倉是一采爲二等相閒而爲六等也典瑞云公侯伯皆三采三就謂一采爲一就故三采三就其實采別二就三采則六等也典瑞又云子男皆二采再就二采謂朱綠也其實采別二就二采則四等也其天子則典瑞云繅五采五就亦一采爲一就五采故五就其實采別二就五采則十等也賈疏云注云三色再就者就即等也是一采爲再就三采即六等也覲禮注云朱白倉爲六色者亦是一采一帀爲二色三采故六色今案朱子嘗稱孔疏之說爲詳明賈說與孔亦大略相同唯所引覲禮注今不可考耳然則此注云三色再就即襍記注所云以朱白倉畫之再行也故李氏云等猶行也繅以薦玉蓋取重慎之意云九寸上公之圭也者考工記玉人曰命圭九寸謂之桓圭公守之是也但據典瑞公執桓圭侯執信圭伯執躬圭子執穀璧男執蒲璧以朝覲宗遇會同于王則朝天子者不唯公而獨言九寸之圭者舉公以例其餘耳云古文繅或作藻今文作璪者詳上經受命時賈人西面坐啟櫝取圭垂繅下

問諸侯

朱綠繅八寸二采再就降於天子也於天子曰朝於諸侯曰問記之於聘文互相備 疏 正義曰敖氏云朱綠者繅之采也存朱而加綠亦尚文之意上言朝玉與其繅九寸故於此但言繅而不及玉省文耳今案以上文圭與繅皆九寸推之則繅八寸者玉亦八寸也獨言八寸者亦舉以例其餘耳　注云二采再就降於天子也者謂降於朝天子也李氏云此聘圭之繅采爲一行二采共爲再行與朝天圭繅異周禮典瑞曰瑑圭璋璧琮繅皆二采一就以覜聘八寸亦謂上公之聘圭也考工記曰瑑圭璋八寸璧琮八寸以覜聘侯伯聘圭當六寸子男則四寸各降其君之瑞一等考工記又曰璧琮九寸諸侯以享天子瑑琮八寸諸侯以享夫人亦據上公禮互言之則五等侯享天子及后之璧琮大小各如其瑞自相享各降其瑞一等盛氏云注二采再就再字誤當依典瑞作一也今案盛說是襍記疏引典瑞繅皆二采一就云此謂卿大夫每采唯一等是二采共一就也與諸侯不同若作再就則與子男何異云於天子曰朝於諸侯曰問記之於聘文互相備者蓋於朝舉天子則自相朝亦然於問舉諸侯則聘天子可知故云記之於聘文互相備也**皆玄纁繫長尺絢組**采成文曰絢繫無事則以繫玉因以

爲飾皆用五采組上以玄下以絳爲地今文絢作約【疏】正義曰：校勘記云：注「玉」字重脩監本誤作「王」。「上云以玄下」，聶本有「爲天」二字。今案：注又云「下以絳爲地」，此「地」字係言其本質，非天地之地，聶本誤衍。○「下皆玄纁繫」者，謂朝天子與問諸侯之繅，繅玉皆以玄纁爲繫也。「絢組」者，組有采色也。賈疏云：「上文繅藉尊卑不同，此之組繫尊卑一等，是解『皆』字之義。」張氏爾岐云：「繅以藉玉，繫以聯玉與繅，組即所以飾繫者。」今案：張說分別最明析。敖氏以「皆玄纁」爲句，謂朝聘之繅皆以玄纁之帛爲之，表玄而纁裏，其說無據，不可從。褚氏亦謂當依注以「皆玄纁繫」爲句。注云「采成文曰絢」者，論語「素以爲絢兮」，馬注云：「絢，文貌也。」鄭注云：「文成章曰絢。」與此義略同。云「繫無事則以繫玉，因以爲飾」者，繫與組同爲一物，繫是其本，組是其飾。繫連於繅，非朝聘行事之時，則以繫玉於繅而藏之；有事則或垂其組，或屈其組，以爲飾也。云「皆用五采組」者，謂尊卑同用五采組也。云「上以玄，下以絳爲地」者，謂繫之本質上用玄，下用絳。賈疏謂上以下皆據垂之上下言之，是也。經言纁，注言絳者，纁即淺絳也。云「今文絢作約」者，胡氏云：「古从句之字，每多作勺，如詩『昀昀原隰』，釋文『昀』本作『畇』。然則絢、約本一字。說文有絢無約，從禮古文。儀禮釋文云『絢，聲類以爲約字』，蓋聲類兼用今

文玉篇以約同絇本之聲類集韻以紃爲絇則非襍記注云紃施諸縫中不得與絇混爲一字也

問大夫之幣俟于郊爲肆又齎皮馬肆猶陳列也齎猶付也使者旣受命宰夫載問大夫之禮待於郊陳之爲行列至則以付之也使者初行舍於近郊幣云肆馬云齎因其宜亦互文也不於朝付之者辟君禮也必陳列之者不夕也古文肆爲肄

疏 正義曰上經問大夫之庭實唯言皮此兼言馬者庭實非皮則馬故兩言之也注云肆猶陳列也者周禮序官肆師注肆猶陳也國語歌鐘二肆注肆列也云齎猶付也者說文齎持遺也周禮掌皮鄭注予人以物曰齎故云猶付也知大夫之幣宰夫載而付之者以上經命宰夫官具故也云使者初行舍於近郊者釋所以俟於郊之義也云幣云肆馬云齎因其宜亦互文也者幣爲肆陳之之亦俟其至郊付之皮馬付之亦先俟於郊陳之可知故云互文也云不於朝付之者避君禮也者聘君聘夫人之幣皆於朝付之此於郊付之是避君禮也云必陳列之者不夕也者謂前此夕幣時不陳故此特陳之且欲與衆見之也云古文肆爲肄者胡氏云古肆肄字多互譌周禮小宗伯肄儀爲位鄭注肄習也故書肄爲肆杜子春讀肆當爲肄此爲肆之肆非肄習之

義故鄭不從古文

右記朝聘玉幣

辭無常孫而說孫順也大夫使受命不受辭辭必順且說 疏 正義曰注云孫順也者說文遜順也字作愻段氏注云凡愻順字从心凡遜遁字从辵今遜專行而愻廢矣今案此經孫字及論語惡不孫以爲勇者皆愻之假借云大夫使受命不受辭者本莊十九年公羊傳文原書無使字大夫上有聘禮二字此注引之以證不受辭者緣辭無常故也傳又曰出竟有可以安社稷利國家者則專之可也此論語言專對之證云辭必順且說者聘以修好睦鄰故也說與悅同

辭多則史少則不達史謂策祝 疏 正義曰注云史謂策祝者尚書金縢曰史乃策祝是也策祝尚文辭故謂辭多爲史孔子曰文勝質則史又曰辭達而已矣若辭少則不足以達意故辭旣順說矣又順戒此二者不可失之多亦不可失之少也

辭苟足以達義之至也至極也今文至爲砥 疏 正義曰義之至也吳氏章句云言於應事之宜爲極至也 注云今文至爲砥者胡氏云

說文厎从厂氐聲或从石作砥爾雅厎致也詩祈父靡所厎止箋云厎至也鄭以當文易曉故不從今文**辭曰**

非禮也敢對曰非禮也敢辭不受也對荅問也二者皆卒曰敢言不敢【疏】正義曰校勘記云下句末唐石經嚴徐俱有辭字集釋通解要義楊敖俱無張氏曰經曰辭曰非禮也敢對曰非禮也敢辭注曰辭不受也對荅問也二者皆卒曰敢言不敢又賈疏云辭謂賓辭主人荅謂賓荅主人介則在旁曰非禮也敢以注及疏文義考之下羨一辭字審矣又嘗疑注辭不受也之句上更有一辭字傳寫者誤以注文作經文今減經以還注石經考文提要從唐石經案張說是也注以辭對爲截然兩事二者皆曰不敢一則不敢不辭一則不敢不對故朱子敖氏俱從張說注辭辭不受也辭字嚴徐本不重要義敖氏載注亦不重集釋通解楊氏俱同今本案經末辭字卽因注首辭字而誤衍在經宜刪在注不必重唯魏氏敖氏得之張氏引注無也字今案張氏識誤謂經末無辭字是也謂注首更有辭字而減經以還注則非校勘記以魏敖爲得者魏氏敖氏之本經末無辭字注首亦不重辭字故也今從之○段氏經韻樓集曰聘禮記辭句曰句非禮也句敢句對句曰句非禮也句敢句凡八句十二字

注云辭不受也因上辭無常辭多則史辭苟足以達三辭字皆爲文辭恐其相混故分別之禮經若士冠禮醴辭曰醮辭曰字辭曰正當作辭若敢辭禮辭固辭終辭之類正當作辤辤說文辛部曰辭說也从𤔔辛𤔔辛猶理辜也又曰辤不受也从受辛受辛者辤之二字分別畫然經典不受之義亦作辭則爲假借此經二句謂常事常禮之外有非禮之加非禮之問必咢咢不阿乃爲偁職主人施以非所當施則辤之其辭曰所以施使臣者非禮也敢受乎主人問以非所當問則對之其辭曰所以語使臣者非禮也敢不對乎如僖十二年齊使管夷吾平戎于王王以上卿禮饗管仲管仲辭曰臣賤有司也有天子之二守國高在若節春秋來承王命何以禮焉陪臣敢辭此辭曰非禮也敢之證也文四年衞甯武子來聘公與之宴爲賦湛露及彤弓不辭又不荅賦使行人私焉對曰臣以爲肄業及之也昔諸侯朝正于王王宴樂之于是乎賦湛露則天子當陽諸侯用命也諸侯敵王所愾而獻其功王于是乎賜之彤弓一彤矢百旅弓矢千以覺報宴今陪臣來繼舊好君辱況之其敢干大典以自取戾此對曰非禮也敢之證也注云二者皆卒曰敢謂凡言敢多在語之終云辭曰云對曰云敢傳無不與經印合者辭與對畫分二事唐石經膹一

辭字敢辭之文不當系對對主爭辯是非不謂辭卻也經謂賓自辭之自對之賈疏引鄭易注專屬之介殊失經意經不專謂介矣今案段說是也吳氏章句云主國或有非分之賜則辭之固以請乃荅之也此則以對與辭作一事解非矣

右記修辭之節因及辭對二言

卿館于大夫大夫館于士士館于工商 館者必於廟不館於敵者之廟爲大尊也自官師以上有廟有寢工商則寢而已 【疏】正義曰注云館者必於廟者據禮運曰天子適諸侯必舍其祖廟及此經歸饔餼于賓館云及廟門賓揖入是也云不館於敵者之廟爲大尊也者據此記云卿館于大夫大夫館于士云云是不館於敵者之廟也云自官師以上有廟有寢工商則寢而已者周禮隸僕曰掌五寢之埽除糞洒之事鄭注五寢五廟之寢也周天子七廟唯祧無寢詩云寢廟繹繹相連貌也前曰廟後曰寢又曰大喪復於小寢大寢鄭注小寢高祖以下廟之寢也始祖曰大寢是廟後有寢凡廟皆然祭法曰適士二廟官師一廟鄭注官師中士

下士是自官師以上有廟有寢也祭法又曰庶士庶人無廟死曰鬼鄭注凡鬼者薦而不祭庶士府史之屬孔疏庶人平民也賤故無廟王制曰庶人祭於寢此工商與庶人同故知有寢無廟也但士以上有廟有寢祭在廟薦在寢庶人則爲寢以薦其先而其制與士廟後之寢當亦不殊唯無廟爲異王制注謂寢爲適寢竊疑士以上有適寢有下室庶人則但有下室而已未必有適寢以適寢所以行禮而禮不下庶人故耳此工商之寢蓋亦在下室之東爲之與下室別爲門牆故可以館客也

管人爲客三日具沐五日具浴 管人掌客館者也客謂使者下及士介也 疏 正義曰內則曰五日則潭湯請浴三日具沐此爲客之禮亦如之然則三日五日古人平常沐浴之節也具者備而勿缺之謂○校勘記云注管人通解管作館 云管人掌客館者詳上經管人布幕于寢門外下

右記賓館幷管人所供

飧不致 不以束帛致命草炙餼飧具輕 疏 正義曰注云不以束帛致命者謂上經宰夫朝服設飧但云設

之而已不云以束帛致命是不致也云草次餼飧具輕者飧是始至之禮故云草次也言輕者對歸饔餼大夫奉束帛致命爲重

賓不拜

以不致命〔疏〕正義曰校勘記云注命敖氏作也云以不致命者謂上經設飧時賓無拜受之文以其不用束帛致命故不拜也方氏苞云賓初至力乏之事紛故飧不致重煩賓荅禮也

沐浴而飧之

自潔清尊主國君賜也記此重者沐浴可知〔疏〕正義曰注云自潔清尊主國君賜也者以賓雖不拜猶沐浴自潔清而飧之是尊主國君之賜也云記此重者沐浴可知者以記者記此明重於飧者必沐浴而飧可知或曰沐浴以其初至道路風塵故也

右記設飧

卿大夫訝大夫士訝士皆有訝

卿使者大夫上介也士衆介也訝主國君所使迎待賓者如今使者護客〔疏〕正義曰此即上經厥明訝賓于館之訝也因經未言以何人訝故記補之周禮掌訝曰凡賓客諸侯有卿訝卿有大夫訝大夫有士訝士皆有訝鄭注此謂朝覲聘問之日王所使迎賓客於館之訝案此記

悉與彼同唯主聘而言故不言諸侯卿訝也敖氏云士皆有訝者嫌其賤不必訝若上士則使中士訝之中士則使下士訝之也今案若下士則當使庶人在官府史之屬訝之○校勘記云注客要義作之　云卿使者大夫上介也士眾介也者賈疏云據此篇是侯伯之卿大聘而言其賓小聘使大夫亦使士迎之云如今使者護客者蓋舉漢法爲況也

賓即館訝將公命使己迎待之命【疏】正義曰敖氏云此節宜在卿致館之後盛氏秦氏皆駁之謂當在賓聘享畢就館之時蓋以上經聘享畢有賓即館之文與此同故也案周禮掌訝職曰至于國賓入館次于舍門外待事于客鄭注次如今官府門外更衣處待事于客通其所求索案至于國賓入館下即云次于舍門外則敖說似是　注云使己迎待之命者張氏爾岐云謂以君使己迎待之命告之於賓也今案鄭意蓋以此訝即大夫士之訝故下注云大夫訝者執鴈士訝者執雉也

又見之以其摯又復也復以私禮見者訝將舍於賓館之外宜相親也大夫訝者執鴈士訝者執雉【疏】正義曰又見之見賓也訝旣將公命而又以其摯見之者以其將舍於賓館之外示相親也大夫執鴈士執雉本周禮大宗伯文○注又復也詳下

賓旣將

公事復見之以其摯既已也。公事，聘享問大夫。復，報也。使者及上介執鴈，羣介執雉，各以見其訝。

疏 正義曰：復見之以其摯之，毛本作訝。校勘記云：唐石經、嚴、徐、集釋、要義、敖氏俱作之，通解、楊氏俱作訝。石經考文提要云：監本作見訝，此因儀禮經傳通解之誤。通解引此記與上文又見之以其摯不相屬，故改爲訝，傳寫者不知其意而沿之。注云「公事聘享問大夫」者，謂聘君聘夫人享君享夫人及問大夫也。公事既畢，卽復見訝者，荅禮尚疾也。云「復報也」者，上文又見之以其摯，注訓又爲復，盍取重義，繼義謂既將公命而又見之也。此不訓復爲又而訓爲報者，盍取酬報之義，謂賓之見訝，報其來見之禮也。云「使者及上介執鴈，羣介執雉，各以見其訝」者，賈疏云：謂使者見大夫之訝者，上介見士之訝者，士介亦見士訝者。○三禮札記云：賈疏於厥明訝賓于館下云「諸侯有掌訝之官」，於此記賓卽館訝將公命下又云「諸侯無掌訝」，殊相矛盾。考周禮掌訝職文：賓入館而待事於賓館外者，掌訝職也。又曰：諸侯有卿訝，卿有大夫訝云云。鄭注謂此朝覲聘問之日所使迎賓之訝，則非朝聘之日無此訝明矣。周禮序官掌訝中士八人，諸侯當以下士爲之，若大夫爲卿之貳，職掌較重，士亦各有所掌，何得日日伺候於賓館外也鄭賈謂諸侯無掌訝而自訝將公命以下卽指爲大夫士之訝恐非吳氏疑義云訝將公命所謂訝蓋掌訝耳烏得謂卽上節之大夫士況賈疏所引又皆掌訝職掌之事不可以此訝非掌訝也諸侯無掌訝說亦無據今案據此則首節所云大夫士降一等之訝乃聘日迎賓之訝自此以下則皆謂掌訝也今姑依鄭釋之而附載札記及疑義二說於此俟後人考定焉

右記賓訝往復之禮

凡四器者唯其所寶以聘可也言國獨以此爲寶也四器謂圭璋璧琮[疏]正義曰周禮大宗伯曰以玉作六瑞以等邦國又曰以玉作六器以禮天地四方是瑞與器殊今此瑞玉亦名器者對文異散則通也尙書亦曰五器　注云言國獨以此爲寶也者張氏爾岐云四器唯其所寶故以行聘非所寶則不足以通誠好矣云四器謂圭璋璧琮者盛氏云五等諸侯所寶不同則所用以聘者亦異公侯伯寶圭璋子男寶璧琮上用則已僭下用則已卑皆不可也經但見公侯伯之聘玉嫌璧琮可以享而不可以聘故記明之今案典瑞曰瑑

圭璋璧琮以覜聘舊說謂圭璋以行聘璧琮以行享是據
此經侯伯之禮言之若子男則聘用璧琮享用琥璜也此
記言以聘不言享又節首言凡
則是通五等言之盛說是也

右記聘玉

宗人授次次以帷少退于君之次 主國之門外諸侯及卿大夫之所使者次位皆有常處 疏 正義曰敖氏云授次授賓次也設次者掌次也宗人則主授之耳釋官云掌禮之官天子有大宗伯小宗伯諸侯以司馬兼之無宗伯唯立宗人而已春秋時諸國皆不見有宗伯而左傳稱魯夏父弗忌爲宗伯似魯獨立其官然哀二十四年傳稱使宗人釁夏獻其禮定四年傳稱分魯以祝宗卜史杜注解宗爲宗人則魯無宗伯可知鄭注大宗伯及禮器引左傳俱云夏父弗忌爲宗人疑今本作宗伯者誤也周禮大宗伯卿小宗伯中大夫諸侯五大夫無小宗伯則宗人不在大夫之列蓋使士爲之宗人亦稱大宗見曾子問及祭統今案文王世子曰宗人授事鄭注宗人掌禮及宗廟孔疏云別言及宗廟則宗廟之外諸禮皆掌聘在廟行之故此賓初至之時主授次以

爲止息也次以帷者謂次以帷布爲之周禮幕人掌帷幕鄭注在旁曰帷在上曰幕帷幕皆以布爲之是也少退于君之次者賈疏云君次在前臣次在後敖氏云君謂朝君也蔡氏云君謂外諸侯來朝者各有次少退不與諸侯次同也吳氏章句云君之次者兩君相朝亦有次也此聘無君之次蓋以相朝時設次之地言　注云主國之門外諸侯及卿大夫之所使者次位皆有常處者門外大門外也卿大夫之所使者校勘記云單疏要義俱無所字似無者是卿大夫之使者謂卿大夫來使者也言次位有常處以見君之次與臣之次別也

右記授賓次

上介執圭如重授賓愼之也曲禮曰凡執主器執輕如不克〔疏〕正義曰賈疏云此謂將聘主君廟門外上介屈繅授賓時敖氏云上介凡執玉皆如是不惟授賓之時爲然記者特於此發之耳　注云愼之也者圭輕物而執之如重以心存戒愼故也引曲禮者證執輕如重之義彼注云主君也克勝也

賓入門皇升堂讓將授志趨皇自莊盛也讓謂舉手平衡也志猶念也念趨謂審行步也孔子之執圭

鞠躬如也如不勝上如揖下如授勃如戰色足蹜蹜如有循古文皇皆作王【疏】正義曰校勘記云注鞠躬如也躬釋文作窮窮云劉音弓本亦作躬集釋亦作窮躬張氏曰爾雅云鞠究窮窮也鞠窮蓋複語自論語作鞠躬學者遂不復致思於其間安知非鞠窮若踧踖之謂者乎如是則劉音亦誤矣從釋文盧文弨云廣雅鞠躳謹敬也上巳六下上弓反與此鞠窮字異音義同案左傳宣十二年有山鞠窮乎此俗常語爲物名也二字本雙聲又案羣經音辨云鞠窮容謹也音弓鄭康成説孔子之執圭鞠窮如也今本作躬據此則賈氏時儀禮經注已俱作躬矣今案釋文載作躬之本則唐初已然嚴本亦作躬今從之然鞠窮古義不可不知也下如授校勘記云授陳本作受○此言賓執玉之容也　注云皇自莊盛也者莊亦訓盛蓋自矜嚴之容貌云讓謂舉手平衡也者曲禮曰執天子之器則上衡國君則平衡鄭注衡謂與心平王氏士讓云平衡則不亢故云讓敖氏以讓爲後君升堂褚氏云依注舉手平衡擬執玉之容方與上文皇下文志趨一貫觀下又云升堂主愼可見非讓升之謂云志猶念也念趨謂審行步也者孟子曰夫志氣之帥也注云志心所念慮也是志與念同下注又以志趨爲圈遯而行是審行步可知張氏爾岐云

審行步者謂審乎君行一臣行二之節是也注又引孔子之執圭以爲證云執圭鞠躬如也至如有循皆論語鄉黨篇文集解引包氏云爲君使以聘問鄰國執持君之圭鞠躬者敬愼之至也又引鄭氏云上如揖授玉宜愼也下如授不敢忘禮也戰色敬也足縮縮如有循擧前曳踵行也皇疏云擧足前恆使不至地而踵或不離地如車輪也今案曲禮曰執主器行不擧足車輪曳踵玉藻曰執龜玉擧前曳踵縮縮如也孔疏縮縮言擧足狹數云古文皇皆作王者胡氏云洪範皇極之敷言史記宋微子世家作王極史記多用古文皇作王與此正同鄭云皇自莊盛也義當爲皇故不從古文

授如爭承下如送君還而后退爭爭鬭之爭重失隊也而后猶然後也

【疏】正義曰李氏云授如爭承謂授玉時褚氏云集說讀爭字絕句如此則授受時成何威儀秦氏蕙田說云敖繼公以授如爭爲句承下如送爲句郝敬則以將授志爲句趨授如爭爲句皆非張氏爾岐云下如送當與論語下如授同解言其授玉時手容也君還謂君轉身將授玉於宰而後賓退而下階若以下爲下堂退爲出廟門恐非文次今案張說是也○注首毛本有爭爭鬭之爭五字校勘記云五字嚴徐集釋俱無瞿中溶云今本因通解經

下引釋文而誤　云重失隊也者解授如爭承句承接也謂如與人爭接取物恐其失隊**下階發氣怡焉再三舉足又趨**發氣舍息也再三舉足自安定乃復趨也至此云舉足則志趨卷遯而行也孔子之升堂鞠躬如也屏氣似不息者出降一等逞顏色怡怡如也沒階趨進翼如也疏正義曰敖氏云下階謂降而沒階之時也於此言發氣怡焉言又趨則向者之屏氣戰色足如有循可知矣○注至此云舉足校勘記云徐本集釋俱無至字通解有賈疏有至字無云字今案嚴本有至字從之又云卷豚而行也豚嚴徐作遯釋文作豚張氏從之今案鞠躬如也躬集釋作窮　云發氣舍息也者經義述聞云下及享發氣焉盈容注云　發氣舍氣也兩舍字釋文無音家大人曰舍皆讀爲舒謂發舒其氣也說文舒从予舍聲小雅何人斯篇亦不遑舍與車盱爲韻春秋哀六年齊陳乞弒其君荼釋文荼音舒公羊荼作舍此皆古人讀舍爲舒之證云再三舉足自安定乃復趨也者此趨謂疾趨也曰又則入時亦趨矣云至此云舉足則志趨卷遯而行也者玉藻曰圈豚行不舉足鄭注圈轉也豚之言若有所循圈豚與卷遯字同至此云舉足則前此不舉足可知故注以志趨爲卷遯行也又引孔子之事以證之自

升堂鞠躬如也以下皆鄉黨文集解引孔安國云先屏氣下階舒氣故怡怡如也皇疏云逞申也氣申則顏色亦申故怡悅也沒階趨進沒猶盡也謂下諸級盡至平地時也今案此引論語以證發氣怡焉及又趨也論語釋文作沒階趨無進字云一本作沒階趨進誤也盧氏考證云史記仲尼世家作沒階趨進儀禮聘禮注引論語同曲禮帷薄之外不趨正義及士相見禮疏引論語竝有進字趨進者趨前之謂也進字不作入字解舊有此字陸氏以爲誤非也

及門正焉容色復故此皆心變見於威儀疏正義曰校勘記云注容陳本誤作客○張氏爾岐云出門將更行後事此皆心變見於威儀統指賓入門以下而言

執圭入門鞠躬焉如恐失之記異說也疏正義曰校勘記云魏氏曰溫本作鞠窮焉案以躬爲窮與釋文合考鞠躬字經注凡三見釋文於前注作音不云下同蓋偶遺之實皆作窮耳○此入門亦謂將聘執圭入廟門時也鞠躬焉敬謹之至見於容也其所以敬謹者唯恐玉之或失隊也注云記異說也者上已記執圭之儀此又記之事同而說有微異故竝記而存之也

及享發氣焉盈容發氣舍氣也孔子之於享禮有容色疏正義曰盛氏云發氣與聘

時下階同盈容則和氣且溢於面矣聘主於敬享貴於和故其容貌如是○注發氣校勘記云嚴徐本無氣字今案各本有氣字是也　云發氣舍氣也者舍氣卽舍息詳上云孔子之於享禮有容色者亦鄉黨篇文引以爲盈容之證也**衆介北面蹌焉**容貌舒揚疏正義曰敖氏云於享乃云蹌焉以見聘時之不然也然則衆介容貌之變其節亦略與賓同矣盛氏云衆介謂自上介而下也此蒙及享之文當以敖說爲正據此則享時介亦皆從入明矣　注云容貌舒揚者說文蹌動貌是有舒揚之意詩公劉蹌蹌濟濟鄭箋士大夫之威儀也荀子大略篇注蹌蹌有行列貌**私覿愉愉焉**容貌和敬疏正義曰校勘記云愉愉釋文作愈愈○賈疏云享時盈容舒於聘時戰色此私覿對享時又愉愉和敬舒於盈容也今案鄉黨篇曰私覿愉愉如也集解引鄭氏云愉愉顏色和也**出如舒鴈**威儀自然而有行列舒鴈鵞疏正義曰出謂出廟門也如舒鴈張氏爾岐以爲兼指賓介蓋謂賓介同出而行有次序如舒鴈然詩曰兩驂鴈行是可證也○注舒鴈鵞釋文鵞下有也字張氏從之嚴徐本俱無也字　云舒鴈鵞者爾雅釋鳥文詳士昏禮**皇且行入門主敬升堂主**

愼復記執玉異說疏正義曰注云復記執玉異說者敖氏云先言皇且行乃云入門主敬則與上記入門皇者異也云升堂主愼則又與入門而如恐失之者異也是謂異說今案記文雖異大指不外致謹於行步威儀而已蓋聘使鄰國不可隕越失容以爲君羞也

右三記賓介聘享之容

凡庭實隨入左先皮馬相閒可也隨入不竝行也閒猶代也土物有宐君子不以所無爲禮畜獸同類可以相代古文閒作干疏正義曰校勘記云注土物徐陳土俱作士誤　云隨入不竝行也者凡庭實以四爲禮或四皮或四馬執之牽之者不竝行是相隨而入也相隨而入則有先後故又言左先李氏云皮北面西上故左先今案左先宐兼皮馬言入門以西爲左西上故在左者先入也云閒猶代也者言有無可以相代如有皮之國則用皮無皮之國則用馬也云土物有宐君子不以所無爲禮者是釋所以相代之義禮器曰居山以魚鼈爲禮居澤以鹿豕爲禮君子謂之不知禮是可證巳云畜獸同類者皮用虎豹是獸也馬是六畜之一二

者雖有在家在野之殊然同爲四足而毛之類故相代可也褚氏云既有皮何必更用馬敖氏謂一節用皮一節用馬相閒而設殊不可解云古文閒爲干者干是假借字鄭據爾雅釋詁訓閒爲代其義較顯故不從古文

賓之幣唯馬出其餘皆東馬出當從廄也餘物皆東藏之內府疏正義曰此幣字蓋統謂玉帛皮馬也言主人受賓之幣唯馬則出之於廄餘物皆向東藏之上經享時曰皮如入右首而東覲時曰有司二人坐舉皮以東又曰宰夫受幣于中庭以東皆是也必知藏之內府者周禮內府職曰凡四方之幣獻之金玉齒革兵器凡良貨賄入焉鄭注諸侯朝聘所獻國珍彼天子禮諸侯當亦然襍記曰宰夫坐取璧降自西階以東鄭注以東藏於內也此雖言諸侯相弔含之禮與聘殊然其以東藏於內則同也

多貨則傷于德貨天地所化生謂玉也君子於玉比德焉朝聘之禮以爲瑞節重禮也多之則是主於貨傷敗其爲德疏正義曰注傷敗校勘記云徐本集釋俱無敗字通解楊氏俱有今案嚴本有敗字從之　云貨天地所化生謂玉也者鄭以此句爲論聘用玉之事天地所化生對人所造爲者言之鄭注周禮大宰商賈阜通貨賄云金玉曰貨布帛曰賄是謂玉爲貨也

云君子於玉比德焉者聘義文云朝聘之禮以爲瑞節重禮也者謂朝聘假玉爲瑞節以通信蓋重禮非重玉故聘義曰圭璋特達德也云多之則是主於貨傷敗其爲德者蓋玉以比德若多之則有重玉之意而傷害其爲德矣敖氏云言此者見貨之不可多也盛氏云貨謂玉帛庭實之屬不專指玉今案貨亦有兼布帛言如漢書食貨志所云乃對文異散則通之例也此二句以貨對幣言明是指玉鄭說不可易

幣美則沒禮幣人所造成以自覆幣謂束帛也愛之斯欲衣食之君子之情也是以享用幣所以副忠信美之則是主於幣而禮之本意不見也

疏正義曰注愛之校勘記云陳閩監葛愛俱誤作受云幣人所造成以自覆幣謂束帛也者鄭以上貨爲聘玉故以此幣爲享時所用束帛束帛爲人所造成與天地化生者異云愛之斯欲衣食之君子之情也是以享用幣所以副忠信者禮曰忠信本也忠信卽其愛之之情有是忠信之實乃用幣以將之重禮不重幣也云美之則是主於幣而禮之本意不見也者美是人工極其華麗則徒見幣之美而不見禮意是禮爲其所掩沒矣敖氏云言此者見幣之不必美也張氏爾岐云注以自覆幣謂束帛也幣疑當作蔽字自覆蔽謂其可爲衣也褚氏云注幣人所造成

以自覆爲句幣謂束帛也爲句今案張說較勝○案荀子引聘禮志曰聘厚則傷德財侈則殄禮與此文稍異而義同

賄在聘于賄賄財也于讀曰爲言主國禮賓當視賓之聘禮而爲之財也賓客者主人所欲豐也若苟豐之是又傷財也周禮曰凡諸侯之交各稱其邦而爲之幣以其幣爲之禮古文賄皆作悔【疏】正義曰注云賄財也者詳前案上言貨與幣是聘君所以聘享主國者此云賄卽賄用束紡及出有贈賄之賄乃主國所以遺聘國者葢亦不可過禮也云于讀曰爲者士冠禮宐之于假注云于猶爲也是于爲聲義相近故讀從之云言主國禮賓當視賓之聘禮而爲之財也者鄭讀于爲爲而又訓在爲視言主國所以致禮於賓國者當視賓國聘禮之厚薄而爲之財不可嗇亦不可豐也引周禮者司儀職文證在聘爲賄之義彼注云幣享幣也於大國則豐於小國則殺主國禮之如其豐殺謂賄用束紡禮用玉帛乘皮及贈之屬是也云古文賄皆作悔者胡氏云賄正字悔同音假俗字曲禮釋文引字林云賄音悔

右記庭實貨幣之宐

凡執玉無藻者襲藻謂繅也繅所以縕藻玉

疏正義曰注云藻謂繅也繅所以縕藻玉者案繅以薦玉義已詳前繅亦稱藻典瑞曰繅藉五采五就是也陸氏佃謂經言繅又別言藻則藻非繅著矣其說誤但此記無藻者襲則指圭璋特達而言曲禮曰執玉其有藉者則裼無藉者則襲鄭注藉藻也裼襲文質相變耳有藻爲文裼見美亦文無藻爲質襲充美亦質圭璋特而襲璧琮加束帛而裼亦是也案有藉無藉當以此注後條爲是孔疏襍引各家說而無斷制如所引熊氏說謂朝聘時用圭璋特賓主俱襲行享時用璧琮加束帛賓主俱裼是已而又牽合垂繅屈繅之文謂垂藻之時則須裼屈藻之時則須襲殊未明析至引皇氏說謂玉亦有裼襲尤爲非理陳氏祥道云玉有以繅爲之藉有以束帛爲之藉有藉則裼無藉則襲特施於束帛而已聘則賓襲執圭公襲受玉及享則賓裼奉束帛加璧蓋聘特用玉而其禮嚴享藉以帛而其禮殺此襲裼所以不同先儒以垂繅爲有藉屈繅爲無藉此說非也陸氏佃云無藉若圭璋特是也楊氏復云曲禮曰執玉其有藉者則裼無藉者則襲所謂無藉謂圭璋特達不加束帛當執圭璋之時其人則襲也所謂有藉者謂璧琮加於束帛之上當執璧琮之時其人則裼也曲

禮所云專指圭璋特而襲璧琮加束帛而裼一條言之先儒乃以執圭而垂繅爲有藉執圭而屈繅爲無藉此則不然陳氏陸氏之言足以破先儒千百載之惑矣然何以知先儒之說爲非而陳氏陸氏之說爲是邪竊詳經文裼襲是一事垂繅屈繅又別是一事不容混合爲一說方其始受君命也賈人啟櫝取圭垂繅以授宰宰執圭屈繅自公左授使者使者垂繅受命訖以授上介上介受玉屈繅以授賈人是時授受凡易四手有屈垂之文而無裼襲之禮也及至主國行聘禮賓在廟門之外賈人啟櫝取玉垂繅而授上介上介不襲屈繅以授賓經明言上介不襲是有垂屈之文而無裼襲之禮也逮夫主賓三揖三讓登堂賓襲執圭公側襲受玉于中堂與東楹之間及公側授宰玉而後裼降立是主賓授受則襲既授宰玉則裼故鄭注云凡當盛禮者以充美爲敬非盛禮者以見美爲敬此言是也當主賓授受之時曾不見垂屈之文焉聘禮既畢君使卿皮弁還玉于館既歸反命公南鄉卿進使者使者執圭垂繅北面上介執璋屈繅主於其左又有垂屈之文而無裼襲之禮蓋圭聘禮之重也主賓授玉于中堂與東楹之間禮之正也方其授于賈人授于上介皆擬行之禮及賓禮者之事故辨垂屈以彰其文主賓授玉于中堂與東楹

之閒爲禮之正故辨裼襲以致其敬及歸反命又於君前以巠屈爲文而不以裼襲爲禮豈非玉爲聘禮設反命亦非禮之正乎兩義不同各有其宜自鄭氏之說始差熊氏皇氏從而傅會之而經意始汨然經文粲然如日星之在天又豈得而終汨之邪敖氏曰藉謂束帛以藉玉也以此篇考之則聘以圭璋而不用束帛以爲藉所謂無藉者也其賓主授受之時皆襲以執之執玉之無藉者襲則於其有藉者裼可知乃不言之者裼乃常禮不特於執亨玉之時爲然故也今案陳氏陸氏楊氏皆主曲禮注後條而楊說更詳密至此記但云無藉者襲而不言有藉者裼則敖說亦可從耳

右記裼襲之節

禮不拜至以賓不於是始至今文禮爲醴〔疏〕正義曰注云以賓不於是始至者胡氏承珙云禮不拜至當是謂聘享畢禮賓時事蓋經於聘時無拜至明文記獨言禮不拜至正見聘有拜至與經文互相備注云以賓不於是始至亦對聘時而言賈云聘時不拜至非也賈蓋謂此文承上執玉帛之下不知此文乃合下文醴尊于東箱

及祭醴再扱爲一節耳或曰士昏禮醴賓拜至記者恐人疑凡醴皆然故特明之見聘禮與昏禮異也義亦通云今文禮爲醴者胡氏云今文作醴義自可通惟鄭於士冠士昏請醴賓皆破爲禮又此經請禮賓祇作禮故于此亦從古文作禮壘今文作醴者不用而下文君有故使大夫受不禮又壘古文作醴者不用也

醴尊于東箱瓦大一有豐瓦大瓦尊豐承尊器如豆而卑　疏　正義曰箱毛本作廂校勘記云唐石經嚴徐陳本集釋俱作箱箱正字廂俗字○敖氏云士冠禮醴尊于房中勺觶角柶脯醢在其北南上此尊于東箱則勺觶籩豆之類亦宜近之今案瓦大豐詳燕禮

薦脯五臓祭半臓橫之臓脯如版然者或謂之脡皆取直貌焉　疏　正義曰此醴賓時所用薦脯也餘詳鄉飲酒及鄉射記

祭醴再扱始扱一祭卒再祭卒謂後扱　疏　正義曰詳士昏禮

主人之庭實則主人遂以出賓之士訝受之此謂餘三馬也左馬賓執以出矣士士介從者　疏　正義曰主人之庭實謂醴賓之庭實也則主人遂以出吳氏疑義云牽馬者從出也以經無文故記補之　郎上經注所謂主人　注云此謂餘三馬

也左馬賓執以出矣者庭實四馬賓自執左馬以出則使人牽以出者止三馬也云士士介從者以云賓之士明是士介從者可知上經注云從者士介與此同上經從者訝受馬受賓自執之馬此云士訝受之受其餘三馬也

右記公禮賓儀物

旣覿賓若私獻奉獻將命 時有珍異之物或賓奉之所以自序尊敬也猶以君命致之 疏 正義曰言旣覿則獻行於覿後矣覿與獻皆是私禮而覿有定獻或有或無不定故言若也 注云時有珍異之物或賓奉之者獻無常物有珍異則奉之以獻云時有云或皆不定辭也云所以自序尊敬也者序當作遂遂達也言獻所以自達其尊君敬君之忱云猶以君命致之者獻雖己物必稱君命以致之明不敢自私也臣之於君與子之於父同玉藻曰親在行禮於人稱父亦是此意 **擯者入告出禮辭** 辭其獻也 **賓東面坐奠獻再拜稽首** 送獻不入者奉物禮輕 疏 正義曰司儀職曰私面私獻皆再拜稽首君荅拜吳氏章句云由東面轉北面再拜 注云奉物禮輕者對私覿禮重入門奠幣也 **擯者東面坐取**

獻舉以入告出禮請受東面坐取獻者以宦並受也其取之由賓南而自後右客也【疏】正義曰禮請受詳上經士介私覿節注云以宦並受也者賓東面坐奠獻擯者東面坐取獻是同面並受也云其取之由賓南而自後右客也者上經享時云受皮者自後右客注葢本此爲解也李氏云擯者自門東適賓南由賓後於賓北取幣賓固辭公荅再拜拜受於賓也固亦衍字【疏】正義曰校勘記云再唐石經作再誤注云拜受於賓也者敖氏云云荅則拜非爲受也此說是然則公荅再拜者荅賓之再拜稽首也云固亦衍字者賈疏云以其上擯者禮請受不云固明知賓不固辭故云衍字今案云亦者亦上經士介私覿時賓固辭之固爲衍字也說詳彼注擯者立于閾外以相拜賓辭相贊也古文閾爲蹷【疏】正義曰相拜者所立上經云門中此云閾外文互見也相拜立于閾外則內得贊君外得視賓擯者授宰夫于中庭東藏之旣乃介覿【疏】正義曰吳氏疑義云私獻偶然事不必定是覿時注未的今案吳說是也若兄弟之國則問夫人兄弟謂同姓若婚姻甥舅有親者問猶遺也謂獻也不言獻者變於君也

非兄弟獻不及夫人疏正義曰注云兄弟謂同姓若婚姻甥舅有親者古人同族多稱昆弟其稱兄弟則兼異姓有親者言之注云婚姻者據爾雅釋親妻之父爲婚兄弟壻之父爲姻兄弟也云甥舅者據詩頍弁兄弟甥舅也云問猶遺也謂獻也者遺是以物與人之名鄭解問爲遺以別於聘問之問謂此問與上言獻一也云非兄弟獻不及夫人者言惟兄弟之囯獻君幷及夫人其他非兄弟之國雖於君有獻亦不及夫人矣經言若者對非兄弟者言也敖氏引或說問猶聘也謂此問夫人卽經所謂夫人之聘享徐氏卓云夫人之聘享不專主兄弟之國言此記明言兄弟之國究當以鄭注爲是云

右記覿後賓私獻

若君不見君有疾若他故不見使者疏正義曰注疾校勘記云陳閩俱誤作宮葛本作病　云他故賈疏云謂疾之外或新有哀慘

使大夫受受聘享也大夫上卿也疏正義曰注云大夫上卿也者卿亦稱大夫必知使上卿者以其代君受聘享當使職尊者不使下卿也

自下聽命自西階升

受負右房而立賓降亦降此儀如還圭然而賓大夫易處耳今文無而疏正義曰校
勘記云階唐石經作門誤注云此儀如還圭然者案自
下聽命在堂下聽命也與還圭時賓自碑內聽命注云聽
命於下敬也同自西階升受負右房而立與還圭時升自
西階自左南面受圭退負右房而立同賓降亦降與還圭
時大夫降中庭賓降同故云如還圭然也云而賓大夫易
處耳者謂還圭時賓在大夫之左受之此則大夫在賓之
左受之故云易處也云今文無而者前還圭時負
右房而立有而字此亦當有而字故鄭從古文不禮辟正
主也古文禮作醴疏正義曰不禮謂聘享畢不禮賓也敖氏云必
言之者嫌受其聘享則當禮之也○校勘記
云古文禮作醴五字各本俱脫嚴本集釋通解敖氏俱有
敖氏古誤作今注云辟正主也者正主謂君以大夫代
受不敢儼然如君行
禮賓之禮故云辟也

右記君不親受之禮

幣之所及皆勞不釋服以與賓接於君所賓又請有事於已不可以不速也所不及者下大

夫未嘗使者也不勞者以先是賓請有事於己同類旣聞彼爲禮所及則己往有嫌也所以知及不及者賓請有事固曰某子某子【疏】正義曰經惟云卿大夫勞賓不辨幣之所及與不釋服之節故記明之國語晉羊舌肸聘于周發幣于大夫敖氏云服皮弁服郝氏云朝服案聘君臣同服皮弁服敖說爲長　注云以與賓接於君所賓又請有事於己不可以不速也者是釋所以不釋服而往勞之故褚氏云見勞賓者先於致饔餼今案記云幣之所及皆勞則有所不及而不勞者矣云所不及者下大夫未嘗使者也者謂三卿五大夫中惟未嘗使至己國之下大夫幣有不及耳云不勞者以先是賓請有事於己同類旣聞彼爲禮所及則己往有嫌也者言幣未及己而往勞之是嫌於相干也云所以知及不及者賓請有事固曰某子某子者斯時賓尚未問卿大夫何以知幣有及有不及蓋賓請有事之時卽舉所問之人一一言之因知幣之及己先往勞也某子某子如高子國子之類

右記勞賓

賜饔唯羹飪筮一尸若昭若穆羹飪謂飪一牢也肉謂之羹唯是祭其先大禮之盛

者也筮尸若昭若穆容父在父在則祭祖父卒則祭禰腥餼不祭則士介不祭也士之初行不釋幣於禰不祭可也古文羹爲羔飪作腍

【疏】正義曰注云羹飪謂飪一牢也者卽歸饔餼之飪也云肉謂之羹者爾雅文云唯是祭其先大禮之盛也者是字指羹飪言賜饔有飪有腥又有餼今唯言飪則其他不祭可知論語君賜食不祭者以恐或餕餘此歸饔是大禮飪又主君潔烹以賜者故必祭之不忘先也云筮尸若昭若穆容父在父在則祭祖父卒則祭禰者以經云筮一尸而又云若昭若穆則或昭或穆不定故知有父者祭父無父者祭禰也容父在者謂或父有廢疾或父已請老子爲大夫出使在外也敖氏云尸云筮則子弟之從行者衆矣又云唯羹飪之文意不具或脫一祭字云筮一尸者嫌幷祭祖禰當異尸也韋氏協夢云敖謂竝祭祖禰而唯一尸若然則何必言若昭若穆乎且何以處父在者乎褚氏云祖與父存沒無定故科祭其一若如敖說則何昭穆之有下皇祖某甫皇考某子誤與此同今案敖說之非盛氏及江氏筠亦但辨之云腥餼不祭則士介不祭也者士介但有餼而無饔故不祭若然則上介賜饔亦祭記不言者略也云士之初行不釋幣於禰不祭可也者盛氏云士介初行亦告於禰至是乃不祭者賤不載

主也今案大夫士無木主詳士虞禮陰厭節盛氏謂賤不載主也未確至謂士初行亦告禰揆之出告反面事亾如存之義士當亦與卿大夫同矣云古文羹爲羔飪作腍者胡氏云案說文鬻本从䰜从羔小篆从羔从美作羹此古文羹爲羔者蓋字之爛脫飪作腍者腍當作稔說文飪大孰也此古文蓋假穀孰之稔爲之傳寫又誤作腍耳爾雅饙餾稔也釋文稔本作飪此二字互假之證郊特牲腍祭腍亦稔之誤○賈疏云古者天子諸侯行載廟木主大夫雖無木主亦以幣帛主其神後人駁之謂上經釋幣卽埋之不云載之以出存以備參

僕爲祝祝曰孝孫某孝子某薦嘉禮于皇祖某甫皇考某子僕爲祝祝者大夫之臣攝官也

疏正義曰云孝孫又云孝子云皇祖又云皇考者上文云若昭若穆故此亦兩言之敖氏云字祖而諡考亦假設之辭　注云僕爲祝者大夫之臣攝官也者禮運曰大夫具官非禮也則攝官其常故注云然此僕爲祝祝者亦是使僕攝祝也定四年左傳祝鮀曰嘉好之事君行師從卿行旅從臣無事焉是君與大夫出境祝不從行故使僕爲之釋官云賈疏因此遂謂大夫本無祝官非是少牢大夫禮有祝又左傳范文子反自鄢陵使其祝宗祈死是大

夫之臣有祧矣。**如饋食之禮。**如少牢饋食之禮。不言少牢，今以大牢也。今文無之。【疏】正義曰：王氏士讓云：此因事而祭，故惟筵尸無筵曰，又無主婦助祭，且館於大夫之廟，記云如者，亦略倣其大節為之耳。注云今文無之者，蓋鄭於字句閒亦必審擇所從也。

假器于大夫。不敢以君之器為祭器。【疏】正義曰：王氏士讓云：案為聘使不得將祭器以行，必假於大夫者，爵同也。曲禮曰：大夫寓祭器於大夫，士寓祭器於士。去國冀反者如此，則出聘者不以祭器行可知矣。注云不敢以君之器為祭器者，盛氏云：君之器謂鼎豆之屬，君所歸於賓者，亦可為祭器，而臣不敢用也。

肦肉及庾車。肦猶賦也。庾，庾人也。車，巾車也。二人掌視車馬之官也。賦及之，明辯也。古文肦作紛。【疏】正義曰：注云肦猶賦也者，禮記王制名山大澤不以肦，鄭注：肦讀為班。周禮匪頒之式，鄭司農云：頒讀為班布之班。是肦、頒、班三字義俱通。說文：班，分瑞玉。爾雅釋言：班，賦也。郭注謂布與，蓋皆分物與人之意，故以肦猶賦解之。云庾，庾人也；車，巾車也；二人掌視車馬之官也者，釋官云庾、車，注以庾人、巾車當之。之考周禮，庾人下士，而巾車掌公車之政令，以下大夫為之，疑大夫出聘未必有此官從行也。周禮庾人下有圉人掌養馬廋圉亦通稱左傳崔子使圉人駕又孟氏選圉人之壯者是大夫亦有圉人掌馬也車則大夫家掌車之官若左傳云鮑子之臣差車鮑點叔孫氏之車子鉏商之類或曰廋車蓋廋人巾車之徒屬從聘賓行者云賦及之明辯也者此謂大夫受饔而祭祭訖肦肉廋車賤官亦及之明其下逮無不辯也云古文肦作紛者蓋由形近致誤故鄭不從

右記賓受饔而祭

聘日致饔旣歸大禮疏正義曰校勘記云日唐石經作自誤注旣歸大禮四字今本俱脫嚴徐集釋通解楊氏俱有〇聘之日行聘享畢禮賓禮賓後私覿賓卽館又卿大夫勞賓其事緐矣乃於是日卽歸饔餼是旣歸大禮也大禮謂饔也**明日問大夫**不以幾日問人崇敬也古文曰問夫人也疏正義曰注云不以幾日問人崇敬也者謂不以聘日問大夫而以聘之明日問大夫是不以幾日也云古文曰問夫人也者胡氏云蓋涉下文夕夫人歸禮而誤耳**夕夫人歸禮**與君異日下之也今文歸作饋疏正義曰注云與君異日下

之也者此夕乃問大夫之夕是與君致饔異日也**旣致饔**云今文歸作饋者詳前君使卿韋弁歸饔餼下

旬而稍宰夫始歸乘禽日如其饔餼之數稍稟食也乘禽乘行之禽也謂鴈鶩之屬其歸之以雙爲數其賓與上介也古文旣爲餼【疏】正義曰旬十日也旣致饔旬而稍謂致饔之後十日而賓猶未歸則更致稍倉恐米禾之不繼也宰夫始歸乘禽亦謂於旬日始也必使宰夫者三禮札記云周禮宰夫職掌賓客之委積膳獻鄭注膳獻禽羞俶獻也此天子禮諸侯當亦然故宰夫主歸之○注乘禽毛本作乘謂校勘記云謂嚴本集釋敖氏俱作禽是也今案古文旣爲餼胡氏承珙古今文疏義作古文餼爲旣云十行本作古文旣爲餼毛本同蓋皆傳寫誤倒今更正案此餼爲旣者以餼爲經內饔餼之餼非旣致饔之旣也若以爲旣致饔之旣則旣訓已與餼之義絕不相通無緣致誤疏義說似是然嚴本及各本俱與十行本同茲仍之而附其說於後焉　云稍稟食也者詳上經唯稍受之下云乘禽乘行之禽也者賈疏云別言此者欲見此乘非物四曰乘今案賈蓋以下多言雙故疑非物四之乘然語意未詳周禮掌客鄭注乘禽乘行羣處之禽謂雉鴈之屬於禮以雙爲數方氏苞云

曰乘禽以其雄雌相乘而爲偶也故致之亦以雙然則乘禽卽謂鳥之雄雌竝行者矣云謂鴈鶩之屬者爾雅曰舒鴈鵞舒鳧鶩莊子命豎子殺鴈而烹之左傳饔人竊更之以鶩是二物皆可供膳故舉以爲證也云其歸之以雙爲數者謂歸禽如其饔餼之數每牢一雙聘義曰乘禽日五雙謂賓也賓饔餼五牢故五雙上介三牢則三雙士介一牢則一雙云其賓與上介也者言乘禽日日歸之惟賓與上介耳若士介則閒日矣胡氏承珙云古文餼爲旣案饔餼字本作氣說文氣饋客之芻米也从米气聲春秋傳齊人來氣諸矦槩氣或从旣餼氣或从食自經典叚氣爲雲气字而饋客之氣遂皆作餼或有作旣者如此經古文及中庸旣稟稱事大戴禮朝事私覿致饔旣段氏玉裁以三旣字皆槩之省案一切經音義云餼古文作槩雖不言儀禮古文疑玄應所見儀禮注本容有作古文餼爲槩者鄭注中庸云旣讀爲餼餼者轉从今字使人易曉故於此經亦從今文作餼也

士中日則二雙 中猶閒也不一日一雙大寡不敬也

凡獻執一雙委其餘于面 執一雙以將命也面前也其受之也上介受以入告之士舉其餘從之賓不辭拜受於庭上介執之以相拜於門中乃入授人上介受亦如之士介拜受

於門外疏正義曰注其受之也毛本也作止校勘記云嚴徐集釋楊敖俱作也通解作止下句敖作上介受之以入告今案嚴本及各本俱作上介受以入告之云執一雙以將命也者少儀曰其禽加於一雙則執一雙以將命委其餘與此記義同惟文有詳略耳彼注云加猶多也云面前也詳士冠禮云其受之也上介受以入告之至乃入授人略如私獻儀節惟士舉其餘從之私獻節無此文蓋約士介面卿時士三人坐取羣幣以從之之文也賓不辭以記無辭文拜受於庭拜字疑衍上經賓三拜乘禽于朝注云發去乃拜乘禽則此時不拜可知乘禽微物乃使賓日日亟拜乎下云上介相拜亦非李氏云記云凡獻知受之如受賓私獻之禮也不辭者歸禽禮輕上介受如賓士介受於門外皆俶受饔餼禮

禽羞俶獻比比放也其致之禮如乘禽也禽羞謂成熟有齊和者俶獻四時珍美新物也俶始也言其始可獻也聘義謂之時賜疏正義曰注比放也校勘記云監本比誤作此云比放也其致之禮如乘禽也者放與俶同謂其致禽羞俶獻之禮略與歸乘禽同也餘詳上經燕與羞俶獻無常數下○吳氏疑義云注以放訓比謂禮如乘禽不知彼生此熟烏能做而行之乎經義述聞云全經之例兩事相若者則

云亦如之或云如某事之禮無言比者竊疑比字本屬下句當讀如比及三年之比言比及歸大禮之日旣受饔餼乃請觀也禽羞俶獻之下蓋有脫文今不可考矣

今案此節文義難解述聞以爲有脫誤者近之

右記賓主行禮節次及禽獻之等殺

歸大禮之日旣受饔餼請觀　聘於是國欲見其宗廟之好百官之富若尤尊大之焉

疏　正義曰王氏士讓云案聘禮有請觀之舉敖氏疑聘日不給且譏非禮以爲記文之誤不知此舉乃於歸大禮之日請於歸饔餼之卿以達於君而已非卽日觀也亦如上經賓請有事於大夫非卽日問也方氏苞云請觀事微故不特請而假於致饔餼者以達之其入觀之日則惟主君所命非受饔餼之日旋請旋帥以入也今案王說方說甚是下文云訝帥之乃終言其事耳李氏云吳季札聘魯請觀于周樂晉韓起聘魯觀書于大史氏皆其事今案觀樂觀書皆可爲請觀之證鄭專主宮廟言者以下有自下門入之文也

訝帥之自下門入　帥猶道也從下門外入游觀非正也

疏　正義曰注云從下門外入游觀非正也者聘享等事是正事皆自大門入此游

觀非正故自下門入下門葢卽便門之類吳氏章句云下門其偏隅有門如闈門歟

右記賓游觀

各以其爵朝服此句似非其次宜在凡致禮下絕爛在此【疏】正義曰注此句下嚴本有似非其次四字末有絕爛在此四字今本俱脫校勘記云徐本集釋敖氏俱有通解與今本同　云此句似非其次宜在凡致禮下者鄭以下文凡致禮爲致饗食之禮上經云若不親食使大夫各以其爵朝服致之以侑幣致饗以酬幣亦如之故知各其以爵朝服當在凡致禮下絕爛在此也盛氏云其謂賓與上介也致賓以卿致上介以下大夫朝服殺於致饔也今案盛說頗明或以此句屬上節非

右記致禮者之爵服

士無饔無饔者無儐謂歸饔餼也【疏】正義曰校勘記云儐唐石經嚴徐陳閩葛本集釋通解楊敖俱作擯李氏曰當爲儐今案監本毛本已改從儐○上經歸饔餼云士介四人皆餼大牢是無饔也上賜饔注以

饔爲大禮之盛者故無饔則禮從簡略不儐使也上經已言無儐但未言其義故記明之

右記士介之殺禮

大夫不敢辭君初爲之辭矣此句亦非其次宜在明日問大夫之下疏正義曰校勘記云注亦非其次四字今本俱脫嚴徐集釋俱有通解又無之字○大夫不敢辭謂賓問卿時擯者出請事但入告而不辭也所以然者以賓私覿退卽請有事於大夫君已禮辭而許之矣故不敢辭也

右記賓問大夫大夫不辭

凡致禮皆用其饗之加籩豆凡致禮謂君不親饗賓及上介以酬幣致其禮也其其賓與上介也加籩豆謂其實也亦實於甕筐饗禮今亾疏正義曰注云凡致禮謂君不親饗賓及上介以酬幣致其禮也者卽上經致饗以酬幣是也云其其賓與上介也者上經賓與上介君皆饗之唯士介不言饗故知其者指賓與上介耳云加籩豆謂其實也者謂其所實之物周禮籩人加籩之實蔆芡㮚脯蔆芡㮚脯醢人加豆之實芹菹兔

醓溓蒲醢醢箔菹腸醢筍菹魚醢是也以夫人歸禮推之則賓加籩豆當各六上介加籩豆當各四左傳昭六年晉侯饗季武子有加籩是其證矣記言此者恐人疑加籩豆在常禮之外致饗或不用故特明之言皆者皆賓與上介也云亦實於甕筐者校勘記據單疏要義無筐字疑爲衍文盛氏以注約公食禮言之謂豆實實於甕簋實於簠但記不言簋簠亦非筐或謂豆實濡物實於甕籩實乾物實於筐說亦可從云饗禮今亾者詳上經公于賓壹食再饗下言此以見無文可證耳

無饔者無饗禮士介無饗禮 疏 正義曰注饗校勘記云陳閩監葛楊氏俱誤享○此申言致饗唯賓與上介不及士介也士介無饔已詳上無饔者無饗禮以其卑也

右記致饗與無饗

凡餼大夫黍粱稷筐五斛謂大夫餼賓上介也器寡而大略 疏 正義曰上經大夫餼賓米八筐上介亦如之不言米幾種及筐大小故記明之○校勘記云注略下聶氏有也字　云謂大夫餼賓上介也者敖氏謂凡餼兼士介在內不知記明言餼大夫不云餼士又鄭上經注謂衆介無粱此云黍粱稷明止謂賓與

上介注説是云器寡而大略者謂筐止八而每筐容米五斛是器寡而大對君餼米百筥筥半斛器小而多者爲略也

右記大夫餼賓上介之實與器

旣將公事賓請歸謂己問大夫事畢請歸不敢自專謙也主國留之饗食燕獻無日數盡殷勤也

疏 正義曰注云謂己問大夫事畢者問大夫亦是公事以其幣物公家具之且奉君命以行也鄭恐人疑旣將公事爲行聘享事畢故特明之云請歸不敢自專謙也者蓋問大夫畢即請於主國以定歸期是不敢自專也云主國留之饗食燕獻無日數盡殷勤也者獻謂假獻無日數言非一日所以盡殷勤故又有旬而稍之禮也

凡賓拜于朝訝聽之拜拜賜也唯稍不拜

疏 正義曰上經已言賓三拜乘禽于朝訝聽之此復記之者賓受君饔餼受夫人歸禮受饗食燕皆明日拜賜于朝經皆未言訝聽之故此總記以補之也訝聽之義詳上經注云唯稍不拜者明稍以外無不拜稍禮詳前

右記賓請歸拜賜

燕則上介爲賓賓爲苟敬饗食君親爲主尊賓也燕私樂之禮崇恩殺敬也賓不欲主君復舉禮事禮己於是辭爲賓君聽之從諸公之席命爲苟敬苟敬者主人所以小敬也更降迎其介以爲賓介大夫也雖爲賓猶卑於君君則不與亢禮也主人所以致敬者自敵以上疏正義曰注介大夫也毛本介誤亦○缺

宰夫獻爲主人代公辭疏正義曰敖氏云燕禮輕故君與臣燕則不親爲主而使宰夫獻所以明君臣之義也此與他國之臣燕亦用此禮者所以別於其君也今案宰夫獻卽燕義所謂使宰夫爲獻主也宰夫當爲膳宰辨見燕禮釋官云儀禮經內所言宰夫皆與周禮宰夫職合惟此記云宰夫獻則指謂膳宰儀禮經是周公所作其記出於後儒之手如士冠禮記引孔子之言則作記者在春秋後可知春秋時通稱膳宰爲宰夫故此記因之

右記燕聘賓之禮

無行則重賄反幣無行謂獨來復無所之也必重其賄與反幣者使者歸以得禮多爲榮所以盈

聘君之意也。反幣謂禮玉束帛乘皮，所以報聘君之享禮也。昔秦康公使西乞術聘于魯，辭孫而說。襄仲曰：「不有君子，其能國乎？」厚賄之。此謂重賄反幣者也。今文曰「賄反幣」，重作厚，非。疏 正義曰：注「此謂重賄」，集釋云「無行謂獨來，復無所之也」者，如左傳吳公子札聘魯，遂聘齊、聘鄭、聘衞、聘晉，是所聘不一國。此則特爲己國來聘，訖亦不復往他國，是無行也。秦西乞術聘魯事在左傳文十三年，彼云「厚賄之」，是贈聘使；此云「重賄」，是報聘君。二者不同，鄭特引以爲重賄反幣之證耳。盛氏云：「賄，主國所以遺聘君者，上經賄止用束紡，今則加厚之。反幣，主國所以報享者，上經唯言禮玉束帛乘皮而已，今則盡反其享君享夫人之物也。重賄而又盡反其幣，皆所以荅其特來之厚意。敖以贈幣釋之，非。」今案：盛說是也。云「今文曰賄反幣」者，古文作「重賄反幣」，今文無「重」字。案：無「重」字則厚荅聘君之意不見，故鄭不從也。

右記特聘宐加禮

曰：「子以君命在寡君，寡君拜君命之辱。」此賛君拜聘享辭也。在，存也。疏正義曰：校勘記云「曰上，集釋、通解俱有辭字」。○此及下三節，卽上經公館賓時所謂聘享夫人之聘享、問大夫、送賓，公皆再拜之四事也。因經未言賛拜之辭，故記補之。注云「在，存也」者，謂在卽存問之意。周禮大行人曰「歲徧存」是也。

君以社稷故，在寡小君，拜。此賛拜夫人聘享辭也。言君以社稷故者，夫人與君體敵，不敢當其惠也。其卒亦曰「寡君拜命之辱」。疏正義曰：注云「言君以社稷故者，夫人與君體敵，不敢當其惠也」者，案取夫人爲社稷主，見禮記哀公問。盛氏云：「夫人與君同主社稷，故其辭鄭重如此，若曰君貺寡君，延及寡小君，是以主君當其惠矣。」注云「夫人與君體敵，不敢當其惠也」者，對下拜問大夫之辭而言，大夫與君不敵，故敢當其惠也。云「其卒亦曰寡君拜命之辱」者，上節末云「寡君拜君命之辱」，此節在寡小君下止云拜者，是省文，其實節末亦當曰「寡君拜命之辱」也。

君貺寡君，延及二三老，拜。此賛拜問大夫之辭。貺，賜也。大夫曰老。

又拜送。拜送賓也。其辭蓋云：「子將有行，寡君敢拜送。」自拜聘享至此，亦非其次，宜承上君館之下。疏正義曰：校勘記云：「此節經注，唐石經、嚴、徐、集釋俱在君貺寡君節下，敖同。今本」秦氏蕙田云：「又拜送三字，監本及敖本皆在君旣寡君之上唐石經及謝子祥郝敬張爾岐盛世佐諸本竝在延及二三老拜之下於文義爲順今案以上經文次考之送賓在問大夫之後唐石經及嚴徐各本是也校勘記又云注自拜聘享至此亦非其次宜承上君館之下共十七字嚴徐集釋俱如是今本作此宜承上君館之下脫九字通解祇有下七字　注云自拜聘享至此亦非其次宜承上君館之下者謂自曰子以君命在寡君以下至此竝當承上記明日君館之下也李氏云案君館之自終上有故加書之文此贊拜辭在重賄反幣下釋皮帛謝主人上與公館賓之節正相當其次宜在此今案李說與注異

右記公館賓拜四事之辭

賓于館堂楹閒釋四皮束帛賓不致主人不拜賓將遂去是館留禮以禮主人所以謝之不致不拜不以將別崇新敬也疏正義曰主毛本誤作王校勘記云注所以謝之下嚴徐集釋通解要義敖氏俱有也字楊氏無○敖氏云必釋於此者明爲館故也皮亦在堂禮之變也今案館有主人而賓釋皮帛以謝之則其館於大夫士家之廟益可見矣　注云不致不拜不以將別崇新敬也者此亦將去示禮有終

之意敖氏謂難乎其為授受恐非

右記賓謝館主人

大夫來使無罪饗之樂與嘉賓為禮【疏】正義曰來使謂來聘敖氏云饗之親饗之也主國君於賓有饗食燕之禮但言饗者舉其盛者言之也

過則餼之餼之腥致其牢禮也其致之之辭不云君之有故耳聘義曰使者聘而誤主君不親饗食所以愧厲之也不言罪者罪將執之【疏】正義曰注腥致其牢禮也毛本腥作生校勘記云嚴徐陳本通解楊氏俱作腥集釋作生　云餼之腥致其牢禮也者腥謂殺而未亨左傳餼牽竭矣服注腥曰餼是餼亦訓腥蓋不親饗故腥致之也云其致之之辭不云君之有故耳者張氏爾岐云君有故亦不親饗此以使者有過而不饗故致辭異也引聘義者證有過不饗之事云不言罪者罪將執之者案罪失誤之大者過失誤之小者有過雖不親饗猶腥致之有罪則不唯不饗而已亦不餼之也鄭云罪將執之者蓋據春秋時有執他國之大夫者然恐非古禮也敖氏以過為上經若過邦之過餼卽餼之以其禮之餼又以下節其介為介之上

有闕文皆謬解斷不可從

其介爲介

饗賓有介者尊賓行敵禮也

疏 正義曰此承上無罪饗之而言謂饗賓之時以賓爲賓卽以從賓來聘之上介爲介故云其介也必知介爲上介者敖氏云士介賤不可以與主君爲禮故也今案上經饗食賓介不及士介是其證矣李氏云春秋傳襄二十七年宋公兼饗晉楚之大夫趙孟爲客子木與之語弗能對使叔向侍言焉子木亦不能對也叔向蓋爲趙孟介而從饗者食禮介雖從入不從食也○注賓尊汪氏中校本改爲尊賓義似較勝　云饗賓有介者對燕禮以上介爲賓以賓爲苟敬無介也　云行敵禮也者賈疏云若鄉飲酒賓主行敵禮而有介然也

有大客後至則先客不饗食致之

卑不與尊齊禮

疏 正義曰注尊下校勘記云嚴徐集釋通解俱有者字楊本無○大客敖氏以爲朝君賈疏以爲大國之卿案三禮札記云周禮大行人掌大賓之禮及大客之儀鄭注大賓要服以內諸侯大客謂其孤卿據此則大賓大客是對要服以外言之其要服以內賓客不分大小也況上經言饗食有定禮不分別大小國左傳昭元年趙孟叔孫豹曹大夫入于鄭鄭伯兼享之曹是小國而其大夫得與趙孟叔孫豹同享豈以大國之卿後至而遂廢

小國之卿饗食之禮乎賈說非矣司儀職雖以諸侯相朝爲賓大夫來聘爲客然對文異散則通此篇賓客多通稱則大客卽謂諸侯其先至之大夫自不得與諸侯齊禮也當從敖說

右記饗不饗之宜

唯大聘有几筵謂受聘享時也小聘輕雖受於廟不爲神位[疏]正義曰小聘不筵几記恐人疑大聘亦然故特明之大聘有几筵者卽上經行聘時云几筵既設擯者出請命是也言唯則小聘之無几筵亦見矣詳上經小聘曰問下

右記受聘問之異

十斗曰斛十六斗曰籔十籔曰秉秉十六斛今江淮之閒量名有爲籔者今文籔爲逾[疏]正義曰注今文籔爲逾毛本文誤入校勘記云嚴徐陳本集釋通解敖氏俱作文　云秉十十六斛者上云十斗曰斛十六斗曰籔此十籔曰秉據籔計之也若以斛計之則一秉十六斛矣此秉秉爲量名與下四秉曰筥之秉

異云今江淮之閒量名有爲籔者籔與庾同云今文籔爲逾者詳上經東秉有五籔下

二百四十斗 謂一車之米秉有五籔【疏】正義曰注云謂一車之米者謂二百四十斗爲一車之米也二百四十斗卽二十四斛也上經歸饔餼云門外米三十車車秉有五籔蓋每車有一秉五籔也一秉十六斛五籔又八斛是二十四斛也○自十斗曰斛至此皆言米數也

四秉曰筥 此秉謂刈禾盈手之秉也筥穧名也若今萊易之閒刈稻聚把有名爲筥者詩云彼有遺秉又云此有不斂穧【疏】正義曰注萊易毛本易作陽校勘記云通解楊敖俱作易釋文宋本亦作易今本作易案萊易二地名故云之閒或誤作易遂誤作陽今案嚴本作易黃氏丕烈云影宋鈔釋文作易段氏云凡釋文陽字無有作易者嚴本與釋文合萊易二水名漢書故安易水東至范陽入濡水亦至范陽入淶此萊字當卽淶也案地名水名二說略姝然其字之爲易無疑矣　云此秉謂刈禾盈手之秉也者上文云十籔曰秉鄭恐人以此秉與上秉同故特辨之云筥穧名也若今萊易之閒刈稻聚把有名爲筥者案周禮掌客注云米禾之秉筥字同數異禾之秉手把耳筥讀爲棟梠之梠謂一穧也是筥爲穧名不特此秉非籔秉之秉卽此筥亦

非筐筥之筥矣云詩云彼有遺秉又云此有不斂穧者大田篇文鄭引以證秉筥之爲禾數也毛傳云秉把也孔疏云秉刈禾之把也穧者禾之鋪而未束者筥謂一穧然則禾之秉一把耳米之秉十六斛禾之筥四把耳米之筥則五斗是其字同數異矣

十筥曰稯十稯曰秅四百秉爲一秅一車之禾三秅爲千二百秉三百筥三十稯也古文稯作緵

疏正義曰案上云四秉曰筥則十筥曰稯四十秉也十稯曰秅四百秉也故又云四百秉爲一秅○注古文稯作緵校勘記云緵閩本作稯誤釋文通解俱作緵今案嚴本作緵　云一車之禾三秅者卽上經歸饔餼云禾三十車車三秅也云爲千二百秉者一秅四百秉三秅是爲千二百秉三百筥三十稯也掌客注云禾稾實幷刈者也亦引此記云秅車三秅則三十稯也稯猶束也然則筥爲未束之名稯爲已束之名十筥曰稯則四十把共一束也云古文稯作緵者案說文系部無緵字惟禾部稯下云布之八十縷爲稯胡氏云布縷之緵古字葢偺總爲之說文稯下注解疑有脫誤稯字从禾當爲禾數故鄭從今文○自四秉曰筥至此皆言禾數也

右記明致饔米禾之數

卷十八終

儀禮正義卷十九　鄭氏注

績溪胡培翬學

公食大夫禮第九

鄭目錄云主國君以禮食小聘大夫之禮也於五禮屬嘉禮大戴第十五小戴第十六別錄第九

疏 正義曰主毛本誤作壬集釋大夫之禮下有也字今從之○公者五等邦國之通稱大夫謂下大夫對卿爲上大夫也凡待賓客之禮有饗有食有燕燕主於酒而食主於飯饗則兼之鄭云主國君以禮食小聘大夫之禮也者案經云賓朝服卽位于大門外如聘明先聘後食此所食之賓卽聘賓也必知爲小聘大夫者小聘使大夫爲賓也賈疏云下文薦豆六設黍稷六簋庶羞十六豆此等皆是下大夫小聘之禮下乃別云上大夫八豆八簋庶羞二十豆是食上大夫之法故知據小聘大夫也魚腸胃倫膚皆七者謂子男小聘之大夫今案此篇主言食子男小聘大夫而侯伯大聘使卿爲賓使大夫爲上介亦有食可知敖氏謂與前篇互見其禮是也據聘禮云賓一食再饗上介一食一饗不言士介此又單言大夫則士介無食也

三禮札記云天子有食諸侯之禮大行人云上公食禮九舉侯伯食禮七舉子男食禮五舉是也諸侯相朝有相食之禮掌客云上公三食侯伯再食子男一食是也諸侯於本國之臣亦有食禮左傳魏絳和戎晉侯與之禮食是也天子諸侯養老亦用食禮禮記食三老五更於大學又曰秋食耆老是也此篇是主言諸侯食聘賓並及大夫相食之禮即聘禮所云公於賓壹食再饗大夫於賓壹饗壹食是也今惟此篇禮存其餘皆不可考矣或曰樂記言食三老五更袒而割牲執醬而饋執爵而酳冕而總干此不親割不設樂執醬而不執爵蓋食禮之中亦有隆殺焉又此篇主於食飯而無賓主之酬酢其食飯也亦止賓一人而主君不舉其食故無阼席然而鼎俎具陳庶羞畢備其侑勸則皮幣咸有其執事則卿大夫士皆在其食餞也則卷牲俎以歸賓是亦待賓客之重禮也禮經釋例云食重於燕不獨食禮公自爲主人燕禮使宰夫爲主人之別也食禮有幣燕禮無幣食行於廟燕行於寢食牲用大牢燕牲用狗食使大夫戒賓燕於庭命賓皆其例矣萬氏斯大乃謂食視燕饗爲輕誤甚饗禮篇亾不可考其禮則又重於食焉云於五禮屬嘉禮者周禮大宗伯以嘉禮親萬民飲食饗

燕皆屬嘉禮故知食亦屬嘉禮也

公食大夫之禮使大夫戒各以其爵戒猶告也告之必使同班敵者易以相親敬

疏正義曰自此至大夫既匕匕奠於鼎逆退復位皆設饌以前事分爲四節戒賓賓從一也陳具二也賓入拜至三也鼎入載俎四也　注戒謂至賓館戒之使來主國之廟受食也據下云遂從之則本日戒可知　云戒猶告也告之必使同班者謂食卿使卿戒食大夫使大夫戒也敖氏云各以其爵則兼卿大夫言矣此蓋顧下經見上大夫之禮而立文也敖說得經意云敵者易以相親敬者此釋各以其爵之義也敖氏云飲食之禮賓主敵則主人親戒速所以尊賓也此使戒賓而各以其爵亦其義耳說亦通

上介出請入告問所以來事

疏正義曰注問所以來事毛本以下有爲字嚴本集釋要義俱無張氏識誤云注曰問所以來事案釋文云以爲于僞反今本于以字下脫一爲字從釋文據此則張所見本原無爲字特因釋文增入文句反嫌冗複黃氏校錄云單疏述注云問所以來事者釋云賓使上介出請大夫所爲來之事賈蓋以爲字釋以字據此則賈所見本亦無爲字盧

氏詳校謂釋文是所爲誤作以爲非也今從嚴本三辭爲旣先受賜不敢當疏正義曰敖氏云食必三辭
者重於燕也燕則再辭而許今案饗亦三辭可知注云爲旣先受賜不敢當者賈以先受賜謂聘日致饔或云饗
先於食先受賜謂先受饗也賓出拜辱拜使者屈辱來迎己疏正義曰賓出謂三辭許之乃出外門
外也注云拜使者屈辱來迎己者是以拜辱爲拜使者也吳氏章句以爲拜君命之辱非此時尚未將命下賓再
拜稽首乃是拜君命也拜君命必稽首此但云拜則其爲拜使者明矣大夫不荅拜將命不荅
拜爲人使也將猶致也疏正義曰爲人使者不荅拜說已詳前云將猶致也者謂致其食賓之命也賓再
拜稽首受命大夫還復於君賓不拜送遂從之不拜送者爲從之不終事疏
正義曰注云不拜送者爲從之不終事者謂賓從之而來不終賓主迎送之事故不拜送也覲禮侯氏送于門外再
拜侯氏遂從之案遂從之文與此同而拜送者賈謂尊天子使是也鄉飲鄉射亦有從之之文而拜送者賈鄉飲疏
謂鄉大夫尊賓卑故特拜辱而送之亦是也餘詳鄉飲篇賓朝服卽位于大門外如聘

於是朝服則初時玄端如聘亦入於次俟

疏 正義曰注云於是朝服則初時玄端者鄭以經於此始言朝服則前此服玄端不服朝服也褚氏云行聘大禮故登車卽皮弁食禮輕故至次中始易朝服此申鄭之說也敖氏云拜命之時賓固朝服矣於此乃著之者明其與聘服異王氏士讓云聘禮歸饔餼賓必朝服禮辭此公食戒賓賓再拜稽首如親對主君然其必朝服可知注謂初時玄端未確韋氏協夢云賓與大夫行禮皆服朝服大夫還而賓卽從之弁無易服之節則其先已朝服可知必著之者嫌聘時皮弁服食禮盛或亦與聘同也此皆申敖氏似亦可從云如聘亦入於次俟者案聘禮曰賓皮弁聘至于朝賓入于次注云入於次者俟辨也次在大門外之西卽此注言俟之義褚氏云如聘如至大門外入次之儀也

右戒賓賓從

卽位具 主人也擯者俟君於大門外卿大夫士序及宰夫具其饌物皆於廟門之外

疏 正義曰張氏爾岐云卽位者待賓之人具者待賓之物今案此說最明具如具官饌之具謂各饌其所當供之物燕禮告具而後卽

位此則卽位乃具也　注云主人也者謂此卽位指主人言也秦氏蕙田云經言卽位不言主人者上言賓卽位則此爲主人可知也敖氏以卽位仍屬賓者非郝氏又連上文如聘卽位爲句尤誤云擯者俟君於大門外者擯者卽下納賓之大夫也立於大門外待事也云卿大夫士序及宰夫具其饌物皆於廟門之外者卿大夫士序立於廟門外待君迎賓入乃入以及宰夫所具饌物斯時皆在廟門外故因言主人卽位而詳及之

羹定　肉謂之羹定猶熟也著之者下以爲節　疏　正義曰注熟集釋作孰戴氏云古通用孰○云肉謂之羹者爾雅釋器文云著之者下以爲節者謂羹定而後陳設以此爲節也

甸人陳鼎七當門南面西上設扃鼏鼏若束若編　七鼎一大牢也甸人冢宰之屬兼亨人者南面西上以其爲賓統於外也扃鼎扛所以舉之者也凡鼎鼏蓋以茅爲之長則束本短則編其中央今文扃作鉉古文鼏皆作密　疏　正義曰鼏聶氏作冪注同　注云七鼎一大牢也者牛羊豕具爲大牢七鼎者牛一羊一豕一魚一腊一腸胃一膚一凡七也無鮮魚腊褚氏云此卽聘禮致饔上介之數也小聘賓與大聘上介餼同故鼎皆七云甸人冢宰之屬兼亨人者賈疏云案天

官有甸師氏又有亨人皆屬冢宰彼天子禮諸侯比天子爲兼官故甸人兼亨人也必使甸人陳鼎兼亨人者案亨人職云掌共鼎鑊又案甸師職云掌帥其徒以薪蒸役外內饔之事故使甸人兼亨人陳鼎少牢無甸人官故饔人陳鼎也儀禮釋官云周禮甸師職曰掌帥其屬而耕耨王藉又曰王之同姓有辠則刑焉禮記文王世子曰公族有死辠則磬於甸人成十年左傳使甸人獻麥杜注甸人主爲公田者是諸侯謂之甸人天子謂之甸師其職掌一也據少牢大夫無甸人則士亦無之旣夕士禮甸人抗重蓋公臣來治士之喪事者非士有甸人也云南面西上以其爲賓統於外也者凡鼎陳於門外多北面北上此南面西上者以此鼎爲賓設之賓在門外之西故使統於外也云凡鼎鼏蓋以茅爲之長則東本短則編其中央者蓋疑辭李氏云茅之爲物潔白故鼎疑用之方氏苞云若東若編其爲茅可知矣著其異於尊冪之用布也餘詳士冠禮設扃鼏下

設洗如饗 必如饗者先饗後食如其近者也饗禮亾燕禮則設洗于阼階東南古文饗或作鄉

【疏】正義曰注云必如饗者先饗後食如其近者也者周公作經有饗禮有食禮饗在先食在後設洗如饗謂食禮設洗之處如饗禮所設之處耳二禮相繼而行故云如其

近者也聘禮注雖有饗與食互相先後之文然終以先饗後食爲正詳聘禮公于賓壹食再饗下云饗禮亾燕禮則設洗于阼階東南者以饗禮旣亾無可考故引燕禮以明之方氏苞云饗禮嚴几設而不倚爵盈而不飲當時諸侯苦其難行故去其籍云古文饗或作鄉亦詳聘禮

小臣具槃匜在東堂下爲公盥也公尊不就洗小臣於小賓客饗食掌正君服位 疏 正義曰注云爲公盥也者言盤匜爲公盥設也槃盛盥棄水匜盛水以沃盥者云公尊不就洗者凡行禮賓至敵者皆盥於洗公尊則不就洗故特設槃匜以待之祭祀尸尊亦不就洗詳士虞禮匜水錯于槃中南流下云小臣於小賓客饗食掌正君服位者周禮大僕職曰祭祀賓客正王之服位小臣職曰小祭祀賓客饗食掌事如大僕之灋諸侯無大僕以小臣兼之詳燕禮大射儀然其職掌亦與天子小臣同是小臣於饗食掌正君服位也又周禮小臣職曰祭祀朝覲沃王盥故此公盥之事小臣掌之凡設槃匜者必有簞巾少牢祭日設槃匜與簞巾于西階東士虞特牲皆有簞巾此不言者文略亦詳士虞禮

宰夫設筵加席几設筵於戶西南面而左几公不賓至授几者親設湆醬可以略此 疏 正義曰注左几几字閔葛俱誤

作凡○筵蒲筵席萑席也詳下記　注云設筵於戶西南面而左几者經未言設筵之處故注明之戶西卽所謂戶牖之閒堂上尊位也凡布席於堂上皆南面布席於室中則東面左几者爲人設几也爲神則右几詳士昏禮主人筵于戶西西上右几下云公不賓至授几者親設湆醬可以略此者聘禮禮賓賓至公迎賓入受几授賓此但設之是不親授故記不授几注云異於醴也謂異於聘時醴賓也所以然者以食禮公親設醯醬及大羹湆親設者多故此可略也**無尊**主於食不獻酬疏者正義曰敖氏云經言此者嫌酒漿或用尊也**飲酒漿飲俟于東房**飲酒清酒也漿飲截漿也其俟奠於豐上也飲酒先言飲明非獻酬之酒也漿飲先言漿別於六飲也疏正義曰李氏云此酒漿以酳口耳　注云飲酒清酒也者周禮酒正職曰辨三酒之物一曰事酒二曰昔酒三曰清酒鄭司農云清酒祭祀之酒又曰辨四飲之物一曰清二曰醫三曰漿四曰酏鄭注清謂醴之泲者吳氏廷華褚氏寅亮皆以此注云清酒爲指四飲中之清非指三酒中之清酒其說是也云漿飲截漿也者酒正三曰漿注云漿今之截漿也然則漿亦四飲之一矣賈此疏云截之言載以其汁滓相載故云截漢法有此名故也云其俟

饌於豐上也者謂饌於豐上待事至乃設也酒漿皆有豐詳下云飲酒先言飲明非獻酬之酒也者以其先言飲明是飲以酳口非用以獻酬周禮酒人共賓客之禮酒飲酒而奉之鄭注禮酒饗燕之酒飲酒食之酒是也云漿飲先言漿別於六飲也者周禮漿人掌共王之六飲水漿醴涼醫酏彼先言飲此先言漿後言飲明亦飲以酳口與六飲用以共飲者不同漿人職曰凡飲共之鄭注謂非食時故此云別於六飲也

凡宰夫之具饌于東房凡非一也飲食之具宰夫所掌也酒漿不在凡中者雖無尊猶嫌在堂

疏正義曰注云凡非一也飲食之具宰夫所掌也者案上文鼎陳于門外洗設于阼階東南槃匜具于東堂下筵設于堂酒漿俟于東房而其餘豆籩簠簋鉶之屬尚多故以凡宰夫之具一語統括之見宰夫所掌皆陳在東房也儀禮釋官云周禮宰夫掌賓客之飲食與其陳數注云飲食燕饗也疏云鄭不解經中食爲食禮者經中言食則食禮自明注又云凡此禮陳數存可見者唯有行人掌客及聘禮公食大夫疏云儀禮具有諸侯之禮俱亾滅者多今存可見者有聘禮公食大夫是待聘客之法然則食禮之陳數宰夫掌之故此經設筵授公醯醬薦豆設黍稷設鉶設觶豐授公飯粱膳稻進觶豐授

公東帛侑賓皆宰夫主其事也云酒漿不在凡中者雖無尊猶嫌在堂者酒漿亦是飲食之具而上特言俟於東房不在凡中者以經雖云無尊猶嫌酒漿仍在堂故特言之也

右陳具

公如賓服迎賓于大門內不出大門降於國君 疏 正義曰如賓服亦朝服也注云不出大門降於國君者國君來朝公迎之於大門外此不出大門是降於國君也禮經釋例云凡迎賓主人尊者於大門內詳士冠禮主人迎出門左西面再拜賓荅拜下 **大夫納賓**大夫謂上擯也納賓以公命 疏 正義曰卿為上擯 **賓入門左公再拜賓辟再拜稽首**左西方賓位也辟逡遁不敢當君拜 疏 正義曰注云左西方賓位也者賓之位常在西入門左即西也亦詳士冠禮主人迎出門左注下云辟逡遁不敢當君拜也者義詳聘禮儀禮紃解云聘禮公迎賓再拜賓辟不荅拜者以公為聘君而拜己不敢承其禮也此則為食已而拜故既辟還復再拜稽首 **公揖入賓從**揖入道之 疏 正義曰上文賓入門左謂

入大門也此云公揖入謂從大門而入也敖氏云此行禮於禰廟亦有每門每曲之揖不言者文省 及廟門公揖入 廟禰廟也 疏 正義曰聘禮及廟門公揖入立于中庭注公揖先入省內事也又云賓立接西塾以後乃言納賓賓入此公揖入下即云賓入者明賓從公而入禮殺於聘也 注云廟禰廟也者儀禮凡單言廟者皆是禰廟詳士冠禮筮于廟門下賈疏云受聘在祖廟食饗在禰燕輕於食饗又在寢是其差次也 賓入三揖 每曲揖及當碑揖相人偶 疏 正義曰敖氏云此三揖與士冠禮同與聘禮異蓋以聘禮公先入俟於中庭故也 注云每曲揖者即所謂入門將右曲揖將北曲揖也詳士冠禮至于廟門揖入三揖下云相人偶者詳聘禮

至于階三讓 讓先升 疏 正義曰注升下鍾本有也字嚴本無 公升二等賓升 遠下人君 疏 正義曰敖氏云此下大夫與公升階之儀乃與卿同然則升階尊卑之差不過一等 大夫立于東夾南西面北上 東夾南東西節也取節於夾明東於堂 疏 正義曰敖氏云大夫亦兼上下者言賈疏云此謂主國卿大夫之位是也詳士相見禮方氏苞云至此始見羣臣之位明公入然後從而入公與賓

升堂然後羣臣與介各就其位也　注云東夾南東西節也者敖氏云東夾南卽東堂南今案夾之近南者爲堂近北者爲室故有夾室與東堂西堂之稱然統言之皆夾也經言東夾自兼東堂在內不必分別詳聘禮設飧西夾六下云取節於夾明東於堂者東序以西爲正堂東序以東爲東夾今立於東夾南是在正堂之東也**士立于門東北面西上**統於門者非其正位辟賓在此疏正義曰注云統於門者非其正位辟賓在此者以立於門東北面不東上而西上是統於門也賈疏云燕禮大射士在西方東面北上不統於門今統於門者以賓在門西辟賓在此非正位故也**小臣東堂下南面西上**疏正義曰堂之東下爲東堂下詳士喪禮南面西上統於堂也敖氏云小臣者小臣正小臣師與其從者也儀禮糾解云燕禮惟小臣師一人事省足其其役也此則奉槃奉匜執簞執巾皆一時事故曰西上明非止一人也今案此有正與師及從者而經止言小臣蓋總舉其官之辭至燕禮供事者非止小臣師一人糾解誤詳燕禮及大射儀**宰東夾北西面南上**宰宰夫之屬也古文無南上疏正義曰江氏筠云東夾北蓋房中也房中而云夾北則夾室只在後楣以

南而後楣之北統爲房中之地明矣焦氏循荅鄭柿里舍人問夾南夾夾北北云張太史惠言儀禮圖以夾北置北階下本敖繼公儀禮集說敖氏云東夾北北堂下之東方也蓋趙宋時說經者以夾室夾於房東西東夾在東房之東故以北堂下東方爲夾北與鄭注以夾北在房中不同張太史毓依鄭氏爲圖以夾室置房之南乃不用鄭氏夾北在房中之說而依敖氏以夾北在北堂下則違鄭義亦失敖義矣今案以夾北爲房中本鄭氏特牲饋食禮注其說是也焦氏又謂夾　與房有戶以相通則非詳特牲饋食禮豆籩鉶在東房下　注云宰宰夫之屬也者宰卽謂內宰儀禮釋官云案周禮　內宰職曰凡賓客之祼獻瑤爵皆贊致后之賓客之禮注引坊記云陽侯殺繆侯而竊其夫人故大饗廢夫人之禮是賓客之饗食內宰有事焉諸侯禮亦同也經云大夫立于東夾南宰東夾北若以宰爲大宰則諸侯之大宰是上大夫何以不位於東夾南而位於東夾北據下云內官之士在宰東北注以內官之士爲內宰之屬則此宰明爲內宰可知周禮外宗祭祀佐王后薦玉豆內宗佐傳豆籩賓客之饗食亦如之是饗食賓客夫人有薦豆籩之事鐙豆屬故使內宰執以授公彼注乃謂宰爲太宰不知周禮大宰職不主賓客饗食之事也祭統宮宰

宿夫人鄭注宮宰守宮官周禮內宰注云宮中官之長然則諸侯之內宰又謂之宮宰也今案周禮序官大宰小宰宰夫皆同官內宰統於治官而宰夫爲治官之考故云宰夫之屬也必云宰夫之屬者以是時宰夫位亦在房中也當以此注爲正後宰右執鐙注宰謂太宰宰夫之長也與此注兩岐恐非云古文無南上者儀禮今文西面下有南上二字古文無鄭以宰爲宰夫之屬明非一人故從今文不從古文也敖氏則從古文謂經惟言宰是獨立於此也南上之文無所用之今案周禮內宰下大夫二人上士四人中士八人諸侯之官數雖無文亦不止一人卽如上文小臣東堂下南面西上經但言小臣而敖氏以爲兼正與師在內何此經言宰而斷爲獨立邪又解此宰爲大宰皆誤甚褚氏云東夾北非大宰立位也焦氏云立於夾北者宰也注云宰宰夫之屬也西面南上則必從宰夫而立宰夫尊立於南其屬立於宰夫之北而內官之士又在宰之東北蓋皆立於房也下云宰夫自東房授醯醬又云宰夫自東房薦豆六則宰夫立東房甚明前云宰立東夾北西面南上兼宰夫而言也醯醬六豆六簋之設宰夫主之宰佐之宰若遠立北堂下豈無所事乎將有事而登降不勝其煩乎至於宰右執鐙左執蓋由門入升自阼階盡階不

升堂授公以蓋降出入反位鄭注此宰爲大宰宰夫之長則非立夾北爲宰夫之屬者賈公彥以此宰即彼宰疏云宰位東夾北西面南上今以蓋降出送於門外乃更入門反於東夾北位賈說是也蓋前此宰立房中夾北佐宰夫設豆設簋至是出門執鐙授公又復位於房中夾北者此下宰夫設鉶授粱飯又必宰佐之蓋凡宰夫之具皆饌於東房自東房而設而授非宰夫一人所能勝此宰所以必立於東夾北而東夾北必在東房不然宰僅有執鐙一事何不竟立於門外而乃立北堂下趨出趨入僅爲一鐙可謂迂矣且遠立北堂下於設俎設簋皆不能目見何以恰當其時而出執鐙也則必有探而告之者亦甚煩矣惟其佐宰夫於房中當此設黍稷六簋之後即趨出執鐙於事爲便也案焦氏謂西面南上兼宰夫而言其說甚確然經於東夾北不云宰夫而云宰者以經云南上則宰夫自在宰之南而內官之士又在宰東北故言宰而位次始明也又焦氏解釋前後經文反復辨論亦極明析雖未明言宰爲內宰固不以鄭氏所云太宰當之矣敖氏謂無南上二字則方氏觀承胡氏承珙俱已駁之矣未可從也

內官之士在宰東北西面南上夫人之官內宰之屬也自卿大夫至此不先即位從君而

入者明助君饗食賓自無事疏正義曰敖氏云在宰東北少退於宰也王氏士讓云自大夫士至內官之士皆主國之臣故位皆居東方注云夫人之官內宰之屬也者以經云內官明是夫人之官卽內宰之屬也儀禮釋官云內官之士當爲內小臣之屬周禮內小臣奄上士四人注稱士者異其賢內小臣亦稱士故云內官之士其職云若有祭祀賓客則擯詔后之禮事是以位在此今案周禮內小臣寺人皆內官寺人亦掌賓客之事則夫人之官兼有寺人在內也又此注云內宰之屬則上立東夾北者爲內宰益明矣云自卿大夫至此不先卽位從君而入者明助君饗食賓自無事者案下文大夫七鼎士設俎設羞是食賓大夫以下皆有事而云無事者以入門時自無事故不必先入也聘禮及廟門公揖入立于中庭鄭注公迎賓大門內卿大夫以下入廟門卽位而俟之明係先入與饗食禮異也

介門西北面西上西上自統於賓也然則承擯以下立於士西少進東上疏正義曰注云然則承擯以下立於士西少進東上者賈疏云以其介統於賓而西上則擯統於君而東上可知李氏云承擯大夫也故少進於士今案不言上擯者上擯位在阼階下記云卿擯由下是也此注謂承擯紹擯立於士西敖以

爲立於士東韋氏協夢云案上文士立于門東北面西上承擯是大夫尊於士宜在士之上若立於士東則反在士下矣從注是也**公當楣北鄉至再拜賓降也公再拜**楣謂之梁至再拜者與禮俟賓嘉其來也疏正義曰至再拜者言此拜爲拜至也賓公再拜賓降矣疏降也公再拜者李氏云凡言也者皆與下事爲節經義述聞云至再拜再當爲壹因下公再拜而誤也至壹拜者賓至階上公則壹拜也先言壹拜後言再拜序也聘禮及此篇下文先言公壹拜賓降公再拜此不當有異鄭注聘禮下文公壹拜賓降皆云不俟公再拜而此獨無之則所據本已誤作至再拜矣敖繼公集說謂賓降之上脫公壹拜之文此說尤非也至再拜郎至壹拜之譌何須又言公之壹拜乎若謂至再拜爲總括下文之詞公壹拜賓降也公再拜乃申言上文之再拜則十七篇無此重沓之文聘禮及此篇下文公壹拜之何不聞總括其詞曰再拜乎今案述聞之說是矣但經文相傳已久未敢遽改而存其說於此**賓西階東北面荅拜**西階東少就主君敬也疏正義曰西階東西階下之東也荅拜是目下事實尚未拜不言稽首省文也方氏苞云凡荅鄰國之君拜無不稽首注云西階東少就

主君敬也者君在東賓拜不於西階前而於西階東是少就主君也**擯者辭**辭拜於下**拜也公降一等辭曰寡君從子雖將拜興也**賓降再拜公降擯者釋辭矣賓猶降終其再拜稽首興起也〔疏〕正義曰拜也者言賓不從擯者之辭而仍拜也於是公降一等親辭之聘禮作擯者曰此曰上無擯者二字亦省文也注云賓降再拜公降擯者釋辭矣者上注云辭拜於下謂辭其拜於下也然賓猶降拜公亦降辭擯者所釋之辭卽寡君從子云云是也惟聘禮與食釋此辭蓋待異國之臣與本國之臣異也云賓猶降終其再拜稽首者言公雖降一等辭而賓猶降西階東終其再拜稽首也官氏獻瑤云必知賓之終其再拜稽首者於升而不成拜知之也**賓栗階升不拜**自以已拜也栗實栗也不拾級而連步趨主國君之命不拾級而下曰走〔疏〕正義曰栗階上他本有賓字唐石經無戴校集釋云此承上賓西階東北面荅拜不必更言賓當從石經去之校勘記據燕禮疏引有賓字以石經爲非經義述聞謂燕禮疏約舉其文不必字字皆同據聘禮云栗階升無賓字亦是承上賓降階東拜送而省也無者是今從石經注栗寔栗也毛本寔作實嚴本通解俱作寔不拾級

而下曰辵鍾本辵誤作走毛本誤作辵戴校集釋云說文引春秋公羊傳曰辵階而走今傳辵作躇釋文云丑略反一本作辵音同　注云自以己拜也者謂己在階下再拜稽首故升不拜也栗階詳燕禮記

命之成拜階上北面再拜稽首賓降拜主君辭之賓雖終拜於主君之意猶爲不成

疏正義曰上文賓升不拜賓之意自以爲己拜於下也主君不敢受其拜下之禮故復命之成拜於上而賓亦遂於階上北面再拜稽首也　注云賓雖終拜於主君之意猶爲不成者主君辭之之意原欲其拜於上而賓終拜於下是猶爲不成也方氏苞云凡再拜稽首而不升拜唯膳宰送爵於公大夫媵爵大射賓始受命燕射之終公命徹冪卿大夫降拜則然至公酬賓賓媵爵於公則小臣辭賓升即成拜而公亦無再命唯食禮升而不拜再有命而後成拜何也賓終拜於下而升不敢拜自同於膳宰之送爵大夫之媵觶以明其震悚不安之意也惟賓以不敢拜明異敬故公又以命成拜爲優禮也

右賓入拜至

士舉鼎去鼏于外次入陳鼎于碑南南面西上右人抽扃坐奠于鼎西南順出自鼎西左人待載入由東出由西明爲賓也今文奠爲委古文待爲持【疏】正義曰去鼏于外唐石經嚴本俱作冪釋文集釋通解楊氏陳單注本毛本俱作鼏儀禮識誤從釋文三禮札記云古鼏冪字亦通用但鼎鼏作鼏與經例尤合也今從釋文各本陳鼎于碑下南字石經嚴本集釋通解敖氏俱不重徐本楊氏監本毛本俱重陳單注本重南字係擠入敖氏及張氏爾岐俱謂不重者爲脫則重者是也戴校集釋補一南字坐奠于鼎西南順各本皆有南字敖氏以爲衍文非○舉鼎扛鼎而入鼏鼎蓋也賈疏云去鼏于外者以其入當載於俎故去之也士喪士虞皆入乃去鼏鼎者喪禮變於吉故也敖氏云次序也序入鼎在西者先在東者後也朝位君南面故陳鼎於內外皆順之鼎西每鼎之西也盛氏云右人在鼎西故抽扃即奠於其西便也南順言奠扃之法南北設之順鼎面也舉鼎之時扃橫加於鼎上及其奠之直設於鼎旁故云南順也出自鼎西謂右人奠扃訖即自鼎西而出也今案左人待載謂立於鼎東待升肉載俎也　注云入由東出由西明爲賓

也者，褚氏云若不爲賓則出亦當由東矣出入君門由東禮之常也云今文鼏爲委古文待爲持者敖氏云鼏於鼎西之鼏後篇皆作委宜從今文胡氏承珙云鼏與委義本相近下文云大夫旣匕匕鼏於鼎又句人舉鼎順出鼏於其所此篇多作鼏故從古文也又待持古同聲周禮服不氏以旌居乏而待獲杜子春云待書亦或爲持是二字古多假借此時俎猶未入當云待載故鄭從今文

雍人以俎入陳于鼎南旅人南面加匕于鼎退

旅人雍人之屬旅食者也雍人言入旅人言退文互相備也出入之由亦如舉鼎者匕俎每器一人諸侯官多也

疏　正義曰敖氏云雍人西面於鼎南陳俎俎南順旅人南面於鼎北加匕匕北枋　注云旅人雍人之屬旅食者也者儀禮釋官云案周禮外饔職曰掌外祭祀之割亨陳其鼎俎實之牲體魚腊凡賓客之飧饔饗食之事亦如之天子有內饔外饔之官諸侯唯有饔人而已襄二十八年左傳云饔人竊更之以鶩是也雍與饔通亦作雝國語佐雝者嘗焉韋注雝亨煎之官旅人蓋其下府史之屬如少牢之有雍府也云雍人言入旅人言退文互相備也者賈疏云雍人言入亦退旅人言退亦入皆入而退去故云文互相備也褚氏云雍人旅人退

未卽出注云出入之由如舉鼎者蓋終言之耳至後取匕舉鼎乃順出疏謂出而復入非也云匕俎每器一人諸侯官多也者李氏云大夫饋食禮匕俎皆合執以從此雍人執俎旅人執匕每器一人是諸侯官多也匕詳少牢饋食禮

大夫長盥洗東南西面北上序進盥退者與進者交于前卒盥序進南面匕長以長幼也序猶更也前洗南 疏 正義曰校勘記云瞿中溶云石本原刻南面下有西上二字後磨改刪去敖氏云長盥亦目下事之辭國君設洗當東霤於東夾南爲少東洗之東南則又東矣交於前不言相右可知也今案大夫立於洗之東南西面北上以序進至洗北面盥盥畢仍退立於其處故有退者與進者交於前之事盥者俱畢又以序進至碑南鼎北南面而匕出鼎實也盥賈疏以爲北面或以爲西面賈是也交於前敖氏以爲相右或以爲相左敖是也褚氏云將盥旣序進盥而復位將匕又序進故兩言之　注云長以長幼也者謂以長幼爲次序也言長幼則非一人或謂下大夫七鼎匕者當七人上大夫九鼎匕者當九人知侯國五大夫之說爲不然案曾子問曰乃命國家五官而后行鄭注五官五大夫典事者孔疏以屬官大夫其數衆

多直云五者據典國事者言之儀禮釋官云案據此疏則諸侯大夫不止五人明矣周禮傳其伍王制下大夫五人皆謂三卿下佐事者其餘大夫尚多不止此也云序猶更也者序有更義謂更迭而進周禮御僕以序守路鼓注序更也是也云前洗南者以大夫既在洗之東南明退者與進者交在洗南也方氏苞云饗禮亾燕之牲以狗用爲脯醢無所用匕唯食禮專主於食具大牢公親視饌大夫匕士載以致其隆也葢食禮大夫士無他職事唯助君以養賓故儀繁而不殺

載者西面載者左人也亦序自鼎東西面於其前大夫匕則載之 疏 正義曰注左人下毛本有也字嚴本集釋楊敖俱無 云載者左人者上經云左人待載此云載者明即左人也 云亦序自鼎東西面於其前者上文士舉鼎序入注云入由東故知此亦序自鼎東西面於鼎之前也上未言載者之面故經特明之云大夫匕則載之者謂大夫既匕則載者載之於俎也

魚腊飪飪熟也食禮宐熟饗有腥者 疏 正義曰魚乾魚腊乾獸此食下大夫七鼎無鮮魚鮮腊也賈疏云上文直云羹定肉謂之羹恐魚腊不在羹定之中故此特著魚腊飪也 注云飪熟也食禮宐熟饗有腥者謂食禮宐用熟饗禮則有用腥者宣十六年左傳曰王享

有體薦賈疏云饗禮用體薦體薦則腥矣故禮記云腥其俎謂豚解而腥之豚解者皆腥也○陳氏祥道云析而乾之曰脯全而乾之曰腊脯在籩腊在俎脯常先於醢腊常亞於魚有薧腊有鮮腊有全腊有胖腊聘禮賓鼎九此禮上大夫俎九有鮮聘禮上介鼎七此禮下大夫鼎七無鮮少牢特牲士冠昏皆用全士喪既夕士虞胖而已

載體進奏體謂牲與腊也奏謂皮膚月理也進其理本在前下大夫體七个

【疏】正義曰注个集釋作箇嚴本作个云體謂牲與腊也者下文別言魚及腸胃膚故知此所載之體專謂牲與腊也云奏謂皮膚之理也進其理本在前者淩先生云肉理謂之腠又謂之奏詳鄉飲酒記進腠下云下大夫體七个者賈疏以爲當用右胖肩臂臑肫骼脊脅其左胖爲庶羞下文十六豆二十豆是也

魚七縮俎寢右右首也寢右進鬐也乾魚近腴多骨鯁

【疏】正義曰注近腴近陳閩葛本通解楊氏俱誤作進案釋文爲近字作音近是也魚七者上注云下大夫體七个下經云腸胃七故魚亦依其數也縮縱也縮俎者魚在俎爲縱於人爲橫也若進首進尾則於俎爲橫於人爲縱矣此據賓南面俎橫設於賓前言之也寢右者魚臥俎上右邊在下也士虞記牲北首寢右注云寢右

者當升左胖也，足證右邊在下矣。云「右首也」者，謂魚首在右也。云「寢右，進鬐也」者，鬐，脊也。魚右首而寢左，則鬐嚮南；右首而寢右，則鬐嚮北，故云進鬐也。云「乾魚近腴多骨鯁」者，腴，腹下也。乾魚近腴多骨鯁，故必以鬐進賓，便於取食也。此食生人法也。士喪禮大斂奠載魚左首進鬐，注云：「未異於生也。凡未異於生者，不致死也。」是以其初死，未忍與生異也。但食禮右首進鬐，喪禮左首進鬐，進鬐則同，而左首有異者，反吉也。左首而進鬐，則是寢左，與寢右亦異矣。士虞禮記云「魚進鬐」，亦是未忍異於生，不言左首者，省文耳。少牢禮魚縮載，右首進腴，注云：「變於食生也。」是祭祀之禮進腴，與生人進鬐異也。右首而進腴，則亦寢左矣，經不言者，以此經言寢右，可推而知也。少儀曰「進濡魚者進尾，冬右腴，夏右鰭」，鰭與鬐同，注云：「脊也。」此謂進濡魚法，與乾魚異。濡魚進尾，則於俎爲横，於人爲縮，故可右腴，亦可右鰭，與儀禮所云進腴、進鬐者别。孔疏云：「此濡魚進尾及右腴、右鰭之屬，皆謂尋常燕食所進魚體，非祭祀及饗食正禮也。若正禮，魚在於俎，皆縮載，無進首、進尾之理。」今案少牢魚縮載進腴，公食魚縮俎進鬐，是祭祀及饗食正禮或進鬐或進腴，不進首進尾也。

腸胃七，同俎。以其同類也。不異其牛羊，腴賤也。此俎實凡二十八。【疏】

正義曰此牛與羊之腸胃也李氏云君子不食圂腴圂謂犬豕也取牛羊腴而已 注云以其同類也者是釋經同俎之義牛羊同食芻故云同類云不異其牛羊腴賤也者牛羊之體異俎而腸胃則同俎以其腴賤故不分別之也云此俎實凡二十八者牛與羊之腸及胃各七四七則二十八也此腸胃與牲異鼎異俎者取其鼎俎奇也若與牲同鼎同俎則六不得奇矣旣夕少牢腸胃與牲同鼎者旣夕五鼎羊豕魚腊鮮獸少牢五鼎羊豕魚腊膚皆無牛若以羊之腸胃別爲一鼎則亦六鼎不成奇矣士喪三鼎豚魚腊特牲三鼎豕魚腊皆無腸胃有司徹三鼎羊豕魚腸胃亦不別鼎少牢幷腸胃於牲鼎腸胃各三旣夕盛葬奠腸胃各五此七者以其取數於牲體故亦七也

倫膚七 倫理也謂精理滑脃者今文倫或作論 疏 正義曰注滑脃者脃徐陳閩監葛本集釋通解俱作脃釋文嚴本俱作脃校勘記云案說文脃从肉从絶省作脆非也○倫膚謂豕之脅革肉也七者亦取數於牲體也少牢則云倫膚九與此皆別爲一鼎若特牲有司徹膚皆從牲同鼎矣

注云倫理也謂精理滑脃者葢謂倫爲腠理之精者耳說文脃小耎易斷也少牢則訓倫爲擇義詳彼篇云今文倫或作論者倫論皆从侖聲此篇古文作倫今文作論少

牢則作倫不作論

腸胃膚皆横諸俎垒之順其在牲之性也腸胃垒及俎拒疏正義曰此言腸胃與膚載俎之法也横設於俎而有餘則垒之於兩邊也　注云腸胃垒及俎拒者詳少牢腸三胃三長皆及俎拒下○陳氏祥道云牛羊有腸胃而無膚豕有膚而無腸胃豕雖有膚然四解而未體折無膚豚而未成牲無膚士喪禮豚皆無膚以未成牲也旣夕大遣奠四解無膚以未體折故也腸胃常在先膚常在後者以腸胃出於牛羊膚出於下牲故也

大夫旣匕匕奠于鼎逆退復位事畢宜由便也士匕載者又待設俎疏正義曰旣匕閣本匕誤作七敖氏云匕奠于鼎謂加匕于鼎上也位東夾南　注云事畢宜由便也者事畢謂匕載已畢也匕者每鼎一人匕時序進則大夫長在先事畢則後進者先退是謂逆退由便也云士匕載者又待設俎者上云左人待載左人郎舉鼎之士也下文士設俎于豆南是士載俎者又有設俎之事故經言大夫退不言士退也

右鼎入載俎

公降盥將設醬【疏】正義曰此下乃詳食賓之節爲賓設正饌賓祭正饌爲賓設加饌賓祭加饌賓三飯侑賓以束帛賓卒食禮終賓出凡八節　注云將設醬者下文宰夫授公醯醬公設之故知此降盥者爲將設醬盥手致潔也敖氏云於是小臣各執槃匜簞巾以就公盥**賓降公辭**辭其從已**卒盥公壹揖壹讓公升賓升**揖讓皆一殺於初古文壹皆作一【疏】正義曰注揖讓皆一嚴徐集釋通解楊氏一俱作壹毛本作一作一○壹揖壹讓及注壹皆作一俱詳士冠禮**宰夫自東房授醯醬**授授公也醯醬以醯和醬【疏】正義曰賈疏云案記云蒲筵常長丈六尺于堂上戶牖之閒南面設之乃設正饌於中席以東自中席以西設庶羞也今案據下經云設庶羞旁四列則庶羞不正常中席以西蓋又偏於西也　注云醯醬以醯和醬者此云醯醬下直云醬明醯在醬中以醯和醬可知賈疏云祭祀無此法以生人尚褻味故有之**公設之**以其爲饌本【疏】正義曰敖氏云公設之示親饋也禮經釋例云凡正饌醯醬大羹湆加饌簠粱皆公親設案公食大夫禮設正饌宰夫自東房授醯醬公設之又大羹湆不和實于鐙宰右執鐙左執蓋授公公設之于醬西

是正饌之醯醬大羹湆皆公親設也又設加饌宰夫授公飯粱公設之於湆西是加饌之簠粱亦公親設也故賓初食時用正饌之湆醬及加饌之簠粱卒食後捝手興北面坐取粱與醬以降西面坐奠於階西皆因公親設之故也湆西者卽前公所設正饌之大羹湆也正饌以大羹湆爲上加饌以簠粱爲上大羹湆在正饌之西飯粱在加饌之東故云於湆西也兩饌之閒容人下經云賓北面自閒坐注曰兩饌之閒也兩饌卽所謂正饌加饌也　注云以其爲饌本者言此以明親設之故也禮經釋例云聘禮設飧堂上之饌八西夾六注八六者豆數也凡饌以豆爲本疏云凡設饌皆先設豆乃設餘饌故鄭云凡饌以豆爲本考士昬禮贊者設醬于席前此爲壻設饌也設醬畢乃薦葅醢二豆設豆畢乃設俎設俎畢乃設黍稷二敦至末始設湆又云設對醬于東此爲婦設饌也設醬畢乃薦豆設敦與壻饌同三俎及湆則夫婦共之公食禮設正饌醯醬公設之注以其爲饌本設醬畢乃薦豆薦豆畢乃設俎設俎畢乃設簠設簠畢乃設湆設湆畢乃設鉶士虞陰厭贊薦豆畢乃設俎設俎畢乃設敦設敦畢乃設鉶特牲陰厭同少牢陰厭薦豆畢設俎設敦次序亦同唯兩鉶至尸入飯時始設之爲小異也是設饌之時有醯醬之豆則先設醢

醬之豆無醯醬之豆則先設菹醢之豆也聘禮歸饔餼堂上之饌先設豆次設簋次設鉶次設簠次設壺兩夾之饌亦然蓋歸饔餼之禮雖變於親食賓之禮而其以豆爲本之例則未嘗變也

賓辭北面坐遷而東遷所

東遷所奠之東側其故處

疏 正義曰賓辭者辭公之親設也坐跪也北面坐遷者謂公南面立設賓北面跪遷敬也而東遷所謂東遷之於所當設之所也言所者見賓遷之處即爲醬之定位公不更移設也　注故處下釋文有也字嚴本各本無○云東遷所奠之東側其故處者故處謂公所設之處賓遷而奠之東即在故處之側明不相遠故賈疏云側近也禮經釋例云凡公親設之饌必坐遷之公食禮設正饌宰夫授醯醬公設之賓坐遷而東遷所敖氏云遷之者示不敢當公親設之意且以爲禮也又大羹湆公設之于醬西賓辭坐遷之注亦東遷所疏云明亦東遷所移之故醬處也又設加饌宰夫授公飯粱公設之于湆西賓北面辭坐遷之注遷之遷而西之以其東上也是公親設之饌必坐遷之也正饌東遷加饌西遷則中間可以容人矣○以上公設醯醬正饌之一

戶　北　牖

蒲筵加萑席

飲酒豐
昌本
醓醢
韭菹
牛鉶
羊鉶
醯醬
大羹
粱簋
稻簋
漿飲豐

麋臡
菁菹
鹿臡
牛鉶
豕鉶
牛炙
豕膮
羊臐
牛膷

豕俎
羊俎
牛俎
黍簋
稷簋
醢
牛胾
醢
牛鮨

膚俎
腸胃俎
腊俎
魚俎
稷簋
黍簋
豕炙
醢
羊胾
羊炙

黍簋
稷簋
醢
豕胾
芥醬
魚膾

正饌

加饌

公立于序內西鄉不立阼階上示親饌疏正義曰君位當在阼階上今立於東序之內則視阼階上為少北以其設饌在戶西序內與戶西少近故注云不立阼階上示親饌敖氏則謂不立於阼階東者公尊也後人多從敖說以侑幣時饌已設託公猶立於此為證褚氏云依注示親饌之義為長公旣立於此後即因其故位而立耳賓立于階西疑立不立階上以主君離阼也疑正立也自定之貌今文曰西階疏正義曰西階上與阼階上恆相對今賓不立西階上而立西階西者以主君在序內已離阼階上之位故也疑立蔡氏云不敢正對君也注云正立也自定之貌詳鄉飲酒禮云今文曰西階者古文作階西今文作西階案階西即謂西階上之西省文也今文作西階非是故鄭不從宰夫自東房薦豆六設于醬東西上韭菹以東醓醢昌本昌本南麋臡以西菁菹鹿臡醓醢醢有醓昌本昌蒲本菹也醢有骨謂之臡菁蓂菁菹也今文臡皆作麋疏正義曰上云凡宰夫之具饌于東房今惟醓醬與豆言自東房餘不言者可推而知也周禮醢人朝事之豆八此去茆菹麋臡二者唯用其六耳敖氏云

六豆爲二列，內列自西而東，外列自東而西，惟云西上者，明外列統於內列也。注云「醓醢，醢有醓」者，醓，肉汁也，詳聘禮。云「昌本，昌蒲本」者，周禮醢人注云「昌蒲根」，本卽根也。云「菹也」者，昌本不言菹，亦菹屬也。云「醓醢有骨謂之臡」者，醢人注云：「三臡亦醢也。作醢及臡者，必先膊乾其肉，乃後細莝之，雜以粱麴及鹽，漬以美酒，塗置甁中，百日則成矣。」鄭司農云「有骨爲臡，無骨爲醢」，是也。云「菁，蒖菁菹也」者，醢人注云「菁，蔓菁也」。云「今文臡皆作麋」者，說文：「腝，有骨醢也。臡，腝或从難。」段氏云：耎、難二聲同部。公食禮注「今文麋」係「腝」之誤。儀禮爾雅音義曰：「臡，字作腝。」五經文字曰：「臡見禮經，周禮、說文、字林皆作腝。」據此，則說文本無臡字，後人益之也。胡氏承珙云：此注當本是「今文臡皆作腝」，若作麋，則於義不通，鄭當定爲字誤，不應僅存而不論矣。○以上宰夫設豆正饌之二。

牛羊豕魚在牛南，腊腸胃亞之，亞，次也。不言綪錯，俎尊也。疏 正義曰：注「不言綪錯」，

士設俎于豆南，西上。

張氏淳據釋文云：「不綪」中無「言」字，從釋文。校勘記云：疏有「言」字。今案嚴本及各本俱有「言」字。「俎尊」下，集釋、通解、毛本俱有「也」字，嚴本、楊氏俱無。○俎卽前大夫七載之俎，不在東房。蔡氏云：俎亦以西爲上，牛羊豕三物爲一行，列於北

魚臘腸胃爲一行列於南今案此六俎也幷下膚俎爲七注云亞次也者謂魚在西臘與腸胃以次而東也云不言綪錯俎尊者綪屈也此六俎爲二列皆自西而東不綪不錯對豆綪陳簋錯陳而言故云俎尊也

膚以爲特直豕與腸胃東也特膚者出下牲賤疏正義曰注也通解作北嚴本及各本作也○膚以爲特謂獨爲一行不在豆南也注云直豕與腸胃東也者謂膚之設在豕俎與腸胃俎二者之東也敖氏以爲在豕東郝氏以爲在腸胃東案三說當以鄭爲正若在豕東則似與牛羊豕爲一行在腸胃東則似與魚臘腸胃爲一行非特矣

旅人取匕甸人舉鼎順出奠于其所以其空也其所謂當門疏正義曰前鼎入時旅人以匕加於鼎今仍令旅人取匕以出也甸人舉鼎者謂前陳鼎於門外係甸人事今仍使之舉鼎出而奠於其所也順出吳氏章句謂牛鼎先餘則順次而出是也注云以其空也者鼎肉載於俎則鼎空故出之必俟士設俎乃出者亦其節也云其所所謂當門者前陳鼎當門此奠之亦當門故云於其所也○以上士設俎正饌之三

宰夫設黍稷六簋于俎西二以竝東北上黍當牛俎其西稷

鐕以終南陳並併也今文曰併古文簋皆作軌

疏正義曰：注軌嚴本誤作軌○此以注黍稷爲飯而盛之於簋也稻粱則爲飯而盛之於簋故內則曰飯黍稷稻粱說文黍禾屬而黏者也以大暑而種故謂之黍孔子曰黍可爲酒禾入水也糜穄也穄糜也程氏瑤田九穀考云黍大名也黏者得專黍名其不黏者則曰糜曰穄又云糜一名穄飯用黍之不黏者黏者釀酒及爲餌餈酏粥之屬故簠簋實糜爲之北方稷穄音相邇論者因謂稷穄一物而以黏不黏分黍稷失之矣說文糜穄互釋稷齋互釋其爲二物甚明以穄冒稷稷既非稷矣以釀酒之黏黍充簋實其性黏者幾與餌餈之籩實無以異且少牢特牲之禮尸假主人本炊糜爲飯故有摶黍之儀若用黏黍爲之胡爲必摶之而授尸哉說文稷齋也五穀之長齋稷也秫稷之黏者九穀考云稷齋大名也黏者別之爲秫北方謂之高粱或謂之紅粱通謂之秫秫南人呼爲蘆穄也月令孟春行冬令首種不入鄭注首種謂稷今以北方諸穀播種先後考之高粱最先粟次之黍又次之然則首種者高粱也秦漢以來諸書並冒粱爲稷鄭司農注大宰九穀稷秫並見後鄭不從入粱去秫以其闕粱而秫重稷也良耜之詩箋云豐年之時雖賤者猶食黍疏云賤者食稷耳今

北方富室倉以粟爲主賤者倉以高粱爲主是賤者倉稷而不可以冒粟爲稷也敖氏云東北上惟指黍之當牛俎者言也鉶以終者黍西稷稷南黍黍東稷稷南黍黍西稷也今案二以竝謂一黍一稷東西竝列也鉶以終南陳謂交鉶陳之自北而南爲三列也若以三簋爲一列南北二列則與二以竝之文不合且是西陳非南陳矣　注云竝併也今文曰併詳士昏禮云古文簋皆作軌者簋正字軌古文假借字周禮小史注故書簋或作九九亦音近假借也○以上宰夫設簋正饌之四

大羹湆不和實于鐙宰右執鐙左執蓋由門入升自阼階盡階不升堂授公以蓋降出入反位大羹湆煑肉汁也大古之羹不和無鹽菜瓦豆謂之鐙宰謂大宰宰夫之長也有蓋者餕自外入爲風塵今文湆爲汁又曰入門自阼階無升【疏】正義曰由門入者士昏禮曰大羹湆在爨爨在廟門外也記曰亨于門外東方李氏云湆升自阼階者公親設之故也案盡階不升堂詳士冠禮始加降西階一等下反位反其東夾北之位也餘詳宰東夾北西面南上下　注云大羹湆煑肉汁也者此大羹湆當爲牛湆若士昏特牲則豕湆也云大古之羹不和無鹽菜者詳

聘禮六鉶繼之下云瓦豆謂之鐙者爾雅釋器文彼文鐙作登郝氏義疏云登者假借字也俗作登說文作豋經典俱作登通作鐙故爾雅釋文云登本又作鐙公食禮大羹湆不和實于鐙鄭注瓦豆謂之鐙是卽爾雅作鐙之本也詩生民傳木曰豆瓦曰登豆薦菹醢也登薦大羹也孔疏云大古之羹以質故以瓦器盛之今案豆足亦名鐙鐙祭統夫人薦豆執校執醴授之執鐙鄭注鐙豆下跗也段氏云案跗說文作柎闌足也是豆足又謂之鐙矣云宰大宰宰夫之長也者案此宰當爲內宰卽前立東夾北者鄭解爲大宰非是詳前云有蓋者餼自外入爲風塵者案經鐙與蓋似分爲二吳氏章句云蓋以辟塵旣不入設徒執何爲此蓋當在鐙上以左手按之欲其固爾此說是也云今文湆爲汁者詳士昏禮云又曰入門自阼階無升者經升自阼階古文有升字今文無升字鄭氏從古文以其義備也

公設之于醬西賓辭坐遷之亦東遷所【疏】正義曰公親設大羹貴其質也於醬西者公故設醬處之西也賓辭辭公親設也　注云亦東遷所者亦東遷遷之於其所與遷醬之法同餘詳前矣○以上公親設大羹湆

宰夫設鉶四于豆西東上牛以西羊羊南豕正饌之五

豕以東牛鉶，芼和羹之器。疏正義曰：鉶，釋文作鈃，非也，辨見聘禮六鉶繼之下。○敖氏云：東上變於豆。案設豆西上，此設俎在豆西東上，是變於豆也。注云鉶芼和羹之器者，賈疏云下記牛藿、羊苦、豕薇，是芼和羹，以鉶盛此羹，故云之器也。又賈以鉶羹即鉶鼎陪鼎及羞鼎，誤甚，亦詳聘禮。○以上宰夫設鉶，正饌之六。

飲酒實于觶，加于豐。豐所以承觶者也，如豆而卑。疏正義曰：敖氏云具饌之時則然矣，言於此者，爲下文發之。郝氏則謂至是始實觶加於豐。今案前經云飲酒漿飲俟於東房，注謂奠於豐上而俟，則敖義爲長，但前僅云俟於東房，未云實觶加豐，故特明之。注云豐所以承觶者也者，此承觶之豐，與承尊異，詳燕禮。

宰夫右執觶，左執豐，進設于豆東。食有酒者，優賓也。設于豆東，不舉也。燕禮記曰：凡奠者于左。疏正義曰：注云食有酒者優賓也者，案下文賓唯飲漿而不飲酒，然食禮酒與漿竝設，所以優賓也。楊氏復因此注言優賓，遂謂酒非以酳口，恐讀注未審耳。云設于豆東不舉也者，謂設於豆東即有不舉之義，故引凡奠者于左以證之，左即東也。張氏爾岐云：凡奠者於左，舉者於右，鄉飲酒、鄉射記皆有此文，注以爲燕禮記，誤也。○以上

宰夫設飲酒正饌之七

宰夫東面坐啟簋會各卻于其西會簋蓋也亦一一合卻之各當其簋之西

疏正義曰秦氏蕙田云簋設於羹湆之先至是始啟之事有節也　注云會簋蓋也者案士虞禮敦啟會注會蓋也是敦與簋皆有蓋謂之會也或謂於蓋頂刻爲龜形非辨見少牢饋食禮敦皆南首下云亦一一合卻之各當其簋之西者合字未詳據經云各卻於其西卻者仰也則是每簋之蓋各仰而置之於其簋之西也賈疏謂簋會有六兩兩皆相重而仰之謂支合卻引少牢蓋二以重設於敦南爲證謂亦者亦少牢但彼言重故注謂重累此言各注言一一則非重也賈說恐未然

贊者負東房南面告具于公負東房負房戶而立也南面者欲得鄉公與賓也

疏正義曰敖氏云贊者所謂上贊也具謂正饌已具　注云負東房負房戶而立也者敖氏謂負東房負其墉也引士喪禮祝負墉南面爲證似亦可通云南面者欲得鄉公與賓也者斯時公在東序內賓在戶西故南面得兼鄉之也○儀禮紃解云此正饌醬最先設次則豆由房出又次則俎自階升又次則簋由房出又次則湆自階升至鉶則復由房出案觶與豐亦由房出也

右爲賓設正饌

公再拜揖食再拜拜賓饌具【疏】正義曰方氏苞云食禮公弗與故拜饌而興又推手以速賓之食

賓降拜答公拜公辭賓升再拜稽首不言成拜降未拜賓升席坐取韭菹以辯擩于醢上豆之閒祭擩猶染也今文無于【疏】正義曰敖氏云此所擩者醢醢而下五豆惟云醢者省文耳少牢饋食用四豆尸取韭菹擩于三豆是其徵也今案韭菹醢醢居豆之上列故爲上豆言上豆之閒祭者謂祭於韭菹醢醢醢二豆之閒也　注云擩猶染也者說文擩染也引周禮六曰擩祭段氏注謂擩當作㨎古音耎聲需聲畫然分別後人乃或淆亂其偏旁本从耎者譌而从需而音由是亂矣周禮大祝九祭六曰㨎祭士虞禮特牲饋食禮少牢饋食禮有司徹四篇經文凡用㨎字二十唐石經周禮士虞皆作擩特牲少牢有司皆作㨎此非經字不一乃周禮士虞經淺人妄改也郭璞而沿反陸德明而泉反皆耎聲之正音今案據此則此篇擩字亦當作㨎段氏說文注蓋偶遺之云今文無于者擩下今文無于字古文有鄭從古文亦以其文義備

也贊者東面坐取黍實于左手辯又取稷辯反于右手興以授賓賓祭之取授以右手便也賓亦興受坐祭之於豆祭也獨云贊興優賓也少儀曰受立授立不坐

疏 正義曰上宰夫啟簋會云東面坐此贊者取黍稷亦云東面坐以簋西地寬也贊者取黍稷及肺授賓者以簋俎去席遠也若豆鉶則不言贊者取授以其近也兩言辯者謂黍稷各三簋每簋取之以授賓也褚氏云先黍後稷六簋徧取兼授而兼祭敖氏謂此亦壹以授賓非注云取授以右手便也者經云取黍實于左手明是右手取以實之蓋贊者先以右手取黍實於左手又以右手取稷實於左手俟六簋取畢然後以所實於左手者仍反於右手以授賓故知取授皆右手由便故也云賓亦興受祭之於豆祭也者案經言賓祭則受可知但下祭肺云賓興受坐祭此不言興受坐者省文其實亦同也李氏云豆祭謂前祭豆處上豆之閒今案少牢禮有司徹多有豆祭之文方氏苞謂祭當作際非云獨云贊興優賓也者賈疏云欲見賓坐而不興是優賓其實俱興也云少儀曰受立授立不坐者此引以證興則俱興也三牲之肺不離贊者辯取之壹以授賓

肺不離者刌之也不言刌刌則祭肺也此舉肺不離而刌之便賓祭也祭離肺者絕肺祭也壹猶稍也古文壹作一

【疏】正義曰注刌之也毛本刌作刌嚴徐集釋通解俱作刌下並同壹猶稍毛本稍下有也字嚴本無古文壹作一古上毛本有一圈非通解亦無校勘記云案此節經注據士冠疏則經當云一以授賓注當云古文一作壹今本與賈疏不合當由後人妄改然諸本皆然其誤久矣云肺不離者刌之也者凡割而不斷曰離少儀曰牛羊之肺離而不提心鄭注提猶絕也刲離之不絕其中央少者使易絕以祭耳是也刌切斷也此經言不離則是切斷之矣云不言刌刌則祭肺也者李氏云刌肺惟祭祀乃有之故不言刌也云此舉肺不離而刌之便賓祭也者凡肺有舉肺有祭肺此食禮用舉肺宜割勿絕今切之使斷者便賓取以祭也褚氏云本宜用離肺因便賓祭故不離而刌之然不可竟稱爲刌肺故變其文曰不離見宜離而不離以優賓也云祭離肺者絕肺祭也者此申言便賓祭之義也離肺卽舉肺凡祭離肺必絕其中央少許以祭若刌則已斷不須絕故云便也餘詳士冠禮云壹猶稍者贊者徧取牛羊豕之肺一一授賓吳氏疑義亦云壹謂一一授之一一與稍稍義近故注轉壹爲稍褚氏云經加壹字異於授黍

禝者見逐一授之也賓亦三次祭故不云兼一祭之案此說足申注義敖氏及張氏爾岐訓壹爲不再爲專壹皆非

賓與受坐祭於是云賓與受坐祭重牲也賓亦毐肺與受祭於豆祭

疏 正義曰注云於是云賓與受坐祭重牲也者案上注既引少儀受立授立不坐則與受自是禮之通例此注以爲重牲上注以爲獨云贊與優賓皆義有難通後儒多駁之云賓亦毐肺與受祭於豆祭者據受云毐肺則上文壹以授賓爲一一授之明矣

挩手扱上鉶以柶辯擩之上鉶之間祭扱以柶扱其鉶菜也挩拭也拭以巾

疏 正義曰挩手謂賓既祭肺則以巾拭手而扱鉶以祭也上鉶上列牛鉶也上鉶之間上列牛羊二鉶之間也賈疏云此云上鉶之間祭者著其畢於餘者餘祭於上豆之間注云扱以柶扱其鉶菜也者謂賓以柶扱上鉶之菜偏擩於三鉶合其味以祭也賈疏謂四鉶惟有一柶敖氏謂四鉶皆有柶其擩之惟用上者之柶褚氏云器無虛設若惟用上者之柶餘柶不爲虛設邪依賈優賓惟有一柶之說爲長今案少牢有羊豕二柶者祭神之禮與此異也

祭飲酒于上豆之間魚腊醬湆不祭不祭者非食物之盛者

疏 正義曰注末集

釋有也字嚴本及各本俱無○祭于上豆之間酒在豆東也李氏云魚腊不祭則腸胃膚不祭可知或曰曲禮殽之序徧祭之殽謂出於牲體者　注云不祭者非食物之盛者敖氏云魚腊屬於牲牲醬屬於豆湆屬於鉶故此雖設之亦不祭蓋巳祭其大則略其細也案敖此說善矣然正饌之設凡七而賓祭者五菹醢一也黍稷二也肺三也鉶四也飲酒五也醬與大羹湆皆公親設之不得謂之細以醬與菹醢同類湆與鉶同類既祭菹與鉶則醬湆二者可不祭耳○禮經釋例云凡祭皆於籩豆之間或上豆之間公食禮賓祭正饌取韭菹辯擩于醢上豆之間祭此祭豆也贊者取黍稷授賓賓祭之注賓亦與受坐祭之於豆祭也此祭簋也三牲之肺贊者辯取授賓注賓亦每肺與受祭於豆祭此祭俎也祭飲酒於上豆之間此祭酒也皆於上豆間祭之賓祭加饌贊者辯取庶羞之大授賓賓受兼壹祭之注庶羞輕也自祭之於膷臐之間以異饌也庶羞亦實於豆膷臐膮三豆近賓則注所謂膷臐之間者亦上豆之間也士虞禮尸入九飯取菹擩于醢祭于豆閒特牲尸入九飯右取菹擩于醢祭于豆閒主婦亞獻祝贊籩祭注籩祭棗栗之祭也尸祭之亦於豆祭少牢尸入十一飯尸取韭菹辯擩于三豆祭于豆閒上佐食取黍稷于四敦下

佐食取牢一切肺于俎以授上佐食上佐食兼與黍以授尸尸受同祭于豆祭主人獻祝祝取菹擩于醢祭于豆閒有司徹主人獻尸尸右取韭菹擩于三豆祭于豆閒尸取麷蕡麷蕡籩實也宰夫贊者取白黑以授尸尸受兼祭于豆閒主人獻侑侑右取菹擩于醢祭于豆閒又取麷蕡同祭于豆祭主婦獻尸尸祭糗脩同祭于豆祭以羊鉶之柶挹羊鉶遂以挹豕鉶祭于豆祭主婦獻侑侑坐取糗脩兼祭于豆祭主婦受尸酢右取菹擩于醢祭于豆閒又取麷蕡兼祭于豆祭不儐尸之禮主婦亞獻尸取棗糗祝取栗脯以授尸尸兼祭于豆祭主婦獻祝祝取棗糗祭于豆祭主婦致爵于主人主人右取菹擩于醢祭于豆閒士昏禮女父禮使者賓左執觶祭脯醢以柶祭醴三注凡祭於脯醢之豆閒則祭醴亦於豆閒疏云此及冠禮鄉飲鄉射燕禮大射皆有脯醢則在籩豆之閒此注不言籩者省文公食及有司徹豆多者則言祭於上豆之閒也士冠士昏鄉飲鄉射燕禮大射諸經文不云祭於籩豆之閒者文不具也又云亦有不於豆閒者公食賓祭正饌上鉶之閒祭賓祭加饌取粱卽稻祭於醬湆閒注祭稻粱不以豆祭祭加宜於加張氏爾岐云醬湆不得言加注偶誤然醬本豆實大羹湆實于鐙注瓦豆謂之鐙則醬湆閒亦豆閒但非前

所祭上豆之閒耳唯公食祭鉶於上鉶之閒爲異葢有司徹尸祭鉶亦於豆祭也

右賓祭正饌

宰夫授公飯粱公設之于湆西賓北面辭坐遷之既告具矣而又設此殷勤之加也遷之遷而西之以其東上也

疏 正義曰此炊粱爲飯而實之於簋也故下文云左擁簠粱粱卽粟也北方謂之小米南方謂之粟說文禾嘉穀也二月始生八月而熟得時之中故謂之禾粟嘉穀實也米粟實也粱米名也虋赤苗嘉穀芑白苗嘉穀皆謂粱也九穀考云始生曰苗成秀曰禾禾實曰粟粟實曰米米名曰粱其大名曰嘉穀周禮倉人注九穀以粟爲主注大宰九穀中有粱無粟則粱卽粟矣內則言飯有粱又有黃粱是粱者白粱也禮設簋簠不稱黍稷稻粟而云粱粱者飯必炊米爲之故舉米名耳郭璞孫炎爾雅注以粟爲稷孔穎達於曲禮稷曰明粢亦釋之曰稷粢也葢承其誤矣今案粱與稷見於經者判然二物周禮食醫豕宜稷犬宜粱禮記玉藻沐稷而頮粱詩甫田黍稷稻粱聘禮八簋黍稷兩簋稻粱此篇黍稷爲正饌稻粱爲加饌二者固自不同自漢魏閒誤

以粟爲稷遂冒稷爲粱而以粱爲高粱誤甚九穀考辨之是也敖氏云粱言飯者以賓主食之也蔡氏云穀以粱爲貴故公親設之 注云遷之遷而西之以其東上也者李氏云東上統於正饌今案加饌以東爲上故遷而西之以示不敢當公親設之意且設於湆西則正當中席故必遷而西之也

公與賓皆復初位位序內階西 疏正義曰卽前設醬時公立於序內賓立於階西之位也

宰夫膳稻于粱西膳猶進也進稻粱者以簠 疏正義曰說文稻稌也稌稻也二字互訓字林穤黏稻也稉稻不黏者廣雅秈稉也顏師古漢書注稻有芯之穀總稱也秔其不黏者也九穀考云稻稌大名也穤懦也其黏者也稉之爲言硬也不黏者也南方謂之秈然則稻爲總名別言之則黏者爲穤不黏者爲稉爲秔爲秈矣九穀考又云周官稻人掌稼下地詩白華云滮池北流浸彼稻田由是言之稻宐水也又引吳都賦云國稅再熟之稻是稻有一歲再熟者蕓與粱皆爲穀之美者矣 注云膳猶進也者膳美物也盛氏云進膳曰膳猶置尊曰尊布筵曰筵也敖氏以膳爲設之誤非云進稻粱者以簠者鄭注周禮掌客云簠稻粱器也是簠爲盛稻粱之器故云以簠也○以上公親設粱宰夫膳稻加饌之一

士羞庶羞皆有大蓋執豆如宰羞進也庶眾也進眾珍味可進者也大以肥美者特為臠所以祭也魚或謂之膴膴大也唯醢醬無大如宰如其進大羹湆右執豆左執蓋

疏正義曰注右執豆毛本右誤石張氏敦仁刻注疏本豆作鐙似是嚴本及各本俱作豆今仍之 云羞進也者此釋經上羞字也云庶眾也進眾珍味可進者也者郝氏敬云庶羞即下腳臐等十六豆胥美曰羞品多曰庶云大以肥美者特為臠所以祭也者言每品皆取肉之肥美者為大臠加於豆以待祭故云皆有大也云魚或謂之膴膴大也者少儀魚祭膴鄭注膴大臠謂刳魚腹也孔疏膴謂刳魚腹下為大臠此處肥美故食魚則刳取以祭先也是膴亦訓大也云唯醢醬無大者敖氏云以經文云皆故言此以明之醢醬四醢及芥醬也今案作醢之法詳周禮醢人注謂必先膊乾其肉乃後細莝之則無大矣醬亦醢類也云如宰如其進大羹湆右執豆左執蓋者案經蓋執豆如宰五字讀者不同敖氏云言執於蓋豆之間見其兩執也張氏爾岐云蓋執豆兼蓋而執之也方氏苞與敖張說同郝氏云蓋豆上蓋自門外入蔽風塵也士執庶羞之豆升階右執豆左執蓋與宰執鐙同盛氏謂先儒皆以蓋執豆為句惟郝氏以蓋為一

句執豆如宰爲一句文義較長今案盛說是矣但蓋字當連上讀謂庶羞皆有大皆有蓋也惟其有蓋故執之如宰右鐙左蓋矣

先者反之由門入升自西階庶羞多羞人不足則相授於階上復出取也

疏正義曰先者反之下毛本有注云釋曰反之者以其庶羞十六豆羞人不足故先至者反取之下文云先者一人升設于稻南其人不反則此云先者反之謂第二以下爲先者也校勘記云此釋曰以下五十五字是疏誤作注通解載此疏於下節注下盛氏云此節疏監本誤作注置諸先者反之之下今案首有釋曰二字爲疏文無疑嚴本及陳單注本俱無此注從之○由門入升自西階亦以庶羞在爨由門外入與大羹湆由門入升自阼階同但彼授公故升自阼階此自西階爲異耳　注云庶羞多羞之人不足則相授於階上復出取也者此釋經先者反之之文也但反之有二義張氏惠言以爲有反取之階上者有反取之門外者其說甚是據注言授於階上復出取也是反取之門外者但授於階上必有受而設之堂上者其旣設則反取於階上下文先者一人升設於稻南是反取之階上者衆人騰羞者盡階不升堂是反取之門外者此經先者反之乃統論進庶羞之事羞多人少則有反之之一

法實兼二者在內賈疏謂先者一人升設於稻南其人不反固誤謂先者反之爲第二以下尤泥至敖氏疑先者反之爲失次盛氏謂當在升自西階之下則皆非也

先者一人升設于稻南簋西閒容人簋西黍稷西也必言稻南者明庶羞加不與正豆併也閒容人者賓當從閒往來也

疏正義曰先者一人升設於稻南既設則反取於階上又以設也　注云必言稻南者明庶羞加不與正豆併也者敖氏云稻乃加食其位不與正饌併而庶羞又設於稻南明庶羞亦爲加不與正豆併也併謂同爲一處唯云正豆者以其器同也云閒容人者賓當從閒往來也者賈疏云下文賓左擁簠粱右執湆以降公辭升反奠於其所是賓往來也今案經言簠西者以庶羞與簠竝列庶羞在簠之西其中閒有餘地可以容人上文公設粱于湆西賓又遷之于其西則湆西粱東之閒亦可容人往來也

旁四列西北上不統於正饌者雖加自是一禮是所謂羹胾中別

疏正義曰注一禮集釋作一體旁四列旁字有數解敖氏云旁者見正饌之中席而此在旁也郝氏敬云正饌堂中庶羞偏西故曰旁褚氏云腳臐直稻南而腳稍偏西臐稍偏東膮牛炙直粱南而膮稍偏西牛炙稍偏東每兩豆

當一籩若在旁然故云旁四列今案旁字當以偏西之說爲是但云正饌堂中尚未明析蓋正饌設於堂中以東加饌設於堂中以西此其大分也今庶羞不正當堂中以西而又偏於西是以謂之旁耳庶羞十六豆四豆爲列故云四列西北上與籩之言東北上者同蓋亦自北而南陳也

云是所謂羹胾中別者羹胾中別管子弟子職文李氏云曲禮曰左殽右胾殽骨體也爲正饌胾切肉也爲庶羞肉謂之羹羹則殽也正饌在東庶羞在西羹胾中別也惠氏棟云弟子職曰凡置彼食鳥獸魚鼈必先菜羹羹胾中別胾在醬前其設要方羹者菜羹羹即鉶羹也今案李以羹爲大羹湆以羹爲鉶羹皆屬正饌在庶羞之東中閒有餘地不相連接是所謂中別也

膷以東臐膮牛炙膷臐膮今時臛也牛曰膷羊曰臐豕曰膮皆香美之名也古文膷作香臐作薰　疏　正義曰注古文膷作香膷閩本誤作膷○此自西而東爲北之第一列所謂西北上也牛炙炙牛肉也　注云膷臐膮今時臛也牛曰膷羊曰臐豕曰膮皆香美之名也者臛即無菜之肉羹義詳聘禮云古文膷作香臐作薰者胡氏承珙云古人以臛爲香美故即以香名牛臛薰名羊臛小篆以後乃有膷臐二字爲牛臛羊臛之專稱以別於香薰故說文不載今案禮

記內則亦作膷臐是經典承用已久故鄭從今文

又胡氏引注作熏嚴本及各本俱作薰今仍之

炙南醢

以西牛胾醢牛鮨先設醢錚之以次也內則謂鮨爲膾然則膾用鮨今文鮨作鰭【疏】正義曰注

錚之以次也錚閩葛俱誤作醡內則謂鮨爲膾校勘記云

張氏曰注曰內則謂鮨爲膾案監本肉作內從監本膾徐

陳俱作會張淳通解楊敖俱作膾然則膾用鮨徐本膾作

鱠誤集釋上句作鱠此句作膾今案嚴本與集釋同黃氏

丕烈云鱠當作膾从魚誤也〇此自東而西爲第二列也

注云先設醢錚之以次也者李氏云醢配胾而卑於胾

今設之胾上者欲旣設之五醢相錯也今案注言錚者錚

屈也詳士喪禮此設庶羞一列自西而東二列自東而西

是屈陳之也三列四列亦然必先設醢者以先設醢再設

牛胾又設醢再設牛鮨二醢相間而設乃得其次也云內

則謂鮨爲膾然則膾用鮨者此經所陳庶羞與內則同內

則有牛膾無牛鮨則是謂鮨爲膾也旣謂鮨爲膾則其膾

用鮨爲之明矣說文鮨魚䏯醬也段氏云醬字衍䏯者豕

肉醬也引申爲魚肉醬則偁魚䏯可矣公食禮牛鮨注曰

內則鮨爲膾然則膾用鮨謂此經之牛鮨卽內則之牛膾

也聶而切之爲膾更細切之則成醬爲鮨矣鮨者膾之最

細者也牛得名鮨猶魚得名脂也鄭曰今文鮨作鰭案鰭是假借字說文有耆無鰭胡氏承珙云段說是也爾雅魚謂之鮨郭注以爲鮓屬廣雅鮨鮝也是鮨本魚鮝之類故說文鮨下即次以鮝云藏魚也釋名云鮓菹也以鹽米釀魚爲菹熟而食之也牛亦名鮨者古人有以藏魚之法施於牛肉故亦借鮨名耳今文鮨作鰭者少儀夏右鰭注云鰭脊也蓋牛鮨之鮨依禮記內則本當爲牛膾儀禮借魚酢之鮨爲膾者以其義近今文又借魚脊之鰭爲鮨者則以其聲同耳○褚氏云鮨猶膾也羊豕無膾魚無炙胾牛是大牲故三者兼有

鮨南羊炙以東羊胾醢豕炙[疏]正義曰此自西而東爲第三列也

炙南醢以亞豕胾芥醬魚膾芥醬芥實醬也內則曰膾春用蔥秋用芥[疏]正義曰此自東而西爲第四列也以上十六豆與內則所云膳者同惟膮牛炙閒內則多一醢字鄭注以爲衍文郝氏敬云終魚膾始腳所謂西北上也

眾人騰羞者盡階不升堂授以蓋降出騰當作媵媵送也授授先者一人[疏]正義曰注授先者一人監本一人二字誤作經在下節首○盛氏云眾人自先者一人而外也士騰羞者雖眾而升堂設之者唯最先一

人而已其餘則以授於西階上也今案盛氏又謂先者一人不反非蓋先者一人雖不反於門外亦必反於階上受而復設也上文先者一反之實兼一人在內義詳前以蓋降出者謂豆既授先者一人乃以蓋降階出廟門與宰之執鐙授公以蓋降出者同王氏士讓云謄羞者不升堂而授卽所謂堂事交乎階也　注云謄當作媵媵送也者胡氏承珙云燕禮媵觶今文媵皆作謄者以禮記亦作揚觶謄與揚皆訓舉故媵或作騰此謄羞者衆人遞相傳送祇當作媵媵自以鄭注爲正敖氏謂謄取自下而上郝氏解謄爲升皆非也○以上士羞庶羞加饌之二○儀禮紃解云加饌粱最先設次則稻由房出羞自階升又云正饌之列其在東之東者以西爲上豆與俎是也其在東之西者以東爲上鉶與簋是也加饌之列其在西之北者以東爲上粱與稻是也其在西之南者以西爲上庶羞是也一陳饌之閒亦必相變如此

贊者負東房告備于公　復告庶羞具者以其異饌

疏　正義曰　注復告徐本復作隨今案嚴本集釋通解楊敖俱作復　云復告庶羞具者以其異饌者前設正饌云告具于公鄭意蓋以備與具爲同義敖氏則謂此言備者備周於具禮經釋例云備卽是具似不必分別若謂備周於具不應加饌反周

於正饌也○釋例又云凡正饌先設用黍稷俎豆加饌後設用稻粱庶羞案公食禮正饌公設醯醬宰夫薦豆士設俎宰夫設黍稷大羹湆公設之宰夫設鉶飲酒實于觶士虞禮設饌陰厭贊薦菹醢俎入設于豆東贊設二敦于俎南設一鉶于豆南特牲禮設饌陰厭主婦薦兩豆俎入設于豆東主婦設兩敦黍稷于俎南兩鉶芼設于豆南祝酌奠設于鉶南少牢禮設饌陰厭主婦薦豆佐食設俎主婦設黍稷祝酌奠皆正饌先設用俎豆也公食禮加饌公設飯粱宰夫膳稻士羞庶羞士虞禮尸入九飯時大羹湆自門入設于鉶南胾四豆設于左特牲尸入九飯時設大羹湆于醢北佐食羞庶羞四豆設于左南上有醢注庶衆也衆羞以豕肉所以爲異味四豆者膮炙胾醢少牢尸入十一飯時上佐食羞兩鉶又羞胾兩瓦豆有醢亦用瓦豆設于薦豆之北注設於薦豆之北以其加也皆加饌後設用庶羞也公食大羹湆在正饌士虞特牲大羹湆在加饌公食加饌有稻粱士虞特牲少牢加饌無稻粱賓客之禮與祭祀之禮相變也公食士虞特牲鉶羹皆在正饌少牢鉶羹在加饌者少牢無大羹故以鉶羹易之也聘禮歸饔餼膷臐膮蓋陪牛羊豕注陪之庶羞加也堂上及兩夾之饌設鉶畢始設簠注簠不次簋者稻粱加也是加饌有稻粱

與公食同也士昏無加饌者尙質也

右爲賓設加饌

贊升賓以公命命賓升席疏正義曰李氏云公不揖食加饌禮殺注云以公命命賓升席者敖氏云升賓之辭蓋曰吾子其升也**賓坐席末取粱卽稻祭于醬湆閒**卽就也祭稻粱不於豆祭祭加宐於加疏正義曰注不於豆祭集釋毛本於作以陳本重以字皆誤嚴本楊氏俱作於祭加宐於加嚴本集釋通解楊氏俱同徐本加宐二字誤倒陳本脫宐字○敖氏云坐席末者就加饌也取粱卽稻言不反粱於左手也注云祭稻粱不於豆祭祭加宐於加者張氏爾岐云醬湆不得言加注偶誤粱是公所親設醬湆亦公所親設公設是饌尊處故祭粱不於豆而於此耳今案張說是也褚氏又謂下降時取粱湆徹時取粱醬皆是重公親設之意與此祭於醬湆閒同**贊者北面坐辯取庶羞之大興一以授賓賓受兼壹祭之**壹壹受之而兼一祭之庶羞輕也自祭之於膷臐之閒以異饌也疏正義

曰注壹壹受之而兼一祭之嚴本及各本同集釋壹壹作一一兼一作兼壹與經合今從集釋○前云庶羞皆有大此贊者坐而辯取之興以授也張氏爾岐云一以授賓者品授之也兼壹祭之之者總祭之也褚氏云贊者所授賓祭者三正饌則黍稷也三牲之肺也加饌則庶羞之大也經於黍稷則曰辯以授賓賓祭之是黍稷總授賓賓總受而總祭也故曰辯以授也於肺則云辯取之一以授賓賓受坐祭是三次授賓三次祭也故不云辯以授也于庶羞之大則云一以授賓賓受兼壹祭之是大亦逐一授賓賓則逐一受之而總祭之也故云兼也立文不同注據經爲解不可破正饌豆實祭於上豆之間大是加饌豆實宜祭於加饌上豆之間注云祭於膷臐間亦是也祭醬飲亦於是處可知今案敖氏謂黍稷牲肺皆壹祭之又謂祭大大亦於醬湆閒皆與注異褚氏駁之是也注云庶羞輕也者對三牲之肺而言

賓降拜拜庶羞公辭賓升再拜稽首公荅再拜疏正義曰正饌公再拜揖食賓降拜是公先拜賓荅拜此則賓先拜公荅拜亦以禮殺故也

右賓祭加饌

賓北面自閒坐左擁簠粱右執湇以降自閒坐由兩饌之閒也擁抱也必取粱者公所設也以之降者堂尊處欲食於階下然也〔疏〕正義曰左擁簠粱監本左誤作右擁誤作擯毛本亦誤擯徐本楊氏毛本簠俱誤作簋唐石經嚴本集釋通解敖氏俱不誤石經考文提要云曲禮執食興辭注引公食禮正作左擁簠粱 注云自閒坐由兩饌之閒也者謂正加兩饌之閒即上經所云閒容人注謂賓當從閒往來是也但彼爲設庶羞故在簠西炙東之閒此則當在湇西粱東之閒爲微異耳云擁抱也者說文同段氏云抱之則物必在前云必取粱者公所設也者粱湇皆公所親設故必取之以降注不言湇省文耳云以之降者堂尊處欲食於階下然也者爲堂上尊處公立於堂故不敢坐食於席而降階下示欲食於此也

公辭賓西面坐奠于階西東面對西面坐取之栗階升北面反奠于其所降辭公奠而後對成其意也降辭公敬也必辭公者爲其尊而親臨己食侍食贊者之事〔疏〕正義曰敖氏云公辭者止其降於下也階西賓所欲食之處也故於此奠之對者釋其所以降之意蔡氏云旣對君坐取粱湇升奠

於原所從君命也。盛氏云：反奠于其所者，奠湆於醬西，奠粱於湆西也。三禮札記云：前公降一等而賓栗階，此公不從降而亦栗階者，臣禮彌恭也。○注侍食，監本侍誤待。云奠而後對成其意也者，賈疏云：成其降食階下之意，故奠乃對。此決下文大夫相食，賓執粱與湆之西序端，主人辭，賓反之而不奠也。云降辭公敬也者，謂旣栗階升矣，乃不於堂上辭公而必降而辭，是致其敬也。云必辭公者，爲其尊而親臨己食，侍食贊者之事者，以侍食是贊者之事，若以公之尊而親臨己食，則與贊者無異，故不敢當也。曲禮曰：客若降等，執食興辭。亦辭主人之臨己食也。禮經釋例云：凡公親臨食，必辭之。公食禮賓初食，降辭公，公許，賓升，公揖退于箱，辭公故也。又賓卒食，降辭公，如初，賓升，公揖退于箱，是公親臨食必辭之也。今案公退于箱者，因賓辭而避於此耳。

公許，賓升，公揖退于箱。箱，東夾之前，俟事之處。【疏】正義曰：注云箱東夾之前俟事之處者，案公暫退東箱以俟賓食，故注以爲俟事之處，互詳覲禮記「几俟于東箱」下。

擯者退，負東塾而立。無事。

賓坐，遂卷加席，公不辭。贊者以告公，公聽之，重來優賓。【疏】正義曰：卷加席，不敢居隆禮也。公不辭，以其降等也。吳氏疑義云至此始卷加席則前所謂坐卽跪耳古者跪亦稱坐注云贊者以告公公聽之者斯時公猶在箱明是贊者以告公而公聽之也云重來優賓者張氏爾岐云公聽之而不輕來所以優賓使不煩勞也

賓三飯以湆醬每飯歠湆以肴擩醬食正饌也三飯而止君子食不求飽不言其肴優賓

疏正義曰注以肴擩醬嚴徐陳本通解楊氏俱作肴下同集釋毛本俱作殽閩葛於此作殽下不言其肴又作肴案校勘記云案殽者相襍錯也俗俗爲肴饌字作肴爲是 云每飯歠湆以肴擩醬食正饌也者賈疏云湆言歠淡故也醬言擩鹹故也李氏云飯飯粱也禮經釋例云凡賓初食加食加饌之稻粱則用正饌之俎豆卒食正饌之黍稷則用加饌之庶羞案公食禮簠粱卽前設加饌時公所親設之飯粱也湆卽前設正饌時公所親設之大羹湆也醬卽前設正饌時公所親設之醯醬也加饌之簠粱正饌之湆與醯醬皆公所親設故先食之言粱則兼稻言湆醬則兼俎豆經不言者非公親設故也此食加飯也又賓卒食會飯三飲注會飯謂黍稷此食黍稷則初時食稻粱又云不以醬湆注不復用正饌也初特食加飯用正饌此食正飯用庶羞互相成也後言湆或時後用此食正飯也考注云加飯卽稻粱也正饌卽俎豆也正飯

卽黍稷也賓初食用加飯之稻粱佐以正饌之俎豆卒食用正飯之黍稷佐以加饌之庶羞故云互相成也云三飯而止君子食不求飽者禮成於三不求多也故引論語以證之蔡氏云三飯以手三舉飯食也禮經釋例云凡食禮初食三飯卒食九飯案公食禮賓三飯以湆醬宰夫執一觶漿飲與其豐以進又云賓坐祭遂飲奠于豐上三飯則一觶飲是初食三飯也又賓受侑幣出復入門左揖讓升卒食會飯三飲不以醬湆吳氏廷華云上三飯乃飲此三飲則九飯也合正食則十二飯矣是卒食九飯也初食在侑幣前故三飯卒食在侑幣後故九飯也云不言其脊優賓者賈疏云案特牲少牢尸食時舉脊皆言次第此不言者任賓取之是優賓也或以此經但云以湆醬不云食脊爲疑褚氏云諸禮凡食飯無不食舉者故注云然案周官司儀食禮有舉數以次差之大夫當三舉則食舉明矣

宰夫執觶漿飲與其豐以進此進漱也非爲卒食爲將有事緣賓意欲自潔清

【疏】正義曰漱刷从欠不从攵觶漿飲者謂漿飲盛於觶也蔡氏云觶卽前所實酒觶漿飲卽前俟於東房之漿飲江氏筠云經云執觶漿飲與其豐以進則是一手執觶漿飲一手執豐也若此觶爲酒觶而又別有漿飲如何一手可執且前

三

祭正饌時已祭飲酒於上豆之閒矣何下文又云坐祭乎則此觶明是盛漿之觶所謂其豐即盛漿觶之豐也○儀禮糾解云正饌用酒宰夫執觶執豐奠于豆東賓亦旣祭矣加饌用漿俟于東房未設也至是而後執以進亦取其相變

賓挩手興受受觶疏正義曰挩唐石經初从木後改从手

宰夫設其豐于稻西酒在東漿在西是所謂左酒右漿疏正義曰經但云設豐不云觶者斯時觶在賓手也注云酒在東漿在西者案此設豐於稻西與前執觶執豐設于豆東者正相對飲酒從正饌在東漿飲從加饌在西也云是所謂左酒右漿者左酒右漿管子弟子職文注所謂二字正指管子書言也案弟子職曰胾在醬前其設要方飯是爲卒左酒右漿曲禮酒漿處右鄭注處羹之右此言若酒若漿耳兩有之則左酒右漿亦據弟子職言曲禮注及此注俱作左酒右漿今本管子漿作醬恐誤

庭實設乘皮

賓坐祭遂飲奠于豐上飲漱疏正義曰賓徐本作實誤○儀禮糾解云宰夫設豐之後賓遂坐祭而飲矣而先言庭實設者著有司設庭實之節也玉藻曰水漿不祭若祭爲已偯卑而此乃祭漿者臣禮也故彼注云臣於君則祭之　注云飲漱者謂飲漿以漱也

說文漱盪口也蔡氏云坐祭遂飲飲酒漿也兼酒言之非辨見前

右賓食饌三飯

公受宰夫束帛以侑西鄉立束帛十端帛也侑猶勸也主國君以爲食賓殷勤之意未至復發幣以勸之欲用深安賓也西鄉立序內位也受束帛於序端疏正義曰注復發幣以勸之閩本幣誤作獘云束帛十端帛也者詳士冠禮主人酬賓下云侑猶勸也者詩楚茨毛傳侑勸也是時賓三飯而止有告退之意故以束帛侑食也詳聘禮致食以侑幣下云西鄉立序內位也者卽前公立于序內西鄉之位云受束帛於序端者約聘禮公受几于序端而知之敖氏謂受束帛於東箱褚氏云賓既飲則公出自箱立於序端矣於是宰夫以束帛授公而公受之也非受於東箱也

賓降筵北面以君將有命也北面於西階上疏正義曰注北面於西階上嚴本敖氏俱無西字徐本集釋通解楊氏俱有似有者是云以君將有命也者謂主君將有侑食之命也云北面於西階上者降筵而立於此待君命也

擯者進相幣爲君釋幣辭於賓疏正義曰此下與

聘禮禮賓大略相同解見聘禮注云爲君釋幣辭於賓者言爲君釋侑幣之辭於賓也盛氏疑幣爲衍文非

賓降辭幣升聽命降辭幣主國君又命之升聽命釋許辭〔疏〕正義曰注云降辭幣主國君又命之升者約聘禮禮賓賓降辭幣公降一等辭賓栗階升知之此不言公降一等辭及栗階者省文耳非脫也

降拜當拜受幣**公辭賓升再拜稽首受幣當東楹北面**主國君南面授之當東楹者欲得君行一臣行二也〔疏〕正義曰君行一臣行二詳聘禮

退西楹西東面立俟主國君送幣也退不負序以將降〔疏〕正義曰注云俟主國君送幣也者謂俟主國君拜送幣也聘禮禮賓退東面俟注俟君拜也義與此同云退不負序以將降也者聘禮賓三退負序此云西楹西即西階上故知不負序以將降也

公壹拜賓降也公再拜賓不敢俟成拜〔疏〕正義曰注云賓不敢俟成拜者謂不敢俟公再拜即降

介逆出以賓事畢〔疏〕正義曰郝氏敬云介逆出先賓出也介在門西北面西上近門者先出故曰逆也方氏苞云公食賓介有事焉而公絕不與爲禮何也以介當特受食也

賓北面揖執庭實以出

揖執者示親受公降立俟賓反上介受賓幣從者訝受皮從者府史之屬訝迎也今文曰梧受（疏）正義曰上介受賓幣受於門外也從者訝受皮謂主國有司執皮者從賓出賓從者訝受之也　注云從者府史之屬者聘禮禮賓上介受賓幣從者訝受馬注從者士介彼大聘使卿上介是大夫故知從者爲士此小聘使大夫上介是士故知從者爲府史之屬也云訝迎也者謂對面受也云今文曰梧受者案今又以訝爲梧已詳聘禮禮賓節

右公以束帛侑賓

賓入門左沒霤北面再拜稽首便退則食禮未卒不退則嫌更入行拜若欲從此退（疏）正義曰沒霤徐本沒作汲誤○敖氏云霤門內霤也沒霤庭南也沒霤而拜以公立於中庭也張氏爾岐云沒霤門簷霤盡處　注云便退則食禮未卒不退則嫌者謂有食食之嫌云更入行拜若欲從此退者是注以此拜爲告退也吳氏疑義云食禮未畢理應復入賓之入門所以終食禮也其再拜稽首則即下升賓再拜稽首注所謂拜

主國君之厚意也蓋公旣侑賓賓出公卽降立中庭以待賓反其意良厚故入門卽拜之因君辭其拜故升堂再拜敖氏謂賓拜於庭南公辭之乃升而成拜是也則上下兩再拜稽首只是一事注分而爲二是以失之今案吳說是也又敖氏以此拜爲謝侑幣褚氏辨之云聘禮禮賓於授幣後亦曰公壹拜賓降也公再拜賓執左馬以出下遂行覿竝未更入門而行再拜稽首禮也然則此禮之拜敖以爲謝侑幣非凡飲食無論酒與幣皆賓先拜受而後主人拜送無送後復拜謝之禮案褚說亦是也

公辭止其拜使之卒食**揖讓如初**如初入也**升賓再拜稽首公答再拜**賓拜拜主國君之厚意賓揖介入復位疏正義曰注云賓拜拜主國君之厚意者說已詳上云賓揖介入復位者上文云介逆出下更云介逆出知中閒介復入明甚其賓揖之使入當在入門時注於此補言之

賓降辭公如初將復食疏正義曰注食字毛本誤作入嚴本集釋及張氏敦仁所刻注疏本俱作食○賓降辭公亦辭公之臨己食也詳見前

賓升公揖退于箱賓卒食會飯三飲卒已也已食會飯三漱漿也會飯謂黍稷也此食黍稷則初時食稻粱疏正義

曰注云已食會飯三漱漿也者謂三飲漿以漱口也敖氏
云歠者三飯乃飲此凡三飯葢九飯也後禮更端故與前
三飯不相蒙是也又云食加飯而飲漿則此所飲者其酒
與褚氏云下大夫禮不得飲酒注謂漱漿是也敖說誤江
氏筠云鄭以凡奠者於左此陳設左酒右漿則酒明係不
舉故謂賓用漿酳口也云會飯謂黍稷也者張氏爾岐云
上文宰夫設黍稷云啟會是簠兼會設之稻粱不言啟會
是簠不兼會故經以黍稷爲會飯也今案敖氏謂減簠飯
於會而食之故云會飯乃臆說不可從云此食黍稷則初
時食稻粱者案初時賓三飯未言稻粱故注推而明之然
據上文云左擁簠粱則賓三飯食稻粱亦可見也

不以醬湆

不復用正饌也初時食加飯用正饌此食正飯用庶羞互相成也後言湆者湆或時後用

疏正義曰注互相成也徐陳本成俱作後誤後言湆下嚴本楊氏
俱有者湆二字今本無　云不復用正饌也者醬湆正饌
也不用正饌則用庶羞可知故注又云初時食加飯用正
饌此食正飯用庶羞互相成也義詳前賓三飯以湆醬下
楊氏復云用庶羞經無其文若可疑者據下文上大夫庶
羞酒飲漿飲庶羞可也注云於食庶羞宰夫又設酒漿以
之食庶羞可也以彼證此恐云食會飯有三飯亦食庶羞

此注所以有互相成之義也云後言湆者湆或時後用者賈疏云前文賓三飯以湆醬先言湆後言醬是先用湆此後言湆或容前三飯後用湆故作文有先後也盛氏云案上文以湆醬據其用之之序言也此既不用之故惟據所設之序而言注疏說非是今案盛說似亦可從

右賓卒食

挩手興北面坐取粱與醬以降西面坐奠于階西示親徹也不以出者非所當得又以已得侑幣〔疏〕正義曰奠于階西西階下之西也卽向者賓欲降食之處　注云示親徹也者賓於食畢取粱與醬以降是示親徹之意公於正饌先設醬加饌先設粱獨取二者固以公親設之故亦示二饌兼徹也云不以出者非所當得者當得則三牲之俎是也云又以已得侑幣者謂已得侑幣故不取饌出也士昏賓取脯出是所當得者玉藻曰君旣徹執飯與醬乃出授從者鄭注食於尊者之前當親徹也孔疏此經食不客故君旣徹之後執飯與醬乃出授從者若君與己禮食則但親徹之不敢授已之從者也故公食禮賓北面坐取粱與醬以

降西面坐奠於階西也若非君臣但降等者則徹以授主人相者故曲禮云客若降等又云卒食客自前跪徹飯齊以授相者注云相者主人贊饌者若賓主敵者則徹於西序端故公食禮大夫自相食徹于西序端注云亦親徹是也案玉藻疏言徹義頗詳故竝録之

東面再拜稽首 卒食拜也不北面者異於辭 疏 正義曰敖氏謂此亦拜於階西不於階東褚氏云旣奠於西階西乃進至階東東面拜凡西階下之拜無有在階西者敖說不可從 注云卒食拜也者言此再拜稽首爲卒食拜也云不北面者異於辭者褚氏云注意專對沒霤北面之拜而言今案鄭以沒霤北面之拜爲辭退故云異於辭也或曰以公從而降在東方故賓東面拜也

公降再拜 荅之也不辭之使升堂明禮有終 疏 正義曰敖氏云公拜亦西面於阼階下此說是也方氏苞云食禮旣終賓拜稽首於階下自同於本國之臣也公降而荅拜使賓無庸復升終不敢以臣禮待之也

介逆出賓出公送于大門內再拜賓不顧 初來揖讓而退不顧退禮略也示難進易退之義擯者以賓不顧告公公乃還也 疏 正義曰介逆出徐本逆作迎誤 注云擯者以賓不顧告公公乃還也者還謂自廟

還路寢也詳聘禮賓出
公再拜送賓不顧下

右禮終賓出

有司卷三牲之俎歸于賓館 卷猶收也無遺之辭也三牲之俎正饌尤尊盡以歸賓尊之至也歸俎者實於篚它時有所釋故 【疏】正義曰禮終賓出之後尚有二事歸俎實於賓館一也賓拜賜二也○注尊之至也嚴本無也字他時有所釋故釋文作它云本又作他嚴本集釋作它今本作他　注云卷猶收也無遺之辭也者卷與捲同云歸俎者實於篚者吉祭有肵俎虞祭無之尸舉牲體皆盛於篚此歸俎者亦是實於篚以歸之也敖氏謂盡以其俎與其實歸之褚氏云歸饔餼用鼎不用俎俎乃行禮時設之不以遺人注用篚之說爲長方氏苞云卷者振取俎實而置於篚也敖氏謂并以俎歸則其文當曰以三牲之俎歸於賓館今案褚方之說是也云它時有所釋故者案特牲士虞皆云俎釋三个釋猶遺也謂留遺以備陽厭是有所釋也它時即指特牲士虞言此食禮無所釋故三牲之在俎者盡以歸賓也

魚腊不與 以三牲之俎無所釋故也禮之有餘爲施惠不

言賜胃膚者在魚腊下不與可知也古文與作豫 疏 正義曰注云以三牲之俎無所釋故也者謂三牲之在俎者旣盡以歸賓則魚腊細物可不與也云古文與作豫者詳士昏禮

右歸俎實於賓

明日賓朝服拜賜于朝拜食與侑幣皆再拜稽首 朝謂大門外

疏 正義曰案聘禮歸饔餼明日賓拜于朝拜饔與餼不拜東帛此云拜食與侑幣兼拜侑賓之東帛者賈疏云彼使人致之故不拜此食禮君親賜故拜之 注云朝謂大門外者此朝即庫門外之朝注云大門即謂庫門也

訝聽之 受其言入告出報也此下大夫有士訝

疏 正義曰注云受其言入告出報者詳聘禮賓三拜乘禽于朝訝聽之下云此下大夫有士訝者案聘禮記曰卿大夫訝大夫士訝士皆有訝此聘日主國君所使迎賓於館之訝非掌訝職也經云訝聽之乃指謂掌訝之官鄭以士訝當之恐非詳聘禮記賓旣將公事復見訝以其摯下

右賓拜賜

上大夫八豆八簋六鉶九俎魚腊皆二俎記公食上大夫異於下大夫之數豆加葵菹蝸醢四四爲列俎加鮮魚鮮腊三三爲列無特 【疏】正義曰此下別言食禮之異者食上大夫之禮君不親食之禮大夫大夫不親食之禮凡四事聘禮大聘使卿上大夫卽卿也故其食之之禮與聘禮歸饔於賓者略同八豆八簋六鉶如其設於堂上者也九俎如其飪鼎九也魚腊皆二俎者魚腊皆乾鮮各一也注云記公食上大夫異於下大夫之數者前食下大夫六豆六簋四鉶七俎此上大夫每加以兩是其異也但自此至雉兎鶉鴽皆是言其異者注蓋總釋之也云豆加葵菹蝸醢者葵菹蝸醢周禮醢人饋食之豆也其朝事之豆八下大夫已用其六仍餘茆菹麋臡二豆今鄭不取以足八豆之數而用饋食之豆者蓋以少牢四豆非菹醢醢葵菹蝸醢兼用朝事饋食二者故也敖氏則謂豆加茆菹麋臡專用朝事之豆褚氏云若純用朝事豆實與人君禮無別矣故注參取饋食二豆也云四四爲列者上四字乃二字之誤八豆分爲二列每列四豆故云二四爲列也云俎加鮮魚鮮腊三三爲列無特者褚氏云九俎饌法當依注爲是不當如敖氏四四爲列而特鮮獸之說蓋三俎五俎七俎

不得方故須特三三爲列則正方矣何反用特乎其餼法則北二列仍如七俎而鮮魚則加在魚南鮮腊則加在腊南移膚於腸胃南也八豆之次則韭菹以東醓醢昌本麋臡麋臡南菁菹以西鹿臡葵菹蝸醢八簋之次則六簋仍舊加黍於稷南稷於黍南六鉶之次則牛以西羊豕豕南牛牛以東羊豕今案褚說俱是也

魚腸胃倫膚若九若十有一下大夫則若七若九此以命數爲差也九謂再命者也十一謂三命者也七謂一命者也九或上或下者再命謂小國之卿大國之大夫也卿則曰上大夫則曰下大國之孤視子男

疏正義曰注云此以命數爲差也者謂魚與腸胃倫膚三者各俎所載又以命數爲差也敖氏云其俎數之同者又以此見尊卑是也云九謂再命者也十一謂三命者也七謂一命者也者賈疏云周禮典命公侯伯之卿三命大夫再命士一命子男之卿再命大夫一命士不命則諸侯之臣分爲三等三命再命一命不命與一命同此經魚腸胃倫膚亦分爲三等有十一有九有七則十一當三命九當再命七當一命云九或上或下者再命謂小國之卿大國之大夫也者上句若九指上大夫言下句若九指下大夫言九有上下之不同者以小國之卿與大國之大

夫同再命再命則九故小國之卿雖與大國之卿同九俎而其載於俎者魚腸胃倫膚惟用九數而不用十一大國之大夫雖與小國之大夫同七俎而其載於俎者魚腸胃倫膚亦用九數而不用七是以上下大夫同云若九也云卿則曰上大夫則曰下者謂卿爲上大夫大夫爲下大夫也云大國之孤視子男者鄭意以上大夫不兼孤在內故別言之賈疏云周禮典命大國之孤四命又大行人云大國之孤執皮帛以繼子男又云其他皆視小國之君若然孤與子男同十三矦伯十五上公十七差次可知褚氏案昏禮疏推魚之數云或諸矦十三天子十五與此疏不同據此經卿大夫魚數以命數爲差則五等諸矦亦必以命數爲差矣昏禮疏言或疑詞耳陳氏祥道反據彼舍此舛矣若以此推天子魚數其十九與

庶羞西東毋過四列　謂上下大夫也古文毋爲無

疏正義曰毋過四列監本毋譌母注古文毋爲無鍾本爲作作嚴本及各本俱作爲　注云謂上下大夫也者案列卽行也下大夫庶羞十六豆東西四行南北亦四行上大夫庶羞二十豆東西四行南北則五行故經獨云西東毋過四列以南北可過而西東必不可過若過四列則簋炙閒不能容人有礙往來矣西東謂設之以西爲上自西而東

毋過四列也敖氏解爲西列東列恐非云古文毋爲無者詳士昏禮

上大夫庶羞二十加于下大夫以雉兔鶉鴽鴽無母

疏正義曰下大夫庶羞十六豆已詳列於前上大夫庶羞二十其十六者與下大夫同所加四豆則以雉兔鶉鴽也內則曰雉兔鶉鷃鄭注公食禮以鷃爲鴽敖氏云西東毋過四列則是四者爲一列於南也 注云鴽無母者爾雅作鴾母說文作牟母無鴾牟三字古讀音近通借賈疏據莊子田鼠化爲鶉月令田鼠化爲鴽以鴽鶉爲一物今案詩鶉之奔奔鄭箋言其居有常匹飛則相隨與鴽本非同類此經鶉鴽竝列內則鶉羹與鴽釀異名明係兩物段氏說文注云內則爾雅皆鶉鴽竝舉則不可云鴽即鶉是也雉兔鄭無注案曲禮雉曰疏趾兔曰明視用於祭亦用於賓也說文說雉有十四種又云兔獸也象兔踞後其尾形段氏注云其字象兔之蹲後露其尾之形也說文又曰兔頭與㲋頭同此云鴽內則云鷃不同者鷃亦作鴳爾雅釋鳥扈鴳郭注今鴳雀國語韋注鴳小鳥也內則又曰爵鷃蜩范以鷃爲人君燕食所加庶羞之一則鷃亦可爲羞矣

右食上大夫禮之加於下大夫者

若不親食謂主國君有疾病若他故使大夫各以其爵朝服以侑幣致之執幣以將命疏正義曰此以上俱詳聘禮若不親食節豆實實于罋陳于楹外二以竝北陳簋實實于筐陳于楹內兩楹閒二以竝南陳陳罋筐於楹閒者象授受於堂中也南北相當以食饌同列耳罋北陳者變於食罋數如豆醢芥醬從焉筐米四今文竝作併疏正義曰簋實實于筐徐陳閩葛楊氏筐俱作篚石經嚴本集釋通解敖氏俱作筐校勘記云案注及疏內筐字各本皆同則經文亦當作筐○豆實菹醢之屬實之於罋簋實黍稷之屬實之於筐又陳之於楹外內皆與親食異也罋瓦器筐竹器敖氏云南北異陳示不相統也王氏士讓云經第言豆簋之實蓋舉其全而略其細者

注云陳罋筐於楹閒者象授受於堂中也者朱子云兩楹閒不必與楹相當謂堂東西之中耳今案兩楹閒兼楹外楹內言所謂東西節也云南北相當以食饌同列耳者吳氏疑義云食指米饌指豆實以其一內一外南北相當故曰同列也云罋北陳陳變於食者食亦指米謂米南陳而罋北陳故曰變耳云罋數如豆者以其菹醢異物不可同

甕一豆則一甕故云甕數如豆也云醯芥醬從焉者疑義云注因醯芥醬亦醬之類故謂其相從不知正饌在堂庶羞在碑內醯芥醬應在庶羞中烏得從而在堂案吳說亦是也云筐米四者褚氏云賓所食者粱則筐米四宜黍稷稻粱各一不言簋實者省文也若簋實陳於碑內經必明著其文而列其位矣然則謂黍稷各二筐者非也云今文竝作併者詳士昏禮

庶羞陳于碑內生魚也魚腊從焉上大夫加鮮魚鮮腊雉兔鶉鴽不陳於堂辟正饌

疏正義曰注云生魚也者李氏云生魚即庶羞所用爲膾者也膾切之此則用全王氏士讓云庶羞多出於三牲今牲旣不殺則所陳者四醯芥醬其魚未作膾亦生致之今案下經云牛羊豕陳于門內西方東上是生致之不殺也不殺而有醯者醯經百日乃成不繫於殺也云魚腊從焉者庶羞之魚膾旣生致之於此則俎實之魚腊當亦從焉云上大夫加鮮魚鮮腊雉兔鶉鴽者下大夫七鼎其俎實唯有乾魚乾腊上大夫九鼎加鮮魚鮮腊蓋亦從焉雉兔鶉鴽則上大夫所加之庶羞自當陳於此賈疏謂亦生致之或然云不陳於堂辟正饌者親食則庶羞亦陳於堂上此則辟正饌而陳於碑內亦變於食碑內碑北與堂尙近也

庭實陳于碑外執乘皮者也不

參分庭一在南者以言歸宜近内疏正義曰注宜近内徐本宜誤且嚴本及各本作宜云執乘皮者也者謂經所云庭實指執乘皮者言也敖氏郝氏謂不執之盛氏云此庭實亦有執之者若馬則牽之敖及郝說皆非云不參分庭一在南者凡陳庭實皆參分庭一在南詳昏禮記今云碑外則與碑近凡設碑參分庭一在北是不參分庭一在南也云以言歸宜近内者碑外較之一在南者爲近内以致食是歸於賓館故宜近内也

牛羊豕陳于門内西方東上

爲其踐汙館庭使近外疏正義曰聘禮歸賓饔餼二牢陳于門西北面東上此與彼同又曰牛以西羊豕此陳之次當亦然但彼二牢此一牢耳王氏士讓云此三牲若殺則俎之牛羊豕腸胃膚鐙之湆祭之肺庶羞之膷臐膮炙胾鮨皆出其中矣凡言養者莫過於三牲今生陳之與饔餼同然無百筥無芻薪之從則仍是食禮也　注云爲其踐汙館庭使近外者上云庭實陳于碑外與碑近注云以言歸宜近内此陳於門内與門近則近外矣故注云爲其踐汙館庭使近外也

賓朝服以受如受饔禮

朝服食禮輕也疏正義曰如受饔禮如聘禮歸饔餼賓受之自迎大夫於外門外至降授老幣之禮也　注云朝服食禮輕

也者對歸饔餼時卿韋弁賓皮弁言也敖氏云親飡時朝服故此致者受者皆服之**無儐**以己本宜往疏正義曰儐唐石經嚴徐集釋敖氏俱作擯通解楊氏毛本俱作儐案作儐是也詳聘禮○上云如受饔禮但受饔有儐而此無儐故明之 注云以己本宜往者詳聘禮若不親飡節**明日賓朝服以拜賜于朝訝聽命**賜亦謂飡侑幣疏正義曰注飡下敖氏有與字○此拜君亦不親見訝爲之入告出報也言聽命者卽掌訝職所謂詔相其事而掌其治令也注云賜亦謂飡侑幣者前公親飡明日賓拜賜于朝拜飡與侑幣此但言賜未言飡與侑幣故注補之亦者亦謂兼拜二者也

右君不親飡使人往致

大夫相飡親戒速記異於君者也速召也先就告之歸具旣具復自召之疏正義曰自此以下言主國大夫飡賓之事 注云記異於君者也者據下文云其他皆如公飡大夫之禮則自此至再拜降出皆其異於君者也高氏愈云此大夫相飡異於公禮者九親戒速一也迎賓門外二也降堂受醬湆幣三也賓執粱湆之

西序端四也辭卷加席五也受侑幣主人送幣皆稽首六也賓辭幣辭主人臨食皆止降一等七也卒食徹于西序端八也卒食再拜不稽首九也舉此而公與大夫尊卑之分較然矣今案異於公禮者尚有數事降盥就洗一也侑用錦二也卒食拜于階上三也云速召也者詳鄉飲主人速賓下云先就告之者戒也云歸具旣具復自召之者速也親戒而又親速賓主人相敵之禮如是故鄉飲鄉射皆云戒賓速賓若公食禮則戒而不速又不親也**迎賓于門外拜至皆如饗拜**饗大夫相饗之禮也今亾古文饗或作鄉疏正義曰敖氏云迎賓與拜至亦皆再拜注云饗大夫相饗之禮也今亾者聘禮曰大夫于賓壹饗壹食是大夫有相饗相食之禮也蔡氏云如饗拜如大夫相饗之拜葢古本有公饗大夫禮而附大夫相饗之禮於其中今竝亾矣云古文饗或作鄉詳聘禮**降盥受醬湆侑幣束錦也皆自阼階降堂受授者升一等**皆者謂受醬受湆受幣也侑用束錦大夫文也降謂止階上今文無束疏正義曰王氏士讓云降盥降階下就洗也降盥則賓從降必著之者嫌若公尊不就洗也今案王說是也注云皆者謂受醬受湆受幣也者謂經

云皆自阼階降堂受指此三者言也授者蓋其家臣云侑錦用束錦大夫文也者君侑幣用束帛大夫侑幣用束錦文於帛聘禮注所謂以少文爲貴是也云降堂謂止階上者此與昏禮婦降堂聘禮賓降堂同皆謂降堂不降階詳士冠始加賓降西階一等下褚氏云禮器言諸侯堂七尺大夫五尺士三尺敖氏乃以七尺五尺分五等諸侯爲二而以大夫與士同三尺不可從今案褚說是矣但敖氏必以大夫與士同三尺者意以大夫堂五尺則階五等受者在階上而授者止升一等疑太遠故也盛氏則謂閒三等相授恐無此授法疑經文升一等一字或三字之譌耳云今文無束者凡物十曰束故上注云束帛十端帛也若無束字於義不備故鄭氏從古文**賓止也**主人三降賓不從（疏）正義曰注云主人三降賓不從者賈疏云以主人降堂不至地故賓止不降也張氏爾岐云注言三降不數降降盥者盥時賓亦從降自如常法也**賓執粱與湆之西序端**不敢食於尊處（疏）正義曰公食之則降階此執以之西序端不降也注云不敢食於尊處者敖氏云亦爲主人立於堂故不敢食於席也其尊敵故但避之於堂上而已**主人辭賓反之**（疏）正義曰主人辭辭其食於西序端也賓反

之反於其席也卷加席主人辭賓反之疏正義曰公食之卷加席公不辭此則主人辭而賓反之以其敵也反之謂反其設席之常不卷也辭幣降一等主人從從辭賓降疏正義曰敖氏云辭而降一等爲恭也從亦降一等也從者辭其降且不許其辭受侑幣再拜稽首主人送幣亦然敵也疏正義曰注云敵也者係解經亦然之義以賓主人俱是大夫體敵故賓受幣再拜稽首主人送幣亦再拜稽首也賈謂雖敵亦稽首失注意矣又蔡氏疑稽首爲頓首之誤謂非國君不當稽首不知大夫不能親食公猶使人以侑幣致之則其幣爲官給可知故受幣者如對主君必稽首而送幣者亦必稽首以荅之也此說方氏苞王氏士讓惠氏棟俱已辨之辭于主人降一等主人從辭謂辭其臨己食卒食徹于西序端亦親徹疏正義曰注云亦親徹者公親食賓卒食取粱與醬以降奠於階西注云亦親徹也此徹於西序端亦是親徹但不於階下耳東面再拜降出拜亦拜卒食疏正義曰東面再拜與公食同但不稽首耳此先言拜而後言降明拜於階上非階下也其他皆

如公食大夫之禮疏正義曰毛本此下有注云釋曰云其他謂豆數俎數陳設皆不異上陳但禮異者謂親戒速君則不親迎賓公不出此大夫出大門公受醬湆幣不降此大夫則降也公食大夫大夫降食於階下此言西序端上公食卷加席公不辭此則辭之皆是異也校勘記云此段疏入十六字今本俱誤作注盛氏云監本亦誤今案嚴本陳單注本俱無此注從之○敖氏云他謂在公食禮中而不見於上者也然上禮所不見者亦未可盡與公食禮相通經云皆如者大約言之耳

右大夫相食之禮

若不親食則公作大夫朝服以侑幣致之作使也大夫有故君必使其同爵者爲之致禮列國之賓來榮辱之事君臣同疏正義曰褚氏云注云同爵尊據主國大夫言主人卿也則使卿致主人大夫也則使大夫大夫致

賓受于堂無儐與受君禮同疏正義曰儐唐石經嚴本集釋敖氏俱作擯徐本通解楊氏毛本俱作擯說詳上注云與受君禮同者敖氏云言此者嫌或與君禮異也賓受大夫

餼不於堂故明之

右大夫不親食君使人代致

記

不宿戒食禮輕也此所以不宿戒者謂前期三日之戒申戒爲宿謂前期一日疏正義曰注云食禮輕也者鄭見諸禮皆有前期之宿戒而食不然故云禮輕也云此所以不宿戒者謂前期三日之戒申戒爲宿謂前期一日者鄭解宿戒爲二謂戒爲前期三日宿爲前期一日賈疏以大射前期三日宰夫戒宰及司馬少牢前期一日宿證之然士冠前期戒賓又前期宿賓戒宿俱在冠日前亦可證也此不宿戒謂無前期之宿又無前期之戒但即日戒耳敖氏云宿戒者先期日而戒之也此則當日乃戒故云不宿戒是訓宿爲豫與鄭異

戒不速食賓之朝夙興戒之賓則從戒者而來不復召疏正義曰注云食賓之朝夙興戒之是即日戒也云賓則從戒者而來不復召者鄉飲鄉射雖即日戒賓然戒後尚有速此則賓從戒者而來並不速也食禮所以如此其簡者以主國待

賓之禮有饗有食有燕若皆拘於三日戒一日宿之例則相繼行之爲日必多恐不免留賓廢事之愆故必從其簡也至饗先於食或有宿戒與否其禮亾不可考矣

不授几異於醴也疏正義曰注云異於醴也者謂異於聘禮醴賓公親授几也

無阼席公不坐疏正義曰注云公不坐者以食禮公前無食賓食則公退於箱不坐於阼故無席也

右記食禮異於常禮

亨于門外東方必於門外者大夫之事也東方者主陽疏正義曰章氏平云經中言亨惟鄉飲酒亨于堂東北其他吉禮賓禮皆亨于門外又惟士虞亨于廟門外之右餘皆于東方特牲士禮亦亨于門外東方則注所云大夫之事未知何指疏旁摭經注而於特牲惟出主婦視饎爨于西堂下獨不及其下句豈有意回護邪今案互詳燕禮

右記亨

司宮具几與蒲筵常緇布純加萑席尋玄帛純皆卷自末

司宮大宰之屬掌宮廟者也丈六尺曰常半常曰尋純緣也萑細葦也末經所終有以識之必長筵者以有左右饌也今文萑皆爲莞

疏正義曰注掌宮廟者也掌毛本誤作宰宮閩本通解俱誤作官今文萑皆爲莞釋文作皆爲莞〇此几與席司宮具之據聘禮注所具之几蓋漆几也作〇筵與席散文通對文則近地者爲筵其上加者爲席故此蒲稱筵萑稱席也蒲筵加萑席蓋筵上下大夫之法此節雖無文然據下文云上大夫蒲席加萑席其純皆如下大夫純則上大夫與下大夫同矣故鄭注聘禮宰夫徹几改筵引此文卽云此筵上下大夫也　注云司宮大宰之屬掌宮廟者也者賈疏云案大宰之下有宮人掌宮中除汙穢之事卽此司宮儀禮釋官云案司宮當以此注爲正燕禮注解爲小宰誤此疏旣釋爲宮人又云燕禮司宮設尊故以小宰解之此司宮設几席故以大宰之屬解之其說甚非小宰職無設尊之文大宰之屬無司几筵之官總之注旣誤解爲小宰疏欲護注故多紕繆耳互詳燕禮云丈六尺曰常半常曰尋者半常則八尺也故考工記注云八尺曰尋倍尋曰常說文亦謂尋八尺也云純緣也者謂緣

邊也云萑細葦也者爾雅葭蘆郭注葦也又云菼薍郭注似葦而小實中說文菼萑之初生一曰薍一曰騅詩八月萑葦毛傳八月薍爲萑葭爲葦是萑與菼薍一物初生名菼名薍既秀爲萑也云末經所終有以識之者織席有經緯經所終是末蓋有首尾可記識也云必長筵者以有左右饌也者案筵之長倍於席以正饌在左加饌在右皆陳於筵前故宜長也云今文萑皆爲莞者鄭此注云萑細葦而箋詩解莞爲小蒲二者皆可爲席鄭於此定從古文作萑而敖氏據周禮司几筵諸侯祭祀席蒲筵繢純加莞席紛純又謂萑乃葦屬爲物麤惡宜從今文作莞胡氏承珙駁之云周禮諸侯祭祀席蒲筵加莞席昨席莞筵加繅席其筵國賓與昨席同聘禮明云改筵則此食禮之席必不同於祭祀之蒲筵莞席敖氏徒斤斤莞萑二物之美惡而不辨禮之差等妄矣禮經釋例云萑席卽周官莞筵也莞萑聲相近蓋欲紐合爲一胡氏云莞萑明係二物萑席以細葦爲之亦未爲麤惡今案周禮司几筵掌五几五席之名物凡大朝覲大饗射凡封國命諸侯設莞筵紛純加繅席畫純加次席黼純鄭注覲禮天子設斧依節引之又諸侯昨席莞筵紛純加繅席畫純鄭注燕禮設公席節引之司几筵又曰筵國賓于牖前亦如之謂亦用莞筵紛純加

纚席畫純也鄭注聘禮醴賓節及此記下節引之獨宰夫此節不引周禮爲證者蓋以禮文參差未可强合也

筵出自東房筵本在房宰夫敷之也天子諸侯左右房【疏】正義曰東房毛本誤作東方　注云筵本在房宰夫敷之也者經云宰夫設筵此云筵出自東房明是司宮具之於房內宰夫敷之故云出自東房也云天子諸侯左右房者賈疏云以其言東房對西房若大夫士直有東房而已又大射儀宰胥薦脯醢由左房注云左房東房也人君左右房又禮記禮器君在阼夫人在房注云天子諸侯有左右房㱿大記婦人髽帶麻於房中注云婦人之髽帶麻於房中則西房也天子諸侯有左右房案鄭氏釋經屢以此爲説蓋謂天子諸侯之宗廟路寢射宮皆有東房西房大夫士無西房唯有東房西室而已然其說考之於經實不合故後儒多駁之陳氏祥道禮書云鄉飲酒記薦出自左房鄉射記出自東房與大射諸侯擇士之宮宰胥薦脯醢由左房其言相類蓋言左以有右言東以有西則大夫士之房室與天子諸侯同可知鄭氏謂大夫士無西房誤矣李氏如圭儀禮釋宮云聘禮賓館于大夫士君使卿還玉于館賓退負右房則大夫亦有右房矣敖氏繼公儀禮集說同萬氏斯大儀禮商云余於鄉飲酒謂大

夫士若無右房則賓坐西北已逼西序不容衆賓之席以爲必有西房茲於聘禮還玉賓升自西階受圭退負右房而立則明言有右房矣江氏永釋宮增注云案堂後室居中左右有房上下之制室皆同若東房西室則室戶牖偏西堂上設席行禮皆不得居中疑古制不如此據此諸說則以大夫士宗廟正寢學制爲無西房者誠誤也然東房西室乃諸侯以下燕寢之制又天子宗廟路寢明堂三者同制有五室無左右房諸侯以下至士宗廟正寢皆有左右房鄭以天子諸侯統言之與詩斯干箋禮記玉藻注不合蓋未及追改詳士昏禮及覲禮記

右記筵席

賓之乘車在大門外西方北面立賓車不入門廣敬也凡賓卽朝中道而往將至下行而後車還立於西方賓及位而止北面卿大夫之位當車前凡朝位賓主之閒各以命數爲遠近之節也疏正義曰賓之乘車謂大夫所乘入朝之車西方賓位也敖氏云車北面立者俟賓之出室鄉之云立明其不稅駕注云賓車不入門廣敬也者曲禮曰客車不入大門今云在大門外是不入也云凡賓卽朝中道而往者王制曰道

降男子由右婦人由左車從中央是也云將至下行而後車還立於西方者少儀曰僕於君子君子升下則授綏又曰君子下行然後還還立鄭注還車而立以俟其去是此注言還立之義也云賓及位而止北面卿大夫之位當車前者蓋賓至大門外下車入於次及擯者出請事賓出次步進直闑西北面立所謂位即朝位也周禮大行人曰凡大國之孤朝位當車前不言卿大夫有異故知卿大夫與孤同也云凡朝位賓主之間各以命數爲遠近之節也者即大行人所云上公朝位賓主之間九十步侯伯七十步子男五十步是也

右記乘車

鉶芼牛藿羊苦豕薇皆有滑藿豆葉也苦苦荼也滑菫荁之屬今文苦爲芐（疏）正義曰鉶釋文作鈃非牛藿周學健云石經牛字作半校勘記云石經半字今已刓缺蓋初作半而後爲牛也藿徐陳閩葛通解俱作霍嚴本集釋俱作藿徐本注仍作藿芐从下不从卞嚴徐葛本俱作笇誤○鉶芼記鉶羹所用之菜也說文芼字下引詩左右芼之段氏注云毛鄭詩考正曰芼菜之烹於肉湆者也禮羹芼菹醢凡四物肉謂之羹菜謂

之芼肉謂之醢菜謂之菹菹醢生爲之是爲醢人豆實芼則湆烹之與羹相從實諸鉶今案士虞特牲二篇亦記鉶芼但彼止有特豕此食禮用大牢牛羊豕具故别言之牛則用藿羊則用苦豕則用薇也士虞特牲言用苦若薇者以止有特豕苦薇二者皆可用隨用其一也士虞又云有柶者以鉶有菜宜用柶扱之此不言亦有柶可知也注云藿豆葉也者說文藿作藿云尗之少也尗卽豆也少幼少也詩毛傳云藿猶苗也是也李善引說文作豆之葉也與鄭合云苦苦荼也者爾雅釋草荼苦菜郝氏義疏云說文荼苦菜也經典單言荼者如采荼薪樗堇荼如飴誰謂荼苦皆謂苦菜也單言苦者如詩采苦采苦內則濡豚包苦及公食大夫記鉶芼羊苦亦皆謂苦菜也今案詩邶風毛傳云荼苦菜唐風傳云苦苦菜是苦與荼爲一物也薇注無釋案薇亦藿類也說文薇菜也似藿段氏注云謂似豆葉也陸璣詩疏曰薇山菜也莖葉皆似小豆蔓生其味亦如小豆藿可作羹亦可生食今官園種之以供宗廟祭祀項安世曰薇今之野豌豆也爾雅釋草薇垂水郭注生於水邊段氏云薇采於山野生者也釋草云垂水乃薇之俗名耳不當以生於水邊釋之云滑堇荁之屬者內則曰堇荁枌榆免薧滫瀡以滑之故注以滑爲堇荁之屬也此

記但云皆有滑不言所用何物士虞記則云有滑夏用葵冬用荁注荁菫類也乾則滑夏秋用生葵冬春用乾荁特牲記亦云皆有滑夏葵冬荁注荁菫屬乾之冬滑於葵案說文菫草也根如薺葉如細柳蒸食之甘段氏注云大雅菫荼如飴毛傳菫菜也夏小正二月榮菫案爾雅釋草菫有二齧苦菫詩禮之菫也及菫草晉語之置菫於肉卽今附子也內則釋文云荁音丸似菫而葉大也說文葵菜也崔寔曰六月六日可種葵中伏後可種冬葵九月可作葵菹乾葵案葵至九月始乾故鄭云夏秋用生葵也士虞特牲注云荁乾則滑又云乾之冬滑於葵此所以冬春用乾荁也內則注云冬用菫夏用荁與此不同者孔疏內則菫荁相對故冬用菫夏用荁士虞禮葵與荁相對故夏用葵冬用荁也所對不同故注有異今案儀禮記明云冬荁而內則注云夏用荁究屬兩岐矣云今文苦爲苄者說文苄地黃也卽引此記作羊苄蓋從今文然此字宜作苦不宜作苄鄭已辨之士虞特牲二記注皆云今文苦爲苄特牲注又云苄乃地黃非也是鄭已辨之矣王石臞先生云古人飲食無用地黃者苄乃苦之假借字也

右記鉶芼

贊者盥從俎升俎其所有事　疏正義曰盥者以將佐賓祭宜致潔也　注云俎其所有事者敖氏云贊者之所有事於賓者簋俎庶羞之祭也而俎先二者而設故從之以升今案賈疏謂豆亦從下升黍稷亦贊祭不知豆從下升乃加饌之豆設之在後若正饌之豆與黍稷皆自東房出不由下升故贊者必從俎也賈說誤敖氏以簋爲言亦未的江氏筠已辨之

右記贊者升節

簠有蓋冪稻粱將會乃設去會於房蓋以冪冪巾也今文或作鼏　疏正義曰注冪巾也毛本巾誤作中今文或作幕徐本幕作鼏陳監作冪亦誤嚴本釋文俱作幕　云稻粱將會乃設去會於房蓋以冪者賈疏云簠簋相將簋既有會明簠亦有會可知但黍稷先設故卻會于敦南簠盛稻粱將會乃設故鄭云去會於房蓋以冪也賈又云至於陳設冪亦去之經云有蓋冪據出房未設而言云冪巾也者冪與幎同周禮注以巾覆物曰幎說文幎下云周禮有幎人今周禮作冪胡氏承珙云此不過偏旁有在左在下之異耳此經古文作冪與周禮同云今文或

作冪者幕是帷幕說文帷在上曰幕與巾冪字異故鄭不從篚制詳士昏禮黍稷四敦下

右記篚

凡炙無醬已有醎和疏正義曰注和下釋文集釋俱有也字嚴本無○凡炙無醬謂凡食炙皆不用醬也此篇設庶羞有牛羊豕炙故於此記之注云已有醎和也者釋所以無醬之義

右記炙

上大夫蒲筵加萑席其純皆如下大夫純謂三命大夫也孤爲賓則莞筵紛純加繅席畫純也疏正義曰記因上云蒲筵常緇布純加萑席尋玄帛純無上下大夫之文恐人疑上大夫與下大夫有異故特明之上大夫亦用蒲筵加萑席而其純又如下大夫之純是上下大夫同也言皆者謂蒲筵亦用緇布爲純萑席亦用玄帛爲純二者之純皆同也吳氏疑義云不言常與尋者筵之丈尺未聞有尊卑之别故略之注云謂三命大夫也者上大夫卿有三命再命之不同注獨言三命者見三命之大夫亦與下大夫同也云孤爲

賓則莞筵紛純加繅席畫純也者，鄭意以公之孤四命上大夫不兼孤在內，故推言之。周禮司几筵曰：「筵國賓于牖前，莞筵紛純，繅席畫純。」詳聘禮「宰夫徹几改筵」下。

右記上大夫筵席與下大夫同

卿擯由下不升堂也。疏正義曰：擯，監本誤作賓。注云「不升堂也」者，謂卿擯於堂下詔禮而不升堂。此卿擯即上擯，以卿爲之，故曰卿擯。郝氏敬解卿擯爲食卿之擯，非。又謂食卿則擯立堂下，有事由下升，與鄭異。江氏筠云：案經擯者之文凡三見：辭賓于階下，荅公拜至，一也；公揖退時，擯者退負東塾立，二也；進相侑幣，三也。此三節聘禮亦具有之。據二經於辭拜時俱云公降一等辭，則擯者爲公釋辭，無反居堂上與由下升之理。其負塾與相幣俱止云進云退，亦並無升堂降堂之事，郝說非也。

上贊下大夫也上謂堂上。擯贊者事相近，以佐上下爲名。疏正義曰：注云「上謂堂上」者，敖氏云：上贊即經所謂贊者也，以其佐賓食於堂上，故云上贊。云「擯贊者事相近，以佐上下爲名」者，擯佐於堂下，贊佐於堂上，故擯云由下，而贊云上贊，以此爲名也。敖氏又云：此上贊以下

大夫爲之者欲其不尊於賓案此記飠下大夫之法贊在堂上佐賓祭黍稷祭肺祭庶羞其儀甚繁若使尊於賓者爲之恐不免有尊臨己飠之嫌也

右記擯贊

上大夫庶羞酒飲漿飲庶羞可也於飠庶羞宰夫又設酒漿以之飠庶羞可也以優賓 疏 正義曰注云以優賓者謂優於大夫也張氏爾岐云前經下大夫不言飠庶羞言飲漱不言飲酒亦其禮之殊者高氏愈云上大夫庶羞多言於酒飲漿飲之時雖飠庶羞亦可江氏筠云上大夫飠庶羞時酒飲漿飲得兼用之以演安其庶羞之飠耳盛氏云此節疑有脫誤當闕之今案細繹記文難以強解敖氏已言之矣注說簡質難明高江說異於注而於記亦未盡洽當從盛說爲是**拜飠與侑幣皆再拜稽首**嫌上大夫不稽首 疏 正義曰注云嫌上大夫不稽首者鄭以此節文承上大夫言之故云然褚氏云記明無論公親飠與否而兩者之拜上大夫不得與下大夫異其儀也褚蓋以不親飠之禮經但云拜賜於朝未言再拜稽首故記統明

之說亦通○劉氏敞補公食大夫義曰食禮公養賓國養賢一也親之故褻之褻之故養之養之故食之食而弗褻猶豢之也褻而弗敬猶畜之也饗禮敬之至也食禮褻之至也饗爲褻弗勝其敬食爲敬弗勝其褻文質之辨也公使大夫戒必以其爵恭也己輕則卑之己重則是以其貴臨之也賓三辭聽命言是禮之貴弗敢當也弗敢當故難進也公迎賓于大門內非不能至于外也所以待人君之禮也臣之意欲尊其君子之意欲尊其父故迎賓于大門內所以順其爲尊君之意也三揖至于階三讓而升堂充其意諭其誠也於廟用祭器誠之盡也君子於其尊敬不敢狎不敢狎故神明之神明之故忠臣嘉賓樂盡其心也大夫立於東夾南西面北上士立於門東北面西上小臣東堂下南面西上宰東夾北西面南上內官之士在宰東北西面南上百官有司備以樂養賢也設筵加席几致安厚之義也公設醬然後宰夫薦豆菹醢士設俎公設大羹然後宰夫設鉶啟簋言以身親之也賓偏祭公設粱宰夫膳稻士膳庶羞爲殷勤也賓三飯飯粱以湆醬以君之厚己也賓必親徹有報之道也庭實乘皮侑以束帛雖備物猶欲其加厚焉也公拜送終之以敬也有司卷三牲之俎歸於賓館不敢褻其餘也上大夫八豆八簋六鉶九俎庶

羞二十其餘衰見是德之殺也君子言之曰褻人者使人褻之者也敬人者使人敬之者也親人者使人親之者也自卑者使人尊之者也是故公養賓國養賢其義一也未有褻之敬之親之尊之而其位不安者也未有不褻不敬不尊不親而能長有其國者也將由乎好德之君則將怡焉唯恐其不足於禮將由乎驕慢之君則將曰是食於我而已矣故禮君子所不足小人所泰餘也孔子食於少施氏將祭主人辭曰不足祭也將飧主人辭曰不足飧也孔子退曰吾食而飽少施氏有禮哉故君子難親也將親之舍禮何以哉

右記庶羞及侑幣

卷十九終

儀禮正義卷二十　鄭氏注

績溪胡培翬學

覲禮第十

鄭目錄云：覲見也諸侯秋見天子之禮春見曰朝夏見曰宗秋見曰覲冬見曰遇朝宗禮備覲遇禮省是以享獻不見焉三時禮亾唯此存爾覲禮於五禮屬賓禮大戴第十六小戴第十七別錄第十

【疏】正義曰毛本賓下脫禮字小戴下脫第字集釋俱有臧鏞堂本賓下亦有禮字○云覲見也者爾雅釋詁文云諸侯秋見天子之禮者據周禮言也云春見曰朝夏見曰宗秋見曰覲冬見曰遇者周禮大宗伯文鄭彼注云六服之内四方以時分來或朝春或宗夏或覲秋或遇冬名殊禮異更遞而徧朝猶朝也欲其來之早宗尊也欲其尊王覲之言勤也欲其勤王之事遇偶也欲其若不期而俱至又大行人曰春朝諸侯而圖天下之事秋覲以比邦國之功夏宗以陳天下之謨冬遇以協諸侯之慮鄭注圖比陳協皆考績之言王者春見諸侯則圖其事之可否秋見諸侯則比其功之高下夏見諸侯則陳其謀之是非冬見諸侯則合其慮之異同六服

以其朝歲四時分來更迭如此而偏司馬灋曰春以禮朝諸侯圖同事夏以禮宗諸侯陳同謀秋以禮覲諸侯比同功冬以禮遇諸侯圖同慮詩韓奕孔疏云說周禮者賈逵以冬爲一方四分之或朝春或覲秋或宗夏或遇冬藩屏之臣不可虛方俱行故分趣四時助祭也馬融以爲在東方者朝春在南方者宗夏在西方者覲秋在北方者遇冬蓋由經無正文故先儒爲此二說鄭大宗伯大行人二注竝言分來則是從賈逵之說一方而分爲四時也韓侯雖是北方諸侯其在北方爲西偏蓋於時分之使當秋覲也周禮賈疏謂春則東方盡來夏則南方盡來致王氏與之駁之謂諸侯皆來卒有乘閒而起孰能禦之褚氏寅亮儀禮管見云康成言六服之內四方以時分來謂一每一方內各分四時再以六服遠近定疏數之節此期一定子孫率以爲典其有事而朝者又不在此數故東方亦可以秋覲北方亦可以夏宗也此足申鄭義矣云朝宗禮備覲遇禮省者曲禮天子當依而立諸侯北面而見天子曰覲天子當宁而立諸公東面諸侯西面曰朝鄭注諸侯春見曰朝受摯於朝受享於廟生氣文也秋見曰覲一受之於廟殺氣質也朝者位於內朝而序進覲者位於廟門外而序入王南

面立於依宁而受焉夏宗依春冬遇依秋春秋時齊侯唁魯昭公以遇禮相見取易略也今案樂記曰朝覲然後諸侯知所以臣祭義曰朝覲所以教諸侯之臣也經解曰朝覲之禮所以明君臣之義也禮每以朝覲對舉則朝可該宗覲可該遇鄭氏夏宗依春冬遇依秋朝宗禮備覲遇禮省之説當有所受矣白虎通云朝則迎之於著覲則待之於阼階是亦言朝覲之異也陳氏祥道云朝宗於朝以春夏者萬物交際之時故諸公東面諸侯西面以象生氣之文而王於堂下見之所以通上下之志也覲遇於廟以秋冬者萬物分辨之時故諸侯一於北面以象殺氣之質而王於堂上見之所以正君臣之分也朱子語類云覲是正君臣之禮較嚴天子當依而立不下堂而見諸侯朝是講賓主之儀天子當宁而立在路寢門之外相與揖讓而入二説足申朝覲禮異之義云是以享獻不見焉者案下經明言享而此云享獻不見此句疑有闕誤難以強説舊解享字上讀以獻不見爲義賈疏譏其不辭誠然但謂鄭據周禮大行人而説卻亦未確也云三時禮亾唯此存爾者以儀禮十七篇中止有覲禮無朝宗遇禮故鄭注曲禮亦云覲禮今存朝宗遇禮今亾也五經異義公羊説諸侯四時見

天子及相聘皆曰朝以朝時行禮卒而相逢於路曰遇古周禮說春曰朝夏曰宗秋曰覲冬曰遇許慎按禮有覲經詩曰韓侯入覲書曰江漢朝宗于海知有朝覲宗遇之禮從周禮說鄭駁之云此皆有似不爲古昔案覲禮曰諸侯前朝皆受舍於朝朝通名也秋之言覲據時所用禮禮段氏玉裁說文注云此條許鄭本無異不得云駁也今案朝與覲對文異散文亦通此覲禮云諸侯前朝云乃朝以瑞玉則覲亦可名朝故鄭云朝通名也至以秋見爲覲則鄭與許同春秋隱公四年秋九月衛人殺州吁于濮而傳云王覲爲可又云朝陳使請案左氏於陳言朝於王言覲是秋覲之名至春秋時猶存也萬氏斯大謂朝覲止是一禮幷疑周官春朝夏宗秋覲冬遇之文不足據非矣○褚氏寅亮云此篇分三節自至于郊至乃歸言在廟受覲正禮諸侯覲于天子以下言時會殷同之禮祭天以下言巡狩而盟之禮王氏士讓儀禮紃解云此篇主言廟中特覲之禮甚明自篇首至饗禮乃歸覲於廟中者也自諸侯覲于天子至末復以覲于國外覲于方岳之禮附焉所謂覲于方岳者謂祭天以下王巡狩而一方之諸侯皆覲也

覲禮至于郊王使人皮弁用璧勞侯氏亦皮弁迎于帷門之外再拜郊謂近郊去王城五十里小行人職曰凡諸侯入王則逆勞于畿則郊勞者大行人也皮弁者天子之朝朝服也璧無束帛者天子之玉尊也不言諸侯言侯氏者明國殊舍異禮不凡之也郊舍狹寡爲帷宮以受勞掌舍職曰爲帷宮設旌門【疏】正義曰張氏爾岐儀禮鄭注句讀云此下言侯氏入覲初至之事至郊則郊勞至國則賜舍凡二節○校勘記云帷石經補缺誤作帷張氏曰注曰小行人職曰按監本日作曰從監本逆徐本作迎東重脩監本誤作東今案嚴本作曰作逆各本多同嚴本○案聘禮郊勞以前有許多禮儀此直從至于郊始者盛氏世佐儀禮集編云此篇自郊勞以前賜車服以後文多不具必其詳已見於朝禮故略之也今案使者聞王命即出迎無出請入告禮辭之節與聘異者不敢自同客禮也再拜拜使者也或以爲拜天子之命斯時命尚未宣也且拜天子之命亦不得僅云再拜矣覲時服冕勞服皮弁者勞禮輕於正禮也侯氏亦皮弁者賓主服宜同也注云郊謂近郊去王城五十里者書序命君陳分正東郊成周鄭云天子之國近郊半遠郊去國五十里與此注同餘

詳聘禮及郊下云則郊勞者大行人也者此無正文以凡諸侯入王小行人逆勞于畿推而知之故引周禮小行人職文爲證也必知郊是近郊者以聘禮賓至近郊主國使卿勞知也左傳昭公如晉自郊勞至于贈賄無失禮又遠啓疆曰入有郊勞聘禮勞賓于近郊是朝聘皆以郊勞爲重竊謂近郊之勞五等諸侯皆有之大行人曰上公三勞侯伯再勞子男一勞或侯伯加以遠郊勞上公加以畿勞爵尊者其勞遠爵卑者其勞近禮宜然也下經賜侯氏以車服明言使諸公此但云使人者以五等諸侯爵位不同使人亦異故渾言之也白虎通曰諸侯將至京師使人通命於天子天子遣大夫迎之百里之郊遣世子迎之五十里之郊矣又引尚書大傳曰天子大子年十八曰孟侯於四方諸侯來朝迎于郊案此鄭所不用蓋以諸經無使世子郊迎法也考工記玉人曰案十有二寸棗栗十有二列諸侯純九大夫純五夫人以勞諸侯鄭注夫人王后也勞朝諸侯皆九列聘大夫皆五列則十有二列者勞二王之後也又聘禮夫人勞以二竹簋方其實棗蒸栗擇據此則王后亦當有勞經不言可知也互詳聘禮云皮弁者天子之朝朝服也者周禮司服云眡朝則皮弁服此天子常朝之服也以常朝之服勞侯氏亦如聘禮諸侯以朝服勞聘

賓也云璧無束帛者天子之玉尊也者下經侯氏行享皆束帛加璧此用璧而不用束帛特之所以重其事也敖氏云璧無束帛别於享禮且爲其當還之也云不言諸侯言侯氏者明國姝舍異禮不凡之也者五等通曰諸侯此曰侯氏就來覲之一人言之故云不凡之也云郊舍狹寡爲帷宫以受勞掌舍職曰爲帷宫設旌門者據聘禮受勞于舍門内此云帷門不云舍門則知别爲帷宫以受勞矣以天子使勞徒旅衆多郊舍恐不足以容之也引掌舍文者取證帷宫之事非以旌門爲帷門也彼注云張帷爲宫則樹旌以表門褚氏云帷宫而旌門天子之制也帷宫而帷門諸侯之制也既有門則未有不圍其四旁以象宫者語最分析敖氏謂帷門不爲宫非矣

使者不荅拜遂執玉三揖至于階使者不讓先升侯氏升聽命降再拜稽首遂升受玉不荅拜者爲人使不當其禮也不讓先升奉王命尊也升者升壇使者東面致命侯氏東階上西面聽之

疏 正義曰注西面聽之毛本面誤向○王氏紃解云上云璧此云玉凡圭璋璧琮琥璜皆玉爲之故總稱玉下文奠圭稱瑞玉加璧稱撫玉皆其義也禮經釋例云凡入門將右曲揖北面曲揖當碑揖謂

之三揖此於郊爲帷宮非若寢廟有碑而亦三揖蓋將右曲揖北曲揖至于中庭又揖歟三揖皆在入帷門之後經不云入門文不具也紃解云經著再拜稽首之文凡十一次此受玉與還璧及下受賜舍受戒日四次皆未親覲王而先稟咫尺也張氏惠言儀禮圖云經言遂升受玉則不升成拜也下還玉亦同　注云不荅拜者爲人使不當其禮也者詳士昏禮納采下姜氏兆錫吳氏廷華皆以奉王命尊故不荅與下不讓先升同今案昏禮納采主人迎于門外再拜賓不荅拜彼夫家與女家尊同賓又何爲不荅拜乎姜吳之說非矣下經賜侯氏車服侯氏迎于外門外再拜經不云荅拜則亦不荅拜也云不讓先升奉王命尊也者凡讓而先升者敵禮下儐使者侯氏與之讓升侯氏先升是也此時奉王命來則使者尊故不讓先升王氏紃解云禮冠昏鄉射聘食三揖時皆有三讓法此王使尊不讓故特著之云升者升壇者以帷宮無堂故知升爲升壇也必知帷宮有壇者襄二十八年左傳云子產相鄭伯以如楚舍不爲壇注云至敵國郊除地封土爲壇以受郊勞是也又宣十八年傳子家壇帷復命于介壇帷連言則帷宮內有壇明矣云使者東面致命侯氏東階上西面聽之者以下經賜車服諸公升自西階東面侯氏升西面知此

亦然也○敖氏謂升就使者北面訝受之秦氏蕙田五禮通考云侯氏受玉之位當在西面與使者相竝下云使者左還而立是使者於授玉之後方南面明是時猶東面也敖氏以爲北面訝受非是**使者左還而立**

侯氏還璧使者受侯氏降再拜稽首使者乃出左還還南面示將去也立者見侯氏將有事於己俟之也還玉重禮疏○正義曰璧毛本誤壁嚴本亦誤○還璧注不言面位張氏儀禮圖云當北面以使者南面也蔡氏德晉禮經本義云前降拜受玉也後降拜送玉也或曰前降拜拜王命也後降拜拜王勞己也使者乃出勞禮畢也　注云左還還南面示將去也者謂由東面轉而南面以示將去也敖氏謂左還東面非是敖氏蓋以使者授玉時南面故云左還爲東面也不知由南面轉而東面是右還非左還矣云立者見侯氏將有事於己俟之也者謂南面少立以俟還璧也云還玉重禮者聘禮勞用束帛不還此覲用璧則還之聘義曰已聘而還圭璋此輕財而重禮之義也賈疏云此以天子之璧不還加束帛尊之與圭璋同故亦還之爲重禮也**侯氏乃止使者使者乃入侯氏與之讓升侯氏先升授几侯**

氏拜送几，使者設几，荅拜。侯氏先升，賓禮統焉。几者，安賓所以崇優厚也。上介出止使者，則已布席也。

【疏】正義曰：注「出止使者」，毛本「出」誤「正」。校勘記云：「張氏曰：注曰『則已布席也』，按杭本『已』作『已』，從杭本。」案嚴、徐、鍾本、集釋俱作「已」。○敖氏云：「有司既布席，侯氏乃出止使者，止其去也，且迎而欲儐之。使者亦禮辭，許矣。侯氏揖，先入，使者乃入也。既入，不言三揖者，如上禮可知。讓升，侯氏與使者三讓而先升。使事既畢，則行賓主禮也。儐而用几，尊王使也。」授几、設几之儀，見於昏禮、聘禮及少牢下篇，此經文略也。　注云「侯氏先升，賓禮統焉」者，李氏如圭儀禮集釋云：「統者，統於主人，以此時侯氏爲主人也。曲禮：『主人與客讓登，主人先登，客從之。』孔疏：『主人先登，亦肅客之義。』又云：『聘禮歸饔餼，賓設禮儐之，大夫賓升一等，大夫從升，以賓作主人故也。』此亦然。」云「几者，安賓所以崇優厚也」者，案有司徹「受宰几」注云：「几所以坐安體。」此使者不坐而亦設几，優之。又對聘禮儐勞者無几，爲優厚也。云「上介出止使者，則已布席也」者，楊氏復儀禮圖云：「設几則必有席，蓋几席相將，無席何以設几？故知上介出止使者時已布席也。經云侯氏乃止使者，不云上介，注云上介出止者，蓋侯氏先使上介出止之，繼乃自出迎賓入也。」張氏惠言儀禮圖云司儀諸侯相朝勞皆有擯介傳辭則此亦陳擯介可知也侯氏用束帛乘馬儐使者使者再拜受侯氏再拜送幣儐使者所以致尊敬也拜使者各於其階疏正義曰王氏士讓儀禮糾解云聘禮儐勞者以束錦不以束帛以乘皮不以乘馬錦文而帛質皮輕而馬重覲崇於聘也今案使者拜受侯氏拜送皆再拜同爲王臣敵也注云儐使者所以致尊敬也者案儐主人待賓之禮此及下賜舍賜車服皆有儐者所以致尊敬之意云拜者各於其階者謂侯氏與使者行敵禮若鄉飲鄉射賓于西階上拜主人于阼階上拜也使者降以左驂出侯氏送于門外再拜侯氏遂從之騑馬曰驂左驂設在西者其餘三馬侯氏之士遂以出授使者之從者於外從之者遂隨使者以至朝疏正義曰注其餘三馬校勘記云徐陳閩葛通解楊氏俱作二集釋作三與疏合今案嚴本作三毛本同○注云騑馬曰驂者說文騑驂也旁馬也馬之在旁者謂之騑亦謂之驂詩小戎鄭箋驂兩騑也孔疏車駕四馬在內兩馬謂之服在外兩馬謂之騑兩騑卽兩驂也云在驂設在西者馬在庭北首以西爲左左驂最西一馬也云其餘三馬

侯氏之士遂以出授使者之從者於外者，案聘禮記主人之庭實則主人遂以出，賓之士訝受之。注：此謂餘三馬也，左馬賓執以出矣。據此知餘三馬主人使人牽之從賓出，以授賓之從者於門外也。此侯氏儐使者，侯氏爲主人，使者爲賓也。云從之者，遂隨使者以至朝者，約聘禮下大夫勞者遂以賓入至于朝知之。高氏愈云：遂從之者，以天子勞使既至，故不敢卽安，而急趨王所也。

右王使人郊勞

天子賜舍以其新至，道路勞苦，未受其禮，且使卽安也。賜舍，猶致館也。所使者，司空與小行人爲承擯。今文賜皆作錫。

疏 正義曰：注作上，毛本脫皆字，校勘記云：嚴本、集釋俱有皆字。○此舍與下受舍于朝之舍異，蔡氏云：賜舍之舍，館舍也，有屋宇；受舍之舍，次舍也，以爲幕爲之。注云以其新至道路勞苦未受其禮且使卽安者，李氏云：聘禮賓至卽欲受之者，主人之禮。覲禮且使卽安者，君上之惠。云賜舍猶致館也者，案館舍通稱，曾子問有司所授舍，則公館已是館，亦稱舍也。此賜舍與聘禮致館一也，義互詳彼。但聘是鄰國之臣，此是己臣，故云賜耳。

云所使者司空與者聘禮卿致館此司空亦卿故云司空歟必知是司空者國語周禮敵國賓至司里授館先大父樸齋先生儀禮釋官云據國語云營室之中土功其始火之初見期于司里則司里當爲司空之屬主營宮室者客館亦宮室之事故司空致之而其屬司里授之也云小行人爲承擯者此致館亦陳擯介周禮小行人職曰及郊勞眂館將幣爲承而擯是也云今文賜皆作錫者胡氏承珙儀禮古今文疏義云案賜正字錫假借字皆者皆下文賜伯父舍也

曰伯父女順命于王所賜伯父舍此使者致館辭　疏　正義曰校勘記云唐石經脫曰字今案嚴本及各本俱有○下文有伯父叔父伯舅叔舅之稱此云伯父者舉以槪其他也下經言伯父同此女與汝通凡諸侯朝覲之禮皆天子命之故言順命而來也春秋曰公朝于王所敖氏曰賜舍不用幣尊者之禮也　注云此使者致館辭者使者當卽司空也吳氏廷華儀禮疑義云此當是擯者傳辭然後使者帥至於館非是王氏紉解云侯氏至朝其時天子卽降賜舍之命於是帥至於舍而司空乃宣是命辭於舍門外焉聘禮大夫帥至于館卿致館可推也

侯氏再拜稽首受館　疏　正義曰謂拜受館也

儐之束帛

乘馬王使人以命致館無禮猶儐之者尊王使也侯氏受館於外既則儐使者於內【疏】正義曰注猶儐之者校勘記云儐徐陳閩葛俱作擯誤今案嚴本不誤注云王使人以命致館無禮猶儐之者尊王使也者對上郊勞言也郊勞用璧是有禮此空致館辭無物以將之是無禮也猶儐之者以王使爲尊尊王使卽尊王命也敖氏云注云禮謂禮物是也云侯氏受館於外既則儐使者於內者外謂館舍門外內謂館內據上郊勞儐使使有出入升降拜受拜送之節其禮不可行之於外此儐使者亦當如之經但言束帛乘馬省文耳敖氏謂儐之亦在舍門外褚氏云注言受於外者受而後卽館也受舍後豈有儐於門外之理敖誤甚

右王賜侯氏舍

天子使大夫戒曰某日伯父帥乃初事大夫者卿爲訝者也掌訝職曰凡訝者賓客至而往詔相其事戒猶告也其爲告使順循其事也初猶故也古文帥作率【疏】正義曰張氏爾岐云此下言將覲之事王使人告覲期諸侯先期受次於廟凡二事○注卿爲訝者也校勘記云陸氏曰卿或作鄉非張氏曰

監巾箱杭本皆作鄉從釋文嚴本今文帥作率今嚴本作古今案聘禮帥衆介夕帥大夫以入鄭兩注皆云古文帥作率則此注他本作今文誤也當從嚴本○蔡氏云某日告以覲日也　注云大夫者卿爲訝者也者案周禮掌訝職曰凡賓客諸矦有卿訝卿有大夫訝大夫有士訝士皆有訝鄭注此謂朝覲聘問之日王所使迎賓客於館之訝據此則諸矦朝覲之日有卿爲訝故鄭云卿爲訝者也又引掌訝職曰凡訝者賓客至而往詔相其事者取以證使戒之義案此詔相其事之訝亦即上云卿爲諸矦訝大夫爲卿訝之類非謂掌訝也經但云使大夫戒鄭知大夫是卿爲諸矦訝者以此訝主迎賓客於館故告覲日使之也云戒猶告也其爲告使順循其事也者公食禮使大夫戒注戒猶告也與此同爾雅釋詁率循也率與帥同國語帥長幼之序韋注帥循也帥又有順意逸周書大匡解諸矦咸率孔注率謂奉順也鄭以順循二字解經帥字謂其所爲告者告之使順循其事也云初猶故也者初有始義又有故義禮記檀弓夫魯有初鄭注初謂故事也此帥乃初事亦卽帥循故事之謂非始事故鄭以故解之云古文帥作率者詳聘禮帥衆介夕下

矦氏再拜稽首受覲日也　疏　正義曰謂拜受告覲日之命也

右王戒覲期

諸侯前朝皆受舍于朝同姓西面北上異姓東面北上言諸侯者明來朝者衆矣顧其入覲不得並耳受舍於朝受次於文王廟門之外聘禮記曰宗人授次次以帷少退於君之次則是次也言舍者尊舍也天子使掌次爲之諸侯上介先朝受焉此覲也言朝者覲遇之禮雖簡其來之心猶若朝也分別同姓異姓受之將有先後也春秋傳曰寡人若朝于薛不敢與諸任齒則周禮先同姓【疏】正義曰校勘記云注受舍於朝於重脩監本誤作子次以帷徐陳閩本帷俱作惟惟誤葛本亦作帷今案嚴本作帷毛本同又聘禮下嚴本無記字集釋有毛本亦有○前朝謂先覲日也朝猶覲也與下受舍於朝之朝異蔡氏云同姓西面從主人之位異姓東面從賓位也今案皆北上者以近王爲尊也曲禮曰諸侯北面而見天子曰覲此云西面東面者謂廟門外爲位時其入見則皆北面耳 注云言諸侯者明來朝者衆矣顧其入覲不得並耳者上言侯氏祇就一人言之此云諸侯又云皆者依周禮六服四時分來則同時入覲者必多其行之有次序不得並故須前期受舍以防

麥越也云受舍於朝受次於文王廟門之外者賈疏謂聘禮待聘賓在祧天子待覲遇亦當在祧祭法云天子七廟有二祧周禮守祧鄭注遷主所藏曰祧穆之遷主藏於文王廟昭之遷主藏於武王廟今不在武王廟而在文王廟者父尊而子卑故在文王廟也今案鄭注聘禮云待賓客上尊者賈說是矣但未明言受舍於朝爲何朝致滋後人議論李氏心傳云受舍於朝所謂外朝也後人以外朝去廟門甚遠疑鄭說爲未確考曲禮孔疏云凡天子三朝其一在路門內謂之燕朝太僕掌之其二是路門外之朝謂之治朝司士掌之其三是臯門之內庫門之外謂之外朝朝士掌之又周禮小宗伯掌建國之神位右社稷左宗廟鄭注謂庫門內雉門外之左右非也劉氏倣天子五門議云禮說天子五門曰臯門曰庫門曰雉門曰應門曰路門此有五門之名無五門之實以詩書禮春秋考之天子有臯門無庫門有應門無雉門有畢門無路門諸侯有庫門無臯門有雉門無應門有路門無畢門天子三門諸侯三門門同也而名不同三同也而制不同何以言之邪詩曰乃立臯門臯門有伉乃立應門應門將將書曰二人雀弁執惠立于畢門之內又曰王出在應門之內此皆道天子之禮者也無道庫門雉門者非天子門故也明堂位曰庫

門，天子臯門；雉門，天子應門。此言魯之庫門制如臯門，魯之門雉門制如應門也。魯用王禮，故門同王門，其制雖同而名不同也。春秋曰「雉門及兩觀災」，雉門，諸侯之禮。諸侯有路寢，路寢之門是謂路門，此諸侯三門也。無道臯門、應門、畢門者，非諸侯門故也。天子三朝，諸侯三朝。天子治朝在應門之內，諸侯治朝在雉門之內。其建國之神位，左宗廟，右社稷，皆夾治朝，此春秋所云「閒于兩社，爲公室輔」者也。仲尼助祭於廟，事畢，出遊觀之上。觀者，雉門也。祭畢而出遊，乃得至觀之上，明廟在治朝之左、雉門之內也。戴氏震作三朝三門考，說與劉略同，亦舉五事證宗廟社稷在中門內、路門外之左右，其說甚確。詳聘禮「公揖入，每門每曲揖」下。然則受舍於朝，即治朝也。廟在治朝之左，故鄭云受次於文王廟門之外也。李氏以朝爲外朝，非矣。樂記曰：「祀乎明堂，而民知孝；朝覲，然後諸侯知所以臣。」鄭注：「文王之廟爲明堂制。」是其意亦以覲爲在文王廟也。云「聘禮記曰宗人授次，次以帷，少退于君之次」者，引之以證此舍爲次舍也。褚氏云：「廟門外豈能容許多廬舍？故注以爲帷次。敖氏以舍爲廬舍，非是。」又云：「春夏朝宗，受摯於朝，受享於廟，則設次於大門外，而廟門外無次；秋冬覲遇，一受之於廟，大門外不須次，而廟門外有次。」說本賈疏。云「則是次也」，言言舍者尊舍也者以其受自王朝尊之故言舍也云天子使掌次爲之諸侯上介先朝受焉者周禮掌次諸侯朝覲則張大次小次是次係天子使張之有定處諸侯使上介先朝受焉也知上介受者以下經有上介皆奉其君之旂置于宫之文知此亦上介也云此覲也言朝者覲遇之禮雖簡其來之心猶若朝也也者釋經稱朝之意也云分別同姓異姓受之將有先後也者春秋傳曰寡人若朝于薛不敢與諸任齒則周禮先同姓者言次位如此分別者爲將來受覲有先後之序也左傳隱十一年滕侯薛侯來朝爭長公使羽父請于薛曰周之宗盟異姓爲後寡人若朝于薛不敢與諸任齒是其先同姓後異姓之禮也曲禮孔疏云覲禮同姓西面異姓東面鄭注先同之姓將有先後也則是覲禮之法先同姓後異姓若然案注受之將有先後也則是覲禮之法先同姓後異姓若然案檀弓注云朝覲爵同同位則尊先見同姓後異姓不同者二文雖異其意則同爵同則同姓中先受之同姓朝見禮見不同者二文雖異其意則同爵同同之中先受之同姓之朝周之盟會亦先同姓也故定四年祝佗稱踐士之盟載書云晉重魯申蔡甲午鄭捷齊潘鄭雖小國而在齊上也王氏士讓云同異姓皆北上則同異姓又各以其爵爲序公居上侯次之伯次之子男又次之相繼而南也

右受次於廟門外

侯氏裨冕釋幣于禰將覲質明時也裨冕者衣裨衣而冠冕也裨之爲言埤也天子六服大裘爲上其餘爲裨以事尊卑服之而諸侯亦服焉上公袞無升龍侯伯鷩子男毳孤絺卿大夫玄此差司服所掌也禰謂行主遷主矣而云禰親之也釋幣者告將覲也其釋幣如聘大夫將受命釋幣于禰之禮既則祝藏其幣歸乃埋之於祧西階之東今文冕皆作絻【疏】正義曰張氏爾岐云此下至升成拜降出備言入覲之事質明先以將覲告行主乃入覲以瑞玉爲贄次行三享次肉袒請罪凡三節王勞之乃出○校勘記云裨閩監俱誤從示注竝同又注上公袞監本袞誤作裘孤絺陸氏曰絺劉本作希案司服注讀希爲絺以希爲字之誤今文冕皆作絻注末嚴本有此六字與單疏標目合今本俱脫徐本亦脫案作單疏標目作爲今案集釋亦有此六字　注云將覲質明時也者謂覲之日質明時釋幣也聘禮賓厥明釋幣于禰云裨冕者衣裨衣而冠冕也者是釋裨冕二字之義五等諸侯袞鷩毳服不同而統名爲裨衣先鄭注司服專以裨衣爲鷩故後鄭不從也云裨之爲言埤也者說文裨益也埤增

也增益也裨埤皆訓爲益鄭以詩云政事一埤益我埤之爲益其義較顯故以埤釋裨也云天子六服大裘爲上其餘爲裨以事尊卑服之而諸侯亦服焉上公袞無升龍侯伯鷩子男毳孤絺卿大夫玄此差司服所掌也者周禮司服云王之吉服祀昊天上帝則服大裘而冕祀五帝亦如之享先王則袞冕享先公饗射則鷩冕祀四望山川則毳冕祭社稷五祀則希冕祭羣小祀則玄冕鄭注六服同冕者首飾尊也書曰予欲觀古人之象日月星辰山龍華蟲作繢宗彝藻火粉米黼黻希繡此古天子冕服十二章舜欲觀焉希讀爲絺王者相變至周而以日月星辰畫於旌旗所謂三辰旂旗昭其明也而冕服九章登龍於山登火於宗彝尊其神明也九章初一曰龍次二曰山次三曰華蟲次四曰火次五曰宗彝皆畫以爲繢次六曰藻次七曰粉米次八曰黼次九曰黻皆希以爲繡則袞之衣五章裳四章凡九也鷩畫以雉謂華蟲也其衣三章裳四章凡七也毳畫虎蜼謂宗彝也其衣三章裳二章凡五也希刺粉米無畫也其衣一章裳二章凡三也玄者衣無文裳刺黻而已是以謂玄焉凡冕服皆玄衣纁裳司服又云公之服自袞冕而下如王之服侯伯之服自鷩冕而下如公之服子男之服自毳冕而下如侯伯之服孤之服自希冕而下

如子男之服卿大夫之服自玄冕而下如孤之服是鄭所據以爲差也禮記曾子問大祝裨冕執束帛鄭注諸侯之卿大夫所服裨冕絺冕也玄冕也案周禮孤服絺冕卿大夫止服玄冕此注統言卿大夫者孔疏云周禮謂三孤六卿爲九卿是卿名通於孤也曾子問又云諸侯適天子冕而出視朝鄭注諸侯朝天子必裨冕爲將廟受也裨冕者公衮侯伯鷩子男毳玉藻諸侯裨冕以朝鄭注朝天子也裨冕公衮侯伯鷩子男毳也樂記裨冕搢笏鄭注裨冕衣裨衣而冠冕也裨衣衮之屬也孔疏云衮之屬謂從衮冕之衣以下皆是也是鄭解裨冕俱與此注同李氏如圭儀禮集釋云衮者卷龍衣也上公亦服之以無升龍爲異鄭志云大裘之上又有玄衣與裘同色亦是無文采是鄭意以大裘玄衣爲上其衮鷩毳以下俱是附益之衣故名裨衣但天子享祀饗射亦隨事服之不名爲裨唯諸侯及大夫服之乃名裨者葢以爲此所服者俱是天子附益之衣非上衣亦猶金路象路革路木路之稱偏駕有不敢自同於尊之意或因下注有衮衣者裨之上也一語遂疑裨冕當指鷩冕以下言之不知注意謂裨冕有五衮冕爲上猶之衮冕爲首云耳非以衮與裨較謂衮冕在裨冕之上也敖氏直以裨冕爲公鷩侯伯毳子男希又云此朝以裨冕

與周官大行人異褚氏云玉藻裨冕以朝鄭注裨冕公衮侯伯鷩子男毳與大行人職所云上公冕服九章侯伯七章子男五章同也盛氏云上公衮冕九章侯伯鷩冕七章子男毳冕五章皆其上服也而謂之裨者據王而言猶下記以金路而下為偏駕也玉藻亦云諸侯玄冕以祭裨冕以朝是三禮所言合矣侯氏裨冕為將朝也釋幣則因事而服之耳故與正祭異也褚氏云諸侯自祭玄冕而朝王何以服上服尊天子也然不各指其冕名而均曰裨者言其最上服猶是天子之裨云爾尊君抑臣之義也又云裨字之義當從注訓為埤不當如楊倞訓為卑今案楊氏倞注荀子富國禮論等篇俱是直用鄭此注裨之言埤也埤字當是埤字之誤後人因禮論有卑冕之文誤改埤為卑不知卑冕卽裨冕楊注已破卑為裨矣云禰謂行主遷主矣而云禰親之也者禮記曾子問曰孔子曰天子巡守以遷廟主行載於齊車言必有尊也此遷主也又曾子問曰古者師行無遷主則何主孔子曰主命問曰何謂也孔子曰天子諸侯將出必以幣帛皮圭告於祖禰遂奉以出載於齊車以行此所謂主命卽行主也文王世子守於公禰鄭注公禰行主也行以遷主言禰在外親也是其言親之意但彼注及此注先言行主似兼主命在內蓋謂若初封

之侯無遷主則所載必主命也章氏平云經云禰蓋姑設未有遷主而載主命者言之今案曾子問明云諸侯適天子必告於祖奠於禰既奠告於祖禰則必奉奠告之幣帛皮圭以行可知是經言禰之意也云釋幣者告將覲也者謂因以將覲告禰而行釋幣之禮也郝氏敬云古者天子受覲於廟所以昭先烈也諸侯入覲告禰所以述先職也云其釋幣如聘大夫將受命釋幣於禰之禮既則祝藏其幣歸乃埋之於祧西階之東者案聘禮不言祧此注言祧者諸侯以始祖廟爲祧遷主藏焉故言祧與大夫異也又案曾子問云反必告設奠卒斂幣玉藏諸兩階之間此雖指將出告奠之幣玉言其覲日所釋之幣當亦歸埋於兩階間也西階之東即兩階間也餘詳聘禮敖氏云釋幣之禮筵几于其館堂戶牖之間南面祝升自西階君升自阼階祝奠幣于几下君北鄉祝在左君及祝再拜興祝曰孝嗣侯某將覲天子敢用嘉幣告于皇考某侯又再拜君就東箱祝就西箱有閒君反位祝乃取幣藏之君反于阼乃降而遂出也歸則埋幣于禰廟西階之東王氏士讓云敖氏約聘禮特牲少牢諸篇爲此儀所謂推而致於諸侯之說也今竝錄之云今文冕皆作絻者胡氏承珙云說文冕大夫以上冠也從冃免聲絻冕或從糸作段氏玉裁云覲

禮注云今文冕皆作絻許或之者許意從古文也絻字亦見管子淮南子逸周書封禪書案鄭出今文於注意正與許同

乘墨車載龍旂弧韣乃朝以瑞玉有繅

墨車大夫制也乘之者入天子之國車服不可盡同也交龍爲旂諸侯之所建弧所以張縿之弓也弓衣曰韣瑞玉謂公桓圭侯信圭伯躬圭子穀璧男蒲璧繅所以藉玉以韋衣木廣袤各如其玉之大小以朱白蒼爲六色今文玉爲圭繅或爲璪

【疏】正義曰校勘記云注木葛本誤作本今文玉爲圭嚴本通解俱作圭今案毛本圭作璧○乘墨車覲之日自館舍乘此車以入覲也龍旂弧韣載之於車也朝即覲也鄭志云朝覲四時通稱故覲禮亦云朝也瑞玉分封時所須小行人成六瑞鄭注瑞信也皆朝見所執以爲信是也有繅者備貭玉也

注云墨車大夫制也者周禮巾車職云大夫乘墨車此侯氏乘之從大夫制也敖氏云乘墨車屈也載龍旂不没其實也王氏士讓云墨車加黑色而漆之不畫者也自士皆乘之爲攝盛自入覲乘之則爲屈云乘之者入天子之國車服不可盡同也者張氏爾岐云巾車云同姓金路異姓象路四衛革路各得天子五路之一今乃乘大夫之墨車者以金象等路皆在本國所乘旣入天子之國方服禪

冕以朝不可更乘此車同於王者故注云車服不可盡同也云交龍爲旂旂諸侯之所建者周禮司常云交龍爲旂又云諸侯建旂鄭注諸侯畫交龍一象其升朝一象其下復也旂與旗別旗畫熊虎也云弧所以張縿之弓也弓衣曰韣者案旂之正幅爲縿張縿之弓曰弧韜弓之衣曰韣其縿外又有斿綴於縿以爲飾考工記弧旌枉矢以象弧也鄭注引此文云旌旗之屬皆有弧也弧以張縿之幅有衣謂之韣又爲設矢象弧星有矢也枉矢葢畫之考工記又云龍旂九斿則旂有斿矣説文韣弓衣也鄭注旣夕記及少儀亦皆以韣爲弓衣廣雅釋器云韣弓藏也王氏疏證云韣之言襡也内則注襡韜也今案韜與弢同説文弢弓衣也張氏曰弧韣與龍旂竝言注以爲張縿之弓仍是旂上一物俟考盛氏世佐云龍旂象文德也弧弓也載弧不忘武備也似以龍旂與弧韣爲二今案考工記言弧旌於旂下明堂位亦云載弧韣旂十有二斿連屬言之則弧卽張旂之物明矣月令之帶以弓韣自别爲一物非旂上之弧也云瑞玉謂公桓圭侯信圭伯躬圭子穀璧男蒲璧者周禮典瑞公執桓圭侯執信圭伯執躬圭子執穀璧男執蒲璧以朝覲宗遇會同於王是也云繅所以藉玉以韋衣木廣袤各如其玉之大小以朱白蒼爲六色者聘禮記所

以朝天子圭與繅皆九寸剡上寸半厚半寸博三寸繅三采六等朱白蒼是也餘詳聘禮記云今文玉爲圭繅或爲璪者胡氏承珙云言玉則兼圭璧言圭嫌不見子男故鄭從古文云繅或爲璪者詳聘禮賈人西面坐啓櫝取圭垂繅下

天子設斧依于戶牖之閒左右几

依如今綈素屛風也有繡斧文所以示威也斧謂之黼几玉几也左右者優至尊也【疏】正義曰校勘記云注有繡斧文繡徐陳閩葛俱作屛集釋通解楊敖俱作繡與疏合今案嚴本作繡○周禮司几筵凡大朝覲大饗射凡封國命諸侯王位設黼依依前南鄉是斧依司几筵設之此云天子設斧依者言天子之制如是猶云依王位設黼依云爾下文天子袞冕負斧依乃言見諸侯之事斧亦作黼依亦作扆鄭義以天子廟制如明堂此云於戶牖之閒則仍是中央室左右房之制非明堂五室之制詳下記几俟于東箱下所云戶牖之閒者據堂後之室言之古人宮室之制前爲堂後爲室室之左右爲東房西房房有戶而無牖室則戶牖俱有戶在東牖在西皆在室之南壁向堂開之故室堂上以室爲中而室戶之西室牖之東又爲室外正中之地堂上以此爲尊位故設斧依於此爾雅釋宮牖戶之閒

謂之扆郭注窗東戶西窗卽牖也牖之東戶之西卽所謂戶牖之間也書顧命云狄設黼扆綴衣牖間南嚮邵氏晉涵爾雅正義云牖間卽戶牖之間舉牖以該戶是也士昏禮主人筵于戶西鄭注戶西者尊處是戶西亦卽此戶牖之間也明堂位天子負斧依鄭注亦以斧依在戶牖間孔疏引皇氏云在明堂中央大室戶牖間此說非也明堂爲五室之制與此經所言廟制殊每室四戶八牖一戶有兩牖夾之所謂兩夾窗也戶在中牖在戶之兩旁則戶牖間不得爲正中故經但言負斧依不言戶牖之間　鄭據此經推之疏矣左右几者謂斧依之左右皆設几也　注云依如今綈素屛風也有繡斧文所以示威也者案鄭注司几筵云斧謂之黼其繡白黑文以絳帛爲質依其制如屛風然明堂位注云斧依爲斧文屛風邵氏爾雅正義云鄭屢以屛風況依者據漢制言之釋名云扆倚也在後所依倚也屛風言可以屛障風也是鄭以屛風釋依而詩公劉疏乃云斧者屛風之名扆則戶牖之間地誤矣漢書文帝紀身衣弋綈注弋皁也黑色也賈誼傳又云身衣皁綈是漢之綈多黑色素白也漢之綈素屛風有似周之依爲白黑文故云如今綈素屛風也或曰綈說文云厚繒也素不畫也魏志太祖平柳城頒所獲器物有素屛風持以賜毛玠

漢之素屏風以綈爲之故云綈素屏風與又鄭注司几筵云以絳帛爲質謂以絳爲地而施白黑於其上也王氏鳴盛尚書後案云周人尚赤黼扆天子之位當用所尚正色故以絳絳正赤色也今案以白黑文繡斧形於依上故字作斧又作黼賈氏周禮疏及此疏謂據繡次言之考工記云白與黑謂之黼故云黼據文體形質言之近刃白近銎黑則曰斧是也爾雅釋器曰斧謂之黼郭注黼文畫斧形因名是二字得通用又依書顧命及爾雅作扆三禮多作依扆有依倚義故字亦得通用也王制諸侯賜鈇鉞然後殺中庸不怒而民威於鈇鉞鉞卽斧也是斧有威義故鄭云所以示威賈氏周禮疏以爲取斷割之義失鄭意矣聶氏三禮圖引舊圖云依從廣八尺畫斧無柄設而不用之義邵氏爾雅正義云大雅公劉旣登乃依鄭箋云登堂負依士虞禮記佐食無事則出戶負依南面鄭注云戶牖之閒謂之依是天子諸侯以及士皆設依天子唯畫斧文爲異耳云几玉几也者據司几筵左右玉几及顧命馮玉几諸文而知也云左右設几優至尊也者儀禮凡爲神設几右之少牢饋食禮祝設几于筵上右之是也爲人設几左之有司徹尸奠几于筵上左之是也此左右並設是優尊之意郝氏敬曰神几尚右人几尚左左右兼設以安至尊

爲神人共主也云其席莞席紛純加繅席畫純加次席黼純者周禮司几筵云王位設黼依依前南鄉設莞筵紛純加繅席畫純加次席黼純左右玉几凡設几必先布席此經言几不言席略之故鄭據司几筵之文補之也彼言莞筵此注言莞席筵與席一物對文近地爲筵以上加之爲席散則通耳餘詳公食大夫禮

天子衮冕負斧依衮衣者裨之上也繢之繡之爲九章其龍天子有升龍有降龍衣此衣而冠冕南鄉而立以俟諸侯見

【疏】正義曰盧云衮從台誤○云衮衣者裨之上也者謂裨有五以衮爲上衮亦在裨中說見前衮王者之服唯上公以王者之後亦得服之賈疏云五等諸侯衣有三等不得定其號故總言裨衣此據天子一身故指其衣體言衮冕是也周禮節服氏掌祭祀朝覲衮冕六人維王之大常則朝覲服衮冕也詩衮衣繡裳毛傳云衮衣卷龍衣也衮爲正字卷爲假借字禮記多作卷玉藻天子龍卷以祭鄭注龍卷畫龍於衣字或作衮又王制一命卷鄭注卷俗讀也其通則曰衮是衮爲正字也云繢之繡之爲九章者鄭司服注所云龍至宗彝五者繢之於衣藻至黼四者繡之於裳衣五章裳四章爲九也詳見前云其龍天子有升龍有降龍者對上公所服之衮無升龍言也云衣此衣而冠

冕者言天子服此龍衮之衣而冠後高前俛之冕也云南鄉而立以俟諸侯見者曲禮天子當依而立諸侯北面而見天子曰覲明堂位天子負斧依南鄉而立故知立以見諸侯也明堂位注云負之言背也言斧依在後背之而立也國語王背屏而立是鄭言背之義也敖氏云負斧依以俟侯氏入所謂不下堂而見諸侯也而周官齊僕乃言車送逆朝覲者之節大行人言朝位賓主之間相去之步數與是禮異者詳後行享節侯氏升致命王撫玉下○案鄭氏九章之說先儒多疑之禮經釋例云案鄭氏鍔云日月星辰登於旌旗王與公同服九章之衮君臣無別其說創自康成六經無見也今以此經文質之子男之服自毳冕而下如侯伯則上不服鷩冕可知侯伯之服自鷩冕而下如公則不服衮冕可知公之服自衮冕而下如王則不服日月星辰可知經文謂自衮冕而下則衮服而上之章非日月星辰而何王服十二章明矣說與康成異楊氏復敖氏繼公皆主之近方氏苞戴氏震亦謂大裘而冕當爲十二章之服也江氏永云三代制禮有益亦有損天子用物雖得備十二然冕戴於首旣有十二旒十二玉以則天數冕服之章以九爲尊取陽數之極禮尚相變也古用十二章周損爲九章日月星唯畫於大常正是監前代損益之

精意倘有益無損則制度彌文伊於胡底乎鄭説俱允當今案陳氏禮書亦云鄭康成謂周服九章登龍於山升火於宗彝觀周禮稱袞冕禮記稱天子龍袞言龍袞而不及山則升龍於山可知也司服五章之服則毳冕毳毛物虎蜼也五章言毳冕而不言藻則升火於宗彝可知也左傳三辰旂旗昭其明也然則冕服止九章而日月星辰畫於旌旗鄭氏之説當有所受之矣

嗇夫承命告于天子

嗇夫蓋司空之屬也爲末擯承命於矦氏下介傳而上上擯以告於天子天子見公擯者五人見矦伯擯者四人見子男擯者三人皆宗伯爲上擯春秋傳曰嗇夫馳

疏 正義曰上擯以告下毛本無于字校勘記云嚴本集釋俱有于字與疏合○曲禮諸矦見天子曰臣某矦某鄭注謂嗇夫承命告天子辭也其爲州牧則曰天子之老臣某矦某奉圭請覲然則此承命告天子者蓋以矦氏請覲之辭告也注云嗇夫蓋司空之屬又引春秋傳嗇夫馳者左傳昭十七年叔孫昭子救日食引夏書云辰不集于房瞽奏鼓嗇夫馳庶人走儀禮釋官云案嗇夫之名始見於夏書周始因夏制歟夏小正嗇人不從嗇人疑即嗇夫漢書五行志引左傳嗇夫馳庶人走説曰嗇夫掌幣吏庶人其徒役曲禮疏引音義隱云嗇夫主諸矦所

齎幣帛皮圭之禮奉以白於天子解與此經略合儀禮唯覲禮向存天子之制而有嗇夫其爲冬官之闕無疑又曰案漢書百官公卿表及張釋之傳皆有嗇夫鄭氏箋詩云田畯司嗇今之嗇夫則漢亦有此官所掌或與周異顧氏炎武曰注不引書而曰春秋傳者孔氏古文康成時未見也鄭又以嗇夫爲末擯者釋官曰據漢書云庶人其徒役則嗇夫當士爲之聘禮卿爲上擯大夫爲承擯士爲紹擯此雖諸侯禮天子亦然故注以嗇夫爲末擯也云承命於侯氏下介傳而上上擯以告於天子者賈疏云案周禮司儀職兩諸侯相朝皆爲交擯則此諸侯見天子交擯可知此所陳擯介當在廟之外門東陳擯從北鄉南門西陳介從南鄉北各自爲上下今案此命卽謂辭也君朝用交擯傳辭臣聘用旅擯不傳辭已詳聘禮卿爲上擯節下此經交擯傳辭之法當合下注乃備此注云承命於侯氏下介者蓋侯氏先以請覲之辭告上介上介傳於次介次介傳於下介天子末擯承侯氏下介之辭傳於承擯承擯傳於上擯所謂傳而上也於是上擯入以告於天子又下節注云上擯又傳此而下至嗇夫侯氏之下介受之傳而上者謂上擯入告後受天子命侯氏入之辭又以傳於承擯承擯傳於末擯嗇夫侯氏之下介受嗇夫之辭以傳於次介

次介傳於上介亦所謂傳而上也又云上介以告其君君乃許入者謂上介以告侯氏侯氏遵天子命乃入也然則經云嗇夫承命告於天子乃據擯介交接者言之以省文耳其實嗇夫承命非親承於侯氏其告亦非親告於天子也此與聘禮注言天子諸侯朝覲命介紹傳命者略同義互詳彼注但諸侯相朝主國當先以請事之辭傳於賓此先以請覲之辭傳而入則天子禮與諸侯異也又諸侯相朝主君迎于大門外此覲禮則天子不下堂又司儀云交擯三辭據此經則一辭而已皆覲禮簡嚴故也賈疏云司儀交擯三辭據諸侯自相見言其天子春夏受享於廟亦可交擯三辭矣然朝宗禮亾無可徵也云天子見公擯者五人見侯伯擯者四人見子男擯者三人者並據大行人文云皆宗伯爲上擯者大宗伯職云朝覲會同則爲上相上相卽上擯也又肆師職云大朝覲佐儐鄭注云爲承擯小行人職云凡諸侯入王將幣爲承而擯賈疏謂時會殷同則肆師爲承擯四時常朝則小行人爲承擯是承擯或肆師爲之或小行人爲之而爲上擯則皆大宗伯也故注云皆也賈疏又云嗇夫爲末擯若子男三擯此則足矣若侯伯四擯增一士上公五擯增二士

天子曰非他伯父實來予一人嘉之伯

父其入予一人將受之言非他者親之辭嘉之者美之辭也上擯又傳此而下至嗇夫侯氏之下介受之傳而上上介以告其君君乃許入今文實作寔嘉作賀【疏】正義曰校勘記云天子下石經補缺脫曰字○曲禮君天下曰天子朝諸侯分職授政任功曰予一人鄭注皆擯者辭據此經言也又玉藻凡自稱天子曰予一人孔疏謂天子與臣下言及遣擯者接諸侯皆稱予一人是也曲禮注引覲禮曰伯父寔來余一人嘉之並云余予古今字則是曲禮作予覲禮作余也今覲禮作予寔又作實非鄭本矣此節爲擯者辭云天子曰者傳述王言以納賓也蔡氏云伯父實來言其專爲勤天子而來也伯父其入命之使入不出迎也　注云言非他者親之辭者盛氏云案詩云豈伊異人兄弟匪他昏禮壻見之辭亦曰某以非他故皆親之之意也云嘉之者美之辭也者爾雅釋詁嘉美也云上擯又傳此而下至嗇夫云云解已見上云今文實作寔嘉作賀者胡氏承珙云案說文實富也爾雅寔是也公羊桓六年傳云寔來者何猶曰是人來也穀梁傳曰寔來者是來也實寔二字聲義並殊大雅韓奕實墉實壑鄭箋正之曰實當作寔趙魏之間實寔同聲寔是也此經伯父實來猶言伯父是來依義當作寔鄭從古文作

實者以二字經典多通毛詩寔命不猶韓詩作實頍弁實維伊何箋云實猶是也意謂假實爲寔其義亦猶寔之訓是也不必改耳廣雅曰賀嘉也是賀與嘉義同爾雅嘉美也又曰嘉善也則作嘉於義更親故鄭從古文

矦氏入門右坐奠圭再拜稽首 入門而右執臣道不敢由賓客位也卑者見尊奠摯而不授

疏 正義曰校勘記云圭閩監葛本誤作主注入門下嚴本集釋通典楊敖俱有而字通解無不敢由賓客位也張氏曰監本客作之從監本卑者見尊張氏曰釋文見矦注云卑見同卑見謂此也中無者字今案戴校集釋依張氏識誤改客爲之并刪者字茲從嚴本 注云入門而右執臣道不敢由賓客位也者案門之中央有闑門以向堂爲正闑之東爲右闑之西爲左曲禮曰主人入門而右客入門而左是門左爲賓客位也又曰大夫士出入君門由闑右注云臣統於君是門右爲臣道也禮經釋例曰凡以臣禮見者則入門右詳士相見禮賓奉摯入門左下此矦氏入門右故云執臣道不敢由賓客位也云卑者見尊奠摯而不授者禮經釋例云凡卑者於尊者皆奠摯而不授詳士昏禮納采下此注釋經坐奠圭之義也案奠圭再拜稽首皆臣禮曲禮坐而遷之戒勿越孔疏云坐亦跪也坐通名

跪跪名不通坐此坐奠圭謂跪而奠所執圭於地乃拜下記奠圭于繅上是也吳氏章句引明堂位崇坫康圭意謂奠之於坫又謂坫亦在門右非矣崇坫康圭與反坫出尊連言自是兩君相見之禮與此別也**擯者謁**謁猶告也上擯告以天子前辭欲親受之如賓客也其辭所易者曰伯父其升疏正義曰爾雅釋詁云謁告也此注云謁猶告也者蓋以謁爲傳辭猶上告於天子之告也云上擯告以天子前辭欲親受之如賓客也者凡卑見尊奠而不授賓客則親相授受此天子欲親受之如賓客故上介傳天子之命以告侯氏也但其告侯氏即用前辭唯易伯父其入入爲伯父其升耳禮經釋例曰凡相大禮皆上擯之事覲禮擯者謁注以擯者爲上擯則下文擯者延之曰升又擯者曰予一人將受之又擯者謁諸天子皆上擯之事注不言者可知也餘詳聘禮凡筵既設擯者出請命下

侯氏坐取圭升致命王受之玉侯氏降階東北面再拜稽首擯者延之曰升升成拜乃出擯者請之侯氏坐取圭則遂左降拜稽首送玉也從後詔禮曰延延進也疏正義曰校勘記云乃出通解出作退今案唐石經及各本俱作出○前坐奠圭跪而奠之

於地此坐取圭亦是跪取之執以升也致命鄭無注方氏苞儀禮析疑云朝覲述所職也小大庶邦各有所命之常職今來王所親致之吳氏廷華儀禮疑義曰朝覲本王命此致其奉命而來之意與聘賓致命不同一說命卽辭也致命猶致辭其辭蓋曰臣某侯某奉圭覲王李氏云階東西階之東也案燕禮大射臣升降皆自西階故知階東西階之東非阼階東也禮經釋例云凡臣與君行禮皆堂下再拜稽首此侯氏降階東北面再拜稽首臣禮也所謂北面而見天子也所謂拜下禮也釋例又云凡君待以客禮下拜則辭之然後升成拜覲禮執圭行覲侯氏坐取圭升致命降再拜稽首擯者延之曰升升成拜覲畢王勞之再拜稽首擯者延之曰升升成拜王賜侯氏車服侯氏降兩階之閒北面再拜稽首升成拜注大史辭之此皆先拜於堂下君使人辭之復拜於堂上者也此卽上注所謂欲親受之如賓客也王受之玉卽親受也乃出覲事畢也王氏士讓云燕禮大射聘食各有成拜之文公有荅拜此篇侯氏再拜稽首王無荅拜者此見王禮視侯禮爲嚴也今案大戴禮朝事儀曰奠圭降拜升成拜明臣禮也 注云擯者請之侯氏坐取圭則遂左者謂侯氏初奠圭在門右今聞擯者謁告之辭卽取圭徑趨門左升自西階致命賈疏

謂坐取圭卽言升致命無出門之文明知遂向門左從左堂塗升自西階致命是也吳氏疑義據聘賓私覿初入門右擯者辭乃出奉幣入門左謂此經當亦如之今案此與聘賓固殊聘賓爲他國之臣此爲己臣故禮有不同也凡臣禮之異於客禮者有三入門右也拜下也奠而不授也上經擯者謁注以欲親受解之又著其辭曰伯父其升是也但告以升堂授玉非令其入門左也且侯氏奠圭時王已在堂上天威不違咫尺而顧出門入門爲此迂曲之禮乎則其徑趨門左宜矣張氏儀禮圖謂經言乃出不言東知自闑西出亦非曲禮曰大夫士出入君門由闑右諸侯之於天子亦猶大夫士之於國君則出入固皆由門右也下覲畢侯氏肉袒于廟門之東入門右告聽事再拜稽首出自屏南適門西遂入門左王勞之此勞禮略如賓客與覲時正君臣之禮殊且經明云出明云入門左則固與此經異矣云降拜稽首送玉也者禮經釋例曰凡卑者於尊者皆奠而不授若尊者辭乃授經言王受之玉則侯氏升堂授玉可知故降拜爲送玉也云從後詔禮曰延者案特牲饋食禮尸至于階祝延尸尸升少牢饋食禮祝延尸尸升自西階入祝從是祝在尸後詔之故注云由後詔相之曰延明此擯者亦在侯氏後北面詔之也云延進也釋詁文

○禮經釋例曰覲禮不云還玉考覲郊勞用璧侯氏還璧使者受注還玉重禮覲用命圭自無不還之理今覲禮存春朝夏宗冬遇禮亾或别見三時禮斆今案白虎通引覲禮曰侯氏執珪升堂又引尙書大傳曰諸侯執所受珪與璧朝於天子無過者復得其珪以歸其邦有過者留其珪能正行者復還其珪此足爲覲還圭之證也

右侯氏執瑞玉行覲禮

四享皆束帛加璧庭實唯國所有四當爲三古書作三四或皆積畫此篇又多四字字相似由此誤也大行人職曰諸侯廟中將幣皆三享其禮差又無取於四也初享或用馬或用虎豹之皮其次享三牲魚腊籩豆之實龜也金也丹漆絲纊竹箭也其餘無常貨此地物非一國所能有唯所有分爲三享皆以璧帛致之

疏 正義曰校勘記云注皆三享徐本三作一誤金也徐陳金俱作今誤此地物集釋無地字唯所有唯下集釋有國字今案戴校集釋云地衍又云注疏本脫國字案嚴本有地字無國字此地物謂此土地之物也今仍從嚴本○享獻也詳聘禮案朝事儀曰奉國地所出重物而獻之明臣職也 注云四當爲三古書作三四或皆積

畫此篇又多四字字相似由此誤也者賈疏云堯典云帝曰咨三岳皋陶云外薄三海泰誓序云作泰誓三篇是古書三四皆積畫也今案說文三籀文四周禮內宰職注天子巡守禮制幣丈八尺純四䊷賈疏引鄭志荅趙商問云四當爲三古三四積畫是以三誤爲四也又周禮質人疏本經聘禮疏引鄭志荅趙商問竝同惠氏棟九經古義云春秋傳子革云是四國者專足畏也劉炫伯規過云楚語云今吾城三國無四國也古四字積畫四當爲三胡氏承珙云大戴禮公冠四加玄冕注云四當爲三穀梁定十五年疏云范例云會葬四案經有三四當爲三字有誤耳云此篇又多四字者賈疏云下有四傳擯又云路下四亞之又云四馬四門四尺四字旣多積畫四又似三由此故誤爲四字也云大行人職曰諸侯廟中將幣皆三享其禮差又無取於四也者案大行人公侯伯子男五等皆云廟中將幣三享是無四享也先大父論語補箋云諸侯朝於天子三享諸侯自相朝一享諸侯使其臣聘亦一享又小聘曰問不享是享雖有差等要無取於四也云初享或用馬或用虎豹之皮者聘禮記曰凡庭實皮馬相閒可也鄭注閒猶代也土物有宜君子不以所無爲禮畜獸同類可以相代是有馬者用馬有皮者用皮又見此經享用馬聘禮

享用皮故以或用馬或用皮爲初享也知皮爲虎豹之皮者據郊特牲云虎豹之皮示服猛也云其次享三牲魚腊籩豆之實龜也金也丹漆絲纊竹箭也其餘無常貨者據禮器文禮器曰大饗其王事歟三牲魚腊四海九州之美味也籩豆之薦四時之和氣也內金示和也束帛加璧尊德也龜爲前列先知也金次之見情也丹漆絲纊竹箭與衆共財也其餘無常貨各以其國之所有則致遠物也鄭所以引此者以經明言三享則非僅皮馬之屬而所用之物經未有正文故據禮器臚陳之以存享物之槪鄭彼注雖以大饗爲祫祭先王而於三牲魚腊等句下注云此饌諸侯所獻又於內金示和也下注云此所貢也內之庭實先設之龜爲前列先知也下注云龜知事情者陳于庭在前是皆以爲庭實也郊特牲曰旅幣無方所以別土地之宜而節遠邇之期也龜爲前列先知也以鐘次之以和居參之也虎豹之皮示服猛也束帛加璧往德也鄭彼注亦以爲庭實所用旅幣無方卽此經庭實唯國所有之義又大行人曰邦畿方千里其外方五百里謂之侯服歲壹見其貢祀物又其外方五百里謂之甸服二歲壹見其貢嬪物又其外方五百里謂之男服三歲壹見其貢器物又其外方五百里謂之采服四歲壹見其貢服物又其外方五

百里謂之衞服五歲壹見其貢材物又其外方五百里謂之要服六歲壹見其貢貨物鄭彼注云祀物犧牲之屬嬪物絲枲也器物尊彝之屬服物玄纁絺纊也材物八材也貨物龜貝也此皆諸侯貢享之物與禮器亦略相合故鄭據禮器釋經也鄭又云此地物非一國所能有唯所有分爲三享者謂土物各有所宜如禮器注據禹貢云荆揚二州貢金荆州納錫大龜貢丹兗州貢漆絲豫州貢纊揚州貢篠簜之類非一國所能備有故但就其所有者分之爲三享非謂一國三享中盡用此一物也吳氏疑義乃譏鄭以禮器所陳出之四海九州者今一國貢之則讀此注未審矣云皆以璧帛致之者以經云三享皆束帛加璧則知三享庭實雖有異而以璧帛致之則同也小行人曰合六幣圭以馬璋以皮璧以帛琮以錦琥以繡璜以黼鄭注云六幣所以享也五等諸侯享天子用璧享后用琮其大各如其瑞皆有庭實以馬若皮皮虎豹皮也用圭璋者二王之後也二王後尊故享用圭璋而特之禮器曰圭璋特義亦通於此其諸侯亦用璧琮耳子男於諸侯則享用琥璜下其瑞也凡於二王後諸侯相享之玉大小各降其瑞一等及使卿大夫覜聘亦如之考工記玉人曰命圭九寸謂之桓圭公守之命圭七寸謂之信圭侯守之命圭七寸謂之

躬圭伯守之是所謂瑞玉也又曰璧琮九寸諸侯以享天子瑑圭璋八寸璧琮八寸以覜聘又曰瑑琮八寸諸侯以享夫人上言享天子不言享后下言享夫人不言享君互相見也鄭注鄉黨享禮云旣聘而享用圭璧鄉黨圖考辨之曰按享禮用圭者唯二王後享天子鄭注小行人云其於諸侯亦用璧琮耳先大夫論語補箋據此諸文詳考朝聘時享禮所用之玉曰諸侯朝天子五等諸侯享天子用璧享后用琮其大各如其瑞上公九寸侯伯七寸子男五寸二王後享天子用圭享后用璋而特之諸侯自相朝二王後及公侯伯享子君用璧享夫用琮子男享君用琥享夫人用璜大小各降其瑞一等二王後及上公八寸侯伯六寸子男四寸諸侯使臣聘二王後及公侯伯之臣享用璧琮子男之臣享用琥璜上公八寸侯伯六寸子男四寸今案此經言束帛加璧則通謂五等諸侯也經言享天子不言享后者方氏苞謂儀法已見於春夏故不言也〇禮經釋例云注據禮器言非也聘禮記庭實皮馬相間言有皮則以皮有馬則以馬卽覲禮唯國所有之義觀下文但云匹馬卓上九馬隨之不云他物則三享皆皮馬無他物可知聘禮享庭實云皮私覿庭實云馬覲禮享庭實亦云馬皆互見也至禮器云大饗其王事與又云其出也肆

夏而送之蓋指饗食燕之饗禮而言故有三牲魚腊籩豆之屬非謂覲禮之享也禮器注以爲祫祭先王亦非郊特牲所云亦指饗禮言與禮器正合孔疏謂賓入大門以下爲論燕饗之禮謂旅幣無方以下爲論朝聘庭實之物蓋依違鄭注而爲此說不知禮經聘覲之享庭實唯有皮馬也今案鄭注小行人云五等諸侯享天子皆有庭實以馬若皮不言他物與此注似異然莊二十二年左傳曰庭實旅百奉之以玉帛天地之美具焉奉之以玉帛即謂束帛加璧也庭實而云旅百則所陳之物甚多當非僅皮馬故杜注云百言物備也又云天地之美具焉則與禮器所云四海九州之美味四時之和氣義正同聘禮享諸侯惟一享故止用皮馬覲禮享天子有三享故備物或亦隆殺之義宜然歟

奉束帛匹馬卓上九馬隨之中庭西上奠幣再拜稽首

卓讀如卓王孫之卓卓猶的也以素的一馬以爲上書其國名後當識其何產也馬必十匹者不敢斥王之乘用成數敬也

疏 正義曰校勘記云注王之乘乘通典之作所○奉侯氏親奉也上云束帛加璧此止云束帛省文璧加於束帛之上言束帛則璧在其中也下奠幣之幣亦兼璧帛言小行人合六幣璧以帛是璧帛同稱幣也匹馬

一馬也聘禮記曰凡庭實隨入左先注隨入不竝行也此經云匹馬卓上九馬隨之謂一馬前行九馬隨之而入也云中庭西上謂此馬陳於庭南北之中而以西爲上卽聘禮記左先之義凡入門向堂以西爲左此一馬先進者在西而其後則以次竝列而東故曰西上云賓幣再拜稽首者亦如前受摯時賓圭再拜稽首儐擯者傳將受之辭乃升致命也敖氏云此賓幣蓋於入門左之位張氏儀禮圖云享不言入門右則由闑西二說竝誤臣之於君出入皆由闑右前已辨之矣玉藻公事自闑西注以公事爲聘享者彼謂他國之臣代其君行聘享之禮此是已臣自行享禮與彼異也下注云至於享王之尊益君侯氏之卑益臣是覲以辨等威至享益嚴豈覲入門右而享乃入門左哉經不言入門右者以文已見於覲時不言可知也注云卓讀如卓王孫之卓卓猶的也以素的一馬以爲上書其國名後當識其何產也者段氏玉裁云素的一馬謂白馬也鄭意白馬出眾故謂之卓胡氏承珙云說文卓本訓高竹角切鄭意蓋不以卓爲高欲見卓爲素的故以卓王孫之卓譬況其音而以的比方其義的卽易的顙爾雅的顙白顛之的然則鄭讀此卓字似與凡言卓異廣雅卓的竝訓爲明可知卓有的義段云白馬出眾故謂之卓誤矣惟

當時讀卓王孫之卓未審何音漢書江都易王非傳淖姬顏注引鄭氏曰淖音卓王孫之卓不直音卓而必用此爲況者葢卓姓之卓固與卓異讀也書其國名賈疏云謂若晉有鄭之小駟復有屈產之類是也云馬必十匹者不敢㡿王之乘用成數敬也者案五經異義易孟京春秋公羊說天子駕六毛詩說天子至大夫同駕四士駕二鄭駁從毛詩說是王所乘止四馬也今用十馬備王選擇故云不敢㡿王之乘也又聘禮賓覿庭實用乘馬乘馬四馬也此篇儐使者亦多用四馬今用十馬以享王之禮盛於他禮故云用成數敬也李氏如圭云書康王旣尸天子諸侯皆布乘黃朱賓稱奉圭兼幣曰一二臣衛敢執壤奠皆再拜稽首乘黃朱四黃馬朱鬣也彼因喪而見與此禮異○案鄭訓匹馬卓上之卓爲旳後儒駁之者多惟王尚書經義述聞之說最詳今竝錄於後熊氏朋來云案韻釋卓丞也葢諸侯朝覲進十馬難盡數牽引至殿庭先引上一馬而九馬隨之當以卓訓丞於義爲通敖氏云匹馬卓上謂以馬卓然居前而先行也言此者明其入不與九馬相屬也王氏士讓云詩稱駟騵周尚赤也享王不宜尚白凡朝覲會同毛馬而頒之校人齊其色享王亦當齊色又似不宜別以素旳矣經義述聞云卓之言超也絕也獨也上前也

卓上者超絕其類獨行而前之謂也廣雅趠絕也李善西都賦注逴躒猶超絕也匡謬正俗曰逴者謂超踰不依次第趠逴與卓古竝同聲其義一也說苑君道篇踔然獨立說文㩻特止也徐鍇傳曰特止卓立也踔與㩻卓古亦同聲皆獨貌也卓上猶云獨前耳古者上與前同義拄前謂之上行而向前亦謂之上此與下文中庭西上之上殊義

擯者曰予一人將受之亦言王欲親受之疏正義曰秦氏蕙田云按受覲聽事所稱天子之命皆擯者述之彼云天子曰此云擯者曰互見爲義**侯氏升致命王撫玉侯氏降自西階東面授宰幣西階前再拜稽首以馬出授人九馬隨之**王不受玉撫之而已輕財也以馬出隨侯氏出授王人於外也王不使人受馬者至於享王之尊益君侯氏之卑益臣疏正義曰校勘記云注授王人閩葛通解王誤作玉至於享至徐陳閩葛集釋通解俱作主楊氏作至張氏曰案疏云今至至於三享云云詳其義主字當作至今案毛本作至戴校集釋改至嚴本亦誤主○侯氏先奠幣聞擯者辭即取幣奉以升與前覲時儀同此不言取幣省文致命者方氏謂職貢皆王所命也一說致命猶致

辭其辭蓋曰臣某侯某敢執壤奠享玉郎東帛所加之璧也幣兼璧帛言詳上侯氏自奉幣降西階下東面授宰聘禮記賓之幣唯馬出其餘皆東時宰在東故東面授也宰賈疏謂郎大宰是也周禮大宰職大朝覲會同贊玉幣鄭注玉幣諸侯享幣也聘禮享時云公受幣又云公側授宰幣是公親受而授宰此覲禮王不親受而侯氏自執以授宰至尊禮異也西階前再拜稽首送幣也敖氏云西階前非正位以欲執馬由便也　注云王不受玉撫之而已輕財也者撫以手撫之不受玉謂不親受非不受也敖氏云撫之者示受之是也撫是尊者之禮與昏禮舅撫婦之摯同聘義曰以圭璋聘重禮也已聘而還圭璋此輕財而重禮之義也鄭注財謂璧琮享幣也但彼以圭璋還而璧帛不還爲輕財此對上瑞玉親受而璧帛不親授爲輕財財郎謂璧帛也云以馬出者謂侯氏親執一馬以出云隨侯氏出授王人於外也者謂九馬隨之而出均以授王人於外也周禮校人凡賓客受其幣馬則王人其郎校人歟云王不使人受馬者至於享王之尊益君侯氏之卑益臣者對上入覲時王親受玉此不親受又庭實弁不使人受之於庭又行覲時降拜則辭之然後升成拜此降拜不辭爲益君益臣也聘禮賓覿使士受馬于廟內此侯氏自執以

出故云王不使人受馬也郊特牲曰覲禮天子不下堂而見諸侯下堂而見諸侯天子之失禮也由夷王以下此篇受玉撫玉俱在堂上是不下堂也覲以正君臣之禮故益嚴也又案周禮大行人朝位賓主之間上公九十步侯伯七十步子男五十步鄭注朝位謂大門外賓下車及王車出迎所立處也案經文於立當車軹擯者五人下即云廟中將幣三享注又云朝先享不言朝者朝正禮不嫌有等也則是出迎之禮據享而言賈疏謂春夏受贄於朝無迎法受享乃迎之覲禮則受摯受享皆無迎法與曲禮疏所引熊氏說同又齊僕云朝覲宗遇饗食各以其等爲車送迎之節賈氏謂因此朝覲宗遇而與諸侯行饗食在廟有迎法是齊僕所云送迎者乃饗食之禮非謂朝覲宗遇正禮也朱氏大韶云經云朝覲宗遇饗食者謂朝覲宗遇之饗食非以六字平列覲禮主乎嚴故不下堂饗食略君臣之分而致賓主之儀故有送迎此說是也陳氏禮書乃謂春朝夏宗秋覲冬遇送迎之禮同誤矣○賈疏謂聘禮享君尙有幣問卿大夫此諸侯享天子訖亦當有幣問公卿大夫據隱七年左傳戎朝于周發幣于公卿爲證此篇無之葢亦文不備與

事畢三享訖

疏 正義曰自奉束帛至以馬出授人九馬隨之皆言初享用馬之儀其

夯二享庭實惟國所有無定物故經不言而以事畢括之又三享物雖不同其禮則一卽一享可例其餘也注云三享訖者以經云三享皆束帛加璧則三享實分三度致之必三享訖乃可云事畢也賈疏謂一度致之非矣

右覲巳卽行三享

乃右肉袒于廟門之東乃入門右北面立告聽事右肉袒者刑宜施於右也凡以禮事者左袒入更從右者臣益純也告聽事者告王以國所用爲罪之事也易曰折其右肱無咎

【疏】正義曰注無咎毛本無作无校勘記云通解作無與單疏標目合今案嚴本作無○大戴禮朝事儀曰肉袒入門而右以聽事也卽謂此郝氏敬云此諸侯述職待罪也門以覲享旣畢黜陟未分懼王或譴乃右肉袒請事是也門以向堂爲正東爲右解見前袒于廟門之東便於入門右也北面立荅君之義也告告擯者轉以告王也注云右肉袒者刑宜施於右也者肉袒袒而無衣見肉也江氏鄉黨圖考云喪禮肉袒祭禮迎牲割牲養老禮割牲皆肉袒射禮君在大夫射則肉袒禮之言肉袒者多矣此獨言右肉袒故鄭以爲刑宜施於右也云凡以禮事者左袒者謂禮

事無問吉凶皆袒左也詳鄉射禮司射適堂西袒決遂下此袒右故氏以爲變於禮事是也云入更從右者臣益純也者玉篇更復也前覲享入門右此入復從右肉袒待罪臣禮益純也云告聽事者告王以國所用爲罪之事也者謂己國所以得罪之事張氏爾岐云告王以己國所爲多罪願聽王譴責之事也云易曰折其右肱無咎者係豐卦九三爻辭豐離下震上賈疏云凡卦爻二至四三至五兩體交互各成一卦先儒謂之互體故鄭隨其義而注云三艮爻艮爲手互體爲巽巽又爲進退手而便於進退右肱也猶大臣用事於君君能誅之故無咎引之者證刑理宜於右之義張氏惠言周易鄭氏義云互體兌爲毀折又云此雖言大臣實兼有覲禮初震在離前爲朝春三離後體兌爲秋也　覲

擯者謁諸天子天子辭於侯氏曰伯父無事歸寧乃邦謁告寧安也乃猶女也　疏正義曰乃邦毛本邦誤拜校勘記云唐石經嚴本通典集釋通解楊敖俱作邦徐本誤同毛本注猶女也葛本女作汝○敖氏云凡擯者於侯氏之行臣禮如奠圭之類皆以謁諸王其告於侯氏也則皆傳王命也上文不言謁諸天子天子辭於侯氏此不言擯者告於侯氏皆互見其文耳今案上云告聽

事告王以己國所爲得罪之事此云伯父無事言無所爲得罪之事也李氏引書文矦之命曰王曰父義和其歸視爾師寧爾邦乃邦卽爾邦故鄭云乃猶女也女與汝通

矦氏再拜稽首出自屛南適門西遂入門左北面立王勞之再拜稽首擯者延之曰升升成拜降出王辭之不卽左者當出隱於屛而襲之也天子外屛勞之勞其道勞也

【疏】正義曰適門西下毛本有一圈校勘記云蓋因通解分節而誤敖氏云西西下似脫襲字今案各本皆無襲字但注云當出隱於屛而襲之則是經言襲注恐人不知襲之所在而注之也似鄭本原有襲字○矦氏再拜稽首拜王辭也下又再拜稽首拜王勞也出自屛南適門西遂入門左蓋王將勞之而待以客禮也出字爲句斯時出亦由門右敖氏云出自屛南乃適門西則矦氏出入天子之門亦必由闑東矣姜氏兆錫云適門西者將入門左也至是乃入門左者王將勞之成君意也據此二說則覲享時不入門左明矣成君意謂成君以客禮待之之意也禮經釋例云臣於君入門右係常禮若君以客禮待之則辭於是出乃復入門左覲禮告聽事先入門右天子辭之乃出復入門左矦氏前聽

事故從臣禮後天子勞之故從客禮也然則侯氏再拜稽首出出門右也下升成拜降出出門左也經文兩出同而有異如此注云王辭之不即左者當出隱於屏而襲之也者賈疏云以屏外不見天子爲隱向者右袒今王辭以無事故空襲也云天子外屏者賈疏云據此文出門乃云屏南即是外屏又引禮緯云天子外屏諸侯內屏大夫以簾士以帷今案天子外屏荀子淮南子均有此文釋宮屏謂之樹論語邦君樹塞門李氏云屏謂立小牆當門中以自蔽也諸侯內屏在路門之內天子外屏在路門之外臣朝君至而加肅敬故屏有遠近也案李云路門內外本曲禮孔疏江氏嘗駁之謂天子以應門爲正門屏在應門外諸侯以雉門爲正門屏在雉門內說詳鄉黨圖考但以上皆據朝言之此屏則設於廟江氏又云覲禮廟門外之屏唯天子有之明堂位所謂疏屏天子之廟飾者也諸侯廟內無屏聘禮賓入廟門內霤不見有屏邦君樹塞門之制在朝不在廟此言是也春秋哀公四年亳社災穀梁傳亳亡國也亡國之社以爲廟屏戒也范注云立亳之社於廟之外以爲屏蔽此天子廟屏之制歟明堂位言魯用天子禮有疏屏故有亳社他國不得有也云勞之勞其道勞也者謂勞其道路勤勞敖氏云王勞之亦擯者傳王之辭也

○朱子云周禮冣是大行人等官屬之司寇難曉蓋覲禮諸侯行禮旣畢則降而肉袒請刑王曰伯父無事歸寧乃邦然後再拜稽首出此所謂懷諸侯則天下畏之也如此等處皆是合著如此初非聖人私意

右侯氏請罪天子辭乃勞之

天子賜侯氏以車服迎于外門外再拜賜車者同姓以金路異姓以象路服則衮也鷩也毳也古文曰迎于門外也

疏 正義曰張氏爾岐云自此至乃歸皆言王賜禮侯氏之事○賜侯氏以車服卽虞書所謂車服以庸也高氏愈云不賜於入覲之時而特遣使賜於侯氏之館重其禮也吳氏廷華云此亦報享之意方氏苞云迎拜及送皆與勞者同王氏士讓云此時諸公太史亦不荅拜如郊勞　注云賜車者同姓以金路異姓以象路者周禮巾車掌王之五路一曰玉路以祀賈疏謂尊之不賜諸侯是也又金路同姓以封象路異姓以封革路以封四衛木路以封蕃國賜車中兼有此四者鄭止言金路象路舉以例其餘也云服則衮也鷩也毳也者據司服云公之服自衮冕而下侯伯自鷩冕而下子男自毳冕而下是也云古文曰迎于門外也者古文作

門外與今文作外外門外異敖氏云上文賜舍則此門外乃舍門外外也凡舍惟有一門胡氏承珙云案聘禮賓館于大夫其歸饔餼還玉皆迎于外門外外天子賜諸侯之舍何知惟有一門敖氏之說姝不足據鄭於聘禮還玉從古文作外門外此又從今文有外字其去取當矣

路先設西上路下四亞之重賜無數在車南路謂車也凡君所乘車曰路路下四謂乘馬也亞之次車而東也詩云君子來朝何錫予之雖無予之路車乘馬又何予之玄衮及黼重猶善也所加賜善物多少由恩也春秋傳曰重錦三十兩

疏正義曰注而東也毛本東誤東由恩也毛本恩誤思又何予之毛本予作與校勘記云嚴本集釋楊敖俱作予○路先設先字對服言下文服諸公奉之服可奉車不可奉故先設之於舍之庭也上路字兼車馬言車西馬東以西爲上故曰西上也下路字專指車言敖氏云四馬設於車東異於駕也吳氏廷華云重賜在車南加賜卑於車也　注云路謂車也凡君所乘車曰路者案巾車王與后之車皆稱路白虎通云路大也道也正也君至尊制度大所以行道德之正也路者君車也天子大路諸侯路車云路下四謂乘馬也者四馬所以駕車故謂四馬爲路下四也云亞之次車而東也

者亞以東西言謂車設於西四馬次之而設於東竝列也引詩者采菽篇文引以證賜車服之事采菽序以幽王於諸侯來朝不能錫命以禮故思古以刺也毛傳君子謂諸侯也予賜也路車乘馬賜車也玄衮及黼賜服也又韓奕詩云韓侯入覲王錫韓侯淑旂綏章簟茀錯衡鉤膺鏤錫鞹鞃淺幭條革金厄是賜車玄衮赤舄是賜服亦與此經合也云重猶善也所加賜善物多少由恩也者言賜物多少由於君之恩解經無數之意也周禮小宗伯掌衣服車旗宮室之賞賜圉人凡賓客牽馬而入陳鄭注賓客之馬王所以賜之者內府掌受九貢九賦九功之貨賄良兵良器以待邦之大用鄭注大用朝覲之須賜樂記所謂大輅者天子之車也龍旂九旒天子之旌也青黑緣者天子之寶龜也從之以牛羊之羣則所以贈諸侯也鄭注贈諸侯謂來朝將去報之以禮然則內府所謂大用樂記所謂寶龜牛羊其卽此重賜之類歟云春秋傳曰重錦三十兩者閔二年左傳文服注云重牢也孔疏云杜以遺夫人之錦貴美不貴牢故易爲錦之熟細者是重錦卽美錦美有善義故鄭引以證重之爲善也

諸公奉篋服加命書于其上升自西階東面大史是右言諸公者王同時分命之而使

賜矦氏也右讀如周公右王之右是右者始隨入於升東面乃居其右古文是爲氏也疏正義曰箴制詳士冠禮服盛於箴故云箴服命書卽王命賜車服之書加於其上加於箴上也使諸公奉之者見錫予之重也大史掌禮書者詳下注云言諸公者王同時分命之而使賜矦氏也者以來覲非一國王同時使三公分往命之故言諸公也春官序官大史下大夫二人上士四人是亦足敷分命矣敖氏謂奉箴服者一人耳乃云諸公者若師若傳若係不定也則是以命賜者止一人設來覲國多恐日不暇給矣敖說非也云右讀如周公右王之右是右者始隨入於升東面乃居其右者案周公右王襄二十一年左傳文言周公左右王室也諸矦職崇大史職卑始隨入在公後及升自西階則與公同東面而居公之右蓋在公之南也吳氏章句云經曰是右則非但在其右也蓋如周公右王之右謂左右之如下述命加書之事云古文是爲氏者惠氏棟云曲禮五官之長曰伯是職方注云是或爲氏漢書造父後後有非子玄孫氏爲莊公顏注曰氏與是同韓勅脩孔廟後碑以於氏爲於是漢末有是儀亦作氏氏是兩字本通非有異義胡氏承珙曰鄭注周禮射人引此經大史氏右仍依古文作氏於此則從今文作是者以大史係在諸

公之右若作氏恐與侯氏之氏混故從今文

侯氏升西面立大史述命 讀王命書也

疏 正義曰侯氏升而云西面立則升降自阼階可知蓋侯氏在館有主道也述命謂讀王命書亦詔辭自右之義或因周禮內史掌書王命遂疑讀之者爲內史不知此命書內史書之大史讀之也大史職曰大祭祀戒及宿之日與羣執事讀禮書而協事又云大會同朝覲以書協禮事是讀命書正其職儀禮釋官云玉藻疏引此經大史是右謂大史代內史宣行王命故居右非也

侯氏降兩階之閒北面再拜稽首 受命

疏 正義曰兩階謂東西兩階之閒正中也周禮射人射朝之位三公北面諸侯在朝亦北面據明堂位三公中階之前北面東上則在朝三公居中諸侯在旁可知故前覲享或拜於西階之東或拜於西階之前不於兩階之中拜避三公位也此在巳舍與朝廟異故拜於兩階之閒也郊勞但云降再拜稽首不言何處當亦在兩階拜也 注云受命者謂此拜爲拜受命也

升成拜 大史辭之降也春秋傳曰且有後命以伯舅耋老毋下拜此辭之類

疏 正義曰注云大史辭之降也謂辭其降拜也引春秋傳證辭下拜之事僖九年左傳云王使宰孔賜齊侯胙齊

侯將下拜孔曰且有後命天子使孔曰以伯舅耋老加勞賜一級無下拜齊侯卒下拜登受今案下拜者臣之正禮未有不辭而升成拜者此節升成拜經不言辭文不備故注特補之敖氏乃謂不辭之而升成拜尊者之禮盛氏世佐云案升成拜以公辭之故也旣拜於下乃辭禮之正也左傳王使宰孔賜齊侯胙齊侯未下拜而孔辭之待以殊禮也旣不復成拜於上者謙不敢貪天子之命也與此異敖說非褚氏云辭之而升成拜者順君之命不得不成拜於上然已略兼賓主之儀矣敖謂不辭之而升成拜儼若天子以賓禮待已者不已亢乎秦氏蕙田云盛氏駁敖不辭之說極當但鄭注謂大史辭之盛氏謂公辭之案上文述王命者大史則此辭侯氏者亦必大史也盛說似非今案秦說是也

大史加書于服上侯氏受受篋服

疏正義曰敖氏云此受於堂乃不著其所是就而受之明矣就而受謂侯氏就諸公受也但敖氏謂受亦北面諸公南面訝受之張氏儀禮圖則以爲東面面受案上文諸公東面經不更著南面之文則張圖是也姜氏兆錫云又言加書者取讀之復加之也蔡氏云大史宣讀已畢乃加之篋內服上吳氏廷華云服在篋故亦曰服上今案經未有開篋之文則吳說是也

使者

出侯氏送再拜儐使者諸公賜服者束帛四馬儐大史亦如之旣云拜送乃言儐使者以勞有成禮略而遂言疏正義曰使者出賜車服事畢也使者兼公與大史言儐使者爲總目之辭下乃分言也諸公賜服者即上奉篋服者儐之束帛四馬儐大史亦如之亦束帛四馬也使事同儐禮亦同也王氏士讓云此與郊勞賜舍儐使同而又有異彼止一人此則二人矣考典命王之三公八命其大夫四命大史下大夫也而與公同儐數尊王命也注云旣云拜送乃言儐使者以勞有成禮略而遂言者張氏爾岐云儐使者在拜送前乃於送後略言之者以前經郊勞時已詳載成禮故略言已足也○汪氏克寬云周制諸侯踐位而入見則有錫命修聘來朝則有錫命能敵王所愾而獻功則有錫命此禮之正也無就其國而錫命之禮如春秋書王使榮叔來錫桓公命天王使毛伯來錫公命之類皆非正也

右王賜侯氏車服

同姓大國則曰伯父其異姓則曰伯舅同姓小邦則曰叔

父其異姓小邦則曰叔舅據此禮云伯父同姓大邦而言【疏】正義曰：其異姓小邦則曰叔舅，唐石經及各本皆如是。經義述聞云：異姓大國曰伯舅，不言大國者，蒙上而省也。然則異姓小邦曰叔舅，小邦亦當蒙上而省。今本有小邦二字，卽涉上句而衍。周官大宰疏引此有小邦二字，則賈所見本已然，不始於唐石經矣。康王之誥正義、文侯之命正義、小雅伐木正義、隱五年左傳正義引此皆作其異姓則曰叔舅，作孔所見本無小邦二字，於義爲長。朱氏大韶云：經以國之大小分別伯父、伯舅、叔父、叔舅之稱。於同姓大國曰伯父，則稱伯舅者亦大國可知；於同姓小邦曰叔父，則稱叔舅者亦小邦可知。上下立文相對，此句不須重言小邦，當以孔所引爲正，石本始衍，各本因之。今案：注據此禮云伯父，毛本云誤曰，嚴本作云。據字敚，本在伯父下，屬下句。○此天子稱諸侯之辭。父與舅以姓同異而別也，伯與叔以國大小而別也。謂之伯叔父舅，尊之親之之稱也。案曲禮則以二伯稱伯父伯舅，九牧稱叔父叔舅，與此異，當以此爲定稱。經邦國互言，說文：邦，國也；國，邦也。是二字本通。鄭注周禮云：大曰邦，小曰國。此無注，則亦以爲通稱也。方氏苞云以國大小爲別未安，今案方說非也。儀禮經是周公所作，周初封建五等之國以功德大小爲差不比後世由於兼幷則大國稱伯小國稱叔亦矣春秋時晉取爲强大而天王命辭見於內外傳者猶稱叔父則其沿周初之稱可知也注云據此禮云伯父同姓大邦而言者上經多言伯父乃同姓大國之稱此經兼言同姓小國異姓大小國以覲兼五等故竝詳其稱謂也注意蓋謂據此禮云伯父乃指同姓大邦言若小邦則曰叔父異姓大小邦則曰伯舅叔舅矣敖氏引此注作此禮云伯父據同姓大邦而言義似較顯然敖氏引注多所移易未必注本如是也

右王辭命稱謂之殊

饗禮乃歸禮謂食燕也王或不親以其禮幣致之略言饗禮互文也掌客職曰上公三饗三食三燕侯伯再饗再食再燕子男一饗一食一燕【疏】正義曰校勘記云注略言饗禮楊氏作享下竝同又三饗再饗一饗毛本俱作享校勘記云嚴徐陳閩葛本集釋通解敖氏俱作饗段氏玉裁注說文享字云案周禮用字之例凡祭享用享字凡饗燕用饗字如大宗伯吉禮下六言享先王嘉禮下言以饗燕之禮親四方賓客尤其明證也禮經十七篇用

字之例聘禮內臣享君字作享士虞禮少牢禮尙饗字作饗小戴記用字之例凡祭享饗燕字皆作饗無作享者左傳則皆作享無作饗者毛詩之例則獻於神曰享神食其所享曰饗如楚茨以享以祀下云神保是饗周頌我將我享下云旣右饗之魯頌享祀不忒享以騂犧下云是饗是宜商頌以假以享下云來假來饗皆其明證也鬼神來食曰饗卽禮經尙饗之例也獻於神曰享卽周禮祭享作享之例也今案段氏之說詳矣而禮經饗燕字作饗尙未言及儀禮聘禮臣享君字作享覲禮亦然至饗燕之饗則聘禮公食大夫禮覲禮字皆作饗此注引掌客職三饗再饗一饗周禮本作饗儀禮各本亦皆作饗惟毛本作享誤矣一周禮作壹○歸反國也方氏苞云聘使饗燕畢將歸而後贈賄侯氏則賜車服重賜並須及將歸而後饗禮何也奉使而誤不過主君不親饗食而邦交如故也故次第致禮侯氏而有干王章或賊賢害民暴內陵外雖時會來王不遽加以九伐之法必將有削地降律之罰焉故必肉袒請聽事待天子有無事歸寧爾邦之命更賜車服重加命書然後繼此得爲諸侯於是乎榮以饗食厚其燕好而歸之此先生制禮之精意也 注云禮謂食燕也者案待賓客之禮有饗食燕三者此經不單言饗而言饗禮故知禮

謂食燕也云王或不親以其禮幣致之者謂王或有故不親食燕如公食大夫禮若不親食使大夫以侑幣致之聘禮若不親饗則公作大夫致之以酬幣致食以侑幣之類是也又周禮酒人共賓客之禮酒飲酒而奉之鄭注禮酒饗燕之酒王不親饗燕不親食而使人各以其爵以酬幣侑幣致之則從而以酒往是王有致食燕之事也掌客職亦曰若弗酌則以幣致之此注云禮幣者禮卽聘禮記所云凡致禮之禮注謂以幣致其禮是也云略言饗禮互文也者容王無故親饗有故不親饗卽以禮幣致之王有故不親食燕以禮幣致之無故卽親食燕故云互文也引掌客職曰上公三饗三食三燕侯伯再饗再食再燕子男一饗一食一燕者證饗之外有食燕也但今本周禮掌客作侯伯三饗鄭引作再饗者郊特牲孔疏辨之曰南本或云侯伯亦三饗誤也則今所傳始唐時誤本是以周禮內宰職金疏引掌客文俱作侯伯再饗也或疑掌客所言係諸侯自相朝非天子待諸侯禮據大行人云饗禮九獻食禮九舉不言燕禮似天子待諸侯有饗食無燕者不知大宗伯云以饗燕之禮親四方賓客司儀云王燕則諸侯毛又湛露詩序云天子燕諸侯也鄭箋云諸侯朝覲會同天子與之燕所以示慈惠則覲有燕明矣賈疏因聘禮言致食

以侑幣致饗以酬幣不言致燕以幣遂謂燕禮無幣詩孔疏謂燕禮亦當有幣今案鹿鳴詩序云燕羣臣嘉賓也而其詩曰承筐是將則燕有幣明矣陳氏祥道謂古人燕賓未嘗不用酬幣特燕禮之文不備耳是也又案周禮酒人疏云案鹿鳴燕羣臣嘉賓有實幣帛則致燕亦以酬幣致之與饗同是賈亦自相矛盾矣○方氏苞云諸侯適天子必告於祖奠於禰命祝史告於社稷宗廟所過山川命五官道而出如曾子問所記是也入王畿則有誓衆謁關人習覲享展羣幣小行人出勞所經致積之禮一切不具而自至於王郊始荅凡此皆具於春朝夏宗而無庸複出也今案周禮司儀云凡賓客送逆同禮訝士邦有賓客則與行人送逆之掌訝若將有國賓客至則戒官脩委積與士逆賓於疆爲前驅而入及歸送亦如之是諸侯入覲有逆之之禮及歸有送之之禮聘禮云士送至于竟此不言者荅亦見於春朝夏宗禮而此不具耳

右略言王待侯氏之禮以上廟受覲禮竟

諸侯覲于天子爲宮方三百步四門壇十有二尋深四尺

加方明于其上

四時朝覲受之於廟此謂時會殷同也宮謂壝土爲埒以象牆壁也爲宮者於國外春會同則於東方夏會同則於南方秋會同則於西方冬會同則於北方八尺曰尋十有二尋則方九十六尺也深謂高也從上曰深司儀職曰爲壇三成成猶重也三重者自下差之爲三等而上有堂焉堂上方二丈四尺上等中等下等每面十二尺方明者上下四方神明之象也上下四方之神者所謂明神也會同而盟明神監之則謂之天之司盟有象者猶宗廟之有主乎王巡守至於方嶽之下諸侯會之亦爲此宮以見之司儀職曰將會諸侯則命爲壇三成宮旁一門詔王儀南鄉見諸侯也

【疏】正義曰張氏爾岐云自此至篇末皆言時會殷同及王巡守爲壇而見諸侯之事今案據鄭注則自此以下至禮山川邱陵於西門外爲會同之禮祭天而下爲巡守之禮也方氏苞云記字空冠此節之首又云方明者木也自爲注釋通經所無記文多此類吳氏廷華云上侯氏裨冕疏謂白虎通引禮記天子乘龍載大旂象日月升龍其文與下節略同則漢人固以此數節爲記也考十七篇中有有記者有無記者獨此篇記只三語又與諸經不同則此節以下其爲記說無疑盛氏亦以爲詳其文體有似乎記今案四傳擯下

注云王受玉撫玉降拜於下等及請事勞皆如覲禮是以記之覲云據此則鄭注固明以此數節爲記矣方氏吳氏說可從○校勘記云張氏曰注曰官謂壝土爲埒案諸本官皆作宮從諸本從上曰深浦鏜云按秋官司儀職疏引此作從上向下爲深義尤悉案通典巡守篇引此亦有向下二字所謂神明也神明監本集釋楊氏俱作明神與疏合則命爲壇命徐本未刻陳閩監本俱作會爲徐本作焉集釋通解楊氏毛俱作命爲本詔王儀詔徐本未刻今案嚴本宮亦誤官牆作牆黃氏丕烈云各本作牆牆乃誤字又所謂明神嚴本作神明毛本同案作明神是也又命爲字及詔字嚴本俱不誤○此下言會同而云諸侯覲于天子者周禮每以會同爲大朝覲此記之於覲故以覲言上是覲於廟中之禮此是覲於國外之禮也云爲宮方三百步者司馬法六尺爲步方三百步縱橫皆三百步則爲方千八百尺即方一里之地也四門謂四方皆有門取洞達之義即周禮司儀所謂宮旁一門也掌舍職會同爲壇壝宮棘門則此宮掌舍爲之司儀主令之歟司常又云會同置旌門此謂王晝行止息之地即掌舍職所云爲帷宮設旌門是也此門當爲棘門非旌門矣壇築土爲之漢書注築土而高曰壇是也十有二尋言其廣深四尺言其高方

三百步者宮之廣十有二尋者宮內之壇之廣也此云深四尺而司儀云爲壇三成三成卽上等中等下等三等也每等一尺通堂上計之爲四尺文異實同也方明者謂上下四方之神形制詳下加於壇上待祀也必加方明者會同爲非常之事故設此以爲神所憑依鄭注司儀云加方明於壇上而祀焉所以敎尊尊也王氏士讓云王者行事百神享之必有所依高氏愈云蓋卽協和萬邦而懷柔百神之意　注云四時朝覲受之於廟此謂時會殷同也者賈疏謂朝宗雖在朝受享則在廟故幷言受之於廟此經言壇不言廟故鄭以爲時會殷同之禮也大宗伯曰時見曰會殷見曰同鄭注時見者言無常期諸侯有不順服者王將有征討之事則旣朝覲王爲壇於國外合諸侯而命事焉春秋傳曰有事而會不協而盟是也殷猶衆也十二歲王如不巡守則六服盡朝朝禮旣畢王亦爲壇合諸侯以命政焉大行人曰時會以發四方之禁殷同以施天下之政鄭注時會卽時見也無常期諸侯有不順服者王將有征討之事則旣朝王命爲壇於國外合諸侯而發禁命事焉禁謂九伐之法殷同卽殷見也王十二歲一巡守若不巡守則殷同殷同者六服盡朝旣朝王亦命爲壇於國外合諸侯而命其政政謂邦國之九法殷同四方四時分

來歲終則徧矣殷同又謂之殷國大行人曰十有二歲王巡守殷國鄭注殷國則四方四時分來如平時是也司儀曰將合諸侯則令爲壇三成鄭注合諸侯謂有事而會也爲壇於國外以命事又云王巡守殷國而同則其爲宮亦如此歟是會同爲壇於國外也敖氏專以此爲王不巡守諸侯來朝之禮又謂爲宮於國門外之南方褚氏寅亮辨之云以王不巡守之歲爲壇以合諸侯未免漏卻時會一禮時會之時而逢朝覲其當朝諸侯既循常制見於廟復偕羣后見於壇其不當朝者則惟見於壇若殷同之歲竝無當朝諸侯祇見於壇而已其來亦分四時其爲壇自必各以其方而不專在南方矣注言之未詳故後人往往致疑今案合周禮注觀之則鄭氏於會同之禮未嘗言之不詳也特敖氏以臆說經未足爲據耳又褚氏以殷同之歲竝無當朝諸侯與鄭周禮注旣朝而爲壇合諸侯命政者亦異案周禮十二歲係王巡守之期王巡守則諸侯不來朝矣殷同係因王不巡守而爲同禮以與諸侯相見則諸侯自於壇朝不於廟朝若六服盡來旣行受摯受享之禮於廟復行覲玉將幣之禮於壇不亦煩瀆乎褚氏之言自於經合也云宮謂壝土爲埒以象牆壁也者案埒說文庳垣也段氏注云卑垣延長而齊等若一是之謂埒掌舍爲

壇壝宮鄭注云平地築壇又委壝土起堳埒以爲宮又鬯人注云委土爲墠壇是壝爲委土之名凡宮必有牆圍繞於外此無牆但於壇之外起土委於地爲卑垣以象牆壁也云爲宮者於國外春會同則於東方夏會同則於南方秋會同則於西方冬會同則於北方者以會同諸侯來者衆多城中恐不足容之故於國外又見下經先言拜日於東門外故知春會同則於東方夏秋冬以此推之可知矣鄭注司儀職云天子春帥諸侯拜日於東郊則爲壇於國東夏禮日於南郊則爲壇於國南秋禮山川邱陵於西郊則爲壇於國西冬禮月四瀆於北郊則爲壇於國北亦據下經言也云八尺曰尋則方九十六尺也者八尺曰尋詳公食大夫禮十有二尋則方九十六尺也者八尺曰尋詳公食大夫禮十有二尋葢縱橫皆十二尋故注以爲方九十六尺此謂壇之下等其廣如是也云深謂高也從上向下曰深者據校勘記增向下二字謂從堂上向下至地其高四尺也云司儀職曰爲壇三成成猶重也者此經但言深四尺不言重故引司儀文證之成猶重也謂三成爲三重本司儀先鄭注也云三重者自下差之爲三等而上有堂焉堂上方二丈四尺上等中等下等每面十二尺者三重卽三等下等廣於中等中等廣於上等故云自下差之爲三等也三等而上有堂則堂在三等之上矣

堂上方二丈四尺其下三等每面十二尺兩面加二十四尺則上等當方四十八尺中等當方七十二尺下等當方九十六尺矣盛氏云堂上以祀方明并王立之所云方明者上下四方神明之象也上下四方之神者所謂明神也者言方明爲上下四方神明之象而上下四方之神卽司盟所謂明神也司盟云北面詔明神旣盟則貳之彼注云明神神之明察者是也云會同而盟明神監之則謂之天之司盟者襄十一年左傳云司愼司盟明神殛之服注二司天神是爲天之司盟也鄭意蓋以方明卽司盟褚氏申之曰方明固爲上下四方之神盟時卽爲司盟之神二而一也但方明不專爲盟設曲禮云涖牲曰盟會同有不盟者一據春秋傳云不協而盟是協則不盟矣云有象者猶宗廟之有主乎者言爲方明之象以依神亦猶宗廟設主以依神也鄭注司盟職云覲禮加方明於壇上所以依之也是也云王巡守至於方嶽之下諸侯會之亦爲此宮以見之者如舜典王制言歲二月東巡守至于岱宗覲諸侯五月至南嶽八月至西嶽十有一月至北嶽皆如之是也知亦爲此宮者據尚書大傳云維元祀巡守四嶽八伯壇四奧是知亦爲壇爲宮也又左傳王巡虢守虢公爲王宮于玤亦其一證但會同壇於國門之外巡守壇於方嶽之下

爲異耳云司儀職曰將會諸侯則命爲壇三成宮旁一門詔王儀南鄉見諸侯者引以證會同爲壇見諸侯之事但彼本文會作合命作令會與合命與令義亦通也

方明者木也方四尺設六色東方青南方赤西方白北方黑上玄下黃設六玉上圭下璧南方璋西方琥北方璜東方圭

六色象其神六玉以禮之上宜以蒼璧下宜以黃琮而不以者則上下之神非天地之至貴者也設玉者刻其木而著之

疏 正義曰校勘記云注而不以下通典有此字○此節詳方明之形制案竹書紀年大甲十年大饗于大廟初祀方明漢書律曆志伊訓篇曰伊尹祀于先生誕資有牧方明則祀方明之禮殷已有之矣方明以方四尺之木爲之上下四方共有六面設六色者每面各設一色以象其神設六玉者每面各設一玉以爲之飾方明不必定指日月山川蓋言上下四方而六合以內之神悉該之矣會同特加於壇而祀焉其典至重其物至貴飾以玉焉宜也孟康漢書音義曰方明者神明之象也以木爲之畫六采然則六色畫之於木歟聶氏三禮圖引舊圖云方明者四方神明之象用槐木爲之未知然否秦氏蕙田云六

色先東南西北而後上下六玉先上下而後南西北東變文無義例也　注云六色象其神是也云六玉以禮之則非且與下設玉者刻其木而著之之說不合上節言加方明于壇上此節因釋方明之形制非以禮神也下經反祀方明乃是禮神之事注云刻其木而著之賈疏謂刻木安於中是也然禮神用玉多矣未有刻而著之於木者皖云刻其木而著之則是以玉飾木非禮神明矣郝氏敬云設六玉每方以其玉函木上張氏爾岐云刻木爲陷而飾以玉皆不從注禮神之說也大宗伯職曰以玉作六器以禮天地四方以蒼璧禮天以黃琮禮地以青圭禮東方以赤璋禮南方以白琥禮西方以玄璜禮北方係言禮玉與此別不過璋琥璜圭名偶同耳注云上玄以蒼璧下玄以黃琮而不以者則上下之神非天地之至貴者也者鄭注大宗伯以天爲天皇大帝地爲崐崘故以爲神之至貴者不知言上下四方則天地之神亦在其中矣奚肩區別乎總之大宗伯所言係禮神之玉此係飾方明之玉二者不容合爲一鄭欲依彼爲解故語多出入敖氏遂以彼禮玉爲方明之玉褚氏云經言設六玉與六色之木相配竝不言禮神也又蒼璧不可以爲圭黃琮不可以爲璧夫人而知之也敖氏乃欲以大宗伯職所謂玉作六器以禮天地四

方者當之未免附會牽合今案褚說是也

上介皆奉其君之旂置于宮尚左公侯伯子男皆就其旂而立

置於宮者建之豫爲其君見王之位也諸公中階之前北面東上諸侯東階之東西面北上諸伯西階之西東面北上諸子門東北面東上諸男門西北面東上尚左者建旂公東上侯先伯伯先子子先男而位皆上東方也諸侯入壝門或左或右各就其旂而立王降階南鄉見之三揖土揖庶姓時揖異姓天揖同姓見揖位乃定古文尚作上

【疏】正義曰注尚左者毛本者作皆校勘記云徐本無皆字陳閩葛本集釋通解俱作者與疏合楊氏作皆今案嚴本作者戴校集釋云作皆訛土揖庶姓毛本土誤上校勘記云嚴徐陳本集釋通解俱作土閩葛俱誤作士○云上介皆奉其君之旂置于宮者上介諸侯之上介也云奉其君之旂則似旂各以其國爲識故賈疏謂與銘旌及在軍徽幟同然謂以尺易仞小而爲之恐非司常云諸侯建旂又云凡祭祀各建其旗會同賓客亦如之是會同各建其旂不聞小爲之也李氏集繹引摯虞曰建旂者所以殊爵命示等威也又引詩曰君子至止言觀其旂今案周禮典命云上公車旗以九爲節侯伯以七爲節子男以五爲節大行

人云　上公建常九斿矦伯七斿子男五斿是旂以爵命爲姝也　上注云置於宮者建之豫爲其君見王之位也者以下云公矦伯子男等就旂而立必旂已建而後可就是建之在先故云豫爲其君見王之位也經云置注云建一也云諸公中階之前北面東上及諸矦諸伯諸子諸男面位鄭皆據大戴禮朝事儀而言周公朝諸矦於明堂其位亦如此云尚左者建旂公東上矦先伯伯先子子先男而位皆上東方也者盛氏世佐云尚左者據王而言也王南鄉以東爲左故諸公北面者東上諸矦在諸伯之東諸子在諸男之東是皆以左爲上也云上諸矦入壝門或左或右各就其旂而立者以旂在左者趨而左旂在右者趨而右故云或左或右也經雖有四門但據司儀王南鄉則諸矦均當自南入也秦氏蕙田云會同爲宮方三百步六尺爲步則方二百二十五尋也壇方十二尋居宮之中央壇之下距壝門一百六十尋有四尺則公矦伯子男立位在焉上介奉旂而置於宮者是也云王降階南鄉見之三揖土揖庶姓時揖異姓天揖同姓見揖位乃定者案司儀云詔王儀南鄉見諸矦土揖庶姓時揖異姓天揖同姓鄭注謂王既祀方明諸矦上介皆奉其君之旂置於宮乃詔王升壇諸矦皆就其旂而立諸公中階之前北面東上諸矦東階之

東西面北上諸伯西階之西東面北上諸子門東北面東上諸男門西北面東上王揖之者定其位也庶姓無親者也土揖推手小下之也異姓昏姻也時揖平推手也天揖推手小舉之據此注是王升壇在先諸侯乃入門就旂而立也鄭以彼經據王而言此經據諸侯而言其儀則一故兩經互引爲證但注云見揖位乃定則似諸侯初入門一時就旂而立皆北面旣揖乃各如其面位以燕禮卿大夫入門皆北面公降揖之卿乃西面面北上大夫北面少進推之可知也又司儀南鄉見諸侯不云降階此注云降階者亦約燕禮而知也云古文尚作上者胡氏承珙云案上下字作上尊尚字作尚鄭從今文作尚者取其當文易曉耳敖氏必以上義優於尚非矣

四傳擯

王旣揖五者升壇設擯升諸侯以會同之禮其奠瑞玉及享幣公拜於上等侯伯於中等子男於下等擯者每延之升堂致命王受玉撫玉降拜於下等及請事勞皆如覲禮是以記之覲云四傳擯者每一位畢擯者以告乃更陳列而升其次公也侯也伯也各一位子男俠門而俱東上亦一位也至庭乃設擯則諸侯初入門王官之伯帥之耳古文傳作傳

疏 正義曰注王受玉撫玉毛本誤作撫王校勘記云嚴徐閩監葛本集釋通解俱作撫玉陳本受玉撫玉俱作王尤誤

皆如覲禮閣葛皆俱誤者而俱東上閣本上誤作士張氏曰注曰王官之伯帥之耳吉觀國所校監本改王爲曰未知孰據篇末之注有是王官之伯會諸侯而盟從諸本官通解作宮古文傳爲傳重脩監本傳誤刻作傳○傳擯者設擯而傳命與旅擯異義見前云王旣揖五者升壇設擯升諸侯以會同之禮者謂王從壇降揖五等諸侯旣揖乃復升壇於是設擯傳告五等諸侯使升壇行會同之禮也云其奠瑞玉及享幣公拜於上等侯伯於中等子男於下等者據司儀及其擯之各以其禮公於上等侯伯於中等子男於下等而言也但彼文不言拜此言上拜者案彼注云上等中等下等者謂所奠玉處也又云諸侯各於其等奠玉上降拜升成拜明臣禮也旣乃升堂授王玉聶氏三禮圖云公奠玉於上等降拜於中等侯伯奠玉於中等降拜於下等子男奠玉於下等降拜於地及升成拜皆於奠玉之處又云或可降拜者皆降於地升成拜於奠玉之處也今案聶氏降拜之說以後說爲長其前說則仍司儀賈疏之文耳臣之拜君以下爲敬自應皆降拜於地其升成拜則俱謂於奠玉之處據鄭彼注云旣乃升堂授王玉上升成拜不言升堂則亦謂於奠玉處拜也然則此注所云公拜於上等侯伯於中等子男於下等者謂奠玉幣及升成拜

公皆於上等侯伯皆於中等子男皆於下等也姜氏兆錫云見以土時天之三揖以尙親而拜以上中下之三等以尙爵是也云擯者每延之升堂致命王受玉撫玉降拜於下等及請事勞皆如覲禮者謂上云於上等中等下等者係會同之禮在壇與覲異至擯者延之升堂致命以下諸儀節則皆與覲禮同受玉謂覲時撫玉謂享時典瑞職云公執桓圭侯執信圭伯執躬圭子執穀璧男執蒲璧以朝覲宗遇會同于王是會同亦執瑞玉與覲同司儀又云其將幣亦如之鄭注將幣享也是會同亦行享禮與覲同降拜於下等等字係涉上文下等而衍降拜於下卽降拜於地也若以爲下等則義有難通矣請事勞謂覲時肉袒請事及王勞之也會同以發禁施政其禮較大於覲亦必有告聽事及王勞之禮以上各事擯者每延之曰升此會同亦然故云皆如覲禮也云是以記之覲云者以會同之禮略與覲同故記之於覲是鄭亦以諸侯覲於天子以下爲記也云四傳擯者每一位畢擯者以告乃更陳列而升其次公也侯也伯也各一位子男俠門而俱東上亦一位也者鄭以公侯伯三次傳擯子男同一次傳擯爲四傳擯敖氏則以一朝三享爲四傳擯褚氏云注四位之說本於孟子夫有所受之也禮經釋例云敖氏以五等之位皆北面

爲一列又以一朝三享爲四傳擯皆與注異竊謂五等之爵不應無差等享時亦不應升拜注說不可易也秦氏蕙田亦以敖說爲非云至庭乃設擯則諸侯初入門王官之伯帥之耳者謂如康王之誥大保帥西方諸侯入應門左畢公帥東方諸侯入應門右是也至庭乃設擯對覲禮門外設擯言之必知至庭乃設擯者以司儀云及其擯之各以其禮在王見諸侯三揖之後故知諸侯入門時未有擯也云古文傳作傅者胡氏承珙云傳與傅聲義皆不相近自出形似而誤周禮訓方氏誦四方之傳道注故書傳爲傅杜子春云傅當爲傳書亦或爲傳是也

天子乘龍載大旂象日月升龍降龍出拜日于東門之外反祀方明

此謂會同以春者也馬八尺以上爲龍大旂大常也王建大常繆首畫日月其下及旂交畫升龍降龍朝事儀曰天子冕而執鎮圭尺有二寸繅藉尺有二寸搢大圭乘大路建大常十有二旒樊纓十有二就貳車十有二乘帥諸侯而朝日於東郊所以敎尊尊也退而朝諸侯由此二者言之已祀方明乃以會同之禮見諸侯也凡會同者不協而盟司盟職曰凡邦國有疑會同則掌其盟約之載書及其禮儀北面詔明神旣盟則藏之言北面詔明神則明

神有象也象者其方明乎及盟時又加於壇上乃以載辭告焉詛祝掌其祝號【疏】正義曰載大旂毛本旂作旂校勘記云唐石經集釋通解楊敖俱作旂注同與疏合張氏曰載大旂諸本旂作旂從諸本今案陳鳳梧本經注俱作旂玉海引亦作旂嚴本經作旂注作旂黃氏丕烈云旂是旂誤注王建大常毛本大誤太下同校勘記云案大讀如字大常猶大旂也今人讀他蓋切非是纅藉嚴徐閩葛俱從竹作籍黃氏丕烈云藉譌爲籍形涉而誤又校勘記云由此二者由閩葛俱誤作曰不協而盟協閩本誤作僞既盟則藏之盧文弨云藏是戴校集釋依本文改貳但疏云司盟之官覆寫一通自藏擬後覆驗則注疏本自作藏然藏卽是貳兩者俱可通而藏字義較顯今案嚴本作藏仍之○此謂天子會同之日先拜日而後朝諸侯也依行禮節次此當在公侯伯子男皆就其旂而立之前因奉旂就旂連敘爲順而就旂而立及四傳擯四時會同之禮皆同拜日禮日日禮月四瀆禮山川丘陵四時有異故先以同者敘於前而以其異者還敘於後此記者敘次之法後儒多譏駁注說詳下天子乘龍乘路車而駕龍馬也載大旂載之於車也象日月升龍降龍言繪日月升降龍之象於旂也出謂自國而出也拜日于東門之外謂王城東門外也

反祀方明謂旣拜日而反乃於壇祀方明也上言加方明于其上未祀也此乃祀之旣祀乃朝諸侯傳擯也　注云此謂會同以春者也者會無常期有以春者有以夏秋冬者同則不巡守之歲春東方諸侯來夏南方諸侯來秋西方諸侯來冬北方諸侯來此云拜日于東門之外故知謂會同以春者也云馬八尺以上爲龍者周禮廋人職文云大旂大常也者案周禮司常云日月爲常交龍爲旂則旂與常別此云大旂大常者對文異散則通桓二年左傳三辰旂旗服氏注云九旂之總名是九旂總名旂旗故常亦得稱旂云王建大常者司常職文引以證大旂之爲大常也云繆首畫日月其下及旒交畫升龍降龍者白虎通引禮記曰天子乘龍載大旂象日月升龍傳曰天子升龍諸侯降龍是日月升龍降龍皆畫於旂也旂之正幅爲繆下屬爲旒爾雅纁帛繆郭注云繆衆旒所著是旒屬於繆也經先言日月次言升龍降龍故知日月畫於繆首而其下及旒畫升龍降龍也郊特牲曰旂十有二旒龍章而設日月謂此也司常但云日月不云升龍降龍者九旂之制上得兼下下不得兼上故以日月與交龍對言也引大戴禮朝事儀者以朝日之事與此同故引以爲證云天子冕而執鎮圭尺有二寸繅藉尺有二寸搢大圭者玉藻云天子

玉藻十有二旒前後邃延郊特牲云戴冕璪十有二旒則天數也玉藻又云玄端而朝日於東門之外鄭注端當爲冕賈疏遂以朝事儀所云冕爲玄冕今案覲服衮冕則會同不得服玄冕玉藻玄冕朝日鄭注以爲春分朝日之禮與此異典瑞王晉大圭執鎮圭繅藉五采五就以朝日鄭注晉讀爲搢搢謂插於紳帶之間玉人職曰大圭長三尺杼上終葵首天子服之鎮圭尺有二寸天子守之鄭注此篇有繅云繅所以藉玉廣袤各如其玉之大小故鎮圭尺有二寸繅藉亦尺有二寸也云乘大路建大常十有二旒樊纓十有二就者大路玉路也周禮巾車一曰玉路錫樊纓十有再就建大常十有二旒以祀鄭注樊讀如鞶帶之鞶謂今馬大帶也纓今馬鞅皆以五采罽飾之就成也云貳車十有二乘者貳車副車也大行人上公貳車九乘故王十二乘哀七年左傳云周之王也制禮上物不過十二以爲天之大數故天子服物多用十二也云帥諸侯而朝日於東郊者朝日於東郊與此經拜日于東門之外一也郊在國門外云東郊則知東門之外爲王城東門外鄭注玉藻云東門謂國門是也敖氏乃以東門爲即此宮之東門非矣云所以教尊尊也者典瑞鄭注云王朝日者示有所尊訓民事君是教尊尊之義也云退而朝諸侯者以上

皆朝事儀文彼文還而朝諸侯下卽云爲壇三成宮旁一門則知還而就壇朝諸侯矣云由此二者言之已祀方明乃以會同之禮見諸侯也者言朝事儀朝諸侯在朝日之後而此經拜日之後卽祀方明是已祀方明乃見諸侯也王制孔疏據此注申之謂未祀方明未有見諸侯之事皇氏以爲未祀方明之前已見諸侯非也云凡會同者不協而盟又引司盟職文者不協而盟左傳文見前謂凡會同雖不盡盟而有不協者則會同之後必盟故引司盟文以證之也云司盟職曰凡邦國有疑會同則掌其盟約之載書及其禮儀北面詔明神旣盟則藏之者案周禮本文載下無書字又藏作貳云言北面詔明神則明神有象也象者其方明乎者鄭意欲解方明與司盟之明神爲一與上諸侯覲于天子節注意略同故言詔明神必有象乃可詔則此方明者卽明神之象也云及盟時又加於壇上乃以載辭告焉者言會同之禮先祀方明旣祀徹之而朝諸侯若有盟則於盟時又加方明於壇上以載辭告焉云詛祝掌其祝號者案周禮詛祝云掌盟詛類造攻說禬禜之祝號鄭注八號者之辭皆所以告神明也其職又云作盟詛之載辭是引以證盟時以載辭告之義也○案鄭注據朝事儀考之謂已祀方明乃以會同之禮見諸侯又謂此言拜

日于東門之外爲春會同之禮下禮日于南門外禮月與四瀆于北門外禮山川丘陵于西門外爲夏冬秋會同之禮其說至精確敖氏乃謂此言已受諸侯之朝享乃帥而拜日其節與朝事儀不同又謂禮日于南門外以下三禮皆與上事相屬而舉之盛氏世佐從其說以鄭注爲非姜氏兆錫至以此旹鄭之踳駁今引諸儒之說正之張氏爾岐云推其次第上介先期置旂質明王帥諸侯拜日東郊反祀方明二伯帥諸侯入壝門王降階南鄉三揖諸侯皆就其旂而立乃傳擯褚氏云此及下兩節行禮次第當在公侯伯子男皆就其旂而立之前東門王城東門也先拜日于東門外乃至壇祀方明然後徹方明朝諸侯或有盟誓之事則朝畢復加方明節次宜如是若先受朝而始拜日祀方明恐非敬神之道夏秋冬以此推之若如敖氏不分四時專就壇宮三百步之地一日而偏輯五瑞姑無論日力不給也卽如此日受朝之後乃始出壇東門而拜日復反而祀方明又至南門重禮已拜之日乃越西門至北門而禮月與四瀆終乃旋至西門以祀山川丘陵其紛襍無緒甚矣周公制禮夫豈其然秦氏蕙田云敖氏謂此三禮者皆與上事相屬則是於拜日祀方明之後復舉之旣拜日東門外又禮日南門外一事而再祭毋乃數而瀆乎

以上三說皆辨正敖氏之失而褚氏之說尤詳備其有功經注大矣

禮日于南門外禮月與四瀆于北門外禮山川丘陵于西門外此謂會同以夏冬秋者也變拜言禮者容祀也禮月於北郊者月大陰之精以爲地神也盟神必云日月山川焉者尙著明也詩曰謂予不信有如皦日春秋傳曰縱子忘之山川神祇其忘諸乎此皆用明神爲信也

【疏】正義曰注夏冬秋校勘記云賈疏作秋冬今案作冬秋是也詳下又容祀也毛本容作客校勘記云嚴本集釋通解俱作容與單疏述注合通典作祭誤今案盛氏云作客者傳寫之譌耳又大陰之精嚴本集釋俱作大毛本作太據釋文大史音泰注云後大陰同則作大是下同

○此亦就其異者言之也上言天子車旂之制及反祀方明此三時會同禮亦皆如之惟夏則禮日于南門外冬則禮月與四瀆于北門外秋則禮山川丘陵于西門外與春拜日于東門外異故特記之也祀方明係總祀羣神於壇此則各就其方位拜禮之四瀆爾雅釋水云江河淮濟爲四瀆四瀆者發原注海者也丘陵詳下節郝氏敬云日爲陽精故於南月與四瀆陰精故於北山川丘陵主成物故於西王氏士讓云日大陽之精拜於東而禮於南皆陽方

也月大陰之精四瀆爲極陰故同配北方月又尊故先言之山川丘陵出雲見風雨爲微陰故同配西方也　注云此謂會同以夏冬秋者也者上拜日東門外爲春會同之禮則此三者爲夏冬秋會同之禮明矣鄭於司儀注言之特詳已見前經言南北西故注言夏冬秋淺人謂爲秋冬誤倒非也云變拜言禮者容祀也者鄭意以此拜與禮當有祀事但言拜則祀不見言禮則祀見故云變拜言禮容祀也秦氏蕙田云上言拜此言禮互文也云禮月於北郊者月大陰之精以爲地神也者日爲大陽之精月爲大陰之精淮南子説文等書多言之春秋感精符曰月者陰之精地之理鄭注禮記以日爲天神故以月爲地神也言此者見日月同尊故言禮日卽言禮月解經先北於西之意四瀆與月同禮於北而川不於北者敖氏云四瀆尊宜避之是也然丘陵亦山類四瀆亦川類故下注以日月山川括之云盟神必云日月山川焉者尚著明也者卽司盟注明神神之明察者謂日月山川是也引詩者王風大車篇文引春秋傳者定元年左傳宋仲幾語然傳文本作山川鬼神此引作山川神祇似神祇是也云此皆用明神爲信也者言詩與傳皆用著明之神爲信之事也鄭意蓋以會同必有盟此經於上下四方之神獨禮日月山川故引詩

傳反復申明以爲盟神之證焉耳然祀方明與拜禮日月山川原係兩事祀方明凡會同皆然拜禮日月山川則各因其方位行之春夏不必禮月山川秋冬即不必禮日且亦不專爲盟禮之即不盟亦然方明爲上下四方之神則日月山川亦在其中然不可專以方明爲日月山川之神也○案敖氏誤以此三禮皆與上事連舉辨見上又注容祀二字俗本誤作客祀張氏爾岐據之遂作主客之客解爲儀禮集編所譏則讀書校訂之功不容少矣

右會同之禮

祭天燔柴祭山丘陵升祭川沈祭地瘞升沈必就祭者也就祭則是謂王巡守及諸侯之盟祭也其盟揭其著明者燔柴升沈瘞祭禮終矣備矣郊特牲曰郊之祭也迎長日之至也大報天而主日也宗伯職曰以實柴祀日月星辰則燔柴祭天謂祭日也柴爲祭日則祭地瘞者祭月也日月而云天地靈之也王制曰王巡守至於岱宗柴是王巡守之盟其神主日也春秋傳曰晉文公爲踐土之盟而傳云山川之神是諸侯之盟其神主山川也月者大陰之精上爲天使臣道莫貴焉是王官之伯會諸侯而盟其神主月與古文瘞作殪

疏正義曰注其盟愓其著明者毛本愓作揭下其字賈疏作於校勘記云揭嚴徐陳本通解俱作愓與單疏述注合集釋楊氏从手案釋文音苦葢反是讀爲愒歲愒日之愒明係愒字今本釋文亦誤作揭唯宋本不誤或曰愓當作楬職金注曰今人之書有所表識謂之楬櫫今案陳鳳梧本亦作愓下其字嚴本及各本俱作其從嚴本又主山川也毛本主誤上校勘記又云月者通解者作乃是王官通解王作五○此經言巡守祭祀之禮與上異上不言祭天地又川與四瀆分禮此言祭天地祭山丘陵川不及四瀆葢巡守但就所過山川祭之四瀆不必兼祭矣其敘於覲禮之末者以巡守至方岳有覲諸侯之事故因會同而竝記之也張氏爾岐云此言天子巡守四岳各隨方向祭之於山言升於川言沈是就其處而舉此禮故知是王者巡守之事鄭前注云王巡守至於方岳之下諸侯會之亦爲此宮以見之爲此經設也秦氏蕙田云案此經自諸侯覲于天子以下論會同之禮此條謂王巡守覲諸侯之禮也王巡守諸侯來覲爲壇壝宮加方明四傳擯皆與時會殷同之儀同但會同則拜日及禮日月山川丘陵四瀆而已巡守則祭天地其禮尤大故特記之尚書曰歲二月東巡守柴望秩于山川肆覲東后王制曰歲二月東巡守柴

而望祀山川覲諸侯郊特牲曰天子適四方先柴此巡守祭天與山川之明文經傳雖不言祭地然有柴又有望則有瘞從可知蔡氏德晉云舜典王制所謂柴望既祭天自未有不祭地者此云祭地瘞可補二經之缺今案王制天子將出類乎上帝宜乎社社即祭地巡守將出而祭地則所至亦必祭地明矣詩序云時邁巡守告祭柴望也般巡守而祀四岳河海也皆足為此經之證祭法曰燔柴於泰壇祭天也瘞埋於泰折祭地也是毋歲常祭之禮爾雅祭天曰燔柴祭地曰瘞薶祭山曰庪縣祭川曰浮沈是泛釋祭名周禮大宗伯云以禋祀祀昊天上帝以實柴祀日月星辰以槱燎祀司中司命風師雨師以血祭祭社稷五祀五嶽以貍沈祭山林川澤以疈辜祭四方百物是總言天神祭地祇之禮皆與此別燔柴云郭注爾雅云旣祭積薪燒之鄭注周禮禋祀實柴槱燎云三祀皆積柴實牲體焉或有玉帛燔燎而升煙所以報陽也鄭司農云實柴實牛柴上也是三祀皆積柴加牲其上而燒之惟玉帛或有或不有耳案肆師云立大祀用玉帛牲牷鄭司農云大祀天地則此燔柴祭天當玉帛牲俱有矣說文作祡云燒柴尞祭天也引虞書亦作祡庪縣郭注云或庪或縣置之於山山海經曰縣以吉玉是也此不云庪縣而云升者以巡

守兼有封禪之事鄭時邁箋云天子巡行邦國至於方岳之下而封禪也白虎通封禪篇云王者易姓而起必升封泰山何報告之義也封禪以告太平也又云升封者增高也禮器因名山升中於天鄭注名猶大也升上也亦引孝經說曰封乎泰山是其言升之義也祭山兼言丘陵者說文丘土之高也非人所爲也陵大阜也是丘陵謂山之高大者考工記王人職曰天子以巡守宗祝以前馬鄭注禮王過大山川則大祝用事焉將有事於四海山川則校人飾黃駒是巡守過大山川皆祭之也浮沈郭注云投祭水中或浮或沈此但言沈者周禮小子職云凡沈辜侯禳飾其牲鄭司農云沈謂祭川大宗伯注亦云祭川澤曰沈是也瘞埋郭注云旣祭埋藏之此但言瘞者鄭注禮運云埋牲曰瘞是瘞與埋義一耳司巫職曰凡祭事守瘞鄭注瘞謂若祭地祇有埋牲玉者也守之者以祭禮未畢若有事然祭禮畢則去之是祭地言瘞也注云升沈必就祭者也就祭則是謂王巡守及諸侯之盟祭也者案山川各有主名各有處所不比戴天履地四方皆同也經言升則是就其山之處升祭之言沈則是就其川之處沈祭之故云必就祭也注以就祭謂王巡守是矣而以爲及諸侯之盟祭也則非禮曰天子祭天地祭山川諸侯祭山川而巳諸

侯之盟何得祭天地也云其盟愒其著明者段氏玉裁云字作愒從心義作揭從手揭者舉也愒蓋揭字之假借應基竭切而陸氏乃苦蓋反賈疏亦不定愒字之義皆其疏也今案揭其著明即上注盟神尙著明之義云燔柴升沈瘞祭禮終矣備矣者郭璞謂燔瘞在既祭之後即注所謂終也天地山川四者皆舉所謂備也注引郊特牲及宗伯職文以證祭天之爲祭日又以柴爲祭日推之謂瘞亦祭月又因經言祭天地不言祭日月復云日月而云天地靈之也展轉申說義多未安又引王制以證王巡守之盟其神主日引春秋傳以證諸侯之盟其神主山川今案王制注以柴爲祭天告至其說自當左傳晉文公爲踐土之盟在僖二十八年竝無山川之神語未知鄭何所據又云月者大陰之精上爲天使臣道莫貴焉者案淮南子云月者大陰之精又云日月天之使也是鄭所本言此以證王官之伯會諸侯而盟其神主月義多牽合陳氏祥道云經言祭天而鄭氏言祭日經言祭地而鄭氏言祭月且方明以象上下四方而經傳凡言主盟者多稱明神曰司愼司盟名山名川羣神羣祀先王先公七姓十二國之祖齊語桓公與諸侯約誓於上下神祇則諸侯之盟非特主山川也鄭氏謂王之盟主日諸侯主山川王官之伯主月其禮無

據秦氏蕙田云鄭氏據大宗伯以實柴祀日月星辰因謂燔柴祭日瘞祭月但周禮禋祀實柴槱燎三者自昊天上帝日月星辰司中司命風師雨師皆同之謂日月皆燔柴則可謂祭日燔柴祭月瘞則不可以祭月爲瘞者鄭之臆說也燔柴與瘞自是巡守告祭天地之禮非祭日月以爲盟神不得與方明牽合爲一且日月天神非地示也祭天可以主日祭地必不可以主月據祭義大報天而主日配以月祭天則日月從祀故言祭天可以包日月不得以祭日月而冒天地之稱也今案此節注本支離陳氏秦氏駁之甚是鄭氏之意蓋謂會同巡守必有盟故前後注多謂日月山川爲盟神以牽合方明不知會同固有不盟者至巡守以考制度須政教竝非爲盟而起必以盟言之誤矣云古文瘞作壇者胡氏承珙云爾雅孫注云瘞者翳也旣祭翳藏地中也大雅皇矣其菑其翳釋文翳韓詩作壇釋名壇翳也就隱翳也是瘞壇二字聲同義亦可通故古文假壇爲瘞鄭從今文者用其正字

右巡守之禮

記疏 正義曰校勘記云記徐本要義俱作設案此下三句爲記文無疑石經補缺亦作記徐本作設者始因注

而誤也嚴本與徐本同今案黃氏現刻嚴本作記不作設不知校勘記何據云然○或以記字宜在諸侯覲于天子之上似是詳前今未敢移易而附其說於此

几俟于東箱王即席乃設之也東箱東夾之前相翔待事之處

疏正義曰校勘記云几俟石經補缺徐陳閩葛俟俱誤作矦集釋通解俱作俟今案嚴本作俟　注云王即席乃設之也者儀禮几爲神則几席竝設爲人則先布席而後設几聘禮几筵既設擯者出請命注云有人几筵者以其廟受宜依神也是爲神几席竝設也又宰夫徹几改筵注云將禮賓徹神几改神席更布也賓席東上又公迎賓入升公受宰夫几執以授賓賓訝受于筵前北面設几是爲人先布席而後設几也昏禮禮賓亦然有司徹司宮筵于戶西南面注爲尸席也又主人迎尸升堂執几授尸尸受奠于筵上是布席在先設几在後矣此云俟故知俟王即席乃設之也几即左右几也設之者司几筵也敖氏謂天子登席於旣設几之後此云俟于東箱指未設几之前而言案旣設几而後登席則無所庸其俟矣敖說非也云東箱東夾之前相翔待事之處者案東箱即東夾注乃云東夾之前則是以東箱爲東堂矣詳特牲

几席兩敦在西堂下釋名云翔佯也相翔猶相佯也相佯亦作相羊亦作徜徉後漢書注相佯猶徘徊也文選注徜佯猶徘徊也又云徜佯猶翱翔也漢書注相羊翱翔也然則鄭意葢謂東夾之前可以徘徊待事故云相翔待事之處也公食禮公揖退于箱注云箱東夾之前俟事之處與此一也賈疏云覲在文王廟中案鄭周禮注宗廟路寢制如明堂明堂有五室四堂無箱夾此有東夾者周公制禮據東都乃有明堂此文王廟仍依諸侯之制是以有東夾室若然樂記注云文王廟為明堂制者彼本無制字直云文王廟為明堂今案玉藻疏以此記東箱為記人之誤非是據上經設斧依于戶牖之間則亦是中央室左右房之制與明堂五室異矣詩斯干箋云宗廟及路寢制如明堂孔疏云顧命說成王崩陳器物於路寢云西房東房鄭志荅趙商云成王崩之時在西都文王遷豐作靈臺辟廱而已其餘猶諸侯制度故喪禮設衣服之處有夾室與東西房也周公攝政致太平制禮作樂乃立明堂於王城如鄭此言則西都宗廟路寢依先王制不似明堂此言如明堂者鄭志荅張逸云周公制禮土中洛誥王入大室祼是也顧命成王崩於鎬京承先王宮室耳宣王承亂未必如周公之制以此二荅言之則鄭意以文王未作明堂其廟寢

如諸侯制度及周公制禮建國土中以雒邑爲正都其明堂廟寢天子制度皆在王城爲之其鎬京先王之宮室尚新周公不復改作故成王之崩有二房之位由承先王之室故耳及厲王之亂宮室毀壞先王作者無復可因宣王別更修造自然依天子之法故知宣王雖在西都其宗廟路寢皆制如明堂不復如諸侯也此疏較賈疏尤詳鄭志荅趙商張逸問二條書顧命疏禮記玉藻疏亦引之足證覲在文王廟云戶牖之間與東箱猶據西都宮室制度言之也

偏駕不入王門

在旁與己同曰偏同姓金輅異姓象輅四衛革輅蕃國木輅駕之與王同謂之偏駕不入王門乘墨車以朝是也偏駕之車舍之於館與

疏 正義曰注在旁毛本在誤左校勘記云監本集釋通解楊氏俱作在與疏標目合與王同王重脩監本作主謂之偏駕集釋楊氏俱重偏字不入王門入重脩監本誤作人今案嚴本作在又偏字不重從嚴本又輅集釋俱作路云在旁與己同曰偏同姓金輅異姓象輅四衛革輅蕃國木輅駕之與王同謂之偏駕者案同姓金路據巾車云金路同姓以封是同姓之國乘金路也以下俱見巾車職巾車又云玉路以祀此五路王備乘之諸侯止得駕其一與王同故謂之偏駕禮記仲尼燕居曰達於樂而不達於

禮謂之偏鄭注偏不備耳國語注偏偏有一也是也列子注訓偏爲邉是鄭言在旁與己同之義云不入王門乘墨車以朝是也者據上經朝時乘墨車是金路象路之等不乘以入王門矣云偏駕之車舍之於館與者此無正文但既不入王門自舍於館矣盛氏世佐云王門王城門也不入者以其疑於天子也然則諸侯在天子之國乘墨車不獨朝時爲然故記著之方氏苞曰入王都而羣駕天子之車則使人疑故五等之國乘墨車所以彰臣節定民志也不入王門則於畿內得乘可知矣今案上經乘墨車鄭注云入天子之國車服不可盡同也是諸侯在天子之國不得乘金路等車矣盛氏方氏之說是也

奠圭于繅上謂釋於地也古文繅作璪

疏正義曰校勘記云注末古文繅作璪五字諸本俱脫嚴本有○上經乃朝以瑞玉有繅此云奠圭于繅上者謂侯氏入門右奠圭於地時以繅爲之藉故記云奠於繅上而注以釋於地解之也云古文繅作璪詳聘禮○淩先生諱廷堪補覲義曰古者天子以賓禮親邦國春見曰朝夏見曰宗秋見曰覲冬見曰遇時見曰會殷見曰同是故天子當依而立諸侯北面而覲天子當宁而立諸公東面諸侯西面而朝凡朝覲宗遇會同於王公執桓圭侯執信圭伯執躬圭繅皆三采

三就，子執穀璧，男執蒲璧，繅皆二采再就。廟中將幣皆三享。諸侯朝于天子曰述職，一不朝則貶其爵，再不朝則削其地，三不朝則六師移之，故曰朝覲之禮所以明君臣之義也。朝者位於內朝而序進，受贄於朝，受享於廟，生氣文也。覲者位於廟門外而序入，受摯受享皆於廟，殺氣質也。覲禮至于郊，王使人皮弁用璧勞侯氏也。於天子賜舍，使侯氏即安也。天子袞冕負斧依，鄉明出治，象天道也。侯氏裨冕入門右，所以承天象地道也。覲用命圭，特達禮以少為貴也。享用束帛加璧，有庭實，隆殺之義也。奠圭于堂下，擯者辭，然後升致命，降階再拜稽首，送玉，擯者辭，然後升成拜，覲禮盛，侯氏先以臣禮見，天子以客禮受之也。三享皆中庭奠幣，升堂致命，降階再拜稽首，不復升成拜者，享禮殺，全乎為臣也。享畢不禮賓，天子尊也。不覿，侯氏自來，非使人也。禮畢乃右肉袒於廟門之東，天子威諸侯也。賜侯氏以車服，天子懷諸侯也。或曰奠圭降拜升成拜，明臣禮也。肉袒入門而右，以聽事也。饗禮乃歸，賓客之道也。時會殷同之禮，諸侯覲于天子，為宮方三百步，四門，壇十有二尋，深四尺，加方明于其上。古者諸侯不順服，王將有征討之事，則既朝覲，王為壇於國外，合諸侯而命事焉，謂之時會。十二歲王如不巡守，則六服盡朝，朝禮既畢，王亦為壇合諸侯以命政焉所命之政如王巡守謂之殷同方明設六色六玉者禮天地四方也覲受之於廟會同受之於壇文質相變也上公建常九斿侯伯建常七斿子男建常五斿故曰公侯伯子男皆就其旂而立也拜日于東門之外日生于東也禮山川丘陵于西門外山川導自西也禮日于南門外就陽位也禮月與四瀆于北門外就陰位也祭天燔柴祭山丘陵升本乎天者親上也祭川沈祭地瘞本乎地者親下也天子將行會同之禮必先朝覲諸侯於廟故孔子曰宗廟會同非諸侯而何爲其相者諸侯之卿大夫士也故曰宗廟之事如會同端章甫願爲小相焉朝覲宗遇常禮也會同大禮也朝覲宗遇之於會同如祠禴嘗烝之於禘祫也先王之制邦內甸服邦外侯服侯衛賓服蠻夷要服戎翟荒服甸服者祭侯服者祀賓服者享要服者貢荒服者王日祭月祀時享歲貢終王先王之訓也大雅曰韓侯入覲以其介圭入覲于王言覲禮也又曰王錫韓侯淑旂綏章簟茀錯衡玄袞赤舄鉤膺鏤錫鞹鞃淺幭鞗革金厄言旣覲而賜之車服也小雅曰赤芾金舄會同有繹言會同之禮也

右記附覲義

卷二十終